中国教育史
古代篇

東洋に根付いた
倫理観

朱　永新 著
岩谷季久子 訳

科学出版社東京

中国教育史　古代篇　　目次

第1章　中国古代教育思想の起源と発展 5
　1、古代教育思想の起源　　5
　2、孔子と『学記』　　11
　3、古代教育思想の発展の軌跡　　22

第2章　古代中国の教育思想の特質 37
　1、古代教育思想の生態環境　　37
　2、古代教育思想の主な特質　　46
　3、古代教育思想の現代的意義　　60

第3章　中国古代教育思想の理論的基礎 67
　1、治乱学説………教育と社会発展　　67
　2、人性理論………教育と人の発達　　77
　3、人材観念………教育目的と価値　　88

第4章　古代中国の徳育観 99
　1、徳育の効用　　100
　2、徳育の過程　　107
　3、徳育の原則と方法　　127

第5章　古代中国の教授論 151
　1、教授の意義　　152
　2、教授の内容　　160
　3、教授の過程　　170
　4、教授の原則と方法　　187

第6章　古代中国の教師論 ………………………… 215

1、師の変遷　*215*
2、師の功能　*224*
3、師たるの道　*228*
4、師弟関係　*242*

第7章　古代中国の読書法 ………………………… 255

1、読書法の綱領　*256*
2、読書法の精髄　*270*
3、読書精要　*278*

第8章　科挙と古代中国の教育 …………………… 285

1、科挙の創設　*285*
2、科挙の変遷　*290*
3、科挙の功罪　*297*

第9章　書院と古代中国の教育 …………………… 307

1、書院の起源と勃興　*308*
2、書院の発展と沿革　*310*
3、書院教育の特色と貢献　*315*

第10章　蒙学と古代中国の教育 …………………… 331

1、蒙学の内容　*332*
2、蒙学の特徴　*345*
3、訓蒙の方法　*357*

第1章
中国古代教育思想の起源と発展

　100万年前にはすでに原始人が存在していたとされる中国では、教育の原型ともいえる形もその頃に見られるという。自然を征服していくなかで、古代の中国人は労働と生活の知恵を次世代へと伝承したが、まさにこれが最初の「教育」活動である。
　人が「教える」ということを意識的あるいは無意識的に考えたこのとき、最も原始的な教育思想の萌芽が生まれた。
　われわれは先人と対話することも、先人の教育観を推し量ることもできないが、考古学の助けを借りることで、太古の教育の様子を窺い知ることができる。文字や学校が出現すれば、古代の教育思想の源流をつかむことができよう。

1、古代教育思想の起源

　古代中国の教育思想は、殷・周時代（紀元前1700～紀元前770年）まで遡ることができる。文字による記述が行われていたこの時代にはすでに学校教育の体系が完成しており、六芸^{*1}の教育内容もほぼ整っていた。すなわち、教育思想の礎はこの時代に築かれたといえる。西周（紀元前1046～紀元前771年）以前は基本的に政教一体、官師不分の体制であったため、教育思想はしばしば政治や軍事、哲学思想と一緒にされ、独立した論理体系は確立されていない。
　古代中国における最初の教育思想は『書経』、『周易（易経）』、『詩経』、『周礼』などの文献に見ることができる。これらを整理すると、体系的かつ代表的なものは、周公に関する論述といえよう。

---

*1　訳注：治者階級の学ぶべき6種の芸。礼（礼節）、楽（音楽）、射（弓術）、御（馬車を御す技術）、書（文学）、数（数学）をいう。

周公は姓を姫、名を旦という。周の文王の第四子、武王の弟で、叔旦とも呼ばれる。武王を補佐して商（殷）を滅ぼし、周王朝建国の功臣となった。武王が死去すると、その子成王を補佐し「文王の業を継ぎ、天子の籍を履み、天下の政を聴き」*2 の姿勢で、西周の建国と安定に不朽の功績を残したとされる。周公自身がとくに教育問題に功績や名言を残したわけではないが、中国史上特別な地位にある西周王朝に大きく貢献したことで、その教育思想が中国の教育思想史上、確固たる存在となっている。

1. 教育の政治的な作用を重視

周公は教育の政治的な作用を重んじた。教育を民衆の統治や風俗習慣一新の重要な道具と考え、常日頃から戒めを垂れ教え諭していなければ、民は騙しあい、法に背いたりするとした。

古の人、猶お胥訓告し、胥保恵し、胥教誨して、讒張 為幻する或る無かりき*3

徳の教育を施さなければ、民に逆らいや憎しみの気持ちが芽生え、恨み言が口をついて出るようになり、社会秩序に危険が及ぶということである。

周公は、民に徳の教育を施し、規範を遵守させるため、「彝教」という考え方を用いた。

能く往来して茲の彝教を迪う無ければ、文王の蔑徳、国人に降る*4。

「彝」の字義は「変わらない」で、規範や最低限のルールを意味する。すなわち「彝教」とは、道徳、徳行を民に教育することをいう。

周の文王の時代は、文王の弟の虢叔、閎夭、散宜生、泰顛、南宮括といった賢臣が文王の美徳の教えを懸命に広めて民を啓蒙し、それゆえ民は規律をよく守り、安穏に暮らすことができたといわれる。

それで周公も国政代行として政権を握ったとき、民衆の道徳教育に重きを置き、弟・康叔にこう説いた。

已、汝小子なりと惟も、乃の服は惟れ王を弘けて、殷民を応保するなり。ま

---

*2 『淮南子・氾論訓』。
*3 『書経・無逸』。
*4 『書経・君奭』。

た惟れ王を助けて天命を宅（さだ）め、新民を作するなり*5

周公は康叔に、天命に背かずに成王を補佐し、民を旧態依然とした殷時代の考え方から今の新しい時代にふさわしい考え方をする「新民」に教化せよと命じたのである。

刑罰と教化は、統治者が社会秩序を維持するための車の両輪のようなものであるが、周公は「明徳慎罰」を原則に、「先に教化、刑罰は後」とし、教化の政治的な作用と心理的効果を重視した。

それが如実に表れた言葉に次のものがある。

士は百姓（ひゃくせい）を刑の中（ちゅう）に制し、以て徳を祇（つつし）むを教う。穆穆（ぼくぼく）上に在り、明明（めいめい）下に在りて、四方に灼（てら）し、惟（ただ）徳を之れ勤めざる罔（な）し。故に乃ち刑の中明らかに、率（もっ）て民の棐彝（ひい）を乂（おさ）む*6。

意味は、「司法官が臣民に法令制度の遵守や徳行を重んじるよう教え導けば、犯罪によって刑罰を受けることはない。国王である徳の美しい（うるわ）天子が上に、明察な士が下にいて、クリーンな政治が行われれば、その威徳・明徳は四方に輝き、誰ひとりとして徳を勤め行わぬ者はない。されば、法律に適った正しい刑罰をあてることで、臣民は統治者に服従し率先して法を守ろうとする。逆に、教化を重ねることなく、みだりに刑罰を与え、すぐさま殺すということでは、民の怨みを引き起こす」というものである。

教育の政治的な作用を重んずる周公の考え方は、後世に大きな影響を与え、古代中国の教育の基本的な土台を築いた。

例えば孔子の「為政以徳」は、『学記』の「国を建て民に君たるには、教学を先と為す」や「民を化し俗を成さんと欲せば、其れ必ず学に由るか」から来るものであるし、董仲舒（とうちゅうじょ）の「教は、政の本なり」も、王安石の「天下、一日として政教無かるべからず」も、周公の教育に対する考え方を継承し進化させたものである。

2．かくあるべき君主の姿を重視

周公は幼い成王に、『書経・召誥』のことばを説いた。

---

*5　『書経・康誥』。
*6　『書経・呂刑』。

其れ惟れ王は徳元に位すれば、小民は乃ち惟れ天下に刑用す。

　王が天子の位に就いて聖人の大いなる徳を身につければ、下々の者たちは自然に決まりに則った振る舞いをしますよ、という意味である。

　周公は、君主の品徳と志行は民衆に対して手本としての重要な作用と心理的影響があるとして、君主に聖人の徳が備わっていれば下々の民は自ずと法や決まり事を守り、その立派な品徳を称えるようになるが、君主がよい手本になれず、道徳の欠片もなく、非道な行為を働けば、人びとは不平不満を口にし、法に背き反乱を起こすと説いたのだ。

　『書経・無逸』も周公の成王への訓示である。『無逸』は君主のあるべき姿を説くもので、民の犯罪は君主の徳の無さに関係すると断じている。例えば、君主は安逸を貪ってはならないとして、「先に稼穡の艱難を知れば、則ち小人の依を知る」と説き、殷の中宗は「厳恭寅畏、天命を自ら度り、民を治むるを祇懼して、敢えて荒寧せざりき」であったために、「国を享くる七十と有五年なりき」が可能であったのだとする。

　周の文王も「卑服し、康功・田功に即く。徽柔懿恭にして、小民を懐保し、鰥寡に恵鮮し、朝より日中・昃に至るまで、食するに遑暇あらずして、用て万民を咸和す」であったという。

　慈悲深く、物腰の柔らかい文王は、その行いそのものが民衆に影響を与え、人びとの暮らしを安穏とさせ、鰥寡孤独で頼るべきもののない人にも手を差し伸べたという意味である。周公はこれについても成王を訓戒し、文王ら聡明な君主のように「皇自ら徳を敬し」、「朕の愆」を反省するよう促したのだった。

　正に君主自身の行いがもつ教化作用という観点で、周公らは統治者のかくあるべき姿というものを重視し、自らの大いなる徳で万民を感化するよう君主に求めたのだ。

　この思想は『詩経』や『易経』にも見ることができる。

　『詩経』の「儀く文王に刑すれば、万邦孚を作す」*7 は、文王をよく見習えば、万国の信任を得られるであろうという意味であり、「王の孚を成し、下土の式となる」*8 は、世に王の信義を示すと、人はそれを法と思うという意味である。

---

*7　『詩経・大雅・文王』。
*8　『詩経・大雅・下武』。

『易経・臨卦』にも「咸臨、貞吉」という言葉がある。高亨の注釈によれば「『咸』は『感』と読む」のだという。すなわち「君子の志や行いが正しくなければ、民衆を感化することができない」ということである。

君主のありようを強調し、君主の志や行いの正しさが万民を感化するというこうした思想は、後に孔子や孟子らによって儒家の道徳教育の柱となる。例えば孔子の「其の身正しければ令せずして行わる。其の身正しからざれば、令すと雖も従われず」や、王安石の「教え授ける、必ずや以て人の模範者たるべし」の思想は、周公のこの考え方を淵源とする。

3．芸術の教化作用を重視

古代中国の芸術教育は、宗教活動における儀式（礼）と原始音楽の歌舞（楽）に始まり、西周時代になって「六経」や「六芸」の中に体現される。そのなかで最も典型的なものは詩教と楽教である。

詩教と楽教は上古時代の教育のなかでも重要な地位にあった。

『書経・舜典』には舜と夔のやり取りが記載されている。

帝曰く、「夔よ、汝に楽を典り、冑子を教ふるを命ず。直にして温、寛にして栗、剛にして虐ふ無く、簡にして傲る無かれ。詩は志を言い、歌は言を永くす。声は永きに依り、律は声を和し、八音克く諧し、倫を相奪する無くして、神人以て和せん」と。

夔曰く、「於、予、石を撃ち石を拊てば、百獣率て舞ふ」と。

これは、若者たちを詩と歌とで指導することで、正直で温和、心ひろやかにして慎み深く、剛毅にして人を虐げることがなく、鷹揚で高ぶらない人格を形成するよう、舜が夔に命じている場面である。

周公は詩教楽教も自ら体験し、古代中国における芸術教育の基礎を築いた。詩教と言えば『詩経』である。この中国最古の詩歌全集は儒家が民衆を教化するための経典として用いたもので、長きに亘る伝承、拡充、改訂を経ているが、周公の創作、改訂への貢献は忘れてはならない。考証によると、『詩経』のうち『周頌』の31篇は周公自らが創作または手直ししたもので、『小雅』の『棠棣』および『詩経』の『周南』と『豳風』も周公の手によるものである可能性が高いという[9]。こ

---

*9　毛礼鋭、沈灌群『中国教育通史 (1)』山東教育出版社 1985年、138頁。

れらの詩が教化に用いられたであろうことは想像に難くない。

『小雅・棠棣』に曰く、
　棠棣の華　鄂ぞ韡韡たらざらんや
　凡そ今の人　兄弟に如くは莫し
　死喪の威れにも　兄弟孔だ懐う
　原隰 裒すにも兄弟求む
　脊令 原に在り　兄弟難に急く
　毎に良朋あり　況 永歎す
　兄弟牆に鬩い　外 其の務りを禦む
　毎に良朋あり　烝ち戎くる無からんや

　これは兄弟の友愛・和睦をうたった詩である。周公は民間からも詩歌を募集し、統治者を諫め導く手段とした。漢の歴史学者班固（32～92年）は、「孟春の月、群居する者、将に散ぜんとす。行人、木鐸を振って路に徇え、以て詩を採り、太師に献ず。其の音律を比して、以て天子に聞す（旧暦正月、農事が始まる頃になると、冬の間、籠居していた人々が外に出て田畝に赴こうとする。行人（号令を伝える官吏）は木鐸を鳴らして道路を巡行し、農事が始まらんとすることを告げながら、民間の詩を採集し、太師（音楽を掌る官吏）に渡す。その音律を奏で、天子に聞かせる）」と記しており、周公が民間歌謡を収集する職にも携わっていたとする。

　『詩経・豳風・七月』は、周公が民間の詩歌の中から選んで宮廷に献じたもので、庶民の飢えや寒さに苦しむ窮境が描かれている。

　七月は流るる火　九月は衣を授く
　一の日は觱発たり　二の日は栗烈たり
　衣無く褐無くば　何を以てか歳を卒えん

　周公がこの詩を成王に献上したのは、成王に「稼穡の艱難を知り」、「小人の依を知って」[*10] もらい、安逸に走らずに民衆の心に寄り添った「為政無逸」の政治を行うよう諫めるためであった。

　楽教においても周公は提唱の功がある。『楽経』自体は早くに亡佚しているため、『楽経』に周公の貢献があったかどうかを知る術はないが、周公が楽舞

---

*10 『書経・無逸』。

をつくったことは史書に見ることができる。

『呂氏春秋・古楽』には、

「武王即位するや、六師を以て殷を伐つ。六師未だ至らざるに、鋭兵を以いて之に牧野（ぼくや）に克つ。帰りて、乃ち俘馘（ふかく）を京の太室に薦め、乃ち周公に命じて大武を為作（いさく）せしむ。」とある。

『大武』は周初開国の壮麗な光景が表現された西周時代の楽舞で、楽教の内容として、西周国学の必修課程とされたものである。

芸術による教育（教化）作用を重視する周公の理論と実践は後世に大きな影響を与えた。孔子は「詩に興（おこ）り、礼に立ち、楽（がく）に成る」[*11]と唱え、詩は人間の道徳意識を啓発し、楽は道徳の修養を完成させるものであるとした。

明代の王陽明も、「詩教と楽教は若者の情感を陶冶し、徳性を涵養するので、彼らを『邪僻』の侵蝕から守ることができる」と指摘している[*12]。

また、周公の「教育で徳性を育成する」という論述や「師保の教え」の重視は後世に影響を与えたが、最も直接、最も大きく周公の影響を受けたのはおそらく孔子を置いて他にいないであろう。孔子が最高の理想としたのは「周公の典」の実施であり、周礼の回復であった。教育思想にも周公に啓発されている部分が相当程度見受けられる。

孔子の教育思想は儒家の文化教育思想の魂であり、中華教育思想を特徴づける直接の構成要素でもある。そのため周公の教育思想やその中国教育思想史上における地位に注目しないわけにはいかない。

2、孔子と『学記』

中国、あるいは世界の古代教育思想史上、特筆すべきものが二つある。世界で最初の教育思想家と讃えられる孔子と、世界で最初の教育論『学記』である。

1. 孔子の教育思想

孔子（紀元前551年〜紀元前479年）は、名を丘、字を仲尼（ちゅうじ）といい、魯国

[*11]『論語・泰伯』。

[*12]『伝習録』巻中。

の陬邑（現在の山東省曲阜市）に生まれた。3歳で父を、17歳で母を亡くしたが、30歳の頃から教育に携わり、40年余の歳月を教育事業に投じた。その間、何度か宮仕えするが、門下生は受け入れ続け、3000人の弟子を修養し、72人の賢人を輩出した。

孔子の教育への最たる貢献は、私立学校を創立し「教え有りて類無し」[*13]という柱をはっきりと打ち出したことにある。

人は誰でも教育を受けるべきだとするこの主張は、「孔子の教育思想における大衆的かつ民主的な部分が十二分に表れたものであり、下層階級に文化を伝え教育を普及する新たな道を切り開いた、中国教育史上でも時代を画するエポックメーキングな試みであった」[*14]といえよう。

私立学校を創設した教育者は孔子より前にも孔子と同時代にもいたであろうが、規模や影響度は比較にならない。

孔子の「有教無類」は、「学は官府に在り」という旧態依然の枠を取り払い、下層階級である平民に教育を受ける機会を与えた。これは社会の全体的な文化教育水準を引き上げ、中国で最初の知識階級の勃興を促すことにつながった[*15]。

孔子は「有教無類」を主唱しただけでなく、さらにそれを躬行した。

自ら「束脩を行う自り以上、吾未だ嘗て誨うること無くんばあらず」[*16]と言い、当時、教えを乞う時に持参する一番簡単な進物であった干し肉の束を納めさえすれば、その人を自分の弟子にしたのである。そのため、孔子の周りには、出身地や身分、財力、老若の区別なく、多くの弟子が集まった。

魯国の顔淵、冉求、斉国の公冶長、陳国の子張、衛国の子貢、子夏、宋国の司馬耕、楚国の公孫竜、秦国戎族の秦祖など出身地もさまざまで、出自も、南宮敬叔、司馬牛、孟懿子などの貴族階級の子弟や、子貢のような裕福な大商人の子のほか、論語で「一箪の食、一瓢の飲、陋巷に在り（食事は粗末で、狭

[*13] 『論語・衛霊公』。
[*14] 匡亜明『孔子評伝』斉魯書社 1985年、277〜278頁。
[*15] まさにこの意味において、馮友蘭氏が孔子について「中国の農民、職人でも、商人でも、官僚でもない士の階級を創立し、少なくとも大いに発揚した。」と述べている。（馮友蘭『中国哲学史(上冊)』中華書局 1961年、71頁）
[*16] 『論語・述而』。

く汚い路地裏に住んでいる）」と描写されている顔回*17、史記で「卞の野人（「卞」は魯国の国都で現在の山東省。「野人」は「粗野な田舎者」の意）」と描写されている子路*18、『荀子・非十二子』に「置錐の地無し（錐を置くほどのわずかな土地もないの意）」と描写されている仲弓*19、『荘子・譲王』に「環堵の室、茨くに生草を以てし、蓬戸完からず、桑を以て枢と為し、而して甕牖の二室は、褐以て塞と為す。上は漏り下は湿るも、匡坐して弦歌す」と描写されている原憲*20、「ぼろを纏った」と描写されている曾参、「蘆花を以て之を衣とす」の閔子騫がいた。公冶長に至っては「縲紲の中に在り（罪人として牢獄に入れられたことがある人）」であり、正にいろいろな人たちの集まり、といった様子であった。

年齢を見ても、孔子の4歳年下の秦商や53歳年下の公孫竜、そのほか顔無繇・顔淵、曾点・曾参など父子二代にわたっての弟子入りや、孟懿子・南宮敬叔の兄弟での入門もあった。

「夫子の門、何ぞ其れ雑なり」と疑問を投げかける人もいたが、これほどまでバラエティーに富んだのは、まさしく孔子が「有教無類」を貫き、「汎く衆を愛して仁に親しみ」*21 の理想を実践したからに他ならない。

孔子が「有教無類」を主唱したことは、その人間性に対する深い見識と切り離すことができない。孔子は「性は相近きなり。習は相遠きなり」*22 という簡単明瞭かつ完全なる人性論の命題を提示するが、これは、「人間の本性はもともと近しいものであまりかけ離れたところはないが、長じてそれぞれ異なる気質をもった人になる、あるいはモラルの水準や知的レベルに大きな相違ができるのは、すべて後天的な影響によるものであり、学習や教育の結果である」との人間観に基づいている。

孔子はこの理論から、人は皆、教育によって自己改革することができ、自己の改造と向上を実現させることができると考えた。それで、誰しもが教育を受

---

*17 『論語・雍也』。
*18 『史記・仲尼弟子列伝』。
*19 『荀子・非十二子』。
*20 『荘子・譲王』。
*21 『論語・学而』。
*22 『論語・陽貨』。

けるべきであるとしたのである。

　実際の行動もまったくその通りで、身分や貧富、知愚の差を区別せず、同等に「人を誨えて倦まず」の教育を施し、弟子たちを立派に育てた。賢人として名を馳せた者も少なくない。

　「性は相近きなり。習は相遠きなり」に立脚し、人間の成長に対する教育の意義を強調した孔子は、教育を重視するという儒家の伝統を築き、平民教育の先駆者となった。

　孔子は、教育に対する理想の最高の境地を、学問と人間教育との調和と統一にあるとした。「学問と修身を並行し、弟子たちに詩経や書経のみならず、人としての身の律し方を学ばせたことで、人生や仕事を思索する中国哲学のスタイルが形作られた」[*23]のである。こうしたスタイルを教育に反映させたのが、日常生活のルールの重視、完璧な人格実現の重視である。

　孔子が弟子に求めた学問に対する姿勢は、『論語・述而』の「道に志し、徳に拠り、仁に依り、芸に游ぶ」であった。「道」、「徳」、「仁」は孔子の人徳修養の基本的な概念を形容する言葉で、この「道に志し…」は、学問をする者は人として歩むべき正しい道を理解して心が必ずそこに向かうようにし、そこで心に得たもの（徳）を守って失わないようにする。私欲が全てなくなり、心の徳が完全な「仁」という状態に至ったら、そこから外れないようにせよ、そうすることでようやく「礼」、「楽（音楽）」、「射（弓術）」、「御（馬車を御する技術）」、「書（書道）」、「数（数学）」の「六芸」に身を置いて楽しむことができるのだという意味である。

　行動習慣の修養に教育の基礎を置く孔子のスタイルは、最高理念の世界を認識することを教育の理想とする西洋の古代教育とは趣を異にする。

　「六経」や「六芸」も、人格陶冶、人間形成をより進めるため、良き行動習慣を身に着けるものという位置づけである。

　孔子は刻苦勉励の生涯のなか、優れた教育者として価値の高い教育経験を多く積み、その教育実践に基づいた原則と方法をまとめ上げ体系化した。それが「学思結合」、「啓発」、「率先垂範」、「因材施教」と呼ばれるものである。これらは孔子の教育思想の根幹をなすものであり、古代教育の原則および方法論の

＊23　高専誠『孔子・孔子弟子』山西人民出版社 1991 年、4 頁。

形成と発展に直接影響を与えた、中華教育思想の遺伝子ともいうべきものである。

「世界の教育史」という舞台に孔子と西洋の教育者を置いて比較すると、教育の実践・理論のいずれにおいても、孔子に何ら遜色のないことがわかる。

西洋で最初の教育思想家といえば、古代ギリシャのピタゴラスであろう。ピタゴラスは生没年とも孔子とほぼ同じの紀元前580年頃の生まれで、紀元前500年頃に没している。

孔子と同様、弟子をとり養成するといった教育者としての経験があり、クロトーンでは300人もの弟子を集めて教団を創設し、ヘーゲルから「西洋初の民衆教師」と称されてもいる。

ただし、ピタゴラスの教団[*24]が教育機関であったのは二義的な意味においてであり、一義的には宗教組織・政治組織であった。毎日欠かさぬ宗教儀式があり、定期的に神殿に集まり、献祭などを開いていた。またクロトーンおよび南イタリアで政治的リーダーの地位にあったためか、メンバーの政治的意識も高かった。

ピタゴラスとその弟子たちは古代ギリシャの最古の科学者でもあり、数学や天文学の研究で輝かしい業績を残している。

ピタゴラス学派の必修科目は音楽、算術、幾何、天文学の4科目で、科学を偏重していた。その点は倫理を首位に置く孔子の教育と明らかに違うところである。

音楽についても、「教化する」、「人格を陶冶する」ことにその目的が置かれず（あるいは主な目的とされず）、まず調和を体現するものとして捉えられ、その調和も宇宙の属性とされた。

ピタゴラスは天体間の距離と音程の8度、5度、4度の比率は等しいと唱えた。科学的根拠はないものの、ここからも彼とその学派が科学的思考と視点から問題を分析しようと試みていたことが見てとれる。

ピタゴラスは哲学者としても科学者としても立派であり、教育の実践家としても、教団を作り子弟を育てたという点で確かに功績はあるが、決して「教育思想家」ではなかった。特に教育そのものの内的な規律について体系的に述べ

[*24] 訳注：「ピタゴラス教団」とも「ピタゴラス学派」ともいわれる。

たことがなく、その点で孔子とはまったく比較にならないといえる。

　ピタゴラス後の西洋の教育者といえば、ソクラテスが挙げられるであろう。ソクラテスは孔子の没後10年目に生まれ、没後80年に70歳でその生涯を閉じている。孔子と同様「述べて作らず」で、その哲学と教育観はプラトンの著した対話篇やクセノポンの『ソクラテス言行録』に散見される。

　孔子のように学校を作ったわけではないが、社会を教育の場とし、定期市や体育館、広場、工房、商店でさまざまな人と様々な問題を討論しあった。

　教育方法におけるソクラテスの最大の貢献は、知識や道徳を伝授する方法を提案したことにある。

　ソクラテスは、教師の役割は真理を憶測で作り上げて伝えるのではなく、新しい思想をこの世に誕生させる「産婆」として、人々の心に存在する真理を発見する手伝いをすることだと考えていた。そのため、学生には常に問答や会話の形で問題を出し、答えを導き出す教育法をとっていた。答えが間違っていてもすぐに正すことはせず、誤りの所在もいちいち指摘しないで、自分の答えが間違っていると自覚するまで問題を出し続けたのである。

　これがかの有名な「ソクラテス式問答法」である。

　ソクラテスが「自分は人に知識を授けるのではなく、知識が生まれる手伝いをする産婆である」と言ったことから、この問答法は「助産術」とも「産婆術」とも呼ばれるが、これは既成の答えを教えるのではなく、学生の思想上の矛盾点を徐々に明らかにしていくプロセスによって彼らの認識を絶えず深化させ、そこから思考の仕方を会得させて知識を正しく身に着ける方法を学ばせるというものである。

　孔子もまたソクラテスに遜色のない問答法で弟子を教育している。

　「憤せざれば啓せず。悱せざれば発せず。一隅を挙ぐるに、三隅を以て反せざれば、すなわち復びせざるなり」という啓発式方法を提唱しただけでなく、この方法を教育実践に用いていた。『論語』には、「仁を問う」、「礼を問う」、「政を問う」、「孝を問う」など、孔子の弟子から出されたさまざまな問いが100以上記されている。

　こうした問いに対し、孔子はそれぞれに異なったアプローチ法を採っているが、「啓発」と「因材施教」の原則は貫かれていた。『論語・顔淵』に「ソクラテス式問答法」と同工異曲ともいうべき問答が記されている。

子張問う。「士、何如なればこれを達と謂うべき」と。
子曰く、「何ぞや、爾の所謂達とは」と。
子張対えて曰く、「邦に在りても必ず聞え、家に在りても必ず聞ゆ」と。
子曰く、「これ聞なり、達に非ざるなり。夫れ達なる者は、質直にして義を好み、言を察して、色を観、慮りて以て人に下る。邦に在りても必ず達し、家に在りても必ず達す。夫れ聞なる者は色、仁を取りて行いは違い、これに居りて疑わず。邦に在りても必ず聞え、家に在りても必ず聞ゆ」と。

弟子からの質問に対し、孔子も直接回答することはせず、反問を投げかけることで弟子に自ら考えさせ、最後にようやく彼らが出した意見に肯定あるいは否定の見解を述べるのであった。

書かれていることに若干のプロセスの省略があるかも知れないが、孔子がとったその方法は実質的にソクラテスと同じものである。

ソクラテスは、「徳は知識であり、知識や徳は教育によって獲得できる」など教育理論の問題についても触れているが、ほとんどが教育哲学の範疇に属するもので、孔子のように深く体系的に教育の内的規律の問題まで論及していない。

以上簡単な比較から、中国と西洋の文化教育の起源にはそれぞれ特色があり、それぞれに長所短所のあることがわかった。西洋では科学が重視され、中国では倫理が重視されること、西洋では教育哲学の思弁が偏重され、中国では教育の内面の規律が偏重されるなどである。しかし、教育実践と教育理論の全体的な観点から、教育思想の広さや深さ、系統性を評価すると、どれをとっても孔子は同時代のピタゴラスや少し後のソクラテスに勝っていると思わざるを得ない。また、「教育思想の影響」という観点からも、「万世師表」[*25] と呼ばれる孔子が群を抜いており、後世に孔子以上に大きな影響を与えた教育者を見つけることはできない。

孔子は紛れもなく世界一の教育思想家である。

2.『学記』に見る教育思想

『学記』は『礼記』の一篇である。『礼記』は『小戴礼記』とも呼ばれるが、「小戴」とは前漢の学者・戴徳の甥戴聖を指す。

＊25 訳注：教師の永遠の模範の意。

戴徳と戴聖は前漢の今文礼学の創始者で、戴徳は漢の宣帝のとき太学[*26]の博士を務め、中国古代の礼制についての論述85編を集めた『大戴礼記』を編纂したことで知られる（39編が現存）。戴聖は『礼記』のうち『学記』を編纂した。考証によると、『大学』の作者と同一人物であるという。すなわち戦国時代後期の思孟学派・楽正克である。

　『学記』は教育問題を扱った専門書である。わずか1229文字にすぎないが、その内容は多岐にわたり、教育の機能から学制構想、成功と失敗、興廃の法則から師弟間の「教学相長」関係まで詳細な検討がなされており、非常に体系的できわめて価値の高いものである。とりわけ教育の成功と失敗、興廃の法則については、簡潔な言葉の中に学校教育のあるべき姿があますことなく描き出されており、学校教育の大綱ともいえる。

　そこには次のように書かれている。

　　大学の法、未発に禁ずる之を豫という。その可に当る之を時という。節を越えずして施す之を孫と謂う。相観て善する之を摩と謂う。この四者は教えの由りて興る所なり。
　　発して然る後に禁ずれば、則ち扞格して勝えず。時過ぎて然る後に学べば、則ち勤苦して成り難し。雑え施して不孫なれば、則ち壊乱して修まらず。独学にして友無ければ、則ち孤陋にして聞くこと寡し。燕朋は其の師に逆い、燕辟は其の学を廃つ。この六者は教えの由りて廃する所なり。
　　君子既に教えの由りて興る所を知り、また教えの由りて廃する所を知りて、然る後に以て人の師と為る可し。

　以上の文言は、学校教育の基本規律四か条を述べたものである。第1は教育の予防性、すなわち、不良行為をそれが発生する前に防止する、萌芽のうちに摘み取るということである。不良行為が発生してから禁止するのでは、積習が深く、矯正するのは難しい。第2は教育の適時性である。すなわち、適切な時機を逃さずに教育するということである。機会を誤り、最適な時期に導かなければ倍の労力をかけても半分の成果しかあがらず、大変な思いをしても成就するのが難しい。第3は教育の順序立て、すなわち、学生の心身の成長と知識レベルに応じて教育を行うというものである。順序を無視し、教

[*26] 訳注：官吏を育成する学校。

材にとりとめがなければ、教育しても然るべき効果は得られない。第4は教育の観摩性、すなわち互いに切磋琢磨して長所を学び短所を補いあって、集団ならではの教育作用を発揮する。師や友の助けなく独りよがりの学習をしていれば、知識の増進はなかなか難しいものがある。素行の悪い人と迂闊に付き合えば、師の教えに背くことにもなりかねない。そういう人たちと四六時中いっしょに居れば、くだらない話ばかりして学業が疎かになる。教師は、教育の興廃を決めるものを理解し、教育の内部規律を知らなければ、その任に堪えることはできない。

『学記』の学校制度に関する論述にも重要な意義がある。『学記』はまず学制のひな形、教育の視察指導制度、教学の組織形態、休暇制度、そして学習と素行の考査制度を提示したということができる。こう記されている。

> 古の教うる者は、家に塾有り、党に庠有り、術に序有り、国に学有り。比年に学に入り、年を中てて考校す。一年に経を離ち志を弁ずるを視る、三年に業を敬し群を楽むを視る、五年に博く習い師に親むを視る、七年に、学を論じ友を取るを視る、之を小成と謂う。九年に類を知りて通達し、強立して反かず、之を大成と謂う。夫れ然る後に以て民を化し俗を易うるに足る。近き者は説服し、遠き者は之に懐く。此れ大学の道なり。記に曰く、蛾子時に之を術ぶと。其れ此の謂か。
>
> 大学にて始めて教うるに、皮弁して祭菜するは、道を敬するを示すなり。『宵雅』三を肄わすは、其の始めを官にするなり。学に入りて鼓篋するは、其の業に孫わすなり。夏楚二物は、其の威を収むるなり。未だ禘を卜せざれば、学を視ざるは、其の志を游にするなり。時に観て語らざるは、其の心を存するなり。幼者は聴きて問わざるは、学ぶこと等を躐えざるなり。此の七者は、教の大倫なり。『記』に曰く、「凡そ学は、官は事を先にし、士は志を先にす。」其れ此の謂か。

上記の第1節は、中央から地方まで行政編制による学制体制を構築する構想、中央を中心とする学校教育制度のひな形を打ち出したものである。この構想は中国古代学制の原形となり、漢代から封建統治階級は基本的にこの構想に従って教育事業を行ってきた[*27]。

[*27] 張瑞璠『中国教育史研究』先秦分巻　華東師範大学出版社 1991 年、124 頁。

第2節は考査制度についてで、学年に分けて学習の内容と要求程度を規定し、定期的に教学効果を測ることが論じられている。

　第3節はまず「大学の礼」、すなわち学校の始まりの儀式について、それが最高統治者あるいは教育を主管する官吏が主宰する儀式で、師道の尊重を示すため、鹿皮の帽子をかぶり、芹菜などの進物を捧げて先聖先師を祭るものであることが論じられている。次に視察指導制度に関し、視学の時期と方法について要求を出している。

　『学記』にはさらに「長善救失」、「蔵修息游」、「教学相長」などについて、非常に貴重な考え方が書かれている。

　教育論に関する書物としては、古代ローマの教育家クインティリアヌスが書いた『弁論家の教育（弁論術教程）』を世界初の教育専門書とするのが海外では通例で、H.A. コンスタンチノフらの『教育史』には、「教育史上、これが学校の実践的な運営に関する最初の著書である」とある[*28]。西洋教育史についてであれば、概ねこれは間違いではない。クインティリアヌス以前は、ピタゴラスもソクラテスも書物を著しておらず、プラトンの『国家』が政治学に関する最初の著書である。アリストテレスは著書が多いが、教育論だけはない。キケロの『弁論家について』は、弁論家のあらゆる面にスポットを当てたもので、教育問題はそのなかの一部に過ぎない。それに対してクインティリアヌスの『弁論家の教育』は教育者として20年に亘る経験の集大成で、第1巻、第2巻、第12巻で教育の一般問題について触れている。しかし、世界全体の教育史という観点から見れば、やはりこの論断は偏りに失すると言わざるを得ない。

　第1に、時代である。『学記』ができたのが戦国時代後期（紀元前3世紀頃）、クインティリアヌスが生きていたのが大体西暦35〜100年、『弁論家の教育』は彼が50歳で隠退してから書き始めたものであるから、『学記』の方が『弁論家の教育』より少なくとも300年は早い。「近代教育学の父」と称えられるチェコの教育家コメニウスの代表作『大教授学』に至っては、『学記』より1800年以上あとである。

　第2に、内容である。クインティリアヌスの『弁論家の教育』は確かに学

---

*28　H.A. コンスタンチノフら『教育史』李子卓等訳　人民教育出版社　1958年、23頁。

校教育の機能、学校教育の三つの段階（初級教育、文法、修辞学教育）、学習の漸進過程（模倣する、理論指導を受ける、練習する）について詳細に検討され、教育は学生の個性や年齢による特性に合わせるべきであることを強調し、教師に才徳兼備を求めるなどしているが、基本的には弁論家の教育について述べたものであり、主に教学のミクロ問題について考察されたものである。一方、『学記』はマクロ、メゾ、ミクロの問題を結合させて検討したものであり、『弁論家…』よりも系統立っており勢いもある。ただミクロの問題に関しては、『弁論家の教育』が『学記』よりも全面的であり深く探求していたことは否めず、内容的にはそれぞれに良さがあるといったところである。

第3に、影響である。クインティリアヌスの『弁論家の教育』は、影響という点で『学記』には及ばない。『学記』は世に出て間もない後漢時代には注釈書が出て、近代までにおよそ140人による注釈があり、古代中国の教育に深い影響をもたらした。

近代の学者王樹柟は、「この『学記』は三代の聖王の教科書であった。周秦以降の儒者の言が網羅され、小学・大学の規模、入学の年限、教育の方法について、すべてが明文化されている。今なおこれによって先王が民を教えた大略が考察でき、今日の世界各国の学校教育の法とも相通ずるところが多く、師範重視を謳うものに必要な書である」[*29]と述べており、日本の学者である谷口武も『学記』が日本の教育に与えた影響を次のように論じている。

「学記は東洋最古の教育原典である。古来我が学界に於いても広く読まれたものの如く、山崎闇齋、山鹿素行、細井平洲、貝原益軒其他我が国出色の教育者の学説及び実践の跡を通覧するに、その随所に学記の章句及び精神の縦横に生動せるを見るのである。日本教育史上に影響したるもの此の書の如く顕著なりしものは、極めて稀である。」[*30]

対するクインティリアヌスの『弁論家の教育』も大きな反響を呼んだ著作であり、古代ギリシャ・ローマ時代の教育経験の集大成と目され、「ルネッサンス以降の教育理論の発展に礎を築いた」[*31]が、同書は1416年に原稿が発見さ

---

*29 王樹柟. 学記笺証『中国学報』 1913年、(5)(6)。
*30 谷口武『学記論攷・自序』
*31 中央教育科学研究所比較教育研究室『世界著名教育家』貴州人民出版社1989年、25頁。

れるまで約1300年もの間、人びとの目に触れることがなく、『学記』よりも世に知られる期間が1700年以上少ない。時空における輻射という点で『学記』に遥か及ばず、『学記』こそ世界で最初の教育専門書であるというにふさわしい。

3、古代教育思想の発展の軌跡

　古代中国の教育思想は数千年に及び連綿と続いた。長い歴史のなか、「百家争鳴」のピークが4回も現れ、その時々の学術思想（教育思想を含む）の発展を後押しした。古代の教育思想には多くのものが内包され、歴史の段階や時代によって異なる教育思潮があり、地域文化による教育の相違（春秋戦国時代には趣のまるで異なる鄒魯、三晋、燕斉、荊楚といった文化地域があった）や、民族による教育の相違（漢民族の文化を中心とする教育と少数民族の教育）、対象による教育の相違（上層、官立の、貴族の教育と下層の、民間の教育）などがある。ここでは4回の「百家争鳴」を歴史的な手がかりとして、古代教育思想の発展を4期に分ける。

1. 先秦時代の教育思想

　先秦時代とは、紀元前221年、秦王朝以前の殷、周、春秋戦国時代を指す。中国の古代社会が奴隷制から封建制へと移行する大きな変革の時代であり、社会の政治、経済、文化、教育、自然科学など各分野において大きな変化が起こり、さまざまな階級・階層の思想家たちは、激変する社会のなかで提起された問題を解決するために、おのおの自分の意見を述べ、議論を展開し、いわゆる「百家争鳴」の学術的な繁栄が訪れた。

　文化教育においては、先秦時代に新たな局面が現れた。すなわち学術の下層への移行と士階層の興隆、官学の没落と私学の勃興である。儒墨二学派の論争に始まる百家争鳴も、教育思想を空前の躍動時代へと導いた。

　儒家は孔子が創立して孟子、荀子が継承した学派であり、先秦時代の顕学であっただけでなく、中国古代社会全体を通して国家学説であった。儒家は教育の役割を強く主張し、教育には社会改造と新人育成の機能があるとした。

　孔子は「之を道（みちび）くに政を以てし、之を斉（ととの）うるに刑を以てすれば、民免れて恥

無し。之を道くに徳を以てし、之を斉うるに礼を以てすれば、恥かつ格る有り」*32 と言い、教育には刑罰に代えられない機能を有することを強調した。孟子も教育を「仁政」を推し進める上で重要な手段であると位置づけ、「善政は善教の民を得るに如かざるなり。善政は民之を畏る。善教は民之を愛す。善政は民の財を得、善教は民の心を得」*33 と説いた。

『学記』に至ってはさらに明確に、「民を化し俗を成さんと欲せば、其れ必ず学に由るか」や「国を建て民に君たるに、教学を先と為す」との命題が提示されている。

儒家はとりわけ倫理教育を重視し、そこに教育の基本があるとした。

孔子の説く「君子は徳を懐う」や「君子は本を務む。本立ちて道生ず」*34 に、道徳が最高至上の地位にあることが込められている。

孟子は更に端的に、

「庠序学校を設け為して、以て之を教う。庠は養なり、校は教なり、序は射なり。夏には校といい、殷には序といい、周には庠といい、学は則ち三代之を共にす。皆、人倫を明らかにする所以なり（庠・序・学・校という各種の学校を設立して、人民を教育する。庠とは養うということ、校とは教えるということ、序とは弓を射ることである。夏王朝では校といい、殷王朝では序といい、周王朝では庠と言った。学問は三代の王朝に共有であり、全て人倫を教えるものである）」*35 と指摘した。

ここでいう「人倫」とは、封建時代の倫理の綱常のことで、「父子親有り、君臣義有り、夫婦別有り、長幼序有り、朋友信有り」*36 を指す。

荀子も道徳の育成と訓練を重視し、「徳操」のそなわった「成人」を道徳教育の最高の境地とした*37。儒家は教育の内容、原則、方法論などでも多くの論

---

*32 『論語・為政』。

*33 『孟子・尽心上』。

*34 『論語・里仁』、『論語・学而』。

*35 『孟子・滕文公上』。

*36 『孟子・滕文公上』。

*37 『荀子・勧学』に「是故權利不能傾也，群眾不能移也，天下不能盪也。生乎由是，死乎由是，夫是之謂德操。德操然後能定，能定然後能應。能定能應，夫是之謂成人。天見其明，地見其光(廣)，君子貴其全也。」とある。

述があり、功績を残している。

　墨家は手工業小生産者を代表する学派で、墨翟を創始者とする。春秋戦国の頃には、儒家も墨家も「顕学」と呼ばれていた。墨家の思想体系の中核は「兼ねて相愛し、交相利す」*38であり、教育においては、治国、利民、兼愛、相利を担当できる「賢士」や「兼士」を唱えた。墨家は「天下を利することは、これを為す」の原則に立って実用技術の伝習を重視し、科学技術の教育（幾何学、光学、力学、音響学、機械製造など）で著しい成果を収め、古代中国の生産技術を科学理論に向けた最初の飛躍を実現しただけでなく、古代中国の科学技術教育の先駆けとなった。また、墨家の「其の志功を合せて観んことを」の道徳評価方法、「力を量りて至る」、「本を務め末を約す」学習態度、「名を以て実を挙ぐ」、「類を察して故を明るくする」芸術教育、および環境の影響を力説した「習染学説」は、中国の教育思想史のなかでも独特で、一定の影響力があった。

　法家は変法、法制の主張がその名の由来となった。春秋の初め、斉の桓公が管仲の変法を任用し、法家の人物が政治の舞台に登場した。その後の李悝*39、呉起、申不害、慎到、商鞅および韓非子は法家の重要な代表的人物である。法家の教育の理想は、社会教育を学校教育の特殊な形式である私学に代わるものとし、伝統的な「礼を以て教えとなす」、「儒を以て師となす」に対し、「法を以て教えとなす」、「吏を以て師となす」を提唱した。法制教育の実行はほかでもなく法家ならではの教育思想の特徴である。

　法家の教育思想の明らかな失策は、法制の機能を過度に強化して教育の役割を無視したことである。韓非子もはっきりとこの点を認めている。

　「今不才の子あり。父母これを怒れども為に改めず。郷人これを譙（きょうじん）むれども為に動かず、師長これを教うれども為に変せず。それ父母の愛、郷人の行、師長の智を以て、三美加うるも、終に動かず、其れ脛毛（けいもう）も改めず。州部の吏、官兵を操り、公法を推し而し姦人（かんじん）を求索（きゅうさく）すれば、然る後に恐懼してその節を変じ、その行を易（か）うるなり。」*40

　全ての教化は刑罰の前に暗然と色あせてしまった。こうした思想の極地は文

---

*38 『墨子・尚賢中』。
*39 訳注：「李克」とも呼ばれる。
*40 『韓非子・五蠹』。

化的専制主義であり、秦王朝の「焚書坑儒」はこの思想の行動への表れであると言わざるを得ない。もちろん、法家の教育思想に正しいところが一つもないということではない。功績ある人材の選抜・育成や、職業技術教育、勉強の「参験」を重視するなど、法制を強調するところと儒家の教化を強調する伝統とが相互に補完しあい、社会の安定を維持する重要な要素となっている。

道家の創始者は春秋時代の老子で、その後、戦国時代の荘子、斉の田駢らに代表される稷下黄老学派へと続く。道家は「小国寡民」という社会的政治的な理想に基づき、「絶聖棄智」、「無知」、「無欲」、「無為」を謳い、全ての束縛から抜け出し個性の自由な発展を目指す自然主義教育を提唱した。老子は「人は地に法り、地は天に法り、天は道に法り、道は自然に法る」[*41]と唱え、教育の役割は人間の自然な本性を十分に展開することで、社会生活の悩みや苦しみから抜け出し、無為自然の状態に回帰させることにあるとした。

教育問題について言及した思想家は、陰陽家、名家、縦横家、雑家、農家、兵家、小説家など他にもあり、彼らは前述の儒家、墨家、法家、道家の教育思想と相互に輝きながら、先秦時代の多彩な教育思潮を構成した。先秦時代の教育思想は、中華教育思想の形成と発展に寄与した重要な淵源である。

2. 秦漢・六朝時代の教育思想

秦漢・六朝時代は秦、漢、三国、両晋、南北朝など多くの王朝が興亡した時期で、紀元前221年の秦王朝の成立から589年の南朝(陳)の滅亡までの八百年余りをいう。この時期は大きく、中国を統一して強大な専制中央集権封建制度を確立し、形成、定着させていった秦漢時代と、中国史上二番目の大分裂、大混乱となった六朝時代とに分けられる。魏晋南北朝時代に中国学術史上の二度目の「百家争鳴」のピークが現れた。

秦の始皇帝は中国を統一すると、史上初の封建専制国家を築いた。政治では吏師制度を実施し、文化教育においては文字の統一、倫理の統一、法律・制度の統一、定一尊政策等を実施し、後世に大きな影響を与えた。

漢代になると、黄老学派が秦代の法治教育から漢代の「独尊儒術」の徳治教育への転換において仲介的な役割を担い、董仲舒が「百家を罷黜(排斥)し、

[*41] 『老子・二十五章』。

独り儒術のみを尊ぶ」文教政策を提唱すると、古代教育の政治倫理化が正式に促進された。董仲舒が提唱することにより、「君為臣綱・父為子綱・夫為妻綱（君は臣の綱となり、父は子の綱となり、夫は妻の綱となる）」の三綱、五常（仁、義、礼、智、信）を核とする儒家倫理による道徳教育の体系化、理論化が進み、専制主義の色彩が色濃くなるとともに神秘のベールを纏うこととなった。

漢代は教育事業に大きな発展を見た。第1に、官学制度が構築され、太学、宮邸学、鴻都門学、郡国学校といった学校体系と、「官学事師」「経学教育」といった教育形態、教育内容が整備された。第2に、私学教育の隆盛があった。書館と呼ばれた既存の私塾で蒙学教育が行われ、郷塾と呼ばれる私塾で経書の学習が行われた。さらに精廬や精舎がつくられ経学の専門教育が行われた。精舎は唐宋以降「書院」へと進化する。第3に、察挙取士制度の誕生と実施である。これによって「官学の振興には養士教育、官吏任用は取士法をとる。養士は儒学書を学び、取士は儒生を選抜する」構図ができあがり、科挙制度の誕生に直接的な影響を与えることとなった。

教育事業の発展はまた優れた教育思想家を生み出した。なかでも傑出していたのが董仲舒と王充である。

「漢代の孔子」と呼ばれた董仲舒は、儒家の徳治主義を継承し、教育の社会的・政治的機能を唱えた。董仲舒の三大建言（すなわち儒学を正統な官学とする「百家を罷黜（排斥）し、独り儒術のみを尊ぶ」、太学の設置「明師を置き、太学を興す」、郷挙里選による人材登用「選びて挙ぐるを重ね、広く士を取る」）は統治者に受け入れられ、漢代の文教国策となった。

「性三品」説から、董仲舒は「聖人の性は論じず、斗筲（小人）の性もまた論ずるべきではなく」、ただ「中人の性」のみが、「教育によって善に変わることができる」としている*42。

道徳教育では、董仲舒が主唱した三綱五常の内容及び「正誼明道」、「不計功利」、「躬、自ら厚くして、薄く人を責むる」、「小を積みて巨に致す」、「微を以て顕に致す」の徳育原則と方法にも相当な影響力があった。

後漢の王充は、当時流行した讖緯迷信、崇古宗聖という学風に反対し、独自の教育理論を提起した。人間の育成における環境と教育の作用を肯定する王

---

*42　董仲舒撰『春秋繁露・実性』。

充は、「学校教育によって先に励まし教え、法律による禁止は後で予防として行う」[*43]と主張し、「生まれながらにしてこれを知る」という先験論に反対し、「物事を知るには学ぶことであり、これを学ぶことは乃ち知ることである。質問しないのは理解していないということである」[*44]という命題を提起した。また「人は知識や学問があれば、力があるのと同じこと」[*45]とも説いた。これはおそらく「知識は力なり」の最初の表現で、この表現はイギリスのフランシス・ベーコン（1561〜1626年）より千五百余年早い。棒暗記式の詰め込み教育に反対し、学習と実際のエクササイズを結合した方法を重視した王充は「信師好古（師を信じ古いものを大切にする）」という盲目的な学習方法に異論を唱え、「問難之道（難解な道を問うていく）」、「核道実義（道理を確かめ、正しい意義を明らかにする）」[*46]という探索的学風を提唱した。

秦漢時代には、ほかにも『呂氏春秋』、『淮南子』、『法言』、『史記』、『(世説)新語』、『新書』、『白虎通徳論』、『漢書』、『説苑』、『申鑑』、『太平経』など重要な書籍がある。程度の違いこそあれ、どれも教育問題に言及しており、この時代の教育思想を豊かなものにした。

魏晋南北朝時代は国が揺れ乱れ、政権が頻繁に交代した。豪族は巧取強奪し、社会に玄学が流行した。官学は興廃を繰り返し、私学が隆盛し、「百家争鳴」の局面を迎えた。教育思想においては、人材教育、玄学教育、家庭教育の三点が関心を集めた。「乱世は英雄を出す」が、この時代は、社会的に人材が必要とされ、実践面で人材育成が重視されただけでなく、理論的にも成熟した人材教育思想が形成された。

諸葛亮は『誡子書（かいし）』で、学ぶことで才能が開花し、学ぶには先ず志を立てることだとする人間教育観を次のように示している。

「才は須く（すべから）学ぶべし。学ぶに非ざれば以て才を広むるなく、志あるに非ざれば以て学を成す。」

劉劭（りゅうしょう）の『人物志』は、人間のタイプと育成、人材活用、人物評価などについ

[*43] 王充撰『論衡・率性』。
[*44] 『論衡・実知』。
[*45] 『論衡・効力』。
[*46] 『論衡・実知』。

て系統立てて論じられ、「人間教育学の専門書」と称されている*47。

　魏晋玄学とは、魏晋時代の老荘思想を骨格とする特定の哲学的思潮をいい、何晏(かあん)、王弼(おうひつ)、嵆康(けいこう)、阮籍(げんせき)、向秀(しょうしゅう)、裴氏一族、郭象(かくしょう)、張湛(ちょうたん)などがいる。玄学家は一般的な教育の原則や教育の内部規律に対してはさほど興味を示さなかったが、伝統的な儒教の教育思想に反対することに新境地を開き、批判精神に富んでいた。

　嵆康は著書『難自然好学論』で、儒教の教えと経学教育を次のように酷評している。

　「今若し明堂を以て丙舎と為し、諷誦を以て鬼語と為し、六経を以て蕪穢と為し、仁義を以て臭腐と為さば、文籍を睹(み)れば則ち目は瞧れ、揖譲を修むれば則ち傴に変じ、章服を襲(かさ)ぬれば則ち筋を転じ、礼典を譚ずれば則ち歯は齲(むしく)はり、万物と更始を為さば、則ち吾子は好学不倦と雖も、猶お将に闕焉(けつえん)す。則ち之に向かいて学ばず、未だ必ず長夜を為さず、六経は未だ必ず太陽を為さぬなり。」

　「名教（封建社会の倫理道徳・政治制度）を越える」のが「破」であるなら、「自然に任す」のは「立」である。

　玄学家は、儒教の教えの最大の誤りは個性を抑圧し、人の自然な成長を壊したことだという。それゆえ、教育を受ける側の個性が自然に伸びるようにするのが教育の要であり、玄学教育の最高の理想は「文明は内面にあり、飾り気のない心を見て、素朴な性質を保つ。内面的には自分の心に少しも恥じるところはなく、外面的には世俗的なものに流されない。利益のために人と付き合うのではなく、俸給のために仕えるのではない。古今を鏡として、感情や欲望を洗い落とす」の「至人（至高のレベルに達した者）」なのだとする*48。

　西洋の教育史上、最初に「自然に帰れ」を教育の旗印としたのは、フランスのルソー（1712〜1778年）である。ルソーは著書『エミール』の中で、次のように言う。

　「万物は造物主の手を離れる時は全てが善いものであるが、人間の手にかか

---

*47　1937年、アメリカの心理学者シュライオック(J. K. Shryock)が『人物志』を翻訳し、『The study of human abilities』としてアメリカ東方学会(American Oriental Society)より出版。

*48　『嵆康集・卜疑』。

るとそれらがみな例外なく悪いものになる。」

嵇康ら玄学家の考え方は、ルソーの自然の教育とは趣が異なるが、ルソーのそれよりも1600年以上も前に「自然に任す」という教育的主張が出されており、世界の教育思想史上初めての革命であると言わざるを得ない。

また、この時代の家庭教育についての思想も無視することはできない。まっさきに挙げられるのは顔之推の『顔氏家訓(がんしすい)』である。二十篇立てで、立身治家から、処世法、学問など教育の意義や家庭教育における普遍的な問題を多方面にわたって事細かに教えている。顔之推は、家庭教育は早いうちに始めるべきであるとし、「人生まれて小幼なるは、精神専らにして利く、已に長成せし後は、思慮散逸す。固(もと)より須らく早く教えて機を失うことなかるべきなり(人というものは、幼少の頃は精神が専一で利発であるが、成長すると思念が散漫になる。言うまでもなく教育は早いうちに行うのがよく、時期を逸してはいけない)」*49 と唱え、「教え無くして愛のみあり」の当時の教育の風潮を批判し、「骨肉に於いて苛虐す」の棍棒による体罰に反対して、「威厳にして慈あれ」*50 と主張し、厳しさと愛を結合させた。

また、家庭教育の具体的な内容（言葉、道徳、立志の強調）や子供への学習指導方法（「眼学」、「勤学」、「惜時」、「切磋」など）について、非常にユニークな解明を行った。顔之推の家庭教育理論は後世に大きく影響を与え、封建士大夫の家庭教育は同書から深い影響を受けたことから、同書は「家庭教育規範」と呼ばれ、その後、歴代の家庭教育書のモデルとなった。「古今の家訓、此れを以て祖と為す」*51 といわれ、「六朝時代の顔之推の家法が最も正しく，最も長く相い伝えられている」*52 とされる所以である。

魏晋南北朝時代は、このほかに仏教学教育、道家教育、民族教育も新境地を見出し、一定の規模を有していた。

3. 隋唐両宋時代の教育思想

隋唐両宋時代とは、隋、唐、五代十国、両宋の四時代、581年の隋王朝の成

---

*49　顔之推撰『顔氏家訓・勉学』。
*50　顔之推撰『顔氏家訓・教子』。
*51　王三聘輯『古今事物考』二。
*52　袁衷等撰『庭幃雑録』巻下。

立から 1279 年の南宋滅亡までの約 700 年をいう。この時代は、古代中国が長期にわたる分裂から再び統一した時代で、文化教育は空前の盛り上がりを見せ、学術的にも三度目の「百家争鳴」のピークが訪れた時期でもある。

　隋唐両宋時代は教育事業でもさらなる発展があり、いくつかの新しい特長を有する。隋は漢代の鴻都門学（芸術専科）を引き継いだ後、書学、算学、律学の専門教育機関を設置した。唐は司天台、太僕寺、太楽署などで職業訓練を行い、専科教育と職業教育の適正化を図った。隋唐時代を通して科挙制度が生まれ、形がほぼできあがり、唐宋に端を発する書院制度とともに、教育にそれまでにない大きな影響を与えた。

　この時代は教育思想も活発となり、さまざまな学派が生まれ、多彩な局面を迎えた。

　韓愈は儒家の道統（聖人の道の伝授）を守る先駆者として、「先王の教えを明らかにする」教育理念を掲げた。その著書『師説』は、教師の役割、教師を選ぶ基準、師弟関係など教師についてあらゆる面から論じた古代中国最初の教師論の名著で、

「古の学ぶ者は必ず師あり」、「師は道を伝え業を授け惑いを解く所以なり」、「弟子は必ずしも師に如かずんばあらず、師は必ずしも弟子より賢ならず」、「道を聞くに先後有り、術業に専攻有り」など多くの名言が記されている。

　また『進学解』は、学びについて対話形式で論じた教育論で、美しく含蓄に富んだ表現が特徴である。そのなかの「業は勤むるに精しく、嬉しむに荒む。行いは思うに成り、随うに毀る」も人口に膾炙した名言であろう。

　『子産が郷校を毀らざるの頌』も地方の学校創設の提唱に一定の意義がある。韓愈の「性三品」説は、人間の成長における教育の役割を論じたもので、後世にも大きな影響を与えている。

　両宋時代は中国の古代教育思想発展の高潮期であった。范仲淹、王安石を代表とする教育改革者が「経世致用」の教育を提唱し、教育制度や教育内容、教育方法の改革を積極的に主張し、人材育成と人材選任の悪循環を好循環に変えることを試みた。彼らの興学・改革運動は最終的には失敗したものの、ある種の成果は別の形で残され、宋代の教育に軽視することのできない影響を与えた。

　范仲淹の格言「天下の憂えに先んじて憂え、天下の楽しみに後れて楽しむ」

や、王安石の警世の作『仲永を傷む』などは、時代を越えた重要な教育教材となっている。

范仲淹や王安石が追い求めた理想を実践したのが胡瑗である。より正確に言えば、胡瑗の教育改革の実践と理論が范仲淹や王安石のマクロ的教育改革構想を啓発した。胡瑗が進めた「分斎教学」[*53]、主副教科制度は、先進各国より400年も早く、「自学補導」、「直観教授」、「遊戯教育」、「考察遊歴」などの教授方法は、既成の方法を破る、独特の風格あるものであった。

宋代の理学は、周惇頤（濂渓出身）、程頤、程顥（洛陽出身）、張載（関中出身）、朱熹（閩出身）の四大学派による濂洛関閩の学が形成され、なかでも朱熹を代表とする「朱子学」は教育への影響が最も大きく、理学教育の思想体系が確立された。

朱子学は教育理念において「聖賢の千言万語、只だ是れ人に天理を明かし、人の欲を滅するを教うるのみ」[*54]と明確な綱領を打ち出し、教育の「才能を育み、道徳を打ち立て、気質を変え、心を正し、風習を美しくする」重要な役割を確かなものとした。教育内容においては、「四書」（『大学』、『中庸』、『論語』、『孟子』）と「五経」を並列して位置づけ、中国の古代封建社会後期の教育内容に決定的な影響を生んだ。道徳教育においては「心を正して意を誠にし、身を修めて家を斉え、国を治めて（古の明徳を）天下に明らかにする」ことのできる「聖人」を育成し、「立志」、「主敬」、「存誠」、「養心」、「寡欲」、「養正於蒙」、「禁於未発」等の修養によって、人を「天地と同徳にして物欲の累なく、公正無私、崇高にして悪と交わらず、公平で依怙贔屓しない」という道徳の境地に至らしめる[*55]とした。教学理論においては、能力に応じた教育、学習意欲の啓発誘導、順序を追った進め方、温故知新、博文約礼といった教学原則を深化させ、「朱子読書法」も古代の教学理論に大いに貢献した。朱子学の教育思想は、当時はもちろんのこと、後世にも大きな影響を与え、朱熹の没後ほどなくして、国家教学の教育思想として形作られていった。

朱子学に対抗したのは、陸象山（1139-1192年、陸九淵ともいう）を代表

[*53] 訳注：「斎」はクラスの意。人には得手不得手があるとする胡瑗は、学生を「経義斎」と「治事斎」に分け、前者では経学を、治事斎では政治や軍事を教えた。

[*54] 黎靖徳編『朱子語類』巻十二。

[*55] 毛礼鋭、沈灌群主編『中国教育通史』第3巻　山東教育出版社　1987年、151頁。

とする心学教育思想であった。陸象山は「宇宙は便ち是れ吾が心、吾が心は即ち是れ宇宙なり」、「心即理」*56 という基本的な心学の命題から、教育の目的を「本心の発明」であると考えた。

「古人の人を教うるは、存心、養心、放心を求むるに過ぎず。……保養潅漑、此れ乃ち為学の門、進徳の地なり」*57。

これを基本として、優れた徳操を持つ「完人」と独立した精神を持つ「超人」の育成に努めた。

陸象山の心学は、道徳教育においては、「『履は徳の基なり。謙は徳の柄なり。復は徳の本なり。恒は徳の固なり。損は徳の修なり。益は徳の裕なり。困は徳の弁なり。井は徳の地なり。巽は徳の制なり。』……九卦の列は君子の修身の要であるから、その順序は此の如しであり、いずれが欠けてもいけない。」というように、徳育のプロセスそのものであった*58。

教学においては、朱子学の「泛観博覧して、のち之を約に帰さしむ」とは異なる観点から、「まず人の本心を発明して後、人をして博覧ならしめん」と主張し*59、「自立精神」、「切磋弁明」、「涵泳功夫」等の具体的な原則や方法を掲げた。

陸象山の教育思想の特色を次のようにまとめた人がいる。

全体としてわかるものであり、一つずつ理解するものではない。「尊徳性（徳性を尊ぶ）」であり「道問学（問学に道る）」ではない。「反省内求」であり「外求外鑠」ではない。「独立思考」を提唱し、書籍や聖賢を盲信しない。躬行実践を重視し、言行不一致ではない。*60

前者三点は心理学教育と理学教育との違いを大方把握したものといえる。

陳亮、葉適を代表とする事功学派は、朱子学と陸象山の心学のいずれにも反対するものである。理学派や心学派の空理空論を批判し、実用を求め、功利を重んじ、真の才能を論じる教育理論を確立した。事功学派が提唱した「学以致用、開物成務」の教育理念、経史と芸能を重視して実理実事を中心に据えた教

---

*56 『陸九淵集・雑説』、『陸九淵集・与李宰』。
*57 『陸九淵集・与舒西美』。
*58 『陸九淵集・語録上』。
*59 『陸九淵集・語録上』。
*60 郭斉家『中国教育思想史』教育科学出版社 1987 年、290～293 頁。

育内容、そして大胆な批判とパイオニア精神をもって「厳謹に学問を治め、師友が講論」する教育原則、教育方法は、明末清初における早期啓蒙思想家の教育思想の理論根拠となり、清代における漢学の大家たちの学術研究の肥やしとして中国古代文化教育の発展に彩りを添えた。

4. 元明清時代の教育思想

元明清時代は元、明、清の三王朝の時代である。歴史区分では、1279年に元が南宋を滅亡させて中国全土を統一してから、1840年のアヘン戦争までの実に560年あまりに及ぶ期間をいう。この時代、社会は大変革状態にあり、さまざまな学術思想が活発になり、中国古代の学術思想史上4回目の「百家争鳴」を形成した。

元明清の教育体制は、基本的には漢・唐を踏襲しながらも、いくつかの新しい特徴を呈した。なかでも社会教育の新興に最も特徴がある。古代中国の教育家は早くから社会教化の思想を打ち出していたが、実際に実施されたのは元代からである。元代の社学と廟学は典型的な社会教育機関である。

至元25年（1288年）、元朝は正式に政令を頒行し「諸県に所属する村荘は、50家を1社とし、年長で農事を知る者を社の長として選ぶ。……1社に一つ学校をつくり、経書に精通する者を学師にし、農閑期には子弟を入学させよ。成績優秀者は、官司の照験を申請する」[*61]とした。

廟学とは孔子廟の活動を中心に展開する儒教道徳普及宣伝を主な内容とした社会教育の形式である。この時代の教育のもう一つの特徴は、学校教育と科挙試験に対する管理をさらに強め、文化教育で封建専制主義を実施したことである。

教育思想においては、明清時代の反理学傾向が目立つが、個性を叫び、実学を唱導する教育思潮が進展した。王守仁（王陽明）は陸象山の心学教育観を継承しそれを発展させ、「致良知（ちりょうち）」の教学理論および「知行合一」の道徳教育論を提起した。子供の教育においては、「文章をぶつ切りにしてひたすら演習させ、ガチガチに束縛する」、「囚人のように、鞭で叩いて言うことを聞かせる」といった子供の天性を摘み取る教育法に反対し、誘導、啓発、風諭、激励する

---

*61 『新元史・食貨志』。

ことにより、子供の「自由な遊びを楽しみ、拘束を嫌う」特性に順応し、適時に降る雨と春風が草木を潤すように、「芽を出させて育てる」*62。カリキュラム設定については、読書（学問）に歌詩、習礼を結合させるべきであり、それが子供の心身の成長規律に従うものと考えていた。

王陽明が他界する2年前に生まれた李贄（李卓吾）も反理学の急先鋒であった。彼は孔子の盲目的崇拝に公然と反対し、申子・韓非子の書を学ぶよう提唱した。教育思想の上での主たる貢献は、「師、之すなわち友」の師弟関係を提起したこと、女子教育を唱導し*63 かつ自ら躬行したことで、李卓吾と弟子たちとは、「同じ学問を追求し、同じ方法で事を進め、苦楽を分かち合う」といった、まるで「実の親子」のような師弟関係であったという。また、湖北省の麻城で講学した時にも女子学生を公募するなど、世俗や封建的礼教にも抗った。

明清時代の黄宗羲は古代中国で最初に系統立った近代的な民主主義的教育思想を提唱した学者である。彼は民主政治の高きから出発し、八股文によって登用人材を選定する科挙制度に対して猛烈な批判を行った。封建的教育の専制と特権に反対するため、教育普及の学制体系、すなわち近代の学制の萌芽である蒙学（小学校）、郡県学（高校）から太学（大学）、書院（大学院）といった学校システムを設計した。

明清時代のもう一人の有名な教育思想家は、著書も多く、博学で見識の高い王夫之である。王夫之は教育を強国の三綱領である「財、兵、智」の一つとして、明が滅亡した原因は「教化、日に衰う」、「其の才を育てるを失す」であるとした*64。王夫之は「性は日々生じ日々成すものである」との人間性理論から出発し、人間性の「未成可成」、「既成可革」を前面に押し出し、教育の人間の成長に対する作用を示した。彼の提唱した「学思相資」、「因材而授」、「因機設教」、「教必着行」、「楽勉結合」、「恒教其事」といった教育原則および方法は、中国の古代教育エキスの集大成であり、新たな知見が数多く得られた。

明清時代には掲げるべきもう一つの教育流派、すなわち顔元、李塨（りきょう）を代表

---

*62 『王文成公全書・訓蒙大意示教読劉伯頌等』。
*63 李贄『焚書・為黄安二上人三首』。
*64 王夫之『読通鑑論』巻五。

とする実学教育学派がある。彼らは宋明理学の提唱する「棒暗記」に反対し、「実学」、「実用」的な教育を唱導し、古代中国の教育を実践に近づけるという新しい方向を開拓した。実学教育は教育目標を「経世致用」に置き、それにより「万民を利済（利済蒼生）」し、「人民のために仕事をする」人材を育成できると主張し、教育内容は「実文」、「実行」、「実体」、「実用」を原則とし、芸術教育、スポーツ、自然科学および労働教育を重視した。教育方法においては静坐空談に反対し、「習行」、「講弁」を提唱した。顔元らは「教育においては講義が1～2割、演習や実践が8～9割」と説いたが、これは現代の教育論「簡潔な座学と多くの実習」の原形である。実学教育は儒家の伝統的な教育内容や方式を打ち破り、数千年にわたる封建的教育の桎梏から解放することで、ある意味、近代的な科学教育、労働教育の必然的な発生を予見した。言い換えれば、実学教育は中国古代における資本主義萌芽期の市民階級の声を反映したもので、近代の教育内容改革の理論ベースの一つである。

第2章
古代中国の教育思想の特質

　古代中国の教育思想は、「中国」、「古代」という空間的時間的に特異な生態環境の中で生まれ発展したものであり、特質を正しく理解するには、そうした特殊な生態環境について詳細な分析を行い、古代の教育思想を育んだ土壌を探索する必要がある。

　古代中国の教育思想は過去のものではあるが、その現代的意義は無視することができない。古代教育思想の積極的意義や消極的要素、浸透力や潜在的影響、慣性のメカニズムや再生能力を重視しなければ、現代の教育は座標軸を失い、歩みも困難になると歴史は教えてくれる。

1、古代教育思想の生態環境

　文化生態学の視点から言えば、生態環境は文化の類型に影響を与える重要な要素の一つである。生態環境は、一般に、文化や民族の地理的環境、物の生産方式、構築される社会組織形態から構成される。生態環境において、自然地理環境の相違は往々にして生産方式の相違をもたらし、生産方式の相違は社会組織形態の相違をもたらしてきた。温帯大陸型の自然条件は、中華民族に農業型自然経済を中心として生きることを運命づけ、農業生産方式の絶対的優位性は、中国に家長を中心とする宗法制度を形成した。こうした生態環境のなかで育まれてきた古代の教育思想は、はっきりとその刻印が押され、瞭然たる中国的特色を有する。

1. 半閉鎖型の内陸環境
　気候区分では、中国は温帯・大陸性気候に属する。温帯は熱帯、寒帯の地域とは異なり、おだやかな気候にあって、良好な生産・生活条件が提供されたた

め、文明の発祥地となった。ヘーゲルは、「歴史の真の舞台は、だから温帯なのだ。もちろん北温帯である。なぜなら地球がそこに大陸を形成し、まさにギリシア人が言うように、広い胸を持っているからだ。」*1 と言ったが、アジア大陸の温帯─暖温帯に位置する中国では、恵まれたその地理的環境のため、世界最初の文明が生まれた。

海洋民族とは違い、中華民族の先人は古来より東部アジア大陸に住んでいた。東は茫洋たる海に面し、北西部には広大なゴビ砂漠、南西には険しいチベット高原がそびえている。古代、陸上・海上交通が不便ななか、内に大きく開き、対外的には遮断するという半閉鎖型の地理的環境が形成された。こうした環境が、中華文明を数千年もの間巨大な「セーフハーバー」の中で育ませ*2、文明学でいう「隔離メカニズム」を生ませた。それによって、中国の古代文明はインダス文明のようにアーリア人の侵入で破壊されるようなことも、エジプト文明のようにアレキサンダー大王に占領されギリシア化されるようなことも、古代ローマ文明のようにゲルマン族の大移動による中断という文明の悲劇を経験することもなく、連綿と続いた。*3

半閉鎖型の内陸環境は古代中国の文化教育に重要な影響を与えた。古代中国文化がこの巨大なセーフハーバーの中で成長と発展を続けたことに加え、古代中国人は外界をほとんど知ることがなかったため、自分の国が世界の主体であるとして、非常に強い民族意識を持つこととなった。古代中国人は自分が世界の中心にいると考えたがゆえに「中国は天下の中なり」という言葉が生まれ、周辺地域を「四夷」、「蛮貊」とみなした。

内陸的な民族意識は、中華民族に「月は是れ故郷の明かり」といった国やふるさとを眷恋する気持ちを芽生えさせ、それにより古代の教育思想に愛国主義の傾向が目立つようになる。

レーニンは"Valuable Admissions of Pitirim Sorokin"の中で、文化の「隔離メカニズム」と愛国主義との内在関係を明らかにし、「愛国主義は何千年もの間、それぞれの祖国において互いに隔離されながら形成された極めて深い

---

*1　ヘーゲル『歴史哲学』王造時訳 商務印書館 1963 年、124 頁。
*2　韋政通『中国文化概論─対伝統文化的解析』水牛出版社 1973 年。
*3　馮天瑜、周積明『中国古文化的奥秘』湖北人民出版社 1986 年、59 頁。

感情である」*4と述べたが、陸游の詩集に見える「夜太白を視れば光芒を収む。国に報いて死せんと欲する戦場なし」から、顧炎武の名言「天下の興亡、匹夫責あり」まで、どれも強烈な愛国主義の情熱が映し出されたものばかりである。

2. 農業型の自然経済

　大陸民族は、大砂漠大陸型（中央アジアの遊牧経済）、草原―森林大陸型（東欧、半農半牧経済）、中国を代表とする大河大陸型の3種類に分けることができる。大河大陸は平坦な土地、温暖な気候そして十分な水源を提供し、先人が入念な農業生産に従事するための有利な条件を提供した。

　江蘇省呉県の澄湖遺跡や西安の半坡遺跡などの発掘により、遥か7、8000年前、「因地制宜」で黄河流域に粟が植えられ、長江流域で水稲が栽培されていたことが明らかになり、中国が世界最古の農業国であることが判明した。狩猟・採集経済から栽培経済を中心とした農耕社会に入ると、民に農作を教える教育も誕生した。

　『白虎通』には「昔の人々は皆禽獣の肉を食物としていた。神農の時代になると、人が多くなり禽獣が足りなくなったので、神農は天の時を利用して地の利を分け、農具を使い、耕作することを人びとに教えた」という記述があり、『易経・系辞』にも「包犧氏没して、神農氏作る。木をきりて耜と為し、木を揉めて耒と為し、耒耨の利、以て天下に教うる」と記されている。

　農業型の自然経済生産方式は、その上に構築される社会の組織形態（制度）や考え方に直接的な影響をもたらした。*5

　第1に、「家族主義」が形成されたことである。農業は土地を生産手段とするが、土地の広さは限られており、一度獲得すると長期に亘って保有できるが、土地を耕し作物を栽培・収穫するのは、個人の力でできるものではないため、持続的で安定したグループを労作の基本単位として築く必要があった。この条件を満たすのは血縁をベースとした家族である。そこで家族の利益を守り、調和団結するグループの結成が至上目的となった。家族が経済や社会生活の中心

---

*4　『レーニン全集(3)』(中央編訳局による新訳本を改変)人民出版社1972年、608頁。
*5　楊国枢「中国人性格与行為的形成与蛻変」張文達、高賢慧『台湾学者論中国文化』黒竜江教育出版社1989年、209～211頁。

であったため、他の団体を家族として捉えることも容易で、内部の人間関係や、場合によっては国全体をも家族になぞらえ、家族は国の縮図であり国は家族の拡大であるとする「家族主義」が形成された。

　第2に、権威を偉大視し保護を求める依存的心理が形成される一方で、人と人との協力による集団意識が形成されたことである。農業は一家一戸を基本単位とするため、古代中国の社会は、雷が鳴るとこだまする距離にありながら極度に分散し商品交換関係をほとんど持たない雑多な村落と町とで構成されていた。水利は農業にとって最も重要であり、水源を管理して、大規模な水利灌漑システムを構築することが農耕民族生存の第一の前提であった。大自然の脅威に、先人たちは個人では為す術がないため、大規模集団が力を合わせることにより、干ばつ、多雨を防ぐ水利事業を行う必要があったのだ。それで「これらの事業を効果的に管理するには、全国的なあるいは少なくとも全国の主要人口集中地に及ぶ組織網を構築しなければならない。そのため、この組織を制御する者は常に巧妙に最高の政治権力を行使する準備をする」[*6]ことになる。集団の連携の中で生まれた組織と指揮者はやがて専制君主となり、中国の歴史上最初の専制王朝「夏」が、治水を指揮した大禹の息子によって成立した。

　このように、一方では保護を求め権威を偉大視する依存的心理が形成され、他方では、人と人との協力による集団意識が形成された。このことは古代中国の教育にも重要な影響を与えた。

　第3に、情熱を露骨に表すことや極端に走ることを避けるスタイルを生んだことである。農作物はか弱く成長が緩慢であるが、耕作者は従来の耕作方法と経験を守るべきとされ、自分から何かをしようとはしなかった。わずかな技術改良を行って、それが間違っていたばかりに長期的な飢饉を招けば、自身の生存を直接脅かすことになるからだ。

　梁啓超氏は、海洋民族特有の開拓と冒険気質を次のように述べている。

　「一たび海を見やると、超然として煩わしさに関わらない様相をしていて、行動も思想も、すべて無限の自由を得る。初めは利を追求していた航海者も、大いなる危険のなかでは利害など度外視して生命財産を賭して身を投じざる

[*6]　カール・ウィットフォーゲル『東洋的専制主義』徐式谷等訳　中国社会科学出版社　1989年、18頁。

を得ない。故に久しく海上に身を置く者はその精神を勇猛にさせることができ、日々高尚となる。かくして古来沿岸部に住む者は内陸部に住む者に比べて活気があり、進取の気性に富んでいるのである。」*7

　田畑を耕作する農民はこのような冒険はできないし、またする必要もない。彼らにとって、祖先から受け継いだ経験を守っていれば衣食に事欠かず、逆に自ら何か新しいことをしようとすると収穫が得られなくなるかもしれないからだ。こうしたことはいともたやすく彼らを臆病にし、変革を考えることなどなく、今よりも昔を重んじる意識構造や行動を形成した。全体を注意深く眺め、物事には慎重にあたり、先人を尊重する習慣や自然のリズムを重視し、情熱を露骨に表すことや極端に走ることを避けるスタイルを生んだ。

　第4に、意志力と根気、忍耐力を育てたことである。農業生産のプロセスにおいて、大地に育つ農作物は成長のスピードが緩慢で、周期が長く、生産段階も多い。豊作かどうかは播種、除草、施肥、潅水、防護、刈入れ、貯蔵のそれぞれの段階に依存し、その間、何日も費やさなければならないだけでなく、作業自体も大変である。このことは農業社会を構成する者たちの強靭な意志力を育て、強い根気と忍耐力で各段階に向き合うことを余儀なくした。勤労、粘り強さ、忍耐を尊ぶ中華民族の伝統は、これに関係していると言っても過言ではない。中国の古代教育思想が「業は勤（つと）むるに於いて精（くわ）し」、「鍥（けつ）して舎（お）かず」の学習方法を強調するのも、これに端を発している。

　第5に、先祖崇拝が重んじられるようになったことである。農業生産のプロセスにおいて、生産手段である土地は移動できないものである。土地を利用して作物を栽培するには、いやでもその土地の近くに固定され長期的に作物を見守らなければならず、長期の居住を強いられる。子孫を土地に繋ぎ止めておくため、農業社会は先祖崇拝を重んじ、先祖の土地を継承しその土地にある代々の墓を守ることを奨励した。安土重遷（あんどじゅうせん）を重んじ、「父母在（いま）せば、遠く遊ばず」、「家に居るのは千日でも好いが、外出は一日でも大変である」が叫ばれた。生計を維持できれば、農業社会の構成者たちは故郷を離れて先祖代々伝わる土地を捨てることはない。このような長年の定住生活は、中国の先人たちの永遠の意識と歴史を育んだ。いわゆる「百年続く荘農はあっても、百年続く宦官は

＊7　梁啓超「地理与文明之関係」『飲氷室合集（文集之十）』。

ない」、「衙門で財を成した資産家は一筋の煙、農業で財を成した資産家は万年続く」、「先人が木を植え、後代は涼をとる」などの農業社会に伝わる諺は、こうした永遠不変の意識と歴史感の発露である。古代歴史学の著しい発達や教育思想に歴史知識の伝授を重視する伝統は、そうした特徴と無関係ではない。

第6に、「崇静抑動」の価値観である。農業生産のプロセスにおいて、農耕民族は定住地だけでなく、戦争や暴動、異変を避け、静かで安定した所を求める必要がある。一たび戦争が勃発すれば、徴兵兵糧だけでなく、路頭に迷い、耕作に影響が及ぶなど生計維持が困難になることもある。中国の農民の最大の望みは、衣食が満ち足り、平平凡凡と暮らすことである。それゆえ中国語で「動」は災難が訪れることを意味し、「静」は安泰で順調であることを表す。「崇静抑動」の価値観は、中国人に平和を追い求め、中庸を尊び、安定を重んじ、騒乱を嫌い、争いを避けようとする心理を植え付けたが、事が起こったときに面倒なことにならないよう自分が折れ、その場限りのことをしてお茶を濁す事なかれ主義といった惰性的な気持ちも生んだ。古代中国の教育思想にある「競争」や「動」よりも「調和」や「静」を重んじるという伝統は、この特徴を反映している。

第7に、勤勉、倹約、悠然従容たる価値観である。農業生産のプロセスにおいて、土地の生産性には限界があり、耕作法の改善（輪作など）をしないままに同じ土地で栽培を数回連続すると生産力が低下する。農繁期を除けば農業社会の構成者たちの生活リズムは緩やかで、どちらかと言えば単調である。夫婦の間に趣味や楽しみがなければ性生活が頻繁になり、農業社会の人口需要に基づく価値観からも、子供を産み育てることが生活の重要な一部とされた。しかし有限な土地で多くの人間を養うことは、自ずと物の不足という状況を生む。これも勤勉、倹約、悠然従容という価値観が受け入れられる要因となった。

3．家・国一体の宗法社会

農業生産方式の絶対的な優位性は、古代中国に世界で最も特徴的な社会政治制度と社会組織形態——「家・国一体の宗法社会」を形成し、中華民族の歴史の発展と古代中国の教育思想の形成に重要な影響を与えた。

古代中国が原始社会から奴隷社会に移行する過程では、古代ギリシア・ローマのような奴隷民主派による氏族貴族統治打倒の革命や、家庭奴隷制から労働

第2章　古代中国の教育思想の特質

奴隷制への転換、「ポリス」式の国家建設は起こらず、氏族の首領が直接貴族奴隷主に転化し、家庭奴隷制が宗族奴隷制に発展し、「家族」式国家を建設した。このように、氏族社会の解体が十分でなかったため、氏族社会の遺産である「血縁を絆とし、父権家長を中心とした嫡長子継承制」を基本原則とした宗法制度およびそれに伴うイデオロギー、思考方式は、そのまま踏襲された。

　宗法制度がさほど大きな打撃を受けず、破壊されなかったことは、古代中国が農業型自然経済であったことと切り離せない。農業型の自然経済は、宗法制度にも豊富な栄養を提供し、宗法制度が生き残るための肥沃な土壌となったのである。

　農業型自然経済では、社会の基本単位は一家一戸で、「鶏犬の声相聞こゆ」の距離にあっても、「老死に至るまで相往来せず」というそれぞれが没交渉の小さな村落であった。これらの村落が基本的に一つの宗族集団を成した。つまり「家庭→家族→宗族」という構造で構成されていたため、古代の村落は「張家寨」、「李家荘」というように命名されていた。こうした土壌があり、社会、国家が「家」という様式に基づいて構築され、「家国同構」、「君父合一」といった家・国一体の宗法社会が形成されたのである。こうした社会組織形態は中国の古代社会が長期に亘って安定し、ゆっくりと発展した根本的な原因の一つであり、以下の特徴を有する。

　第1に、「家・国一体の宗法社会」は男性社会であることだ。宗法制度は家父長制で、宗法制度のもとでは男性の家長が家族全体の中心であり、家族における権力の象徴であっただけでなく、家族財産の占有者でもあった。家族の最高地位にある家長は、ともすれば自分の意志で家族の生死を決定することもでき、男性の家長が他界すると、その地位を継承する者を男子の子孫の中から選ぶこととされた。男子が生まれなければ「代々血統を継ぐこと」や「家の線香の火を絶やさないこと」ができないために、子々孫々の繁栄が叶わなかったのである。男子が生まれることこそが最大の「孝」、最大の「福」であり、それでようやく祖先に申し訳が立つのだ。

　男性中心の社会にはそうなるための重要な経済的要因がある。費孝通氏は次のように分析している。

　「『老後のために子供を育てる』というが、これは小農経済においては非常に重要なことである。父系社会では、女の子は将来嫁がせねばならない。これ

43

はとりもなおさず他の［生産単位］の労働力になるということだ。翻って男の子は将来妻を娶る。これはその［生産単位］の労働力が増えるということになるからだ。」*8

　こうした観念が支配するなか、男性中心の社会はその地位をますます強固なものにしていき、女性を社会、文化、教育生活からほぼ排除する傾向が現れるようになった。女性は「家にあっては父に従い、嫁しては夫に従い、夫の死後は子に従う」ものとされ、付属的な地位、生活の底辺にあることを余儀なくされた。そうして古代教育思想において「女子才無きは便ち是れ徳なり」、「唯だ女子と小人とは養い難しと為すなり」といった愚論も出てくるようになった。

　第2に、家・国一体の宗法社会は「階級の厳しい社会」であることだ。宗法社会において、家族は血縁の親疎や長幼の順序で一人ひとりの地位が決まり、国家は官位や官職の等級によって官僚の階層統制を実行する。家族において、父親は最高至上の権威である。

　「父」という字を『説文解字』で見ると、「矩なり。家長の率いて教うる者なり。又に従いて杖を挙ぐ（手で杖を掲げる様子）」とあり、「父」には親子の関係に留まらず、統治と権力まで包含する字義のあることがわかる。それゆえ『礼記』では「家に二主無く、尊に二上無し」と言うのだ。国家の管理体制は家庭になぞらえて作られ、絶対的権力を有する君主は「国父」、大臣は「家臣」と称される。

　「君主が臣下に死ぬよう命じたのに臣下が死なないのは［忠］ではない。父が子に死ぬよう命じたのに子が死なないのは［孝］ではない」という言葉があるが、中国人として最も重要な任務は、階級の厳しい社会の中で自己の位置を明確にすることであり、上の位の者や年長者への絶対服従をマスターすることであった。ここでいう「階級の厳しい社会」の秩序とは「人倫」であり、「人倫を明らかにする」ことが中国古代社会における教育の基本理念とされ、三綱五常、仁義道徳などの具体的な教育内容は「人倫」を体現するものとされた。

　第3に、家・国一体の宗法社会は義務本位の社会であることだ。「階級の厳しい」体系と相まって、統治者が、下の地位にいる者から上の者への（臣下の

＊8　費孝通「中国伝統倫理観念与人口問題」『費孝通選集』天津人民出版社 1988 年、499〜500 頁。

君父への、妻の夫への、使用人の主人への、部下の上司への）絶対服従を強要することによって、権力に相対する義務の観念に一方的で極端な誇張と歪曲がもたらされ、義務を本位とする倫理体系が形成されることとなった。このため、「人は生まれた途端、義務の網に包囲される。長幼の順、親疎の順、あるいは君臣父子の順で兄弟姉妹、父母、妻（夫）、家庭、社会、君主、国家に対し、自分の身分に適った義務を尽くし、そうすることによって義務の派生物として、あるいはより通俗的に言えば、義務の見返りとして自分に帰属する権利を得ることができるのだ。もちろん、自分も同時に他の者、特に年下や自分よりも地位の低い者からの献身を受けることができる」*9 のである。

　義務本位にはプラスの効果とマイナスの効果が頗る明確にある。祖国、人民、歴史に対し、「忠を尽くして国に報いる」、「自分の命を犠牲にして世のため人のために尽くす」、「民のために決定する」、「後世に名を残す」などの自発的な使命感に昇華するのはプラスの効果の典型である。また君父に対するねじ曲がった愚忠愚孝や人権の蹂躙、「天理に存して人欲を滅する」、「餓死は事小、節を失うは事大なり」などはマイナス効果の典型である。すなわち、中国の古代の教育が帰結するところは義務本位の教育であったといえる。

　第４に、家・国一体の宗法社会が血縁を重んずる社会であることだ。宗法社会は血縁関係で人間関係が決まり、さらには社会における政治的、経済的な地位も決まり、その地位が子孫によって代々継承されていく。

　中国社会が血縁関係を重んじることは、親族の呼称を見てもよくわかる。英語では、父の兄である「伯伯」も、父の弟である「叔叔」も、母方のおじである「舅舅」もすべて同じ 'uncle' になるし、父の姉妹である「姑姑」も、父の弟の妻である「嬸嬸」も、母の兄弟の妻である「舅母」も、母の姉妹である「姨娘」も全部 'aunt' になる。祖父は父方の祖父も母方の祖父も区別なく 'grandfather' であり、祖母も同様に父方母方どちらも 'grandmother' である。中国ではこうした区分に、さらに「表」、「堂」、「曾」、「玄」、「元」、「外」、「遠」、「先」、「親」、「幹」、「継」、「後」など血縁の親疎に基づいた補助語を付ける。

　血縁関係を重んずると、必然的に「我が族類に非ざれば、其の心必ず異な

＊9　髙亜彪、呉丹毛『在民族霊魂的深処』中国文聯出版公司 1988 年、32 頁。

り」という強い家族意識が芽生える。さらにそれが拡大されると、一般の人間関係にも血縁関係を表す言葉を付ける。先生を「師父」、友人を「兄弟」と呼ぶのがそれであり、旧時、直接に人民を治める地方長官を「父母官」と呼んだのも、国民を「同胞」、団体を「大家庭」と呼ぶのもそうである。

中国人が人情と面子を重んずるのは、こうしたこととも密切な関係がある。人情を尽くし、顔を立てるのは家族内の付き合いの重要なルールであり、中国古代教育思想において「和を以て貴しと為す」、「天下は一家」が唱えられたのも、こうした家族意識の表れであった。

以上に述べたように、半閉鎖型の大陸環境、農業型の自然経済、家・国一体の宗法社会で構成された生態環境に、中華民族が隆昌する文化的土壌が構築された。その文化的土壌が生み育んだ中国古代教育思想は、独特の風格を醸している。

2、古代教育思想の主な特質

中国教育思想の特質を分析する際には、それが生き長らえた文化的な土壌と生態環境を把握することも重要であるが、さらに、それを世界教育思想という観点からも見る必要がある。また、教育思想の柱は教育の価値観であり、古代中国の教育思想の主な特質は、元を質せば教育思想家ないしは民族全体の教育価値の傾向を反映することに他ならない。したがって価値観の本質を観察することにより、古代教育思想の主な特質を知ることができる。

1. 世俗を重んじ神性を軽んずる

古代中国の教育思想は教育の世俗的機能を強調し、西洋の教育思想は神性に満ち溢れている。それゆえ「世俗を重んじ神性を軽んじる」というのは古代中国の教育思想の第1の重要特質であり、「東洋と西洋の教育思想は、起源で示される思考方法が最初の大きな相違」[10] である。

古代ギリシアの「三哲」の一人ソクラテスは、神は世界の創造者であり主宰者であると信じ、神は人間を創造しただけでなく、「人間の中に魂を宿らせ」、

---

*10 毛祖桓『従方法論看教育学的発展』重慶出版社 1990 年、20 頁。

人間を他の動物よりも上位に位置づけられるとした。人は死後、地獄に落ちると信じ、魂が地獄にある様子を描いては人びとに示した。

　古代ローマのクインティリアヌスは『弁論家の教育』で次のように指摘している。「宇宙が神聖な指導によって統治されるならば、国家は善良な人によって管理されなければならない。われわれの魂が天に由来するならば、われわれは力を尽くして美徳に努め、現世の体をして享楽の奴隷にせしめてはならない。」[*11] クインティリアヌスは、自分が大切に育てる弁論家を「天の神が世界の栄光のために下界に遣わした」[*12] とみなしていた。

　中世になると、西洋の教育思想は神性的な色彩を次第に強めていった。宗教教育が、人間に天帝の意志を執り行う道具となることを求めるようになり、人は常に「最後の審判」を気にかけるようになった。教派分裂、宗教戦争、異教徒迫害などが起こり、教育における神性が余すところなく発揮されることとなった。近現代になると、世俗教育は次第に現実的なものとなったが、神性を強調する宗教教育は依然として西洋教育に不可欠な構成要素であった。

　比較すると、中国では商（殷）・周時代の周公のみが人間の原始宗教意識を用いて「神霊による天罰」、「天の罰を致す」と言っている（実際には周公自身は必ずしも神を信じていたわけではなく、神を語ることによって刑罰の持つ抑止力を強めただけにすぎない。世俗化の路線を歩み、教育の世俗的機能を強調したのは孔子からである）。

　孔子の説いた「怪、力、乱、神を語らず」[*13] は、儒家教育に理性的な風格を確立した。鬼神を祭祀する宗教活動について、孔子は明確に反論してはいないが、「祭るには在すが如くし、神を祭るには神が在すが如くする」[*14]、「未だ人に事うること能わず。いずくんぞ能く鬼に事えん」[*15]、「未だ生を知らず、焉んぞ死を知らん」[*16] といった言葉からは、孔子が鬼神に対して懐疑的であったことが見て取れる。

---

*11　クインティリアヌス『教育論著選』任鐘印部分訳 人民教育出版社 2001年、168頁。
*12　クインティリアヌス『教育論著選』任鐘印部分訳 人民教育出版社 2001年、159頁。
*13　『論語・述而』。
*14　『論語・八佾』。
*15　『論語・先進』。
*16　『論語・八佾』。

孟子にあっては、「天」は意志や人格をもつ支配者であるとするが、しかしその実、掴みどころのないものであるともしており、決して神聖不可侵の絶対的な「天」ではない。それは例えば「天の作せる孽は猶違うべし。自ら作せる孽は活くべからず」[17]、「天の時は地の利に如かず、地の利は人の和に如かず」[18]、「禍福は己より之を求めざる者なし」[19] などの言葉に見ることができる。
　孟子は政治観のうえで民心の向背を力説したのであって、「天」を重要な要素としたわけではなかったのである。
　「桀紂[20]の天下を失うやその民を失えばなり。其の民を失うは、其の心を失えばなり。天下を得るに道有り。其の民を得れば、斯ち天下を得。其の民を得るに道有り。其の心を得れば、斯ち民を得。」[21]
　教育観においては、「反求諸己（すべての問題の根源は自分の中にある）」として「その心志を苦しめ、その筋骨を労せしむ」を強調し、得体の知れない天賦の知識などに頼るものではなかった。
　儒家が創始したこの「現実生活を重んずる」という伝統は、中国人の生活において無視することのできない特色であったのは、まさに林語堂がその著書『中国人』（原題"My Country and My People"）において述べたとおりである。
　「何よりも明白な事実は、中国の人文主義者は自身で確認した人生の真諦に身を捧げるが、これと無関係な神学、形而上学といったファンタジーに対しては気に留めることなく放置する……間違いなく中国人は生活を愛し、この浮世を愛していて、あやふやで確実性のない天国のためにそれを捨てようとは思わない。彼らは生活を愛し、この苦しくても美しい生活を愛している。至福のときというのは、儚いがゆえにいつも貴重である。彼らは生活を愛している。この国王と乞食、強盗と僧侶、葬儀と婚礼、出産と病気、夕日と雨夜、祝日の宴会と酒屋の喧騒から成る生活を。」[22]

---

[17]　『孟子・公孫丑上』。
[18]　『孟子・公孫丑下』。
[19]　『孟子・公孫丑上』。
[20]　訳注：夏の桀王と殷の紂王。ともに暴虐な君主であった。
[21]　『孟子・離婁上』。
[22]　林語堂 "My Country and My People"（郝志東、沈益洪訳『中国人』浙江人民出版社1988年、83〜85頁）。

中国教育史上、仏教教育は一定の影響はあったが、決して儒家教育と同化することはなかった。世俗を超越した修行の道は受け入れられなかったのである。

つまり、古代中国の教育思想には、神性よりも世俗性を重視するという特徴が見られるということだ。現実の社会生活の中で人を育成することを重んじ、「人倫」の精神をもつ人間を育むことによって社会生活や政治経済に貢献することを主張する。浮世離れした目的を教育理念とするのではなく、積極的に社会に交わろうとする精神が表れていたのである[23]。

2. 道徳を重んじ功利を軽んずる

古代中国の教育思想は教育の原則を強調し、西洋の教育思想は功利原則を重視する。それゆえ「道徳を重んじ功利を軽んずる」は、古代中国の教育思想の第2の重要特質を構成した。

西洋の功利主義はジェレミ・ベンサムが創始したが、その基本精神はソクラテスに見ることができる。ソクラテスは「豚は苦悩のない日々を送るが、人間は豚のように自分に満足していてはいけない」と説き、ベンサムは「満足した豚であるより不満足なソクラテスである方がよい」と唱えた。ベンサムは「最大多数の最大幸福」も掲げ、社会全体の利益を追求しながら、その一方で「社会とは、いわばその成員を構成すると考えられる個々の人々から形成される、擬制的な団体である」[24]とし、それゆえ「個人の利益が唯一現実の利益である」[25]とした。

実際、功利主義の思想は古代ギリシア思想を集大成したアリストテレスにその片鱗を見ることができる。アリストテレスは人間の生命、欲望、理性的原則に基づいた生活をすべて人間の機能であるとし、「道徳とは、善なる行為を選択する習慣であり、この選択こそ合理的な欲望である」[26]と提唱した。事物の善はその固有の性質において実現すると考え、生物の目的や目標は、それ以外

---

[23] 高瑞泉「民族思維定勢与伝統教育模式」丁剛『文化的伝遁与嬗変』上海教育出版社 1990年、11頁。

[24] 周輔成『従文芸復興到十九世紀資産階級哲学者政治思想家有関人道主義人性論言論選輯』商務印書館 1966年、583頁。

[25] 『マルクスエンゲルス全集(2)』人民出版社 1972年、170頁。

[26] 周輔成『西方倫理学名著選輯(上)』商務印書館 1964年、30頁。

の生物の本質と区別されることであり、あるいはそれであることを明確にすることであるとした。人間の「最高善」は、人を人たらしめる職能を全面的および習慣的に行使すること、すなわち個人の利益を実現する過程において個人の幸福を得ることである。エルヴェシウス、ロック、ルソーら後世の思想家や教育家たちはこの思想を継承し進化させ、西洋の文化に功利主義の様相が現れた。

一方、中国の古代教育思想は功利とは真逆の立場で道徳を説く。老荘の「無為」の教育思想は次のようにその反功利主義を掲げている。

聖人の治は其の心を虚しくし、其の腹を実たし、其の志を弱くし、其の骨を強くす。常に民をして無知無欲ならしめ、夫の知をして敢えて為さざらしむのみ。則ち治まらるは無し。*27

「無知無欲」を認識するのが国の政治であり、道徳の基本前提であるとした。儒家の教　思想は人間の現実生活を重視して積極的に世に交わるよう説くが、「反功利」という点においては、道家と同じである。

孔子の「君子は義に喩り、小人は利に喩る」*28 は、「道徳のある人が追い求めるものは道義であり、道徳の無い人は損得（功利）を考える」という意味である。もちろん孔子は100％功利に反対しているわけではない。功利を道徳の制約下に置き、「見利忘義」に反対するのである。

孔子の名言「疏食を飯い水を飲み、肱を曲げてこれを枕とす。楽しみ亦其の中に在り。不義にして富み且つ貴きは、我に於て浮雲の如し」*29 は、人の真の楽しみは道徳的な境地において得られるものだとし、たとえ困窮した境遇におかれていても、泰然とした姿勢を貫くべきであると説いたものである。

「仁」は孔子の言葉の中で中心に据えられる。『論語』には「仁」という文字が105回以上も登場する。血縁関係をベースに「父慈子孝」を柱とし、「仁」が人間関係全体に広げられ、対外的には人道精神を説き、対内的には求理想の人格を求める倫理道徳教育体系が構築された。

以降、孟子の「舎生取義」、「父子親有り、君臣義有り、夫婦別有り、長幼序有り、朋友信有り」の「五倫の教え」から宋明理学の「天理に存して人欲を滅

---

*27　許抗生『帛書老子注訳与研究』浙江人民出版社 1982 年、68〜69 頁。
*28　『論語・里仁』。
*29　『論語・述而』。

第2章　古代中国の教育思想の特質

する」、そして「先王の学、人倫を明らかにするを以て本と為す」*30 に至るまで、倫理道徳教育を最大の任務としない教育思想はなかった。したがって、全体的な特徴という点から見ると、儒家を主体とする中国の古代教育思想は教育倫理的色彩が強く、中国の古代教育思想史はとりもなおさず中国倫理学史ということができる。

　中国の古代教育思想史において主流でない功利主義を謳った、あるいは功利に注目する学説は、そのほとんどが道徳の機能を無視しておらず、道徳という基盤の上に自身の教育論を構築したものである。

　墨子を例にとると、「兼愛交利（兼相愛交相利。兼ねて相愛し、交(こもごも)相利す）」を唱えはしたが、第1に、墨子の言う「愛」と「利」は個人に関することではなかった。その「利」は「天下の利益」であり、「交」あっての「利」であって、個人の損得を否定し、本質的に主体に対する束縛となるものであった。第2に、「愛」と「利」は、等級と忠孝を前提とするものである。「義厚くすべければ之を厚くし、義薄くすべければ之を薄くするを、倫列すと謂う。徳行君上老長親戚は此れ皆厚くする所なり。長の為に厚くして幼の為に薄くせず。親しみ厚ければ厚く、親しみ薄ければ薄く、親(しん)は至るも薄(はく)は至らず」*31 や「万事義より貴しは莫(な)し」*32 に見られるように、「愛」と「利」の施及は倫理の原則に則って行われたものであり、最初は徳行のある人、君主、次が老人、最後が親戚となる。これは儒家の説く「徳を重んじ、自分より歳や身分の上の者に従い、先人を畏敬する」ことと同工異曲ではないだろうか。

　古代中国の教育思想の「道徳を重んじ功利を軽んずる」という価値観は、教育においては教育の倫理的価値を尊び実用的価値を低く評価するものとして現れた。倫理教育と実用教育は、本来、本と末の関係であって、本を捨てて末を追うと、攻撃や排斥に見舞われるのがオチである。古代の教育思想には「富んで後に教える」観点しかなく、「教えてその後に富む」といった教育経済的思想はほぼ見当たらない。その原因はまさにここにあり、教育の社会経済発展への能動的役割を大きく阻害していた。

---

*30　『近思録』巻9。

*31　『墨子・大取』。

*32　『墨子・貴義』。

3．政務を重んじ自然を軽んずる

古代中国は「政教合一」の伝統を持ち、教育思想は教育の政治的機能を強調するが、西洋の教育思想では教育の自然適応を重視する。それゆえ「政務を重んじ自然を軽んずる」のは古代中国の教育思想の第3の重要な特質となる。

西洋思想のなかでも「自然の探求を重んずる科学的精神」は長い伝統を有している。イギリスの哲学者バートランド・ラッセルは次のように指摘している。「ギリシアに端を発する西洋文明は、今から2500年前にミレトスで始まった哲学と科学を基盤とする。このように、西洋文明は世界的に偉大な他の文明とは異なっている。ギリシア哲学を貫通する主導的概念は『ロゴス』であり、この言葉には他の意味もあるが、『言語』、『計量する』という意味があり、このように言うことにより、哲学的議論を科学的な探求と密接に結びつけている。」[33] そうして古代ギリシア哲学は自然科学と融合して一体化していくが、哲学者の多くはもともと博学な自然学者であった。

プラトンが開設した学園「アカデメイア」の入り口の門には、「幾何学を知らぬ者、くぐるべからず」と書かれた額が掲げられていた[34]。

「古代科学の父」と称されるアリストテレスは自然科学の百科全書的人物であり、物理学、動物学、植物学、天文学、生物学、心理学などさまざまな分野に著作と功績を残している。彼が西洋の教育思想史上で教育は自然に従うべきという観点を見出し、子供の心身の発育について科学と符合する多くの見解を出したのは、自身が自然を探求する科学の精神を重視していたことと不可分である。近現代の西洋の科学哲学の勃興と教育思想における科学教育思想の誕生は、古代ギリシアのこうした科学的精神から栄養を取り込んでいる。

これに対し、古代中国の教育思想は最初から政治的な色彩を強く放っている。金岳霖氏は中国古代哲学を次のように評している。「儒家は内聖外王を説き、内在する聖智が外在化して進歩的な治国安邦の術になると考えていた。それゆえ哲学者たちは誰もが自分は潜在的な政治家であると思っていた。ひとりの哲学的理想は、経国済世の中で充分に実現できるものであった。」[35] ここに

---

[33]　バートランド・ラッセル "Wisdom of the West" 馬家駒、賀霖訳 世界知識出版社 1992年、10〜13頁。
[34]　バークス「計算机和教育」『哲学訳叢』1984年第3期。
[35]　金岳霖「中国哲学」『哲学研究』1985年第9期。

ある「哲学者」を「教育思想家」と読み換え（事実、両者は古代中国では同一視されていた）、「哲学的理想」を「教育的理想」に変えても全くそのまま通じる。

古代中国において教育の最も一般的な目標は「学びて優なれば則ち仕う」*36 であった。教育が目指したのは、支配階級に必要な封建的な倫理・道徳を備えた人材を養成するために政治から離れない学問をすることであり、学術に従事するのは、倫理規範と治民の術を身に着け、官職階級に身を置くためであった。換言すれば、内聖外王という理想的な人格誘導のもと、人に内在する徳性と仁義を理想社会に外在化させる最も重要かつ最もストレートな道や仲介が「仕途通達」であり、そうであってこそ「兼済天下（兼く天下を済うこと）」が可能となるとしたのである*37。

このように、われわれは孔子が弟子に与えた微に入り細に亘る訓戒を理解することができるわけである。「位なきことを思えず、立つ所以を患う」も、「学びて禄その中に在り」*38 も、孔子が政務を重んじる傾向にあったことを反映している。

古代中国の教育の内容と方法について考察してみると、「心理→倫理→政治」という軌跡を見つけることができる。最も典型的な表現は『大学』に見られる。「古の明徳を天下に明らかにせんと欲する者は、まずその国を治む。その国を治めんと欲する者は、まずその家を斉う。その家を斉えんと欲する者は、まずその身を修む。その身を修めんと欲する者は、まずその心を正しくす。その心を正しくせんと欲する者は、まずその意を誠にす。その意を誠にせんと欲する者は、まずその知を致す。知を致すは物に格るに在り。物格ってのち知至る。知至ってのち意誠なり。意誠にしてのち心正し。心正しくしてのち身修まる。身修ってのち家斉う。家斉いてのち国治まる。国治まってのち天下平らかなり」これは、「物に格る」、「知を致す」、「意を誠にす」、「心を正しくす」という精神的なひと手間は、「身を修む」、「家を斉う」という倫理的境地に到達するためであるという。そして「身を修む」、「家を斉う」という倫理的境地は、

---

*36 『論語・子張』。
*37 高瑞泉「民族思維定勢与伝統教育模式」丁剛『文化的伝逓与嬗変』上海教育出版社 1990年、35頁。
*38 『論語・衛霊公』。

る」、「国を治む」、「天下を平らかにす」の政治的な理想を実現するためのものである。この「心理→倫理→政治」の道徳教育プログラムは、朱熹の解説を経て、後世の封建的教育の基本モデルとなった。科挙制度は行政と法の両面からこのプログラムやモデルを確固たるものにし、教育を統治者に「徳治」を実行させる、封建社会が秩序を維持する道具に利用された。

　古代中国の教育思想において、このような政務を重んじ自然を軽んずる特質は、明らかに二重の性格を孕んでいる。プラスの面は、社会や政治生活に関わることを奨励するので、知識人に強い社会的責任感と政治的使命感を持たせ、国の存亡がかかっているときに勇気をもって義に赴かせることができることである。マイナスの面は、教育がもつ治国安邦、人民教化という政治的な機能を過度に重視したため、形式的には教育の地位を高めたが、実際には教育機能の「狭窄化」をもたらし、古代における自然科学の発展と技術の進歩を妨げ、自然科学や生産技術に関する教育を阻害したことである。

　陳独秀は『随感録・学術独立』の中で、古代中国において学術が発展しなかった原因について次のように分析している。

　　中国で学術が発展しなかった最大の原因は、学者自身が学術の独立の貴さを知らなかったことに他ならない。例えば、文学にはそれ自体に独立した価値があるが、文学者自身がこれを認めず、『六経』の権威にすがり、『文以載道』やら『聖賢に代って立言する』やらと出鱈目なことを言って自ら評価を貶めた。史学にもそれ自体の独立した価値があるが、歴史学者自身がこれを認めず、『春秋』の権威にすがり、大義名分に着目して、史学を倫理学の付属品とすることに甘んじた。音楽にもそれ自体の独立した価値があるのに、自身がこれを認めず、聖人の功績や王道にすがり、音楽学を政治学の付属品とすることに甘んじた。医学薬学・拳法にもそれ自体の独立した価値があるのに、医師や拳法家自身がこれを認めず、道術にすがり、いかに心を休め、いかに呼吸を整えるかが、「天地鬼神と徳を合わせた」ことになり、「芸にして道に近し」と言われたのである。学者がその学を自ら尊ばずして発展させたいなど、どうしてそうなれようか。なるはずがないではないか。

　言葉は辛辣ではあるが、教育の政治化がもたらす排他性を独特の観点から指摘している。これは教育思想にも表れており、荀子はおよそ政治とは関係のない学問について、「無用の弁、不急の察は、棄てて治めず。夫の君臣の義、父

子の親、夫婦の別の若きは、則ち日に切磋して舎てざるなり」*39 としていた。

『礼記・王制』では「技を執りて以て上に事うる」ことを「士と歯せず」な仕事としてみなし、「淫声、異服、奇技、奇器を作り、以て衆を疑わしむる者は殺す」との命令が出された。後世、科学技術を「奇技淫巧」、「形器之末」とみなした根源はここにある。また、「政務重視」を提唱した古代の教育は、「官吏になること」を唯一の活路とする者ばかりを育成し、独立した人格の形成はおろか、ただ権威に屈し富貴利禄を求める、お世辞にも高いとは言えぬ品性を作り出した。

4. 調和を重んじ競争を軽んずる

「調和」は、中国の古代文化が追求した至高の境地であり、古代中国の教育思想も調和の精神を貫いていた。西洋の教育思想は競争の原理を重視しており、「調和を重んじ競争を軽んずる」のは古代中国の教育思想の第4の重要な特質となる。

西洋の教育思想にも調和を提唱した学説はいくつかある。ピタゴラスは「美徳は一種の調和である」を唱え*40、アリストテレスも道徳教育における「中庸」の原則を掲げた。すなわち「徳性は感情や行為を調整すべきものである。感情や行動には超過や不足の可能性があり、超過も不足も正しくない。適切な時間と機会に、適切な人と対象に対して適切な態度で対応することこそが中庸であり、最高の中庸である。これは徳の特徴である」*41 というものである。

しかし、競争を重視する思想はそれ以前からあり、徐々に教育思想の主導的な地位を占めるようになった。

古代ギリシアの初期の思想家ヘラクレイトスは、「互いに異なるものから最も美しいものが生じる。万物は争いより生じる」と説き、「競争（戦い）は万物の父であり、万物の王である。ある者たちを神々に列し、ある者たちを人間の列に置いた。またある者たちを奴隷とし、ある者たちを自由人とした」*42 として、競争を人の生存と発展の前提とすることを明確にした。その後、ホッ

---

*39 『荀子・天論』。
*40 章海山『西方倫理思想史』遼寧人民出版社 1984 年、35 頁よりの転載。
*41 周輔成『西方倫理学名著選輯（上）』商務印書館 1964 年、309 頁。
*42 『古代ギリシャローマ哲学』中国人民大学出版社 1989 年、41 頁。

ブス、マルサスから、ダーウィン、ハクスリー、ゴルトンに至るまで、生存競争の原則を重視しないものはなく、競争と差異は西洋の教育者が意識的に育成してきた品性であった。

　これに対し、中国の古代文化の境地は、真（自然の和）、善（人間同士の調和）、美（天と人との調和）の統一という全体的な目標を追求するもので、とりわけ人間同士の調和を中心とした。孔子は早くから「和を貴しと為す」[*43]との命題を掲げ、「和」と「安」を処事治国の原則とした。

　「丘や聞く、国を有ち家を有つ者は、寡なきを患えずして均しからざるを患う。貧しきを患えずして、安からざるを患う。蓋し均しければ貧しきこと無く、和すれば寡なきこと無く、安ければ傾くこと無し。夫れ是くの如し。故に遠人服せざれば則ち文徳を修めて以て之を来す。既に之を来せば、則ち之を安んず。」[*44]

　孔子のこの言葉は、人間関係について語ったものである。

　『中庸』に、個人の修養について「喜怒哀楽の未だ発せざる、これを中と謂う。発して皆節に中る、これを和と謂う。中は天下の大本なり。和は天下の達道なり。中和を致して、天地位し、万物育つ」とあり、自分も人も調和中庸の原則で指導する。

　調和の原則を前提とするなか、古代中国の教育思想も調和のとれた品性の育成を重視していた。孔子は弟子たちに言行を中庸に適うよう求め、弟子の行為を評価する際には、調和・中庸の基準を用い、「過ぎる」のみならず、「及ばず」も問題視した[*45]。この基準も古代教育の「因材施教」の出発点となり、孔子の「求や退く、故に之を進む。由や人を兼ぬ、故に之を退く」[*46]の実践は、まさに調和の原則を履行したものである。そのため古代中国の教育家は、「虚心、謙遜」、「剛柔相済」、「極端に走らず」を唱え、「人の先を為さず」や「知足常楽」「平和共存」を奨励する。調和と中庸の最大の弊害は、競争や進取の精神を抑圧したことであり、社会に広く伝わった「木は林より秀ずれば風必ず

[*43] 『論語・学而』。

[*44] 『論語・季氏』。

[*45] 『論語・先進』：「子貢問：師與商也孰賢？子曰：師也過、商也不及。曰：然則師愈與？子曰：過猶不及。」より。

[*46] 『論語・先進』。

摧く、行人より高ければ衆必ず非る」、「事修まりて謗り興り、徳高くして毀り来る」や、「人怕出名猪怕壮」（人は有名になるのを恐れ、豚は太るのを恐れる［立派になると嫌な目に遭う］）、「槍打出頭鳥」（頭を出した鳥は撃たれる）などは、調和を重んじ競争を軽んずることによるネガティブな影響を示したものである。

　調和を重んじ競争を軽んずる価値観も、古代中国の教育方法に一定の影響を及ぼし、教育思想において自己教育と道徳的な反省を重視する伝統を形成していた。孔子は自ら反省する、すなわち「諸れを己に求める」かどうかを「君子」と「小人」を区別する基準とし、「退いて其の私を省する」顔淵や、「吾、日に三たび吾が身を省みる」曾参のような克己内省の手本となる者を育てた[*47]。

　孟子は自己教育と道徳的な反省を「放心を求むる」と呼び、「仁は人の心なり。義は人の路なり。其の路を舎てて由らず。其の心を放ちて求むるを知らず。哀しいかな。人、鶏犬の放たるること有らば、則わちこれを求むるを知る。放心有りて、而も求むることを知らず。学問の道は他無し。其の放心を求むるのみ」[*48] と説いた。学問をするには「義」という通るべき道を捨ててはならず、「仁」という人が本来持っている善心を失ってはならず、自身に反求し、本来の善徳を取り戻すべきであるとしたのである。こうした自己教育と道徳的反省の方法は、宋明理学家によって体系化され、「主敬」、「存養」、「省察」、「慎独」等の教条となり、古代中国の教育思想の内向化という特徴を形成した。

5．全体を重んじ個を軽んずる

　古代中国の人倫道徳を重んじ、調和中庸を重んじ、世俗政務を重んじる価値観は、中国の古代教育思想の全体的な傾向を決定づけたが、西洋の教育思想は長きに亘る個人主義の伝統を持つ。「全体を重んじ個を軽んずる」は古代中国の教育思想の第5の特質である。

　古代ギリシアのペリクレス黄金時代、プロタゴラスは「人は万物の尺度である」と唱え、個人はポリスの利益や法律を外在の必然性として従うのではなく、自身の欲望と利益で人の行動を決定することを望むとした。プロタゴラスのこ

[*47] 『論語・為政』、『論語・学而』。
[*48] 『孟子・告子上』。

の命題は、倫理学的には、人は社会生活や道徳的な生活においては、個人の欲望と利益を道徳の源として、道徳的行為の基準とすることを意味している[*49]。

この思想は西洋文化の発展に深く影響を及ぼしている。17世紀初め、オランダの国際法専門家グローティウスは、自由と財産は個人の権利であると規定し、この人権から自然法という考えをもたらした。こうした思想は次第に西洋社会の公理「個人はまず自身の利益が自然で合理的であることに関心を寄せるため、個人の利益増進を図ることは社会全体の利益増進のための最善の道である。」となっていった。この公理は個人間の財産関係だけでなく、人と人、人と家族、人と国家といった倫理関係および法律関係にも適用される。これらの個人至上の原則は西洋の教科書にも記された。「人には自分でよいと思う行動をとる権利があり、それが違法でないかぎり、介入を受けない」や、「父母は成年となった子供達の利益に干渉してはならない」、「人は自分の行動に責任を持ち、人は選択権を有する」、「プライバシーの権利は剥奪できない個人の権利」、「人身の自由」、「国家の危機に際してのみ、国のために犠牲となるのが合理的」、「政府は個人の自由やプライバシーに干渉する権利はない」、「誰もが選挙権と被選挙権をもつ」などである[*50]。

西洋の教育思想家はその多くが、個性と独創性をもつ人材を育成の基本規格とみなした。ジョン・スチュアート・ミルは、「欲求と衝動が自分自身のものである人、この欲求と衝動が、受けてきた教養によって発達し変化したその人自身の本性の表現になっている人は性格を持つといわれる。欲求と衝動が自分自身のものでない人は性格を持たない。まさに蒸気機関が性格を持たないのと同じように。」[*51]と説き、実用主義教育の代表者デューイは、より端的に「学校では子どもの生活がすべてを決定することの目的となり、子供の成長を促進するための必要な手段がここに集中している」[*52]と説いた。このような子供個人を中心とする学説は、多くの教育者に理解され、西洋の教育理論の礎の一つとなり、基本的な出発点となった。

[*49] 章海山『西方倫理思想史』遼寧人民出版社 1984年、57頁。
[*50] 高瑞泉、袁振国『人格論』上海文化出版社 1989年、48頁。
[*51] 許歩曾『西洋思想家論教育』人民教育出版社 1985年、41頁。
[*52] デューイ「学校と社会」趙祥麟、王承緒『デューイ教育論著選』華東師範大学出版社 1981年、33頁。

これに対し、古代中国の集団協調、社会安定の維持を至上命令とする倫理政治原則は、社会全体の利益を個体利益の唯一の参照系とし、集団全体の利益は個人利益の出発点であり帰着点であり、個人の利益を包括または代表していると考える。個人を全体に対して言えば、義務は権利より重く、貢献は請求より大きい。個体の価値は社会全体の中ではじめて実現され、個体が完全であることは結局のところ自分自身のためではなく、集団協調、治国安邦という至上目標に隷属する。

　『大学』は教えの最高境地である。すなわち「明徳を明らかに」し、「民を親たに」して、「至善に止まる」のである。具体的に求められるのは、「人の君と為っては仁に止まる。人の臣と為っては敬に止まる。人の子と為っては孝に止まる。人の父と為っては慈に止まる。国人と交わっては信に止まる」といった、完全に家庭本位、社会本位の表現である。こうした全体重視の特徴は、古代中国の考え方にも反映され、「天人合一」、「知行合一」、「官師合一」、「政教一体」、「家・国一体」、「物我両忘」の提唱に繋がった。これは自然界、人間社会に対する全体的な把握を強調するが、全体の各部分に対する認識能力に乏しく、ミクロ的な分析思考および具体的な観察と実験が不足している。教育活動においては、「大まか」な認識と自覚を重視し、「バラバラにする」解剖や分析を軽視した。

　全体を重んじ個を軽んずる価値観は、人民の教育において国家と民族全体の利益を追求することや、民族の団結力強化、学生の全体的系統的思考能力の育成に対し、一定程度はポジティブな意義を有するが、家父長主義、王権主義ないし専制主義を誘発し、人の個性ややる気を抑圧し、束縛した。このような価値観は、謙虚で人の意見を受け入れる事ができ、師を尊敬し、集団を愛するといった高い品性を作るが、その一方で小心翼々、面従腹背、自己卑下といったネガティブな人格特性をつくる可能性がある。

　孔子の言う「意なく、必なく、固なく、我なし」[*53]は、主観的に推測してはいけない、個人の見解をあまり発表してはいけない、物事が発展して必然的にどうなるかを考えてはいけない、自分の考えを肯定してはいけない、自分の考えに固執してはいけない、自分の意見を堅持してはいけない、自分で自分が正しいと思ってはいけないということではないか。要するに、「意なく」は自己

---

*53 『論語・子罕』。

喪失の出発点であり、「必なく」は自己収奪の錬磨、「固なく」は自己放棄の核心で、最終的に「我なし」となる。個人の進取的な意識は社会の保護も奨励も得られず、人の話の受け売りをして、不満足ながらも丸くおさめるしかない。そのため、全体と個体との協調、個人の利益と集団利益の統一は、現在、教育思想が構築すべき課題の一つとなっている。

　もちろん、古代中国の教育思想は以上の五つの特質に留まるものではなく、その他の例えば「積み重ねを重んじ発見を軽んずる」、「善の追求を重んじ真の追求を軽んずる」なども無視することはできない。

　また、以上で述べた「重んずる」や「軽んずる」は、あくまでも西洋の教育思想に対しての表現であって、全体の特徴としてどちらかに偏って重視したり軽視したりするという意味ではない。古代中国の教育思想家で功利や実務を提唱した人や、個性を重視した人は少なくなく、単に全体的な特徴の影に隠れただけにすぎない。このことに注意すべきである。

3、古代教育思想の現代的意義

　ヘーゲルは、民族精神を一つの民族意識を構成するさまざまな形式の基礎と内容であるとした[*54]。古代の教育思想が醸成した古代教育の精神は、さまざまな形で現代の教育を規範化しており、今日の教育が過去の教育の延長線上にあり、過去の教育が発展し昇華したものであることは言うまでもない。古代の教育思想が現代に与えた影響は多岐にわたり、プラス面もあればマイナス面もある。ならば教育の文化に対する選択機能、改良機能、刷新機能を積極的に活かしてエキスを取り出し、滓を捨て、古代教育思想が再び光彩を放つようにしなければならない。

　ヘーゲルは人類の文化遺産を受け継ぐことについて、「我われがそれを吸収し、自分たちのものにしたとき、それが以前もっていたものとは異なる特徴をもつ」ことに言及し、「受け継いできた遺産というのは、こうして変わっていくのだ」[*55]と述べている。この意義に立って言えば、われわれは古代中国の教育

[*54] ヘーゲル『歴史哲学』王造時訳、95頁。
[*55] ヘーゲル『哲学史講義(1)』賀麟、王太慶訳 商務印書館 1981年、9頁。

第 2 章　古代中国の教育思想の特質

思想の遺産を継承したとき、意識的無意識的に「自分のために用い」、そこに若干の「新しさ」を持たせて、古代教育思想の現代的意義を解き明かさなければならないのである。古代教育思想の優れた伝統を発揚することは、それ自体に継承と創造の両面が包含され、継承の中に創造があり、創造の中に継承がある。歴史の中に現実があり、現実の中に歴史があるのだ。これが発揚の弁証法である。具体的には、古代教育思想は以下の各点において現代的意義を有する。

1．世俗精神

古代中国の教育思想は「世俗を重んじ、神性を軽んずる」伝統を有し、教育者たちは社会の現実に目を向けた生き方を唱導した。中国人は、致思の中心を彼岸の世界に置かず現実の社会に嘱目し、「来世」ではなく「今生」に力を尽くす。

「西洋のキリスト教文化は『天学（天の教え）』、インドの仏教文化は『鬼学（鬼の教え）』であるが、中国の伝統文化は『人学（人の教え）』である」と言った人がいるが、この「人学」文化は積極的に俗世間に交わっていき、強い精神を持ったものである。それゆえ、古代中国の教育者で「教民化俗」を力説しない者はおらず、「経世致用」、「興邦治国」を重視しない者はいなかったのである。

儒家（宋明理学のいわゆる「新儒家」も含めて）は、個体精神の修養と道徳の完善性を重視したが、最終目標は内在する思想を積極的な事功（功績）へと外顕化することで、「内聖」は必ず「王道」に外顕化し、それによって「兼済天下」の理想が実現するとした。

法家の教育思想家は、「『耕戦』の奨励、『法制』の重視、『実効性』の強調」を特徴とし、積極的に俗世間に交わっていった。

道家、仏家ですら明確な世俗的精神を持っていた。陳鼓応氏は『老子注釈及評価』で、老子の「無為、謙退、清静」を、「消極的な思想がないというより、むしろ十分に力を蓄えて絶好の機会を待つという精神が込められている。老子は世の乱れに注目し、人間の『安心して付き合う』道を提供し解決する一方で、内在する生命の深さを洗練させようとした」と指摘している[*56]。したがって、黄老哲学が古代中国の動乱を治世へと転化した時代の特殊な作用を考えれ

[*56]　陳晏清『当代中国社会哲学』天津人民出版社 1990 年、108 頁。

ば、「無為」が根本的に「無不為（＝すべてを為す）」ためのものであることが理解できる。仏家も同様で、仏典に「仏法は世間にあり、自覚と悟りは世間から離れることはない。世間を離れて菩提を求めることは、兎の角を探すのと同様に不可能である」という言葉があるが、これはつまり、世間の中で修行し、世間の中で悟りを得よということである。仏教の最高の境地は「普度衆生」であり、「俗世を超越する精神で俗世のことに当たる」[*57]ことで、俗世を荘厳浄土に、地獄を極楽の世界にする。

　古代教育思想にある世俗の精神は、教育と社会政治との連携を強化し、現代社会に生きる我われに教育の機能を使ってどれほど有益な思考を提供してくれただろうか。ただし、我われは、教育の、世俗性を過度に重視し相対的な独立性を無視して、教育を社会政治や生産性と同等に扱い、教育自体の内部規律やその他の機能を無視することを防止しなければならない。

2．道徳精神

　総じて言えば、古代ギリシア・ローマの教育家は「智者の風格」を具え、人と自然の関係に目を向け、科学的精神に富んでいる。対して古代中国の思想家は「賢者の佇まい」を有し、人と人との関係に目を向け、道徳的精神に富んでいる。

　孔子は知識教育と道徳教育との関係について話をするとき、この道徳的精神を明示し、

　　「弟子、入りては則ち孝、出でては則ち弟、謹みて信あり、汎く衆を愛して仁に親しみ、行いて余力あれば、則ち以って文を学ぶ」[*58]

と説き、道徳教育とその実践を最高至上と位置づけた。

　また、古代中国の教育において道徳教育は他に取って代わることのできる、唯一の「学問」となったとも言える。董仲舒は「能く鳥獣の類を説くは、聖人の説かんと欲する所には非ざるなり。聖人の説かんと欲する所は、仁義を説きて之れを理ち、其の分科別を知り、附く所を貫き、其の義の審（つまび）らかにする所を明らかにして、嫌疑せしむる勿きに在り。是れ乃ち聖人の貴ぶ所のみ（鳥獣の類について説くことは、聖人の望むことではない。聖人が説こうとするのは、

---

*57　林世敏『仏教的精神特色』福建莆田広化寺仏典流通処 1988 年、21 頁。
*58　『論語・学而』。

仁義を説いてそれぞれに相応しい実践内容を分別し、その具体的な実践内容を知って、さらに他者との関係においてそれを連続させ、義の詳しい内容を明確にして、疑わしいものがないようにすることであり、これこそが聖人の貴ぶものである)」*59 と述べ、朱熹はさらに直截的に「且に如今、此れが為に学びて天理を窮めず、人倫を明らかにせず、聖言を講めざらんとし、乃ち兀然として存心は一草木、一器用の間に於いてす。此れは是れ何ぞ学問ならんや（今は、「格物致知」という方法論を学んでも、物事の道理（天理）を極めようとせず、人の道を理解しようとせず、聖人の言葉を守ろうとしない。じっとしたままで存心は僅かな時間である。これでは学問と言えるものではない)」*60 と指摘した。それゆえ、古代中国の教育家は道徳的品性と健全な人格の養成を重視し、弟子たちに「武力に屈服しない」、「貧乏であったり身分が低くても心を移さない」、「命を犠牲にしても正義を守る」、「一途に忠義を尽くして国のために報いる」と説いた。親孝行、師の尊重、周囲との関係の調和に気を配り、「鉄肩道義を担い、妙手文章を著す」*61 という言葉に象徴されるような仁愛深く志の高い人物になることが求められたのである。

　古代教育思想にある道徳精神は中国人の道徳意識を高め、いくつかの道徳教育法を形成した。これは今日の道徳教育理論の構築と道徳教育の実践・運用に大いに寄与している。ただし、古代教育思想の三綱五常重視の徳育内容や、他に犠牲にして道徳教育を行うことは、排除しなければならない。

3. 調和の精神

　中華民族は寛容で平和を愛する民族である。蔡元培は中国人の国民性を「儒家の中庸の道に最も合う」*62 とした。その言葉の通り、古代中国の思想家は学生の教育に際し、調和を求める精神を養成することに注力し、広い心を持った人間の育成を重視していた。孔子の提唱した「和して同ぜず」、「両を執り中を用う」や、『中庸』が守りぬく「万物並び育ちて相害わず、道並び行われて相背かず（万物は無限に創造され発達するが、それぞれの秩序と体系とを有する

＊59　『春秋繁露・重政』。
＊60　『晦庵先生朱文公文集』巻39。
＊61　原詩は李大釗。中国の知識人の基本的な意識や心構えが表れているため引用した。
＊62　蔡元培「中華民族与中庸之道」蔡尚思『中国現代思想史資料簡編(3)』、503頁。

が故に、互いに他を害することがなく、一切の法則は同時に行われてしかも互いに矛盾し衝突することがない)」は、教育の実践において大きな影響をもたらし、中華民族に「人と自然の調和、人と人の調和、人と社会の調和」そしてさらに「国家間の調和」を重視する伝統を形成した。

　中国 4000 年の歴史を研究した西洋の宣教師マテオ・リッチは、中国人を「征服の野望はなく、この点において彼らはヨーロッパ人と異なる」と評したが、これは平和と調和を追求する中国人の民族精神をそのまま表している。こうした調和の精神は異説を受け入れる度量を持たせ、百川大海に注ぐが如くの境地を尊ぶようにした。温和で上品な物腰や矛先の鋭さを出さない態度が善しとされ、「特定の考えに偏らず何物にも依存しない」「他人と仲良くするが、同調して他人にひきずられたりはしない」という考え方、「教師は尊敬され生徒は大切にされる」という師弟関係、「仲間同士互いに励まし合い競い合って向上する」という人間関係が尊ばれるようになった。

　古代教育思想にある調和の精神は、人生や社会を「達観」して広くとらえ、天地人の三者の均衡を実現するなかで自らの帰着点を見つけるという中国人特有の心理的境地をつくった。人生で失意に陥ったときは「天人合一」の中から埋め合わせるものを見つけ、不公平な扱いを受けたら自己の内面にバランスを求める。並々ならぬ防衛機制はこうして確立されていったのである。しかしその反面、往々にして競争のない仕組みをつくり、意欲や挑戦的精神の不足を招き、何に対しても事なかれ主義を貫くようにもなった。これも調和の精神を発揚させるときに注意すべき点である。

4. 集団の精神

　集団教育と全体利益の重視は、古代中国における教育思想の大きな特徴であり、道徳精神、調和精神と密接に関係しながら派生した特徴である。孔子の道徳教育の最高目標である「仁」の規定では、人間関係、集団に着目している。「仁者は人を愛す」[63] も、「夫れ仁者は、己立たんと欲して人を立て、己達せんと欲して人を達す」[64] も、純粋に個として独立した人格ではなく、集団の中の

---

[63] 『論語・顔淵』。
[64] 『論語・雍也』。

一分子として集団や他者に対して行うべき倫理的義務を指している。

　古代中国の社会的人間関係は、4種類に大別できるという。すなわち他者との関係が、血縁の肉親関係、君と臣の上下関係、気心の知れた仲良し関係、単なる通りすがりの関係である*65。古代社会におけるすべての人間関係は、この四つの関係が有機的に統合されて全体を構成していた。そして道徳教育ないし教育全体の趣旨は、これらの関係を調整する道徳規範体系を明らかにし掌握・調整することにあるとした。つまり、古代中国の教育思想の核心は、さまざまな関係の処理のしかたを身につけさせ、集団の中での生存と発展を追求することであった。

　古代の教育思想にある集団精神は、個人の他者、集団、社会に対する責任感と義務感を形成し、「四海皆同胞、五洲皆兄弟」の親睦意識を形成した。しかし、集団精神を過度に強調すると、相対的に個人の利益が無視される。個人の創造性は阻害され、個人は集団の中に埋没させられる。したがって、今日の集団教育は歴史の焼き直しをするのではなく、「現代社会の発展に必要な個人の人格を、独立したものとして社会主義的集団主義教育に取り込み、個性、集団性、民族性を有機的に結合」しなければならないのである。*66

5. 人本精神

　古代中国は『書経・泰誓』編の「惟れ人は万物の霊たり」から、管仲の「覇王の始むるところは、人をもって本となす」（民が基本であるとする認識こそ覇王の出発点でなければならない）の命題*67、さらに清朝末期の龔自珍が『釈風』で説いた「天地至頑なるも、倮虫を得て霊なり」（世の中はきわめて頑冥不霊なものであるが、裸虫［＝民を指す］の存在によって柔軟で聡明なものとなる）まで、人本主義の伝統が数千年続いた。かつて、古代中国の教育思想には、「眼中に人なし」という根本的な欠陥があると考えられていたことがあったが、それは西洋のヒューマニズムの伝統における「個人至上」という物差しで中国の人本主義を評価したからである。実際、東洋と西洋のヒューマニズム

＊65　焦国成『中国古代人我関係論』中国人民大学出版社 1991 年、57 頁。
＊66　楊斌「論弘楊民族伝統教育文化」『江蘇教育研究』1992 年第 1 期。
＊67　『管子・霸言』。

にはそれぞれに特徴があり、西洋の教育思想のヒューマニズムは独立型、自己中心的で自己実現であるし、古代中国の教育思想のヒューマニズムは協働型、他者中心、自己完善的なものである。古代中国の教育はまさにこうした人本精神で指導したのである。

古代の教育思想にある人本精神は、社会生活のあらゆる面に浸透している。政治における「民心重視」、「民衆中心」もその一例である。唐の太宗は「水は船を浮かべることもできれば、転覆させることもできる」という道理から、「何事にも為すべき基本があり、「国」は「民」が基本であり、「民」は「衣食」が基本である」[*68]との思いに至ったという。

道徳生活においても、完璧な自己の追求が重視され、人の修養と発展は際限のないプロセスとして、尭舜聖賢を手本に「身を翻して内省する」、「絶えず自力で奮闘する」ことが奨励された。もちろん、こうした精神は、協力と完璧な自己を過度に求めたことにより、相対的にもう一方の側面を無視あるいは放棄することになった。

したがって古代の人本精神を現代の教育に生かそうとするならば、その過程において西洋の教育思想にあるヒューマニズム精神の合理的なコアを取り入れ、独立心を養成するとともに協力精神を発達させることにも注力し、学生に対し、規範という外側からの制約だけでなく、自己の完璧化への意欲と志を育成することにも留意すべきであろう。

つまり、我々が古代の教育思想を研究するのは、決して古の深遠さに思いを馳せるためではなく、ヒントやエキスを整理するだけでもない。古代の教育思想に現代教育の意義をプラスし、現代教育の理論体系を構築するため、民族的特色のある教育観を形成し、教育の実践指導のために微力ながらも貢献したいと考えている。

[*68] 『貞観政要・論務農』。

第3章
中国古代教育思想の理論的基礎

　教育思想の誕生と発展には、根拠となる一定の理論がある。教育者たちはいつもさまざまな方法で教育についての基本的な見解を表現しようとするが、この基本的な見解こそが、教育者たちの理論的基礎である。

　中国古代教育思想の理論的基礎は、三つの分野に関わる。すなわち治乱学説（教育と政治経済との関係を考察）、人性理論（教育と人の発達との弁証法的関係を考察）、人材観念（教育の目的と価値を考察）である。これは現代の教育哲学で考察されている「教育の機能と価値」の問題にほぼ近い。

1、治乱学説………教育と社会発展

　国家の治乱安危、栄枯盛衰の根本的な原因は何か？教育はその中でどのような役回りを演じていたのか？教育理論の観点から言うと、これが「治乱学説」である。

　前述したように、中国古代教育思想の萌芽期には、すでに教育の社会的政治的機能が重要な位置に置かれており、周公が民に「訓告」、「保恵」、「教誨」を説いたのは、彼らに己の本分を守らせ、誠実、敬虔にさせることを意図していたからである。提唱した「明徳慎罰（修養を積むことで徳を高め、刑罰を慎む）」、「先教後刑（教えることが先で刑罰は後）」は、古代の徳治の伝統に直接に影響を与えた。

　先秦時代の孔子は周公の学説を発展させ、民心を平定する刑罰と教化の機能を説いた。

　「之を道くに政を以てし、之を斉うるに刑を以てすれば、民免れて恥無し。之を道くに徳を以てし、之を斉うるに礼を以てすれば、恥かつ格る有り」[*1]

---

*1　『論語・為政』。

政法と刑罰で民を治めるのは一時的に犯罪を免れるだけで、そこに廉恥の心は存在しない。教化と礼儀で民を薫陶すれば、廉恥の心を持たせるだけでなく民心を帰服させることができる。

そのため、孔子は「為政」には「民の教化」が不可欠であると主唱し、「善人、民を教うること七年、亦た以て戎に即かしむべし」*2、「教えざる民を以て戦う、是れこれを棄つと謂う」*3、「教えずして殺す、これを虐と謂う」*4 と説いた。これらの言葉から、孔子が民を教化する思想を重視していたことが窺える。

孔子はまた冉有の問いを通じて、「庶─富─教」の施政大綱を提唱した。

『論語・子路』に、「子、衛に適く。冉有、僕たり。子曰く、庶いかな。冉有曰く、既に庶し。又何をか加えん。曰く、これを富まさん。曰く、既に富めば、又何をか加えん。曰く、これを教えん。」（先生が衛に行かれた時、冉有が御者としてお供した。先生は「この国は労働人口が多いな」とおっしゃった。冉有が「もう十分多くなりましたね。この上はどういうことに力を注ぐべきでしょうか」と言った。先生は「これを豊かに富ませよう」とおっしゃった。冉有が「豊かになりましたら、その次は何をすべきでしょう」と言うと、先生は「教育をすることだね」とおっしゃった）とあるが、これは古代中国における教育・経済に関する最古の記述である。

孔子は、国家をよく治めるにはまず豊かな労働力（庶）を得ることが必要で、次にその労働力で生産性を上げて民の生活を豊かにし（富）、さらにその「庶」と「富」を基盤に民を教育し、教育事業を発展させることだとした。

上述の言葉から、孔子が、経済を教育に先んじるものと位置づけ、教育は経済と相互に影響しあうと考えていたことがわかる。

孟子は儒家の「真伝」、「亜聖」として、孔子の治乱学説を継承し展開させた。「城郭完からず、兵甲多からざる」や「田野辟けず、貨財聚まらざる」は必ずしも国の真の災難ではなく、「上礼無く、下学無し」で教育が足りなければ、「賊民興り、喪ぶること日無し」*5 となり、国を動乱の中に陥れてしまう。

---

*2　『論語・子路』。

*3　『論語・子路』。

*4　『論語・堯曰』。

*5　『孟子・離婁上』。

第3章 中国古代教育思想の理論的基礎

それゆえ「善政は善教の民を得るに如かざるなり。善政は民之を畏る。善教は民之を愛す。善政は民の財を得、善教は民の心を得」*6 なのだとした。

教育内容では、孟子も「治国安邦」を核心に据え、「父子親有り、君臣義有り、夫婦別有り、長幼序有り、朋友信有り」の「人倫」を説き、民が互いに親愛の情や相手を信じる気持ちをもたなければ、「上を犯し乱を作す」といった心理や行為を生み出してしまうとした。

先秦時代の儒家思想の集大成者と言われる荀子は、教育と国家の運命とをさらに明確に関連づけた。

「国の将に興らんとするや、必ず師を貴びて傅を重んず。師を貴びて傅を重んずれば、則ち法度存す。国の将に衰えんとするや、必ず師を賎しみて傅を軽んず。師を賎しみて傅を軽んずれば、則ち人に快有り。人に快有れば則ち法度壊る」*7

教師を軽んじ、教育を発達させなければ、民は放縦に振る舞って法制を破り、国をどこまでも衰えさせ混乱させる。

早期の儒家の著作のうち、教育と社会発展との関係について最も詳細で要点を押さえているものは、『礼記』にある『大学』と『学記』であろう。

『大学』には次のように記されている。

「古の明徳を天下に明らかにせんと欲する者は、まずその国を治む。その国を治めんと欲する者は、まずその家を斉う。その家を斉えんと欲する者は、まずその身を修む。その身を修めんと欲する者は、まずその心を正しくす。その心を正しくせんと欲する者は、まずその意を誠にす。その意を誠にせんと欲する者は、まずその知を致す。知を致すは物に格るに在り。物格ってのち知至る。知至ってのち意誠なり。意誠にしてのち心正し。心正しくしてのち身修まる。身修ってのち家斉う。家斉いてのち国治まる。国治まってのち天下平らかなり。」

『大学』は儒家が論じた大学教育の専門書で、この部分に「格物」、「致知」、「誠意」、「正心」、「修身」、「斉家」、「治国」、「平天下」の大学教育八条目が掲げられている。教育は明らかにこの八つの段階をつなぐものであり、「治国」、

---

*6 『孟子・尽心上』。

*7 『荀子・大略』。

「平天下」の前提でもある。

　この点について、『学記』には次のように記されている。

「慮(りょ)を発(おこ)すこと憲(のり)あり、善良を求むるは、以て謏聞(そうぶん)するに足るも、以て衆を動かすに足らず。賢に就き遠きを体するは、以て衆を動かすに足れども、未だ以て民を化するに足らず。君子、如し民を化し俗を成さんと欲せば、其れ必ず学に由るか」

「玉琢(みが)かざれば器と成らず。人学ばざれば道を知らず。是の故に古の王者国を建て民に君たるには、教学を先と為す。兌命(えつめい)に曰く、終始学に典(つね)にせんことを念(おも)うと、其れ此の謂(いい)か！」

　前段の大意は、「為政者というものは、単に深謀遠慮、人材網羅、礼賢下士ができるだけでは話にならない。民衆を教化し、良い社会習慣を形成しようとするなら、学校教育というものを行ってこそ奏功する」というものである。後段は、「玉は磨くことで初めて器になる。人は学びを通して初めて物事を知り道理が分かる。為政者が国を建て民を統治するときは、先ず学校教育から始めるべきである」と言っている。それゆえ『学記』では『書経・兌命』の「始終心にかけるべき」ものは教育であるとする名言を心に刻めという。

　墨家も教育と社会の発展との関係を割に重視している。墨翟は、「その股肱の力を垂れて相労来せず、余財を腐臭して相分資せず、良道を隠匿して相教誨せざらしむ。此のごとくんばすなわち飢えたる者は食を得ず、寒ゆる者は衣を得ず、乱るる者は治を得ず」（力があっても人のために働こうとしない。財力があっても持ち腐れにして人に分配しない。学問を身につけていても隠したままにして人に教えない。こうなれば、人々は飢えと寒さに迫られ、社会は混乱状態に陥るばかりだ）[*8]と説き、教育に力を入れなければ、政治は不安定になり、経済は発展しないとした。それゆえ「天下の匹夫(ひっぷ)徒歩の士は義を知ること少(すくな)し、天下に教うるに義を以てする者の功も亦た多し」（世の中の平民たちで道義を理解している者は少ないが、世の中を道義で教えることは功績が大きい）[*9]と説く。墨子が唱導する「兼相愛、交相利」学説は、要は「力ある者は疾(はや)くもって人を助け、財ある者は勉めてもって人に分ち、道ある者は勧めて

[*8] 『墨子・尚賢下』。

[*9] 『墨子・魯問』。

もって人に教う」の境地に達せよとするものである。

　墨家も教育の社会生産性の発展を促す役割に目を向けており、『魯問』に、呉慮という名の農民（隠士とする説もある）に「義のみ義のみ。なんぞこれを言うを用いんや」（義は実行あるのみです。あなたのように口先で説いて回る必要はないのではありませんか）と問われた墨翟が、「たとえば天下、耕を知らずとせんに、人に教えて耕さしむると、人に教えて耕さしめずして独り耕すと、その功いずれか多き」（では、耕作というものを自分以外だれも知らないとして、人に耕作を教えてから皆で耕作するのと、人には教えず自分ひとりで耕作するのとでは、どちらが収穫が多いでしょうか）と反問したと記されている。呉慮は「人に耕作を教えてから皆で耕作する方です」と答えているが、これこそが墨子の結論である。

　法家は「以法治国」を主唱し、儒家の提唱した私学を否定したが、実質的には別の側面で社会教育、とりわけ法制教育が「国泰民安」に果たす意義を力説した。「法を以て教えとなし、吏を以て師となす」という思想は、それ自体が社会的な治乱問題に対するものである。

　『管子』に、
「愛利を厚くすれば、以て之を親しむに足り、智礼を明らかにすれば以て教うるに足る。上身服して以て之に先んず、度量を審らかにして以て之を閑ぎ、郷に師を置きて以て之を説道す。然る後に之に申ぬるに憲令を以てし、之を勧むるに慶賞を以てし、之を振するに刑罰を以てす。故に百姓皆説んで善を為す。則ち暴乱の行、由りて至る無し」*10
とあるが、これは儒家の「先教後刑」の学説に酷似している。

　道家は真っ向から教育のもつ社会的効能を否定する。老子は歯に衣きせることなく「大道廃れて、仁義有り。智恵出でて、大偽有り。六親和せずして、孝慈有り。国家昏乱して、忠臣有り。」*11 と説き、儒家が知恵や仁義、孝行といった品格の育成を重視した必然的な結果として、大道の荒廃、家庭不和、国家混乱を招いたとした。教育を否定した道家であったが、老子、荘子、そして黄老学派までもが自身は教育活動に携わり、学問を求めて来た弟子に対しても

＊10　『管子・権修』。
＊11　『老子・十八章』。

「来る者は拒まず」で教誨（きょうかい）した。しかも、「無為」、「知足」、「不争」等を主張した言行自体が積極的な教育活動であり、まさにそうした教育活動が道家の教育思想を育んだ。

　漢代の董仲舒は先秦儒家の「徳教に任じて刑に任ぜず」の伝統を継承し、「教は、政の本なり。獄は、政の末なり」という主張*12 を展開した。教育を治国安民の根本ととらえ、民衆の「上を犯し乱を作す」を効果的に防ぐためには、社会教化という「堤防」を築く必要があると考えた。「そもそも人は、水が低い方へ流れていくのと同じで、利のある方になびくものであるため、教化を堤防にして食い止めないと収拾がつかなくなる。ゆえに教化で邪なことをすべて止められれば、それは堤防の完成である。教化を緩めると邪悪なことが次々と現れ、たとえ刑罰を以てしてもそれを止めることはできず、堤防は決壊する」*13 と説き、教化が社会治乱に一役買うのは、心理的な内在化メカニズムを通して実現する、すなわち教化の影響で人は恥を知る心をもち、「天下太平で、人々はみな仁を行うことに安んじ、義を行うことを楽しんで、それぞれが適所に置かれている。礼儀に適った行動をし、悠然と正しい道を歩む」という境地*14 に至るのだとした。

　王充は董仲舒をはじめとする正統儒学を痛烈に批判したが、教化の社会的効能を力説するところは期せずして一致するところが多かった。礼儀の教化を受けた人は「志は潔く、行動は明らかで、爵禄などには見向きもしない」*15 ものだと指摘し、どのような状況にあっても「性廉寡欲」でいることができ、邪念が芽生えることはないとした。それゆえ王充は「乱世以刑為先」、「治世以礼為主」といった主張に反対し、礼儀の教化は時期を問わず常に重視するもので、学校教育ならではの特殊な役割を重視すべきであるとして、「是の故に王法は学校の官を廃せず、獄理の吏を除かず、欲凡衆（はんしゅう）をして礼儀の教えを見しめんと欲す。学校は其の前を勉め、法禁は其の後を防ぎ、丹朱（たんしゅ）の志をして亦将に勉む可けんとせしむ」（そういうわけで国の建前としては、学校の官制をやめるわけにはいかず、裁判の役人を存置しておき、一般民衆をして礼儀の教化を

---

*12　『漢書・董仲舒伝』。
*13　『漢書・董仲舒伝』。
*14　『漢書・董仲舒伝』。
*15　『論衡・非韓』。

知らせようとするのだ。学校は事前の教育に力を入れ、法律・禁令は後の再犯を予防し、丹朱のような志を持った人でもやはりできるだけ勉めさせるようにする）*16 と説いた。ここから、学校教育の役割を「其の前を勉め」（事前に教育し）て悪を未然に防ぐこととし、刑法による束縛は「其の後（の再犯）を防ぐ」ものであり、事後の処罰であるとして、両者が総合的に機能することで社会が健全に発展すると考えていたことが窺える。

魏晋時代の傅玄は、国家の安定と興隆という角度から教育の社会的機能を論じた。教育の社会経済的な基礎を重視し、「人は、豊かであればその地の平和を守って家を大切にし、お上を敬って命令に従うが、貧しければその地を危うくして家を離れ、結託してお上に逆らう」と説いた傅玄は、人びとの生活を豊かにして、普く教育が受けられるようにし、「儒教を尊び学問に力を入れれば、人びとは義に篤く」*17 なるので、「治国平天下」のために思想の基礎を築くことができるとした。一方で、国家の興隆も教育と切り離すことができないとし、学校を設立して人材を育成することは国家振興の基本的な道であるとし、「国家を興す者、人より貴きは莫し」、「徳教を宣する者、学びたるより明らかなるは莫し」*18 と説いた。

唐代の韓愈は、孟子の命題「天下の秀でた人材を得て、これを育てる」について、「孟子は『君子には三つの楽しみがあるが、その中に天下の王になることは入っていない』と言っている。そしてその楽しみの一つとして『天下の秀でた人材を得て、これを教育するのを楽しむ』としているが、これは皆、聖人賢士たちが懸命に口にし十分に論じてきたことで、古今を通じて手本として従うのが宜しいことである。ならば誰が天下の人材を育てることができるのか。わが君とわが宰相ではないか？ 誰が天下の英才を教育することができるのか。わが君とわが宰相とではないか？ 幸い今は天下は無事で、小大の官は各々自分の職を守り、財政、食糧、軍備の問題は朝廷にきていない。政道を論じ、国家を治める暇に、この人材教育を捨ててよいほど大きなことは無いであろう」*19 と説いている。韓愈は、為政者の重要な任務は優れた人材の育成であ

＊16 『論衡・率性』。
＊17 『傅子・通志』。
＊18 『傅子・闕題』。
＊19 韓愈「上宰相書」『韓昌黎集』巻16。

り、太平の世、安定しているときにこそ天下の英才を教育することが急務となる。これが経邦治国の秘訣であるとしたのである。

　北宋時代の教育改革者である王安石は、社会教化の意義において教育の社会的機能を考察するという前代の学者たちの風潮を打開した。学校教育の機能を力説し、「天下、一日として政教無かるべからず、故に学、一日として天下に亡かるべからず」とする教育改革宣言[20]を提唱した。王安石は、学校は教育事業の主幹あるいは核心となるべきであるとし、『乞改科条制』で「古代の官吏登用はすべて学校を基本とし、道徳が最重要視され、習俗はその下であった。こうして選抜された人材は政務を処理する真の才能と学識があった。しかし儒家的規範の影響力が枯渇し、学校に基本が置かれなくなると、優れた才能を持ってはいるが師友のない者が官吏になり、識者を悩ませている。今、古代の制度を復活させようとすれば、順序を追って行わなければならない。まず声病対偶の文をやめ、学生が経学に専心できるようにし、朝廷が学校を興すのを待つがよい」と述べている。学校教育を科挙試験に取って代えることで「道徳が最重要」、「習俗はその下」しとし、科挙の「大は則ち以て天下国家に用うるに足らず、小は則ち天下国家の用をなすに足らず。」の問題[21]を解決するというものである。

　宋代の理学家は、それまでの多くの儒家が「徳を尚び刑を尚ばず」の傾向にあったのとは異なり、刑罰と教化は封建的統治が維持されている間はどちらもゆるがせにできないとし、厳法酷刑の力を重視することもあった。二程子は、「初め、心が陰暗にあるうちは善悪の区別がつかず、下民の蒙という無知蒙昧な状態になってしまう。爻に示される言はこれを啓蒙する道である。民を啓蒙するには、明確な刑罰を示して恐怖心を与え、その後に道理で導き従わせるべきである」[22]と説き、朱熹も「政は、良く治めるための道具であり、刑罰は、良治を助ける手段である。一方、徳礼は良治の根本であり、徳はまた、礼の根本である。刑罰も徳礼も常に良治に関わるもので、どちらか一方に偏ってはいけないというが、法律や刑罰は人びとを罪から遠ざけることができるだけであ

---

[20]　王安石「明州慈渓県学記」『王文公文集』巻34。
[21]　王安石「上皇帝万言書」『王文公文集』巻1。
[22]　『周易程氏伝・蒙』。

る。徳礼は、人びとを自らが知らないうちに善の方向に矯正していく効果がある。」*23 と説いた。彼らは、民衆というものは愚かで事理をわきまえず、遠慮するということを知らず、悪いことは何でもするとし、厳法酷刑で制限を与えて怖がらせなければ、犯罪の邪念の芽は摘みとれないと考えていた。刑罰の功能は、人を威嚇し犯罪活動に手を染めさせないことであり、教化の功能は、人に良い行いをさせて、なお「日に善に遷らせて自ら知らざしむる」（人民を自分たちが知らないうちに、日に日に善い方向に矯正していく）のである。

理学家からすると、刑罰は教化の基礎であり、「刑罰立ちて」、はじめて「教化行われる」*24 のである。二程子は、「治蒙之初，威之以刑者，所以説去其昏蒙之桎梏，桎梏謂拘束也。不去其昏蒙之桎梏，則善教無由而入。既以刑禁率之，雖使心未能喩，亦当畏威以従，不敢肆其昏蒙之欲，然後漸能知善道而革其非心，則可以移風易俗矣。」*25 と説いたが、この意味は、民衆が愚かな間は、教化で道理を説いて諭すということが非常に難しく、まず刑罰で怖い思いをさせることで法を守らせ、一定の行動習慣を形成してからでないと、教化を受け入れる素地ができないということである。したがって、理学家の言う「刑罰」とは、それ自体に「教化」の要素を包含する。

二程子は「民衆を啓蒙する初期段階では、規制を設け、罪や罰を明らかにし、正しい法律を作ってそれに慣れさせ、徐々に変えていく。初めのうちは、刑罰を用いるぐらいに厳しい態度が良い。法を整備して刑罰の制度を確立しないと教化は進まない。刑罰の中に教化が包含されることを理解しなければならないと明確に指摘しており、宋代の理学家は、刑罰と教化は社会的安定の維持と犯罪抑止に対する効果として、どちらも疎かにはできず、ある程度は刑罰や教化は必要であるということを前提とするが、重要性ということから言えば、やはり教化がより重要であるという立場をとった。

朱熹は「法律や刑罰は罪から遠ざけることができるだけであり、其の非心を格す（間違った考えや行いを正す）には、徳礼なくしてはできない。」*26 と説き、程頤も「刑罰は厳しいものであるが、一時的には戒めとなる。爵位や恩賞

---

*23 朱熹『四書章句集注・論語集注』。
*24 『周易程氏伝・蒙』。
*25 『周易程氏伝・蒙』。
*26 『朱子語類』巻23。

は重いものであるが、後世まで及ぶものではない。しかし、諡号はひとたび決まるとそれが美諡であるか悪諡であるかによって栄辱が永遠に続く。それゆえ歴代の聖君賢相は、そのことをうまく用いて民衆を諭したのだ。」*27 と説いている。彼らは、刑罰の作用は民の犯罪抑止とするが、それは畢竟、外から民衆の行為を規範化することにしかならないため万全の策とはいえず、その作用にも限界があると考えていた。教化することによってのみ「其の非心を格す」ことができ、民衆に美諡悪諡、誉れある名と恥辱的な名を用い、自らを律して悪行を棄て善を行うようにさせるのだとし、そしてそうすることによって良き社会習慣が形成され、民衆から犯罪心理を根絶できると考えたのである。

明清時代の王夫之は、孟子の「善政は民の財を得、善教は民の心を得る」の観点を解釈するにあたり、自らの治乱学説を絡め、

「畏怖の念を起こさせると民衆は従うようになる。君主が民衆に生きる道を与えると民衆は余裕分を献上するので財を得る。財を得て民衆が善に向わないのは、君主に対する忠愛の情がないからである。君主がひたすら民衆を愛すると、民衆は教えを受け入れ、困難なことを課さなければ、民衆は忠孝を尽くすので民心を得る。そうして君主と民衆が一体となれば、貢賦もまたうまく事が運ぶ。『畏怖』とは政治の及ばないところで窮めるものであり、『愛』とは教えの行き届かないところを通るものである。『財を得る』とは、財が民衆の手元からなくなること、『心を得る』とは、いつまでも心が離れないことをいう。民衆の広狭久近の加減を掴むことは並大抵のことではないのだ」*28

と論じている。つまり、善政は民衆に政府を畏敬させ、善教は民衆に政府を愛護させるというものである。善政は民衆にその財を貢がざるを得ないようにさせるが、善教は民衆が喜んでその財を貢ぐようにする。「政治の効果は限界があり、受動的で一時的であるが、教育の効果は広く、自発的で長期的である。」*29 というのである。それゆえ治国安邦という価値においては、教育には政治にはとって代わることのできない決定的な作用を有するとする。

明清時代のもう一人の著名な教育家である顔元は、自身の政治の理想を「富

---

*27 『二程文集・為家君上宰相書』。
*28 王夫之『四書訓義』巻3。
*29 邱椿『古代教育思想論叢(下)』北京師範大学出版社 1985年、41頁。

天下、強天下、安天下」の３点に概括する。「天下を豊かにする七文字は『墾荒、均田、興水利（開墾、均田、水利の整備）』、天下を強くする六文字は『人皆兵，官皆将（民衆はすべて兵であり、政府はすべて将軍である）』、天下を安らかにする九文字は『挙人材、正大経、興礼楽（人材を推薦すること、大経*30を正すこと、礼楽*31を興すこと）』である」*32と説いた顔元は、農業を国家経済が発展するための基礎、軍事を国家強盛の条件とし、教育を国家が長期安定するための根本とした。そのため人を育む教育活動を重視し「思うに学術は人材の根本であり、人材は政（まつりごと）の根本である。そして政は民衆の命の根本である。学術のないところに人材はなく、人材のないところに政はない。政のないところに太平はなく、民衆の命もない。儒統をどうすることもできないし、世道をどうすることもできない」*33と説いた。その裏に隠されている意味は、教育を経ることによって、はじめて知と礼に通じた政治的人材が育成でき、智謀ある勇猛な軍事的人材、経世致用の実用的人材が育成できる。そうして彼らが政治や経済において果たす役割を通じ、富国強民、天下泰平の社会的理想を実現することができるということである。

以上をまとめると、古代中国の教育家の治乱学説は、儒家思想を主導とし、その実質は教育の社会的機能を強調し、教育の治国興隆、社会発展への作用を重視するもので、古代中国の教育思想は、政治、経済、社会安定に貢献する強い功利的意識を有していた。

2、人性理論………教育と人の発達

人性理論も教育思想の重要な理論基礎であり、どの教育的観点から提唱されたものであっても、すべて教育家の人性についての仮説・見解と関係がある。アメリカの教育心理学家エドワード・L・ソーンダイクは、「教育研究者の重要な仕事は、人類の個体を改造する科学的知識を提供すること、すなわち、人

---

*30 訳注：大経（たいけい）：経書を分量で大・中・小に分けたときに分量の多いものをいう。具体的には「礼記」「春秋左氏伝」を指す。
*31 訳注：礼楽（れいがく）：中国儒教の根本的規範である「礼（礼儀）」と「楽（音楽）」をいう。
*32 李爆『顔習斎先生年譜』巻下。
*33 顔元『習斎記余』巻1。

という個体の教育を受ける前の「本性」がどのようなものであり、教育を経てその「本性」がどのように変化し、人の個別的差異がどのように形成されるのか等を示すことである」と述べている。

　古代中国において、人性の問題を最初に唱えたのは孔子である。孔子が提唱した「性は相近し、習いは相遠し」という命題*34 は、古代の人性理論の序幕を開け、さまざまな人性学説を形成するための基礎を提供した。「性は相近し」は、人の生まれつきの素質や自然な本性に大した違いはないというものであり、「習いは相遠し」は、人の後天的な素質や社会的本性は、後天的な学びが作用することによって次第に距離ができ、大きな相違を形成するというものである。

　孔子の人性の問題についての言葉が非常にシンプルであるため、後世の教育思想家たちは自分の理解に基づき、「生まれながらにしてこれを知る」と「学びてこれを知る」の論述を解釈することから、孟子の「性善説」や荀子の「性悪説」*35 が派生した。

　孟子の「性善説」は、人は生まれながらに惻隠（同情心）、羞悪（羞恥心）、辞譲（謙譲心）、是非の四つの「善端」を持ち、善端を育ててやれば、仁、義、礼、智の四つの品性が生まれるというものである。そして「善端」が仁、義、礼、智になる過程では、後天的な教育と本人の努力が重要なはたらきをするという。「善端」は単に「善性」に発展する可能性を示しているにすぎず、教育と個人の努力があってはじめて現実性や必然性に変わるからである。

　荀子は全く逆の「人の性は悪なり、其の善なる者は偽なり」という命題を唱え、「本始材朴（ほんしさいぼく）（人としての始まりとなる素朴な素材）」は悪であり、惻隠（そくいん）（同情心）、羞悪（しゅうお）（羞恥心）、辞譲（じじょう）（謙譲心）、是非の「善端」はありようがないとし、反対に、そこにあるのは好利、争奪、疾悪、残賊、淫乱といった本能であり、「化性起偽」があり、後天的な環境の影響と教育作用を経ることによってのみ人性が悪から善に変わるとした。

　孟子、荀子の人性の善悪に始まる後世の人性に善があるか悪があるかの観点

---

*34　『論語・陽貨』。
*35　孟子の「性善論」は表面的には告子の「性無善無不善」に対して直接出されたものであるが、その主たる理論根拠は孔子の「生而知之」と「性相近也，習相遠也」の命題であった。荀子の「性悪説」は直接孟子の性善説を標的にしたものであるが、理論根拠は孔子の「学而知之」の命題である。

は、基本的に倫理学研究の範疇に入り、中国古代教育思想の理論基礎として、次に述べる二つの論点に関わる。

1．人性形成の仮説：気禀と性習

2000年前、中国に気→陰陽→五行学説が現れた。歴代の教育思想家の多くがこれを自分の学術見解として立論し、次第に人性問題で気禀論(生まれつき持っている気質)が形成されていった。この気禀論には実質的に三つの意味がある。第1に、宇宙の万事万物には性があり、性の源は天地二気の運動変化にあるとする。第2に、人や物にも性があり、人性も天地陰陽の気が孕育化生した結果であるとする。第3に、人が生まれつき持っている気には全と偏、清と濁、明と暗、厚と薄、多と少という違いがあり、人性も智と愚、賢と不肖、貴と賤、寿と夭といった違いがあるとする。

要するに、気禀とは、人が生まれながらにして持っている気の禀受で、主として人の遺伝的要素をいう。

気禀の概念が最初に登場したのは『韓非子・解老』の「是を以て死生焉に気禀す」で、気禀は人の生命の源であるとするものだった。

漢代の王充は公然と讖緯迷信に対抗したが、一方で「人は気を受けて生まれ、気を含んで成長するもので、貴い気を得れば貴人になり、賤しい気を得れば賤人になる」[*36]「人は五常[*37]の気を受け、五臓の器官を持ち、これらが皆一身に備わっている。ところがそれらを天から受けることが薄く少ない人は、その品行が善人に及ばず、それはちょうど酒の味が濃厚であったり淡泊であったりするのと同じようなものである。濃い酒と薄い酒は、醸造法が違うのではなく、麹の多少で変わるのである。それ故、酒の濃淡は同一の麹によるものであり、人の善悪も同じ元気からである。気が多いのと少ないのがあるため、賢なる性と愚なる性がある」[*38]とも説いており、気禀を中心とした遺伝的要素を人性(人の社会属性も含む)の最終的な要素と考えていたことが窺える。もちろん、王充はこの人性を最終的な人性としたわけではなく、環境と教育の人性の

---

*36 『論衡・命義』。
*37 訳注：五常：人が行うべき五つの道、仁義礼智信をいう。
*38 『論衡・率性』。

発達に対する作用を認め、人性の可変性を強調している。

宋代の理学家は、人性を気質の性と天命の性に分ける「二元人性論」を提起した。二程子は、人性の本原は純理であるとし、至善水の如しで、天命の性は堯舜から徒人に至るまで、いかなる個体に対しても同様であるとした。こうした抽象な天命の性は「気」という仲介を通じて人の体に降り、人の稟受はこの「気」が形成した性、すなわち気質の性であるとする。そして気質の性と天命の性が現実の人性を構成する。抽象的な天命の性と現実的な気質の性とが結合したとき、人の知能、気質、性格といった個体差が現れるというものである。

朱熹は張載と二程子の気稟論を論じた際に、上述の観点を検証し、「精英の気を稟得すれば聖賢になるが、これは完全かつ正常な道理である。清明を稟得すれば凛々しく、敦厚を稟得すれば温和に、孤高を稟得すれば気高く、豊厚を稟得すれば富み、久長を稟得すれば長寿になり、衰微薄濁を稟得すれば愚かになり、不肖にして欲張り*39、賎しくなって夭折する」*40と述べている。朱熹はまた気稟学説を用いて孔子が提唱した「生まれながらにしてこれを知る」、「学びてこれを知る」、「困みてこれを学ぶ」、「困みて学ばず」の四タイプの人性について解釈を行い、これはすべて気稟が「清明純粋」であるか、「渣滓」があるかどうかで決まるとした。

朱熹の晩年、高弟である陳淳が『北渓字義・性』を著し、気稟論をまとめ基本的概念を概括した。第1は、気稟は個体の差異に作用するとし、「人が皆それぞれ違うのは、ただ気稟が違う」からで、「世の中には非常に気性の烈しい人がいるが、それは陽の気に多くあたっているからだ。非常に軟弱な人がいるが、それは陰の気に多くあたっているからだ。粗暴ですぐ腹を立てる人がいるが、それは陽の気の悪いものにあたっているからだ。狡猾で陰険な人がいるが、それは陰の気の悪いものにあたっているからだ。生まれつき吸収力の優れた人がいる。少しの刺激ですぐに反応する。そうかと思えばきわめて愚かでひねくれた者もいる。一言の善言も聞き入れず、禽獣となんら異なるところがない。これらはいずれも気稟のせいなのだ」と説いた。しかしこれは明らかに

---

*39 訳注：文献のなかにはここが「欲張りになる(貪)」とするものと「貧しくなる(貧)」とするものとがあり、本書は前者の立場をとっている。

*40 『朱子語類』巻 4。

遺伝的要素と人の発達の作用を過度に誇張している。第2に、人性の可変性を指摘した。気稟論は気稟の決定的影響を誇張してはいるが、人が気稟を前にどうすることもできないという宿命論を主張してはおらず、人性の可変性を肯定している。まさに陳淳の言う「下愚*41の人でも、生まれ変わって善をなすことができるようになる」であり、「人が1回するところを自分は100回、人が10回するところは1000回」というように相当の努力をすることで、気稟の足りない部分が補われ、良好な発達が得られるとする。だからこそ、王充、二程子、朱熹さらには後代の戴震に至るまで、気稟論者たちは決して教育の作用を軽視せず、個人個人の学びを重視したのである。

　孔子の「性は相近し、習いは相遠し」という命題は、性善性悪の論争中、長らく横に置いておかれていたが、王安石の解説で改めて注目されるようになり、次第に後世の人性理論の基本となっていった。王安石は、孔子の言う「相近い性」とは人の生まれながらの性は近しいということを指し、各人の「習い」が異なるために後天的に形成される人性に違いができるとした。「習い」は人性の形成と発達において、重要な役割を果たし、それゆえに「習いは以て慎まざるべからず」*42なのである。王安石はさらに孔子の「唯だ上智と下愚とは移らず」についても独特の解釈を行い、この命題の意味を、「『上智』と『下愚』は生まれつきのもので変わりようがない」ということではなく、その人が最終的に何を「習い」としたかによるもので、善のために一貫して変わらない人が「上智」になれ、その反対が「下愚」を作るのだとした*43。

　明代の王廷相は人性の起源について「天賦」の生理的要素を重視し、人性の発達という問題において「習性」という社会的要素を非常に強調した。王廷相は「凡人の性は習いより成る」という命題*44を提起し、「学に其の気質を変えるの功有り」という作用*45を認めている。先天的な「性稟（持って生まれた

---

*41　訳注：甚だ愚かであること。「論語」陽貨から。
*42　王安石『答王深甫書三』。
*43　王安石は『性説』で「習於善而已矣，所謂上智者；習於悪而已矣，所謂下愚者；一習於善，一習於悪，所謂中人者。上智也，下愚也，中人也，其卒也命之而已矣……惟其不移，然後謂之下愚，皆於其卒也命之，夫非生而不可移也。」と指摘している。
*44　王廷相『王氏家蔵集・答薛君採論性書』。
*45　王廷相『慎言・潜心篇』。

性質)」が「不斉(きちんとしていない)」人であっても、良い社会環境があり、「立教(教えを立て)」、「為学(学を為す)」を経ることで気禀が変わり、至善の境地*46に達するとした。

王夫之も性習論の伝統を継承し、「性」と「習」を有機的に統合することに目を向け、とりわけ「習」の人の発達に対する意義を重視した。「性は天道、習は人道」*47とし、性は決して生まれながらにして固定不変のものではなく、「日々に生ずれば日々に成る」*48ものであり、常に発展し変化するものだとした。人性が形成されるプロセスも不断の「習」のプロセスであり、常に教育と環境の影響を受ける過程であるとした。

人性の可変性については、顔元が例を挙げて論じている。

「嗚呼！禍始於引蔽，成於習染，以耳目、口鼻、四肢、百骸可為聖人之身，竟呼之曰禽獸，猶幣帛素色，而既汚之後，遂呼之曰赤帛黒帛也，而豈材之本然哉！然人為万物之霊，又非幣帛所可倫也。幣帛既染，雖故質尚在而驟不能復素；人則極凶大憝，本体自在，止視反不反、力不力之間耳」*49

これをかいつまんで言うと、禍は悪い影響を受けたことに始まり、それが習慣として定着することだ。外見は聖人のように繕うことができても、それでは禽獸と呼ばれてしまう。絹織物は汚れに染まると赤い絹織物とか黒い絹織物などと呼ばれるようになる。しかしそれはその素材の本質を言っていることにならない。人も絹織物も本質はどちらも良いものであるが、絹織物は汚れると元に戻すことが難しく、人はそうではない。たとえ極悪人であってもたゆまず努力を続ければ、本来の善の性に戻ることができるということである。

人性の形成という問題において、気禀論と性習論は、先天的な違いを偏重するか後天的な作用を強調するかという違いはあるが、両者の間に絶対に越えられない溝というものはなく、人性の可変性や教育が人の発達に及ぼす作用を否定しないところは両者に共通する。

清代の教育家戴震は、両者をほどよく統合し、「夫れ飲食に資(と)りて、能く身の営衛血気(えいえいけっき)と為す者は、資りて以て養う所の者の気と、其の身の本(もと)より受く

---

*46 王廷相『慎言・問成性篇』。
*47 王夫之『俟解』。
*48 王夫之『尚書引義』巻3。
*49 『顔元集・存性編』巻2。

るの気と、天地に原づきて二に非ざればなり。故に資るところ外に在りと雖も、能く化して血気と為して以て其の内を益す。未だ内に本より受くるの気無く、外と相得て徒だ資る焉のみなる者有らざるなり。問学の徳性に於けるも亦然り。己の徳性有りて、而うして問学以て古の賢聖の徳性に通ず。是れ古の賢聖の言う所の徳性に資りて、己の徳性を裨益するなり。」（そもそも飲食に助けを借りて体の機能とし血気となし得るわけは、養分を得る助けになるものの気と、体が本来受けている気とは、天地に根源をもつものであって二つのものではない。それゆえ助けとするところのものは外にあるとはいえ、血気に変化して内を増すことができる。外と調和すべき本来受ける気が内に無いのに、ただで助けられるということはあり得ない。学問と徳性の場合もそうである。自分の徳性がある上で学問をすればこそ、古の聖人賢人の徳性に通じていくのだ。つまり、古の聖人賢人の徳性に助けを借りて、自分の徳性を裨益するのである）＊50
と説いた。気稟と性習を統合する基礎は「気」であり、先天的にもつ稟気により生じた性が性の内的基礎である。人が生まれた後は外在する気の助けによって「本より受くるの気」を養い、「己の徳性」を増やすべきであり、そうすることで人性が十分な発達をするということである。

　人の発達という点において、戴震は遺伝と環境、教育のすべてを重んじながら、後者を主とする理論を展開していることが見て取れる。これは先天的要素または内的基礎と、後天的要素または外在的条件とを結合した理論である。

2. 人性を形作る方法：内求と外鑠

　人性を形作る方法論において、古代中国の教育家たちは内求と外鑠（外側から飾ること）という二つの観点を有していた。「内求説」は、知識、智力および品性、徳性は、生まれながら人の心の中に存在するものであり、人性を形作る方法は内心を追求することだとする。「外鑠説」は、知識、智力および品性、徳性は決して内心に固有のものではなく、外部条件が作用する中ではじめて獲得できるものであり、それゆえ人性を形作る方法は外界の影響を受けることだとする。

　孟子は内求と外鑠に分類した最初の教育思想家であろう。「仁義礼智は外よ

＊50　戴震『孟子字義疏証』巻中。

り我を鑠（かざ）るにあらず、我、固（もと）よりこれを有するなり、思わざるのみ」*51（仁義礼智の徳は決して外からメッキされたものではなく、自分がもともと持っているものである。ただ人はぼんやりしていてそれに気付いていないだけだ）は、四つの「善端」は人の心の中で育まれる種子であり、自己の内側へと反求し、「拡めて之を満たす」、「其の放心を求むる」、「善く吾が浩然の気を養う」、「心を養うは寡欲より善きはなし」といった内求方法を経ることによって保たれ、人は健全に成長できるとするものである。

　北宋の邵雍は孟子の「内求説」をさらに進め、「観物」という概念を提起した。邵雍は、人の耳、目、口、鼻などの感覚器官は感知するはたらきがあるが、「観物」にはこれらの感覚器官は特に必要ではなく、内への「反視」さえあれば「全備せざる莫（な）し」*52であると説く。この「反視」の方法は、禅宗の直覚、頓悟と非常に近いものがあり、「学を為して心を養い、思いは直道によらざるにあり。利欲を去て、直道により、至誠を任ずれば、通ぜざるところなし。天の道は直のみ、当（まさ）に直を以て之を求むべし。若智数曲径を用いて以て之を求むれば、これ天地に屈して人欲に循（したが）うなり、亦た難からずや。」*53に明らかなように、正しく知識を得、自然界の規律を把握するには、「外鑠」という社会的な実践活動によるのではなく、教育や人の知恵によるのでもなく、無思無為の内求活動によるべきだとしている。

　二程子も「内求説」の信奉者である。彼らは、学習と教育の過程は、本質的には内への反求の過程であるとし、「学は、人をして内に求めしむるなり。内に求めずして外に求むるは、聖人の学に非ざるなり……本に求めずして末に求むるは、聖人の学に非ざるなり。」*54と説いた。弟子の謝良佐は「外鑠」精神が旺盛で、「覚える」「耳で聞く」ことから学問を始め、博識を自負するようになると史書を引用して一字たりとも誤らなかったというが、二程子は玩物喪志（がんぶつそうし）（枝葉末節なことにこだわり、大切なことをなおざりにしている）」と評価したという*55。彼らは主体の存養を大いに重視し、「学ぶ者は必ずしも遠く求めず

---

*51　『孟子・告子上』。
*52　邵雍『伊川撃壌集・楽物吟』。
*53　邵雍『皇極経世・観物外篇』。
*54　黄宗羲原著、全祖望輔修『宋元学案』巻15。
*55　胡安国『胡氏伝家録』。

して、近くは諸を身に取り、只だ人理を明らかにするは敬のみ」*56 と説いた。

明代の王守仁はさらに「天下に心外の物無し」という命題を提起し、「心外に事無く、心外に理無し。故に心外に学無し」*57 と提唱した。人性を形作るのは、外界の客観的知識への探求ではなく、「自分の心で体得」するものであり、「致良知」の内求過程であるとし、

「知を致す（致知）と云うものは、後儒のいわゆるその知識を充広するの謂の若きに非ざるなり。吾が心の良知を致すのみ。良知とは、孟子のいわゆる『是非の心は人みなこれ有る』ものなり。是非の心は慮るを待たずして知り、学を待たずして能くす。この故にこれを良知という。これ乃ち天命の性、吾が心の本体にして、自然に霊昭明覚なる者なり。凡そ意念の発するや、吾が心の良知は自ら知らざるものあるなし。その善なるや、惟だ吾が心の良知は自らこれを知る。その不善なるや、亦た吾が心の良知自らこれを知る。」*58

と説いた。

孟子を先秦時代の「内求説」の創始者であるとするなら、荀子は「外鑠説」の首倡者であるといえよう。荀子は、「一日中、思考をめぐらせる（終日而思：終日にして思う）」という内求式の学び方では何の結果も得られないばかりか、「わずかな時間、学校で学ぶ（須臾之所学：須臾の学ぶところ）」ことにすら及ばない。「周囲の物を効率的に利用する（善假於物：善く物に假りる）」という外鑠式の学び方こそ効果が無限に得られる*59。刻苦勉励して物事を客観的に考察し、外在的な条件を把握すれば、必ずそれに見合った結果が得られ、優れた品性を作り上げると考えた。それで、

「聞かざるは之れを聞くに若かず、之れを聞くは之れを見るに若かず、之れを見るは之れを知るに若かず、之れを知るは之れを行うに若かず（教えというものは、聞かないより聞いた方がよい。話を聞くよりも実際に見る方がよい。見るよりも知る方がよい。知るよりもこれを行う方がよい）。」*60

と提唱している。

---

*56 『二程集・遺書』巻2。
*57 王守仁『王文成公全書・紫陽書院集序』。
*58 王守仁『王文成公全書・続編一』。
*59 『荀子・勧学』。
*60 『荀子・儒効』。

南宋時代の事功学派の代表的人物である陳亮、葉適も「内求説」に異を唱えた。陳亮は、事物の客観的規律の「道」として、「玩心於無形之表」（目に見えないところに一心不乱に力を入れる）という内求的な努力では把握することはできないとした。「道之在天下」（道で天下を治める）のはひとつひとつの具体的な事物と切り離すことができないからで、客観事物との接触により、具体的な外鑠という努力を経て「事に因りて則を作す」ことで、はじめて真の把握ができる。外鑠による努力がなければ「枯木死灰の如くにして止む」*61 にしかならず、格物致知の学には無益であり、人の発達に資することもないとした。

　葉適は「内外交相成之道」を唱え、内求と外鑠とが共に人の発達を促すことを強調した。

　「耳や目といった感覚器官は、それ自体が『思う』ものではないが、鋭敏で、外界から入った刺激を伝え、それによって内面を作る。『思曰睿（深く思い至ること）』は、そうすることによって内面から出たものが外面を作る。ゆえに『聡』が入って『哲（事理に明るく賢いこと）』が作られ、『明』が入って『謀（政治のはかりごと、計画）』がうまくいくようになり、『睿』によって『聖*62』が作られ、『貌（外見・態度）』や『言』もまた内面が外面に現れるものである。古人は、内面と外面が交わって互いに補完しあうことで聖賢に至る。ゆえに堯も舜（どちらも中国古代の伝説上の帝王）もみな徳を備え、聡明であることを最優先としたのだ。」*63

と説き、内求と外鑠は知識の獲得と道徳の修養に不可欠で、いずれも人性を形作る効果的な方法であるとした。しかし、ただ理学家のように「専ら心性を以て宗主と為す」だけで、外鑠という「実力」をつけるための努力をしないでいては、自然に「知道」、「入徳」の境地に至るということはないため、人の十分かつ完全な発達はありえないとした。

　明代の教育家王廷相も「外鑠説」を強くに主張した。朱子学と陸王心学のこの点での誤りを批判し、「近頃の学者の悪いところは二つある。一つは形骸化した中身のない講義にあけくれていることであり、もう一つは虚静守心に努める

＊61　陳亮『陳亮集・与応仲実』。
＊62　訳注：この「聖」は「聖人」とする説と、聖人ではなく「全体に通じること」とする説がある。
＊63　葉適『習学記言』巻14。

ことである。どちらも実践で頑張るとか、実体験での話ではない。事が起きてもいつも口先ばかりでタイミングを逃してしまう。物事というのは際限なく変化していくものなので、行動を起こさず理屈ばかりこねている人は、事態の変化を掴めない。虚静守心でいようとする人は、ぼんやりしていて物事の奥義を知らず、中身のない現実離れしたことばかり言っているので、物事を成し得るチャンスがわからない。」と説いた。朱子学の「泛然講義」*64 も、陸王心学の「虚静守心」も「実践で頑張る、実際に体験する」から発していないという過ちを犯していると断じ、人の実践活動を基本とする「外鑠」の功夫が欠落しているために効果がきわめて小さく、実際の役には立たず、真の個性の発展も得られないとした。さらに、人類が知識を獲得するのは、先天的に与えられた人の生理的本能と感知能力（「天性の知」）によるが、これらの能力を用いて外界との接触することをせず、社会活動（「人道の知」）をしなければ、人の認識活動は生まれないとした。したがって、人は学び（「因習」）、思考（「因悟」）を経て、自分の誤り（「因過」）と疑問に思う点を解決すること（「因疑」）によって真知*65 を獲得し成長すべきであるとする。

　気稟論と性習論の関係と同様に、内求説と外鑠説も互いの領分を侵すことがない。実際、内求説は100％「外鑠」を否定し、100％人と客観的事物との接触を否定しているわけではなく、有限の「外鑠」を「内求」に到達するための手段とするにすぎない。外鑠説も100％「内求」を否定するわけではなく、品性や徳性を形成し個性を発展させるために、人の実践活動によって経験と知識を得るところを強調するだけである。

　教育思想のこうした相違は、教育の実践においては往々にして教育スタイルや教育方法の相違として現れる。道徳教育において、「内求説」は一般に「存心養性」、「禁於未発」、「自省自訟」をより重視することとして現れ、「外鑠説」は「環境薫陶」、「朋友観摩」、「教師指導」の原則と方法をより強調する。

＊64　王廷相『与薛君採』。
＊65　『雅述』上篇。

3、人材観念………教育目的と価値

　人材観念は教育の目的と価値理論の基本的な出発点である。教育理論において、教育の目的とは教育を受ける者を社会に必要な人に育てるための品質規格をいい、人材の素質の基準を定めている。また教育の価値とは教育活動が教育目的を実現し、社会に必要な人間を育成しているかを評価することであり、換言すれば、それは人間の社会的価値を規定しているということである。教育の目的と価値は教育活動の出発点と帰着点で、教育活動に対してマクロ的コントロールと誘導作用を有する。もちろん、教育の目的は教育思想家が主観的に設定するのではなく、社会の政治・経済の反映である。教育の目的が順調に実現するかどうかは、政治経済の制約を受けるだけでなく、教育者と教育を受ける者の客観的条件の制約を受ける。

　孔子の教育目的は、3種類の規格の人を育成することであった。第1は、「仁人」や「聖人」である。これは人の最高の境地はであるが、理想の境地でもあり、現実生活の中にはほとんど存在しない。それゆえ孔子は「聖人は吾得てこれを見ず。君子者を見るを得ば、斯ち可なり」*66、「聖と仁との若きは、則ち吾豈敢えてせんや。抑もこれを為して厭わず、人を誨えて倦まずとは、則ち云爾と謂うべきのみ。」*67 と説く。第2に、「君子」や「成人」である。これは人の比較的高い境地で、全体的に成熟した、品行方正な人を指し、一般的には統治者レベルがそれに当たる。孔子はそれについて「己を修めて以て敬す」、「己を修めて以て人を安んず」、「己を修めて以て百姓を安んず」*68、「道を謀りて食を謀らず」、「道を憂えて貧しきを憂えず」*69、「食飽くを求むること無く、居安きを求むること無し。事に敏にして言に慎み、有道に就きて正す。学を好むと謂うべきのみ」*70 など多くの言説を残している。第3に「士」である。これは人として良しとする境地であり、主として統治者を補佐する人間がそれに

---

*66　『論語・述而』。
*67　『論語・述而』。
*68　『論語・憲問』。
*69　『論語・衛霊公』。
*70　『論語・学而』。

当たる。さまざまなレベルで政治、外交、軍事、文化など具体的な活動に従事することも、財政管理の協力や儀式の管理をすることもできる。孔子の教育実践から俯瞰すれば、「士」は最も現実的な育成目標であり、この目標を達成するため、「徳行、言語、文学、政事」の四科を確立し、詩書礼楽、文行忠信をもって弟子たちを教育した。上述した孔子の教育目的は、基本的に実現し、司馬遷は孔子が死去した後の弟子たちの様子を次のように記している。

「孔子の死後、七十人の弟子達は諸侯(列国の君主)を巡りに散らばり、大は師傅(太師・太傅、少師・少傅)や卿相となり、小は士大夫を教え友となった。或いは隠棲して姿を見せなくした者もいる。ゆえに子路は衛に、子張は陳に、澹臺子羽は楚に、子夏は西河(晋や魏)に居し、子貢は齊で一生を終えた。田子方、段干木、呉起、禽滑釐の系統の者たちは皆、子夏の倫を受け王者の師となった。」*71

一部は隠逸生活を始めたが、多くは孔子の「学びて優なれば則ち仕う」の教誨*72 を実践した。

孔子の教育の理想が官僚となる知識人の育成にあるとするなら、墨子の教育目的は「兼相愛」、「交相利」の品性をもった「兼士」の育成である。

農工商業者が主な教育対象であった墨家は、教育内容においては、実用知識と技能を主体とした。役割分担して彼らを育成するという原則のもとに、それぞれができることをしながら、衆人の利を図るのが「兼士」であるとし、「兼士」の対極を、利己主義で友が飢えていても食べ物を贈らず、友が寒さに震えていても衣服を贈らない「別士」とした。別士は墨子の人材観念のなかでも特に嫌悪するタイプであり、「以兼易別」*73 により「別士」を「兼士」に改造する試みがなされた。 もちろん、これは墨子の一方的な願望による試みであり、当時の社会的背景の下では単なる絵空事にすぎないものであった。

孟子の教育目的は道徳型人材である「大丈夫(立派な男)」の育成であった。「大丈夫」としての重要な素質は、強い意志を持ち、「富貴も淫する能わず、貧賤も移す能わず、威武も屈する能わず」*74 で、「舎生取義、殺身成仁」(生を捨

---

*71 『史記・儒林列伝』。

*72 『論語・子張』。

*73 『墨子・兼愛下』。

*74 『孟子・滕文公下』。

てて義を取り、身を殺して仁をなす）という「浩然の気」を有していることとされた。こうした「大丈夫」を育成するため、孟子は環境の教育機能に注目し、「その心志を苦しめ、その筋骨を労せしめ、その体膚を餓えしめ」る方法で意志を鍛えることを主張するとともに、「その放心を求むること」「深造自得」（自身の力だけで学問の深い奥義を究め理解すること）、自己鍛錬の方法を提唱し、高い自意識と確固たる意志力を持った「大丈夫」の精神を形成した。

　道家の理想的な人格も「聖人」（真人、神人、至人等ともいう）であるが、儒家の世俗的、道徳型の「聖人」ではなく、世の中と争わず、無欲無為、精神の自由な自然型の「聖人」をいう。まさに荘子の言う「若し夫れ天地の正に乗り、六気の辯（変）を御し、以て窮まり無きに遊ぶ者は、彼且に悪にか待まんとするや。故に曰く、『至人は己無く、神人は功無く、聖人は名無し』と」*75で、俗世に身を置きながら精神は世俗に関わらず、逍遥自在として絶対的自由の「自然」、「無待」（"待まず"と読み、依存しない、束縛されないの意）の境地に至った人である。したがって、教育内容は、不争、知足、貴柔、無己、無功、無名、無情が中心となり、絶聖棄智（聖を絶ち智を棄てる）、滌除玄鑑*76（心を洗い清める）、自然順応、心斎坐忘（心をととのえ己を忘れる）などを特色とする教育方法が採られた。道家はこうした自然型の「聖人」を育成するため、自然の教育的環境を整えることを主張した。

　「法を以て教えとなし、吏を以て師となす」の教育観からすると、法家の人材観念は「法治」のできる人、すなわち見識が高く、事理に明るい「智術の士」、スタンスがぶれず、戦う勇気のある「能法の士」、そして実直で、人にへつらわない一本気な「耿介の士」の育成である。彼らは私欲を自制し、公平に法を執行し、大局を念頭に置き、実事求是することができ、

　「小知によって心を乱すことなく、私情によって身を煩わさない。国の政治は法と術にまかせ、人の良否は賞罰で報い、物の軽重ははかりで決める。自然の理に逆らわず、人の本性をゆがめず、毛を吹き分けて隠れたきずを見つけるようなことや、垢を洗いおとして表に見えなかった色を知るようなこと

---

*75 『荘子・逍遥游』。
*76 訳注：「鑑」を「覧」とする文献もある。「玄鑑」「玄覧」いずれも意味は「奥深い鏡」、すなわち「心」を指す。

はしない。事を裁くのに規準以上に引き出したり、規準以下に推し入れたりはしない。法律に定めるところを上まわって厳しくしたり、下まわって緩く扱ったりすることがなく、すべて自然の道に由り、定めの理に従うのである。人の幸・不幸は、その人が自然の理に従うか否か、または法律に適っているか否かに由るのであって、君主の愛憎によって決められることはない。また人が名誉を得るか悪評を被るかは、その人自身の言動に由るのであって、君主とか権勢家といった人の気持で決められることはない」[77]
のであった。

この教育目標を実現するため、法家は法制教育の充実を訴え、学問と修身に具体的な原理と方法を提起している。

後漢時代の王充は人材を「儒生」、「通人」、「文人」「鴻儒」の4段階に分け、「一つの経書を解説できる者を儒生といい、古今の事実を広く知っている者を通人といい、伝書の文章を拾い集めて上奏文を書いたりする者を文人といい、思索を凝らして文章を作るのに、他の篇章をつなぎ合わせたりする者を鴻儒という。それゆえ儒生は俗人より、通人は儒生より、文人は通人より、そして鴻儒は文人よりすぐれている。」[78]とした。王充は儒生を良しとしてはおらず、彼らを「絶えず章や句の講釈を垂れ、正しい筋道を習わすこと」を知っているだけとし、ただ五経の講義ができるだけで、まるで「盲人」のように、五経より昔のことも五経より後のことも知らず、時代とまったく噛み合っていないと批判する。儒生は王充にとって理想の人格ではなく、彼が才能ありと認めるのは儒生より高い位置にある「通人」、「文人」、「鴻儒」であった。通人とは「千篇以上、万巻以下の書物に通じ、標準語を使って、文章の読み方をはっきりさせ、人の師匠として教える者」[79]をいい、文人、鴻儒とは「正しい趣旨を敷衍し、文章・字句に手を入れて、上書や奏記したり、論説を立てて文章を作り上げたりする者」[80]をいう。その特徴は、他人の受け売りではなく、自分で作り出せること、本に囚われず、学問と実用を結合して、社会における政治や生活の様々な問題を解決することであるとした。

---

[77] 『韓非子・大体』※現代語訳は、新釈漢文大系『韓非子 上』を改変。
[78] 『論衡・超奇』※現代語訳は、新釈漢文大系『論衡 中』より。
[79] 『論衡・超奇』※現代語訳は、新釈漢文大系『論衡 中』より。
[80] 『論衡・超奇』※現代語訳は、新釈漢文大系『論衡 中』より。

王充はこの3種類の人材を育成するため、教育においては好学、勤勉、論難、窮究、実際練習、批判的検証、学為世用の原則と方法を提唱し、教育内容の上でも漢代の五経の独擅場に待ったをかけ、「信守一学」の状況を打破しようと試みた。「古今、衆流百家（さまざまな分野の多数の学派）の学説に通ずる博識」の鴻儒を養成することは、重要な意義を有していた。

　魏晋時代の顔之推は、当時の教育の目標について深く考察し、士大夫の「農業や商業に関わったり、技術の修得に骨を折ったりすることを恥辱ででもあるかに考え、かと言って弓を引かせれば、胄のさねも貫かず、字を書かせれば、姓名を記すが精一杯。酒食の欲望に身を任せ、為すこともなくぼんやりと過ごす輩が多い」といった現状[*81]を暴露することによって、教育に危機が存在することを指摘した。教育は清談家を養成するのではなく、また章句博士を養成するものでもないとし、「国のための人材」を養成すべきであるとした。顔之推は自身の人材観と教育の目標を、

「世間に貢献する能力を持つことこそ、士君子として生きていく上で大切である。君子とは、役にも立たぬことを高調子で談論したり、琴を奏で書をひもといたりするだけのことで君主に官位や俸禄を浪費させる、そんな存在であってはなるまい。国家が必要とする人材は次の六種。第一は中央政府の官僚。これは政治がよくわかり、政策の視野が宏大で旨味ある人物でなければならぬ。第二は文学・史学に通じた官僚。これは憲法や法律を著作し祖述し、伝統を守る人物でなければならぬ。第三は軍事官僚で、これは決断力あり計謀に長じ、肉体の頑健さと高い熟練度ある人物でなければならぬ。第四は地方民政官。これは民衆生活に深い理解をもち、民衆のため尽力する清廉な人物でなければならぬ。第五は外交官。これは国際政治の変化に応じて機宜の処置をとり、君主の命を辱(はずか)しめないだけの人物でなければならぬ。第六は建設官僚。これには建設計画と計費の適正を計り、実際の技術に長じた人物でなければならぬ。これらの要務はすべて本人がよく勉強し、官僚たる操守を正しくすることで、初めて完全にその責任を果たすことができるのである。しかし人には得手不得手というものがあって、一人でこれらの全部を兼備せ

[*81] 顔之推『顔氏家訓・勉学』※現代語訳は、中国古典文学大系9『世説新語・顔氏家訓』を改変。

よと言っても、それは無理である。ただ、それぞれ任務の本質をよく理解し、担当する職務を一つだけでも完全に守り抜くことができれば、それで十分に辱しくないものと言えるだろう。」*82

と系統立てて説き、「国のための人材」を政治的人材、文化・学術的人材、軍事用人材、内政・外交用人材、建築・生産の技術管理に従事する人材等の種類に分け、教育は「6種すべてに秀でている」万能人間を育成する必要はなく、特定の分野に精通した専門的人材を養成すべきだとした。

唐宋以降、古代中国の教育家の人材観念は二つの道を歩むことになる。一つは韓愈、朱熹をはじめとする、仁義道徳を強調する人間観、もう一つは王安石、顔元らをはじめとする、経世応務を強調する人間観である。

唐代、国勢が衰え、仏教と道教が盛んになっていた頃、韓愈は古き道徳を守ることを自分の務めとして、「学、以て道と為す」と「先王の教えを明らかにす」という教育目的を提唱した。「先王の教え」とは、仁義道徳を核とする教育体系で、

「いったい先王の教えとは何であるか。分け隔てなく愛することを仁といい、仁を適切に行うことを義という。この仁と義に沿って進んで行くことを道といい、修養によって身に着け、自分以外の力によらないものを徳という。その教えの書かれた文書が『詩経』『書経』『易経』『春秋』であり、その法として従うべきものは、身分による行為の規定である「礼」や人間感情の和合の作用をする「音楽」、悪人を処分する「刑罰」や人民を統率する「政治・施策」である。その人民とは、士・農・工・商の四民である。社会の人間関係にある地位は、君と臣、父と子、師と友、客と主人、兄と弟、夫と妻など、脱離できない人間関係、社会的立場、身分の貴賤が定められている。またその衣服は、(道服や僧衣のような特異なものではなく)麻や生糸で織った普通の衣服で、住居も(仏寺や道院などの人里離れた所でなく)城郭の宮殿近くの普通の家屋に住み、その食物は栗米や野菜果物、魚や獣肉など普通の食べ物である。その「道」というものは日常生活の人のあり方であるからわかりやすく、その教えは行いやすいのである。このように、先王の道をもって

---

*82 顔之推『顔氏家訓・渉務』※現代語訳は、中国古典文学大系9『世説新語・顔氏家訓』を改変。

自分の身を修めるというものなので道理に適っており、幸いを得ることができる。これをもって人を治めるならば、愛情深く公平にすることができる。これをもって心を修めるならば、穏やかに平等であり得る。これをもって天下国家を治めるならば、いかなることも対処でき、これほど適当であるものはない。」*83

と記されていることから、「先王の教え」には儒家の経典や倫理道徳だけに留まらず、封建社会の政治的措置や物質文明、生活習慣など、実にさまざまなものが内包されていることがわかる。こうした教育によって育成された人材は、古聖の書を読むことができるだけでなく、先王の法を遵守することもでき、また人倫に明るく、地に足のついた人生に基本を置いており、効率的かつ順序立ててなすべき仕事を片付ける。

　朱熹は韓愈の「先王の学、人倫を明らかにするを以て本と為す」の思想をさらに進め、「本を忘れて末を逐い、利を懐いて義を去つ」科挙教育や「風俗は日に弊え、人材は日に衰う」社会情勢を批判し、「格物、致知、誠意、正心、修身、而してこれを推して以て斉家、治国に至り、以て天下を平治すべし」という教育理念を提唱した。そして『白鹿洞書院学規』*84において、「父子親有り、君臣義有り、夫婦別有り、長幼序有り、朋友信有り」を教育の基本内容とし、上述した品徳を具えた人材の育成を期した。朱熹は自分のこの教育観を、「醇儒育成の教育」と概括している。

　王安石は経世応務を力説した重要な存在である。当時の学校教育が抱えていた最大の弊害は、国家が必要とする経世応務の人材が育成できないことであった。すなわち「庠序に白首して日の力を窮め、以て上の教えに師うと雖も、これをして政に従わしむるに及びては、則ち茫然として其の方を知らず」（学校では白髪になるまで日々努力し師の教えに従ったとしても、その人物を政治の職務に従事させた場合に、ただ茫然として自分が何をすべきか分からないというのがその者たちの実態）であったが、これでは人材を育成するというより人材を「困苦毀壊（苦しめ破滅）」*85させている。

＊83　韓愈「原道」『韓昌黎全集』巻11。
＊84　『白鹿洞書院学規』は別名『白鹿洞書院教条』、『白鹿洞書院掲示』とも。
＊85　王安石：『王文公文集』巻1「上皇帝万言書」

第 3 章　中国古代教育思想の理論的基礎

　このため、王安石は「取材（人材登用）」の基準を改革することにした。「取材」が「教育成就人材（教育が人材を作る）」のガイドラインとしての役割を担うと考えていた王安石は、「人材を登用する方法」を定めることを「急務」とした。

　「文官というものは、ただ徒に文章の修辞を崇め尊ぶだけではいけない。古今（歴史や現在の状況）に通じ、礼法を学び、天文や世の中の移り変わりや政治や教化の改正もよくわかっていなければならない。そうしたことを身に着けた者が職務に当たるならば、政務を周密かつ公正に処理し、重大な問題に関する議論でも古今の事例を参考にすることができる。一方、諸生というものは、言葉の意味を解釈し文章を暗誦するだけではいけない。法典や礼法を学び、制度に通じ、君臣としての礼儀を身に着け、儀式や政策を継承・踏襲しなければならない。そうした上で職務に当たるならば、治国の方針・政策のためにしっかりとした理論的根拠を提示することができ、重大な問題に関する議論においては、儒家の経典にある方法によって判断することができる。」*86

　登用基準の変更は、育成基準の変更をもたらし、育成基準の変更はさらに教育内容、教育方法の変更につながる。王安石が行った漢唐以来最大規模の興学運動は、この点で若干の有益な試みを行っている。

　南宋時代の事功学派の代表的人物である陳亮、葉適は、「成人之道」の具体的な目標をめぐり、朱熹とも議論をしている。朱熹は陳亮を「醇儒を以て自ら律せよ」と戒め諭したが、陳亮は納得しなかった。陳亮は、教育の目的は「儒家を作る」ことではなく、「正しい人間になる」よう教え諭すことにあるとした。理学家のいう「醇儒」は「義理の精微を研窮し、古今の同異を弁析し、心を秒忽に原ね、礼を分寸に較べ、積累を以って功となし、涵養を以って正となし、面に睟い背に盎る」道学先生*87 にすぎず、性理の学を説き性命を語ることはできるが、富国強兵の術を知らず、興利除弊の計もない者を育成しても、世に無駄、人に無益であるとした。育成すべき「成人」は「知」、「勇」、「芸」を兼ね備えた、才徳兼備、文武両道の人であり、古今に明るく、功績を立て

＊86　王安石「取材」『王文公文集』巻 32。
＊87　陳亮『陳亮集・又甲辰秋書』。

事業を成功させる「一世英雄」であると主張した。葉適はこの「成人」を真の「士」と称し、この「士」と理学家のいう「士」には根本的な違いがあるとした。後者は「伝写や誦習に明け暮れ、聖賢を坐して論じる。それが高じた者は天人や性命について語り、それをすることで堯舜・周孔の道を歩んだつもりになる。技巧に走り、彫刻や絵画をよくし、先王の法言を侮弄する」*88 が、真の「士」とは、真の才能・知識があり、道義を弁え道を明らかにし、道徳・芸術の修養を並行させる者という。教育方法については、座読、心性の涵養、徳性の空言に反対し、学んだことを実際に役立てる、外に向かって模索する、目的を設定して努力することを良しとし、学生が将来、世の立て直しに貢献することや何らかの功績を挙げることを奨励した。

明清時代の顔元は「経世を宗とする」人材観で「実才実徳の士」を育成した。学校教育は国家に有用な人材を送る役割を果たしていないとし、「学校が、才能も徳も無い者ばかりを育成していては、学校を出た彼らが朝廷に仕えるようになってもロクな官吏になれない」が、逆にもし「学校が才能も徳もある者（実才実徳の士）を育成する」ならば「朝廷に仕えた時には誰もが国家の統治ができるだろう」*89 とした。この「実才実徳の士」は、それぞれが自分の業に精通し、それぞれに特長をもつ。顔元は、この世には何でも知っている人、何でもできる人はおらず、歴史上の聖賢ですら何でもできたわけではないとし、「人は六芸を学んでも、本当に興味が惹かれるのはひとつかふたつで、それを掘り下げ究めていくことで、目に見えて『できる』という形になるのだ。例えば（舜の五下臣のなかの）禹は生涯治水、棄は農事、皋陶は司法、契は文教に没頭し、結果、皆がその道の聖（最高のスペシャリスト）になった。（孔子の弟子の）仲由は軍事、冉有は政治、公西華は礼楽に没頭し、皆が賢才になったではないか」*90 と説き、それゆえ「学問とは、将来役に立ち、それをすることで聖賢という一流の域に到達するものであるべきだ」*91 とした。このように、顔元は顔之推のそれぞれに専門の人材を育成するという思想をより徹底させ、伝統的な儒家の「全智全能」の「聖賢」を育成する教育を徹底的に否定し

＊88　葉適『葉適集・進巻・士学下』。
＊89　顔元『習斎記余』巻1。
＊90　鐘綾『顔習斎先生言行録』巻下。
＊91　鐘綾『顔習斎先生言行録』巻下。

た。一芸に秀でた者はみな聖あるいは賢であるとし、どの職業にも「聖賢」がいるとする教育思想は、時代を画する意義を持っていた。こうした人材を育成するために、教育内容において、学問と実用を結合させた「実用」教育を行い、無益無用の「浮文」教育をやめるよう主張し、「習行」を主とした教学法理論を提唱した。

指摘すべきは、仁義道徳を強調する人材観も、経世応務を重視する人材観も、どちらも100％相手を否定しておらず、相手を打ち負かしてもいないということである。教育思想や教育実践においては相互に影響し、相互に浸透しあっているのだ。

理学家の朱熹は心性を論じると同時に「実用」教育を主張した。

「若し学を為すを論ずれば、己を修めて人を治むるに多少の事あり。天文、地理、礼楽、制度、軍旅、刑法の如くに至りては、皆これ着実に有用の事業なり、古人六芸の教え、その心を遊ぶ所以は正にここに在り、その玩意を空言に与え、以て工拙を篇牘の間に較ぶるは、その損益相去りて万々なり。」*92

ここで言及されている「有用の事業」の分野の広さ、内容の豊富さは、経世応務の人材観が提唱する教育内容とさほど相違するものではなく、朱熹が唱導した理学教育は仁義道徳を基本としているにすぎない。一方、王安石は経世応務を主張してはいるが、仁義道徳の内容を退けたわけではない。

「善く教うる者の教えとなすや、吾が義忠を致し、而して天下の君臣義且つ忠なり。吾が孝慈を致し、而して天下の父子孝且つ慈なり。吾が恩兄弟に致し、而して天下の兄弟相恩をなすなり。天下の君君臣臣、父父子子、兄兄弟弟、夫夫婦婦、皆吾が教うるところのものなり。」*93

ここにいう君臣の義忠、父子の孝慈、兄弟の恩、夫婦の礼は、理学家が提唱した仁義道徳教育と変わるところはなく、王安石の教育思想は経世応務を基調としているにすぎないのである。

＊92　張伯行『続精講多練』巻2。
＊93　王安石「原教」『王文公文集』巻32。

第4章
古代中国の徳育観

　徳育は教育の重要な構成部分である。そして徳育の機能は、若い世代に政治的な観点や哲学思想、道徳規範を伝達し、彼らを一定の思想品徳に転化させることである。教育思想史において、徳育は一貫して教育者たちの注目の的であった。近代教育学の礎を築いたヨハン・フリードリヒ・ヘルバルトは「教育の唯一の問題、教育の全体の問題は、道徳性というひとつの概念に集約される。道徳は人類の最高目的であると普(あまね)く認識されており、したがって教育の最高目的でもある。」[*1]と述べているが、現代の教育家も、人間の調和ある発達を「例えば、道徳、思想、公民、知力、創造、労働、審美、感情、身体が満遍なく発達」し、「人格を決定づける主導的要素は道徳である」[*2]としている。

　徳育問題は古代中国の教育史上でも重要な観点であり、西周時代、統治者は道徳教育を非常に強調した。発掘された西周銅器の銘文からは、「徳」に言及したものをいくつも目にすることができる[*3]。

　西周中期後半の師鼎銘は、197字の銘文のなか六か所で「徳」について触れられており、共王が「徳」をもって周王朝の統治の助けにしようとしていたことが具体的に記されている[*4]。

　先秦時代の孔子は「以徳教民」を主張しただけでなく、学校に徳行科を設置して道徳教育を行っている。

　「弟子、入りては則ち孝、出でては則ち悌、謹みて信あり、汎く衆を愛して仁

[*1] ヘルバルト「論世界的美的啓示為教育的主要工作」張煥庭『西方資産階級教育論著選』人民教育出版社 1964年、249～250頁。
[*2] B.A.スホムリンスキー『給教師的建議(下)』杜殿坤編訳 教育科学出版社 1982年、227頁。
[*3] 西周時代の銅器の銘文に登場する「徳」のつく言葉：秉徳、正徳、孔徳、安徳、胡徳、烈徳、介徳、懿徳、明徳、若徳、首徳、元徳、秉元明徳、秉明徳、敬徳、経徳、哲厥徳等。
[*4] 朱啓新「従銅器銘文看西周教育」『教育研究』1984年第3期。

に親しみ、行いて余力あれば、則ち以って文を学ぶ。」*5
　こう説いた孔子は、品徳の修養を学生の最も重要な課題と考えていた。古代中国の教育思想史はとりもなおさず徳育史であるといえる。「中国の封建的な伝統教育が教育を受ける者に知識の伝授をしたのは単なる副産物にすぎない。教育の真の目的は、教育を受ける者を儒家の綱常名教の教化のもとに封建社会を維持する道徳的人材にすることにあり、こうした儒家の倫理教育により、伝統教育における理想的人格は［道徳型人格］とされ、［知力型人格］にならなかった。」*6 と論じられるのも頷ける。
　本章では、古代中国の徳育の観点について、徳育の効用、徳育の過程および徳育の原則と方法という三つの側面から整理と検討を行う。

1、徳育の効用

　前述のように、古代中国における教育の基本的な特徴の一つは、倫理道徳教育を重視したことである。そのため、中国の歴代政治家および教育思想家の徳育の効用についての認識と切り離すことができない

1. 徳育は民衆の教化、安邦定国に資する

　先秦時代の孔子は徳育のこの機能を重視し、社会の全民衆に道徳教育を行うことを主張した。
　「之を道くに政を以てし、之を斉うるに刑を以てすれば、民免れて恥無し。之を道くに徳を以てし、之を斉うるに礼を以てすれば、恥かつ格る有り。」*7
　意味は、「統治者が法律、命令、刑罰のみで庶民を拘束すれば、犯罪を一時的には抑止できるであろうが、廉恥の心は育たない。道徳を教えることで民衆を感化すれば、彼らは非道徳的行為を恥じるのみならず、心から承服して自発的に統治者の求める道徳規範に自分の行為を合わせるようになる」というもので、ここに、道徳教育は法律や刑罰に代替できない機能を有することが示されている。

---

*5　『論語・学而』。
*6　高長江「対伝統教育的文化反思」『新華文摘』1987 年第 12 期。
*7　『論語・為政』。

第4章　古代中国の徳育観

孟子も学校教育の根本目的を「明人倫」に帰結している。

「夏には校と曰い、殷には序と曰い、周には庠と曰う。学は則ち三代之を共にす。皆人倫を明らかにする所以なり。人倫上に明らかにして、小民下に親しむ。」*8

夏、殷、周三代の統治者は子弟を学校に入れて教育した。上の者が明人倫の道を明らかにすれば、下々の民衆は互いに親しむようになり、「お上に逆う」という行為がなくなるからだという意味である。

古典的著作『大学』は、儒家の徳育思想の要旨を概括したもので、後世千余年にわたって影響を与え続けた学校教育の綱領である。

　　大学の道は明徳を明らかにするに在り。民に親しむに在り。至善に止まるに在り。

大学教育の基本的な役割は、人の先天的な善良な本性を発揚させ、民が親しみ睦み合い、善美を尽くすようにすることである、という意味である。

漢代は「独尊儒術」政策の実施により董仲舒の思想が重視され、「以徳教民」が漢代の基本国策の一つとなった。

「そもそも人は、水が低きへ流れていくように、利のある方になびいていくもので、教化を堤防としてそれを食い止めなければ収拾がつかなくなる。ゆえに教化が確立して邪なことが止むのは、その堤防が完全だからである。教化が廃れて邪悪なことが並び現れ、刑罰を以てしてもそれを抑えることができないのは、その堤防が壊れているからである。古の王はこの道理に明るかったので、南面して天下を治めるのに、教化を以て大務としないものはなかった。」*9

ここでは徳育の作用が強調されている。王充は基本的な観点において董仲舒の主張に同意しない点もあったが、徳育最優先には同調した。「だから学問は情欲に反して本性をととのえ、才能を発揮し徳行を完成するためのものである。」*10 と述べ、学問をする者の基本的任務は、自らの性情を変え、コントロールすることで、自覚的かつ積極的に才能と品徳を完全なものにすることである

---

*8　『孟子・滕文公上』。

*9　『漢書・董仲舒伝』。

*10　『論衡・量知』※現代語訳は、新釈漢文大系『論衡 中』より。

とした。

『大学』が提唱した教育綱領と修身→斉家→治国→平天下の理想は、宋明時代に遺憾なく発揮された。宋代の教育家朱熹は『白鹿洞書院学規』の中で「父子親有り、君臣義有り、夫婦別有り、長幼序有り、朋友信有り」を教育の基本内容とした。いわゆる「学者、学此而已」である。

「私（朱熹）がひそかに、昔の聖賢が人々に学問をするよう教えたゆえんをみると、学ぶことで、人の道を明らかにすることでわが身を修め、それを人にも及ぼしていくことに尽きる。ただ、物を知るだけに務め、文章を作ることで名声を得、利益を手にしようというのではない。」

とも述べていることからわかるように、朱熹にとって、教育とは文章を暗記させることでも、名利を手に入れることでもなく、道徳修養を強化することであり、社会に影響する大事業であった。

明代の王陽明も書物や文章の丸暗記をする徳育方法を批判し、

「昔の教育者は人の道を教えたが、後世になって詩や散文の暗誦といった風習が起こってからというもの、そうした教育は亡びてしまった。今日の児童教育は、孝悌忠信・礼儀廉恥を専らの務めとするべきである。そしてその育成方法は、詩を歌うように誘導して情意を発露させること、礼儀を教えて態度を厳粛にさせること、読書することを教えて知力を啓発することである。」[*11]

と説いて道徳教育を「専務」とするよう主張するとともに、学生の意識を覚醒するために、感情の誘導、意志の発揚、厳粛威儀など方法論に注意を払うよう強調した。

「明明徳」を学校教育の目標とした王夫之は、教育の要諦を

「修己治人（自分自身の修養に努めて徳を積み、高く積んだ徳で人々を感化すること）によって世の中を平和にできる大人としての徳業をもつ人へと成長させること」[*12]とし、「徳とは『得』に通じ、心に『得る』ものである。人は徳を身に着けることによって人となる。明徳とは、人が天から授けられた本性であり、明徳を備えることで知を致し（致知）、……行いに現れるよ

---

*11 『王文成公全書・訓蒙の大意、教読劉伯頌等に示す』。
*12 王夫之『張子正蒙注』巻四。

うになれば、すなわち身が修まり家国天下に応ずる。」*13
と説いた。つまり、道徳教育が目指すものは、単に個人を完璧にすることではなく、また主に個人を完璧にすることでもなく、個人を完璧な人間にすることによって社会を完全なものにするということであった。そしてそれによって興邦安国の効果が得られるとしたのである。

2. 徳育は学生の理想的人格の形成に資する

古代中国の教育家は学生に理想的人格の模式を設計し、理想的な人格の核心は確固たる道徳信念であるとした。孟子が理想的とする人格は「大丈夫」精神を持つもので、

「天下の広居に居り、天下の正位に立ち、天下の大道を行く。志を得れば民とこれに由り、志を得ざれば、独りその道を行う。富貴も淫すること能わず、貧賎も移すこと能わず、威武も屈すること能わず、これをこれ、大丈夫と謂う（仁という天下の広い住居におり、礼という天下の正しい位置に立ち、義という天下の大道を歩む。志を得て、世に用いられるならば、天下の人民と共にこの正しい道を行い、志を得ないで、用いられぬならば、自分一人でこの道を行う。高い地位や多くの財産に心を惑わされることなく、貧乏や低い身分にも動じることなく、威光や武力に屈することもない。こうあってこそ、［大丈夫（立派な男）］といえるのだ）」*14

と説き、こうした、地位財貨に惑わされることなく、貧賎窮乏に動ずることなく、威武権力に屈することもない「大丈夫」の精神を育成するため、学生に、自己教育の強化と、天賦の善性を努力によって維持し発揚することを求めた。そこで「大人とは、其の赤子の心を失わざる者なり」*15 と説いたのである。

荀子が理想とする人格は徳操を具えた「成人」であった。

「君子はその不全不粋の以て美となすに足らざるを知るなり。故に誦数して以てこれを貫き、思索して以てこれを通じ、その人となりて以てこれに処し、その害あるものを除きてこれを持養し、目をして足にあらずば見るを欲する

---

*13　王夫之『読四書大全説』巻一。
*14　『孟子・滕文公下』。
*15　『孟子・離婁下』。

ことなからしめ、耳をして是にあらずば聞くを欲することなからしめ、目をして是にあらずば言うを欲することなからしめ、心をして是にあらずば慮るを欲することなからしむるなり。そのこれを致（きわ）めて好むに及び至るや、目はこれを五色より好み、耳はこれを五声より好み、口はこれを五味より好み、心はこれを天下を有するより利とす。この故に権利も傾くこと能わざるなり、群衆も移すこと能わざるなり、天下も蕩（うご）かすこと能わざるなり、生くるもこれにより、死するもこれによる、それこれを徳操と謂う。徳操にして然る後によく定まり、よく定まりて然る後によく応ず。よく定まりよく応ず、それこれを成人と謂う。（完全でなく純粋でもない学び方は、美しいものではない。だから君子は、学問するにあたって、体に染み込むまで何度も読み唱え、納得ゆくまで思索を重ねる。そして完全な人間となるべく己を律し、害となるものを斥けて、自らの修養に努めるのだ。目が道に適ったものしか見ず、耳が道に適った言論しか聴かず、口が道に適ったことばしか発せず、心が道に適ったことしか考えないという境地にまで、自己を鍛練するのである。この境地に至れば、学問は極彩色よりも快く見え、音楽よりも快く聞こえ、山海の珍味よりも快く味わえ、心には天下の支配者となるよりも大きな喜びをもたらす。したがって、もはや権勢欲に惑わされることもなく、多数の力に屈することもなく、社会の潮流に流されることもない。生きるもこれにより、死ぬもこれによる。こういう境地を［徳操］というのである。［徳操］を持つと心はよく定まり、心が安定すると対応能力が生まれる。心がしっかりと安定し、対応能力のある者を［成人（完成された人格）］と呼ぶのである。」[*16]

という言葉から、「成人」の基本的な要件が孟子の「大丈夫」と近いことを窺い知ることができる。すなわちゆるぎのない徳性と操守を具え、権利の脅威と利益になびくことなく、長きに巻かれることもなく、それらを生涯守り抜くことである。ただし、この理想を形成する経路は孟子と異なり、主観的内求により形成されるのではなく、「何度も読み唱え」、「思索し」、「自らの修養に努める」こと、すなわち現代でいう学習、思考および行動訓練で形成されるとした。

　宋代の張載が理想とした人格は「仁人」である。教育の目標は人を真の人

---

*16　『荀子・勧学』。

(「仁人」) にすることであるとし、

「学は当に須く人の性を立つるべきなり。仁とは人なり。当にその人の謂う所の人を辨えるべし。学とは人たる所以を学ぶことなり(儒家倫理道徳における学問とは、人性を確立するものでなければならない。仁とは人間の本質である。人性をよく理解すべきで、学問とは人の人たる所以を学ぶことである)。」*17

と説いた。つまり、人は単に生物学的意義での人間にとどまらず、社会学的意義でも人間であり、完璧な道徳修養を具え、理想的な人格(「仁」)が形成されてこそ、社会学的意義での人間となる。そしてこうした人間の育成、こうした人格の形成は、学習と教育を経ることではじめて実現するというものである。

他の教育家が提唱する「君子」、「賢人」、「聖人」、「士」なども、その多くが同様の確固とした徳性を具えた理想的な人格である。このことは、古代中国の教育家が教育、とりわけ理想的人格の養成における「徳育」の役割を非常に重視していたことを示している。

3. 徳育は学生の知力発展の促進に資する

品徳の発達と知力の発達との関係について考察した古代中国の教育家は、前者は後者に対し大きな促進作用があると考えた。品徳を知力と等しく扱い、品徳が良ければ知力の発達もよいはずだとし、徳育の効用を極端に誇張または強調する教育家もいた。

古代中国最古の歴史書である『書経』に、徳と智の関係に触れているところがある。

「聖と惟も念う罔ければ狂と作り、狂と惟も克く念えば聖と作る。」*18

大意は、「明智に通じていても、仁徳が心になければ物事の道理がわからない人になってしまう。道理がわからなくても、心に仁徳を置くことができれば、明智に通じる人になる」である。

孔子はさらに、品徳が低くければ、知力もよい発達は望めない。会得したところで失うこともあると指摘する。それゆえ「知は之れに及べども、仁之れ

---

*17 『張載集・語録中』。
*18 『書経・多方』。

を守ること能わざれば、之れを得ると雖も必ず之れを失う。」*19 と説き、「君子、重からざれば則ち威あらず。学べば則ち固ならず。」*20 と説いた。孔子が弟子たちを評価する際に、いつも品徳を最優先に置いていたことは、「如し周公の才の美有るも、驕り且つ吝かならしめば、其の余は観るに足らざるのみ（周公のような豊かな才能があったとしても、驕慢で吝嗇であったなら、才能の根本である徳が無いのだからもはやそれ迄の人物で、見る価値も無い。」*21 という言葉からも納得できよう。

こうした重徳主義の傾向は宋代になるとさらに著しくなった。歴史学者の司馬光は「仁且智」を唱え、「徳者，才之帥。才者，徳之資」と説いたが、『資治通鑑』ではさらに人を「有才有道」の聖人、「有徳無才」の賢人、「無才無徳」の愚人、「無徳有才」の小人の4タイプに分け、「無徳有才」の小人になるより「有徳無才」の賢人になれと主張した。

宋代のもう一人の教育家張載は、品徳の発達が知力に及ぼす正の影響について強く主張した。「人若志趣不遠，心不在焉，雖学無成。人惰於進道，無自得達，自非成徳君子必勉勉，至従心所欲不蹂矩方可放下，徳薄者終学不成也。」*22 と説き、品徳の立派な人のみが遠大な志を立てることができ、あくなき学習意欲と高い集中力を具えてこそ強靱な意志力をもつことができるとし、それがあってはじめて学業が成就し、知力が発達するとした。ここに品徳と非知力的要素、知力要素の連鎖的発達関係が示されている。

古代中国にも徳と智の相互関係について全面的に論述した教育家がいる。徳育の意義を強く主調すると同時に、知力が品徳の発達に与える影響を重視した。

前漢の董仲舒は、「仁而不智，則愛而不別也。智而不仁，則知而不為也。故仁者所愛人類也，智者所以除其害也。」*23 と説き、仁の品徳のみがあって知恵がなければ、広くすべてを愛して区別をつけない。知恵のみがあって仁の品徳がなければ、知恵を用いて事にあたることができずに成果を挙げられないとしている。

---

*19 『論語・衛霊公』。
*20 『論語・学而』。
*21 『論語・泰伯』。
*22 『張載集・経学理窟・義理』。
*23 『春秋繁露・必仁且智』。

三国時代の劉劭は、徳と智の内在関係をさらに分析している。
　　夫仁者，德之基也。義者，德之節也。礼者，德之文也。信者，德之固也。智者，德之帥也。夫智出於明，明之於人，猶昼之待白日，夜之待燭火，其明益盛者，所見及遠，及遠之明難。*24
これによると、仁は道徳の根幹であり義は道徳的品行・節操、礼は道徳の彩り、信は道徳の支柱、智は道徳の統帥であるという。智は聡明さに基づくものであり、聡明は人類にとって昼間の太陽であり、夜の灯りであるとした劉劭は、明らかに知力の発達が品徳の発達に及ぼすポジティブな作用を認めている。

　明末清初の教育家張履祥は、智と徳の関係について独創的な見解を見せる。「学ぶ者はまず徳器に注目せよ。徳器が薄っぺらだとなかなか結果が得られず、得られたとしても小さい」*25 と説き、また「［徳（道徳）］は［業（事業・学業）］の基であり、［業］は［徳］の帰着するところである。徳の増進は業をますます修めることになり、業を修めると徳が大きくなる。両者は互いに影響し合うもので、これは一種のスキルである」*26 と説いた。「徳器」は第一性質のものであり、「徳器」がしっかりしているほど人の知力は発達し、得られる結果も大きくなるとし、もう一方で、人の「徳」と「業」は互いに補完し、互養する関係にあるとしたのだ。すなわち「徳」は「業」を促進して、人の知力の発達を促すことができ、「業」もまた「徳」を促進し、人の品徳の発達に資することができるという。

　清代の戴震も「道徳は学問の助けになり、徳性を身に着けていくと聖智が得られる。」*27 と説き、人は品徳の修養がうまくいき、学問の助けを借りれば、より聖智の境地に近づけるとした。

2、徳育の過程

　現代の教育理論では、徳育の過程を、教育対象者の思想の品徳で形成する規律に基づいて、教育者が教育者対象者の「知」、「情」、「意」、「行」などに組織

＊24　劉劭撰『人物志・八観』。
＊25　『楊園先生全集』巻四十。
＊26　『楊園先生全集』巻四十一。
＊27　『孟子字義疏証』巻上。

的、計画的に影響を与え、一定の思想的品徳を形成させる過程であるとみることができる。

古代中国の徳育過程について、体系的でまとまった論述を残しているのは宋代の教育家陸象山である。彼は『易経』の解釈をしたとき、次のように述べている。

「履は徳の基なり。謙は徳の柄(え)なり。復は徳の本なり。恒は徳の固なり。損は徳の修なり。益は徳の裕なり。困は徳の弁なり。井は徳の地なり。巽(そん)は徳の制なり。」……九卦の列、君子修身の要、其の序此の如し。一つも欠く可からず*28

ここでは道徳的情感、道徳的意志、道徳的行為について触れており、道徳的情感である「損」は品徳の発達を妨げる欲望を減らし整理することで、「謙」はひけらかさず驕らないこと、「井」は無私の心をいうとしている。道徳的意志である「恒」は根気、普遍性を持つこと、「困」は苦境にあって心を鍛えることとし、道徳的行為である「履」は道徳的行為の訓練、「益」は過ちを改めて善行をする等としている。*29

陸象山の徳育過程に関する論述は、中国の教育思想史上でも大作というべきで、世界教育史の上でも貴重なものである。

古代中国の他の教育家も陸象山ほど総合的で系統立ったものではないが、細々とした論述は大量にある。ここではその精髄を得るため、彼らの見解を現代になぞらえて検討してみたい。

---

*28 『陸九淵集・語録上』。
*29 陸象山は徳育過程の具体的な段階を説明するために、実に多くの論述を残している。以下に記す。「『履, 徳之基』, 謂以行為徳之基也。基, 始也, 徳自行而進也。不行則徳何由而積？」「『謙, 徳之柄也』, 有而不居為謙, 謙者, 不盈也。盈則其徳喪也。常執不盈之心, 則徳乃日積, 故曰『謙, 徳之柄』。」「既能謙然後能復, 復者陽復, 為復善之義。人性本善, 其不善者遷於物也。知物之為害, 而能自反, 則知善者乃吾性之固有, 循吾固有而進徳, 則沛然無他適矣。故曰『復, 徳之本也』。」「知復則内外合矣, 然而不常, 則其徳不固, 所謂雖得之, 必失之, 故曰『恒, 徳之固也』。」「君子之修徳, 必去其害徳者, 則徳日進矣, 故曰『損, 徳之修也』。」「善日積則寛裕, 故曰『益, 徳之裕也』。」「益者, 遷善以益己之徳, 故其徳長進而寛裕。」「不臨患難難処之地, 未足以見其徳, 故曰『困, 徳之弁也』。」「井以養人利物為事, 君子之徳亦猶是也。故曰『井, 徳之地也』。」「夫然可以有為, 有為者, 常順時制宜, 不順時制宜者, 一方一曲之士, 非盛徳之事也。順時制宜, 非随俗合汚, 如禹、稷、顔子是已, 故曰『巽, 徳之制也』。」『陸九淵集・語録上』を参照。

1. 道徳的認識段階

　道徳的認識とは、人間の社会現象についての是非、善悪、美醜の認識、評価、判断である。学生の思想や品徳の形成および発展は、一般に道徳的認識に基づいて構築されるものである。人はどのように行動すべきで、なぜそのような行動をするのかを知ってこそ、適切な行動が自律的にとれる。是非や善悪、美醜の分別、栄辱を知ってはじめて自分の行動指針が確定できる。道徳的認識を形成する過程においては、学生に道徳概念の意義を示し、講義をすることで、一定の道徳基準なり道徳規範を説明することが必要である。そして彼らに道徳現象について分析させる機会を与え、彼らの評価能力を開発して一定の社会意識を効果的に学生の個人的意識に転化させることである。

　古代中国の教育家は道徳的認識段階を非常に重視していた。

　孔子は、「知」がなければ確固とした道徳的信念は生まれないとし、「知者は惑わず」[*30]と説いた。また「知」は人の道徳的行為の前提条件であるとして、「蓋(けだ)し知らずしてこれを作る者あらん。我は是れ無きなり。」[*31]とも説いた。

　荀子は、理を以て「道を識る」ことが道徳の自発性を高めるとし、「明を知る」ことが「行いに過ち無し」につながるとした。また「凡そ人その可とするところに従いて、その不可とするところを去らざるなし。道のこれにしくものなきを知りて、道に従わざるものは、これあるなし（人は皆、心に適った行いをし、心にそむくことはやりたがらない。道以上に優れたものはないとわかれば、道を無視するはずがない）。」[*32]とし、それゆえ「故に心、以て道を知らざるべからず。心、道を知らざれば、則ち道を不可として非道を可とす（心は道というものは知っていなければならない。道を知らなければ、道を守らず道でないものに走ってしまう）」[*33]とした。

　朱熹はさらに論を進め、明確な道徳知識をもつことは義理行為に適う保証をもたらすとして、「道理を弁えられるようになると、自(おの)ずから親に仕える［孝］、兄に仕える［悌］、友と交わる［信］を行うようになる。」[*34]と説くと同時に、

---

*30　『論語・子罕』。
*31　『論語・述而』。
*32　『荀子・正名』。
*33　『荀子・解蔽』。
*34　『朱子語類』巻九。

道徳知識をマスターすれば、他者から何かを禁じられなくても自分の思想行為にルールづけができるようになるとして「もし理の当然を知り、我が身を必然によって責めるとすれば、規範や禁令を他人に設定してもらってそれを遵守するという必要などないではないか！」*35 とも説いている。

古代中国の教育家は道徳概念の把握が道徳的認識の形成にもたらす作用について意識していた。

ひととおり整った道徳概念を提唱した孔子は、弟子たちにそれを習得するよう求めた。孔子の道徳概念において、最も重要なものは「礼」と「仁」である。『論語』に「礼」の文字が登場するのは七十四条目、「仁」は百五条目である。弟子たちの学業や道徳を評価する際もよく「礼」と「仁」が根拠とされている。

孟子が提唱した道徳概念はさらに具体的である。第1に「仁、義、礼、智」であり、第2に「孝、悌、忠、信」であり、第3に「父子親有り、君臣義有り、夫婦別有り、長幼序有り、朋友信有り」の三条目であるとする。この道徳条目は秦漢以降、支配的地位を占める三綱五常の道徳概念の確立に礎を築いた。

学生らに道徳概念を掌握させるために、古代中国の教育家は彼らに道徳概念の内涵を示すことにも注意を払っていた。

孔子は繰り返し「仁」と「礼」の概念を説いた。学生の心に深く刻むため、古代の教育家は日常生活における事例を挙げ、わかりやすく説明したのである。

孟子は「孺子の将（まさ）に井に入らんとす」を用いて人が「皆怵惕惻隠（じゅつてきそくいん）の心あり」（仁）*36 であることを説明し、「孩提（がいてい）の童、其の親を愛することを知らざるは無し、其の長ずるに及ぶや、其の兄を敬することを知らざるは無し（幼な子であっても、その親を愛することを知らない子はいない。そういう子が大きくなって、兄を敬わないことはない）」を用いて、仁と義の二つの道徳概念を説明している。

朱熹は「忠」という道徳概念を説明するとき、「忠者，誠実不欺之名」と定義*37 づけをし、さらに例を挙げて「人と話をするときはとことん話し尽くすこと。このように見えているのに、半分話すだけで全部を話し尽くさないのは［不

---

*35　朱熹『白鹿洞書院学規』。
*36　『孟子・公孫丑上』。
*37　『朱子語類』巻二十七。

忠］という。」*38 と説いた。人と計画をするときは「その人と本当に一緒に実行するかどうかを率直に話すこと。一緒にやらないのであれば、その旨をきっぱり話すこと。するかもしれないし、しないかもしれないなどという言い方はしてはいけない。それは忠を尽くしていないということだ。」*39 と説き、こうした具体的な説明で、無味乾燥な条文を記憶しやすく、また身に付きやすくした。

　古代中国の教育家たちは、教育の実践において、学生の道徳的認識を形成する手段として、学生の道徳的品性の評価にも注意を払っていた。

　孔子はよく弟子の道徳的品性を評価した。第1には、評価対象である弟子に直接意見を述べるものである。子貢があるとき孔子に、自分は「己所不欲，勿施於人」ができていると言ったところ、孔子はすぐさま「これはお前に簡単にできることではない」と言っている。第2に、ある弟子の評価を他の弟子の前でもすることである。宰我が孔子に「三年の喪」について異論を唱え、

　　「喪に服するのは一年で充分かと存じます。」

と言ったところ、

　　「夫れ君子の喪に居るや、旨きを食らえども甘からず、楽を聞けども楽しからず、居処安からず。故に為さざるなり。今、女なんじ安くば則すなわち之を為せ（君子は親の喪に服しているときは、旨いものを食べても旨くなく、音楽を聞いても楽しくなく、どんなところに居ても心が安らぐことはない。だから1年にしないのだ。）」*40

と説き、さらに別の弟子の前で宰我の「不仁」を

　　「予の不仁なるや。子生まれて三年、然る後に父母の懐を免る。夫れ三年の喪は、天下の通喪なり。予や其の父母に三年の愛有るか（宰我は人の道を外れている。人の子は生まれてから3年でたってようやく父母の懐に抱かれる生活から離れる。3年の喪というのは、天子から平民まですべての人に共通する儀礼である。宰我は父母から3年の愛育を受けていないとでもいうのだろうか！）」*41

と批判している。また別のとき、子貢が「師と商と孰いずれか賢まされる？」と問うと、

＊38　『朱子語類』巻二十一。
＊39　『朱子語類』巻二十一。
＊40　『論語・陽貨』。
＊41　『論語・陽貨』。

孔子は「師や過ぎたり。商や及ばず。」と答えたが、子貢がさらに「然らば則ち師愈れるか？」と問うと、「過ぎたるは猶及ばざるがごとし。」と答えている*42。第3に、他人の前で自分の学生を評価することである。魯の哀公が「弟子、孰か学を好むと為す。」と問うたとき、孔子は顔淵の学問に臨む姿勢と学習精神を指して「顔回なる者有りて学を好みたり。怒りを遷さず、過ちを弐せず。不幸短命にして死せり。今や則ち亡し。未だ学を好む者を聞きざるなり。（顔回という者が学問好きだった。自分の怒りを人に感じさせず、同じ過ちを繰り返さない人間だったが、不幸にして短命で亡くなった。顔回亡き後には学問好きという人には巡り合っていない。）」*43と評価している。第4に、他人がした弟子の評価が事実と相違していると、評価を正したことである。孔子が「吾未だ剛者を見ず（私はまだ意志の強い人物に出会ったことがない。）」とつぶやいたとき、その場にいた人が「申棖は剛者ではないでしょうか。」と答えると、孔子は申棖に対する評価が事実と合わないとして、すぐさま「棖や欲あり。焉んぞ剛なるを得ん（棖は欲が深い。どうして剛者になれようか）？」と訂正している*44。

　明末清初の教育家顔元も、学生の道徳的品性の評価を適時にするよう気をつけていた。冬に「篝火を焚こうとしたところ、部屋の近くに誰かが置いた薪があった。それを使えば手っ取り早いとは思ったが、それはしてはいけないこととして、遠くにある自分の薪を取りに行った」学生がいた。顔元は学生のこの「善行」を耳にすると、翌日、学校で、他の学生の前でその学生を「善の心に満ちているから、君は聖人になれるでしょう。」*45と褒めている。他の学生にこの無私の精神の発揚を促しているのである。

　古代中国の教育家は、学生の自己評価を誘導し、教師の評価と学生の自己評価を結合することにも努めていた。

　孔子が学生の自己評価を誘導するときは次の二つのことをした。第1は、学生の自己評価が事実と合致している場合はそれを肯定することである。子貢は自分の知力は顔淵に及ばないと思っていたが、孔子はそれを肯定して「如か

＊42　『論語・先進』。
＊43　『論語・雍也』。
＊44　『論語・公冶長』。
＊45　『顔習斎先生言行録』。

ざるなり。吾と女（なんじ）と如かざるなり（そう、及ばないね。私もお前も顔回に及ばない）。」と答えている*46。第2には、学生の自己評価が事実と相違している場合はそれを正したことである。子貢が孔子に「我人の諸（これ）を我に加うることを欲せざるや、吾も亦諸を人に加うること無からんと欲す（私は、自分が人からされたくないことは、自分も人に対してしたくないと思っています）。」と言ったところ、それは少し自分を過大評価していて正確ではないとして「賜（し）や、爾（なんじ）の及（およ）ぶ所ところに非（あら）ざるなり（子貢、それはまだまだお前にできることではないぞ）。」*47と訂正している。こうしたことは学生の道徳評価能力の促進、正しい道徳的認識の形成に重要な役割を果たしている。

2．道徳的情感段階

　道徳的情感とは、人間の社会現象の真偽、美醜、善悪に対して表される喜怒、哀楽、愛憎、好悪の感情体験である。道徳的情感は人の道徳的行為に大きな調節作用を有し、まさにスホムリンスキーの言う「情感とは道徳信念であり、精神力につながる心臓である。情感がなければ道徳は単に偽君子を養成する無味乾燥なことばにしかならない。」である。学生がある道徳的問題に楽しいという情感が起これば、うまく道徳知識を受け入れることができ、素早く行為に転化できる。反対に、素っ気ない態度を示すのであれば、それは言葉だけに留まるであろう。道徳的情感を発達させる過程は、学生を情で動かす過程である。これはとりもなおさず教師に対し、学生の道徳的認識を高めることを前提として、具体的に道徳のイメージを学生に与えることを求めることであり、教師は芸術形式で学生の道徳的情感を刺激するなど、高い道徳的情操を形成させなければならない。

　古代中国の教育家も、学生の道徳的品性の育成における道徳的情感段階の役割を非常に重視していた。道徳的品性はすべて認識と情感の二つの要素を包含し、認識のみがあって情感のない因素の介入は、真の道徳的品性を形成することができないと考えられていた。

　孔子の提唱した「仁」という概念を例に挙げると、「仁」は一方で「人を愛

---

*46　『論語・公冶長』。

*47　『論語・公冶長』。

す」ことと「克己復礼」の道理の理解を求め、他方で「人を愛す」ことと「克己復礼」の情感をもつことを求めている。「人を愛す」ことは学生に同情心をもつことを求めるものであり、「克己復礼」の最たる基本は自分のある種正当でない情感を抑制することである。この二つの情感がそろって初めて真の仁徳のある人になれるとする。

　朱熹は情感の道徳功能を論述した際、積極的情感と消極的情感とを区別すべきであると主張した。また、怒りの感情についても「血気の怒り」は悪であり、「義理の怒り」は善であるとした。感情としての憤怒は「あってはならない」ものであるが、情感としての義憤は「なくてはならない」*48 としたのである。そして「悪」の情感で、「発して節に中（あた）らない」情感が「正しい心」に影響を及ぼそうとするのであり、「善」の情感で、「発して節に中る」情感は絶対に「不善」には向かわないとした。

　　「心に喜怒哀楽の情感が有れば心は正しさを得られない」とは、これらを全くなくそうと言うのではない。これらは情感として無いわけにはいかないものだ。ただ、情感を発しても丁度良い節に中ればよいのである。発して節に中らなければ、情感に隔たりがあって心の正しさを得ることはできない。*49
　　歌舞八音の節は人の性情を養い、その穢れを打ち払い、そのかすを消すことができる。だから学ぶ者は最終段階に来ると義や仁に精通し、自ら道徳に従ってきたために必ずこの段階でそのようになる。これが学成るということである。*50

　善の情感は心理的な品性を促して封建的倫理道徳に服従させることができるため、朱熹は当然ながらこれを大いに発揚させようとした。

　清代の戴震は、道徳的情感の意義について「理なるもの、情、之れ爽ならざれば失なり。未だ情得ずして理得る者有らざるなり」*51 と説き、楽しい（爽）という道徳的情感（情）がなければ一定の道徳知識（理）はつかず、「情得

---

*48　『朱子語類』巻十三。
*49　『朱子語類』巻十六。
*50　『四書集注・論語泰伯注』。
*51　『孟子字義疏証』巻上。

（道徳的情感を得ること）」がなければ「理得（道徳知識を得ること）」*52 はないとした。

　古代中国の教育家は音楽、詩歌によって学生の道徳的情感を陶冶する手段を重視した。

　孔子は「詩に興り、礼に立ち、楽(がく)に成る」*52 を提唱し、「詩」によって人びとの道徳的情感を刺激し、「楽」によってその修養を試みた。孔子は「詩」を整理し、詩歌の徳育効用*53 を論述するだけでなく、音楽の底知れぬ力*54 を確信してもいた。列国周遊中、食糧が途切れ、弟子たちは病に倒れていったが、孔子はそんな過酷な状況にあってもなお「弦歌(げんか)して衰えず（琴を弾き、心身の衰えもなし）」であったという。

　歴代の教育家たちは孔子のこの思想を継承し発展させた。朱熹や王陽明も、詩歌による教育に、精神をリラックスさせ、情感を陶冶し、徳性を涵養させる効果があり、それゆえに邪僻悪劣な思想情感の侵蝕を受けなくなる*55 のだと指摘している。

　最も詳細に論述しているのは清代の王夫之で、詩歌の青年・学生たちの道徳的情感を鼓舞する作用について、非常に明快な分析をしている。

　　有豪傑而不聖賢者矣，未有聖賢而不豪傑者也。能興，即謂之豪傑。興者，性之生乎気者也。拖沓委順，当世之然而然，不然而不然，終日労而不能度越於禄位田宅妻子之中，数米計薪，日以挫其志気，仰視天而不知其高，俯視地而不知其厚，雖覚如夢，雖視如盲，雖勤動其四体而心不霊，惟不興故也。聖人不以詩教以蕩滌其濁心，震其暮気，納之於豪傑，而後期之以聖賢。

＊52　『論語・泰伯』。
＊53　『詩』の徳育効用についての孔子の論述には次の2篇がある。「『詩』，可以興，可以觀，可以群，可以怨。邇之事父，遠之事君。」（『論語・陽貨』）「『詩』三百，一言以蔽之，曰：『思無邪。』」（『論語『為政』）
＊54　『論語・述而』：「子在斉聞『韶』，三月不知肉味。曰：『不図為楽之至於斯也！』」「子与人歌而善，必使之，而後和之。」
＊55　朱熹は『四書集注』で孔子の思想について「凡『詩』之言，善者，可以感発人之善心；悪者，可以懲創人之逸志。其用帰於使人得其情性之正而已。」と述べている。王陽明は、詩歌の子どもの道徳教育における意義を「凡習礼歌詩之数，皆所以常存童子之心，使其楽習不倦，而無暇及於邪僻。」（『伝習録』巻中）としている。

此救人道於乱世之大権也。*56

　王夫之はここで、豪傑や英雄は「能興」の人、つまり正義感あるいは道徳的情感をもつことのできる人であると言う。反対に、正義感や道徳的情感のない人は、だらだらして覇気がなく、やることなすことすべてがモノやカネ、地位や名誉、己の家のためで、年月を重ねるうちに酔生夢死して自ら流俗を脱することができなくなる。しかし「詩」を学ばせることで、青年学生たちのそうした濁心(だくしん)を清め、無気力を取り払って道徳的情感を喚起してやる。するとやがて彼らは志を立て、英雄や豪傑、さらに歩みを進めて聖賢になっていく。『詩』を学ぶ価値はまさにそこにあるとした*57。

　「楽」の情感陶冶、風俗習慣改善における功用については『楽記』の記載が最も明確である。

　　凡姦声感人，而逆気応之，逆気成象，而淫楽興焉。正声感人，而順気応之，順気成象，而和楽興焉。
　　邪悪な音が人を感動させると、音と共によくない気風がやってくる。悪い気風が形成されるとみだらな音楽が流行する。適正な音が人を感動させると、穏やかな気風が音と共にやってくる。良い気風が形成されると、調和のとれた高尚な音楽が流行する。

という意味である。

　王夫之は「以楽養徳」を重視しており、楽の三つの価値について論述している。第1には宗教的価値である。「神人に格(いた)る」に足るものであり、天地の元気を宜くする。第2は社会的価値である。「風俗を易(か)(変)う」に足る。第3には道徳的価値である。「人心の和を養う」に足るもので、道徳情操*58を陶冶する。王夫之は後二者を特に強調しており、焉(これ)を習いて漸(ようや)く其の理を得、以て性情を移易し而して善に向かう。この楽の教えのよりて設くるところなり」*59と説いている。

　徳育の説得効果を強化するため、古代中国の教育家は具体的な道徳形象を用いて学生を感化、教育し、彼らの情感的共鳴を得、道徳的情感を刺激すること

---

*56 『四書訓義』巻二十一。
*57 邱椿『古代教育思想論叢[下冊]』、89頁。
*58 『四書訓義』巻七。
*59 『礼記章句』巻十九。

に注力した。

　孔子はよく大きな影響力をもつ歴史上の人物やその当時の人物を引き合いに出した。尭、舜、禹、湯、文、武、周公、伯夷、叔斉、微子、箕子、比干、斉桓公、晋文公、管仲、子産、晏平仲、臧文仲、臧武仲、柳下恵、斉景公、衛霊公といった具合である。これらの人物像による教育効果は充分にあった。孔子はさらに学生のなかに具体的な手本（顔淵など）を設定し、学生らが身近に感じられるよう工夫したという。

3. 道徳的意志段階

　道徳的意志とは、道徳義務を履行する過程において、自ら困難を克服しようと努力することである。道徳的意志も徳育過程の不可欠な重要な一段階であり、道徳的意志があれば内外の各方から来る干渉や障害を排除させることができ、一定の道徳的動機によって決定された道徳的行為を堅固にすることができる。また道徳的行為が勇敢かつ地に足のついた、不撓不屈の行動として表れる。反対に、強靭な道徳的意志がなければ委縮して前に進めず、途中で投げ出すことにもなりかねず、最悪の場合、邪悪な勢力に屈服して初志を放棄し変節してしまう。道徳的意志を養う過程は、学生に根気をつける過程である。この段階では道徳的認識を向上させ道徳意識を発達させた上で、艱難辛苦に対する精神を鍛え、学生が事にあたるときに、一貫して堅忍不抜の精神と習慣が持てるようにする。

　道徳的意志段階について、古代中国の教育家の論述は多い。どれも道徳的意志の作用を指摘するもので、孔子を例に挙げると、弟子たちに「道に志す」という言葉を用いて「遠大」で「高尚」な志を立てるよう求めている。人はただ「道に志し」てこそ、「徳に拠り、仁に依り、芸に游ぶ」[*60]とする。「道に志す」とは、実際的には道徳的意志の道徳的動機であり、純粋な動機と高尚な志があってこそ、その行為は方向性を失わず、物質的享楽を貪ることもないと説くのである。

　孟子の論述は詳細で、徳育過程の特別な地位に位置づける。「夫れ志しは気の帥なり。気は体の充なり。夫れ志、至れば気はこれに次ぐ。故に曰く、そ

＊60　『論語・述而』。

の志を持してその気を暴くなかれ。」*61 と説き、揺るぎない意志があればこそ、気をコントロールすることができ、「富貴も淫することも能わず、貧賎も移すこと能わず、威武も屈すること能わず」の「大丈夫」の境地に達するとしている。

張載は「士は志を先にす」を「教えの大倫」として、志を立てることを徳性の基本とし、「志大なれば則ち才大にして事業大なり。故に曰く、大なる可し、と。又曰く、富有、と。志久しければ則ち気久しく徳性久し。故に曰く、久しかる可し、と。又曰く、日に新たなり、と）。*62」と説いた。

陸象山は「先ず志を弁ず」を道徳教育の大前提とし、

小徳川流，大徳敦化，此聖人之全徳也。

《皐陶謨》之九徳，日嚴祗敬六徳，則可以有邦，日宣三徳，則可以有家。

徳之在人，固不可皆責其全，下焉又不必其三，苟有一焉，即徳也。

一徳之中亦不必其全，苟其性質之中有微善小美之可取而近於一者，亦其徳也。苟能拠之而不失，亦必日積日進，日著日盛，日広日大矣。

惟其不能拠也，故其所有者亦且日失日喪矣。

尚何望其日積日進，日著日盛，日広日大哉？

士志於道，豈能無其徳，故夫子誨之以「拠於徳」*63。

小さな徳は川の流れのように隅々まで浸透し、大きな徳は重厚で万物を育む。これが聖人の「全徳」の境地である。『皐陶謨』にある九つの徳目のうち、毎日厳かに六つの徳目を実践することができれば、諸侯として国を維持することができる。毎日三つの徳目を実践することができれば、家を持つことができる。

一つでも実践すれば、それは徳である。一つの徳目の中でそのすべてをする必要はなく、微かな善や小さな美徳のようなものであってもそれは徳なのである。

〈中略〉

志を人倫の道に向けていれば、必ず徳が身に着くはずである。だから孔子は「徳に拠る」という言葉で教えさとしたのだ。

---

*61 『孟子・公孫丑上』。
*62 『張載集・正蒙・至当』。
*63 『陸九淵集・論語説』。

と説いた。

「道に志し」、揺るがぬ道徳的意志があれば、品徳の基礎がしっかりと固まるので、その道に造詣が深くなり「全徳」の境地に達するという意味である。

王夫之は、「人の禽に異なる所以は、唯だ志のみ。その志を守らず、その量を充たさざれば、則ち人何を以て禽に異なるや？」*64 と説き、「志」を人が禽獣と区別される本質的特徴であるとし、さらに「志が揺るぎないものであれば、意気込みは緩むことなく、日に日に旺盛となる。徳業（品徳の修養）を積んだ先にどのような成果が待っているかは、ひとえに立てた志の大きさとそれがどのくらい揺るぎないかで決まる。」*65 として、道徳的意志を弟子たちの「徳業」を量る重要なものさしとしていた。

古代中国の教育家たちは、道徳的意志の作用を重視するに留まらず、それを育成する効果的なメソッドも編み出している。

第1には、苦境の中で意志を鍛えることである。古代の教育家は、安定した快適な環境に生活している人は何の憂いもなく安穏と過ごし、結局何一つものにすることができないと考えていた。孟子は、古代における成功者として、舜（しゅん）、傅説（ふえつ）、膠鬲（こうかく）、管夷吾（かんいご）、孫叔敖（そんしゅくごう）、百裏奚（ひゃくりけい）らの名前を挙げたが、彼らは皆苦しい境遇から這い出してきた人たちである。そのため、孟子は次のように言う。

故に天の将に大任を是の人に降さんとするや、必ず先づ其の心志（しんし）を苦しめ、其の筋骨を労し、その体膚を餓やし、其の身を空乏（くうぼう）し、行ひ其の為すところに払乱（ふつらん）せしむ。心を動かし、性を忍び、その能わざる所を曾益（ぞうえき）せしむる所以なり*66。

孟子のこの話は、人が「大事業を担う」ことを「天」意によるものし、唯心主義の神秘を前提としている。ただし、孟子はその心を励まし、強靭にする環境をつくり、人的意志が鍛えられるよう注力している。その合理性は明らかで、この言葉は歴代の志士仁人が自己を励ますための名言であっただけでなく、歴代の教育家が学生を教育するための準則にもなった。また、民族心理のなかに蓄積され、歴代中国人の堅忍不抜、不屈の精神の原動力となった。

---

*64 『思問録・外篇』。
*65 『張子正蒙注』巻五。
*66 『孟子・告子下』。

第2は、誘惑に打ち勝つ能力を養成することである。古代中国の教育家は誘惑に打ち勝てるか、信念を堅持できるかを意志力を測る重要な基準とし、学生の道徳的意志を育成するときに、とくにこの点を強調した。
　最も典型的なのは孟子の「舎生取義(しゃせいしゅぎ)」に関する論述である。

> 魚は、我が欲する所なり。熊の掌も、亦我が欲する所なり。二つの者得て兼ぬ可からざれば、魚を舎てて熊の掌を取らん者なり。生も、亦我が欲する所なり。義も、亦我が欲する所なり。二つの者得て兼ぬ可からざれば、生を舎てて義を取らん者なり。生も亦我が欲する所にして、欲する所生よりも甚だしき者有り。故に苟も得んことをせず。死も亦我が悪(にく)む所にして、悪む所死よりも甚だしき者有り。故に患え辟けざる所有り*67。

　孟子は、自分の道徳的理想を実現するためには意志の力が必要であり、高い情欲を以て低俗な情欲を打ち負かさなければならないとし、誘惑に打ち勝つためには、命を犠牲にすることを厭わないでよいとすらした。
　法家思想の集大成者である韓非子は次のように論述している。

> 恬淡(てんたん)は趨舎(すうしゃ)の義を有(たも)ちて、平安は禍福の計を知る。而れども今や玩好(がんこう)之を変じ、外物之を引き、之を引きて往く。故に「抜ける」と曰(ゆ)う。聖人に至れば然らず、一たび其の趨舎を建つれば、好む所の物を見ると雖も引かるる能わず。引かるる能わざる之を「抜けず」と謂う。其の情を一(いつ)にし、欲すべきの類(たぐい)有ると雖も神動きを為さず。神動きを為さざる之を「脱せず」と謂う。

　現代語にすると、

> 名誉や利益に執着しないときは、自分の立場を正しいと信じて迷わず、心が安らかであれば禍福の弁別もよく分かるのに、一旦好きなものに出会うと調子が狂うのは、外界の物に気が引かれて行ってしまうからである。それで老子はこれを「抜ける」と言った。けれども聖人ともなるとそうではなく、一たび自己の立場を定めると、いくら好きなものを目にしても引かれることはない。これを「抜けない」という。一途な気持ちで「そうしたい」と思っても、神(理性)が働かない。この、理性が働かないのを「脱せず」という

となる。*68

---

*67 『孟子・告子上』。
*68 『韓非子・解老』。

ここでいう「抜ける」、「脱せず」とは、外からの誘惑に屈しないことをいい、欲するものに心を動かされないということである。法家は多くの問題で儒家と考えを異にするが、誘惑に打ち勝つという点では見解を同じくしている。この思想は宋明の理学家によって極端な方向に行き、「天理に存して人欲を滅する」といった道徳説教*69 が提起されることとなる。

清代の王夫之は理学家のこの命題に反対し、「理欲合性」という見解を提唱した。王夫之の道徳的意志の育て方は孔子の思想に近く、次のようなものであった。

「之を始むるにその志を立て、自ら隘くすることなかれ、必ず道を尽くすことを求むるなり。之を継ぎてその志を貞むるに、自ら乱るることなかれ、必ず道に合うを充にするなり。之を終うるにその志を遂げ、自ら任ずることなかれ、道を蹯ゆべからず。」*70

ここに言う「その志を貞む」とは、とりもなおさず「人は堅い道徳的意志をもち、内面的には自ら心を乱さぬよう、外面的には他の影響を受けて動揺することのないように」ということである。

第3は、粘り強い根気を育成することである。古代の教育家はこの点も非常に重視し、道徳修養の最高の境地として称賛することもあった。

孔子は、「善人は吾得てこれを見ず。恒ある者を見るを得ば、斯これ可なり。」*71 と説き、さらに、「君子は終食の間も仁に違うこと無く、造次にも必ず是に於てし、顚沛にも必ず是に於てす。」*72 と説いて、食事の時間であっても、慌ただしいなかにあっても、困窮し苦境にあっても仁の徳を忘れないよう、常に仁の徳をもった「恒ある者」たれとした。

王夫之の根気に関する論述はさらに独創性に富んでいる。根気があればすでに形成された道徳的品性が維持できるだけでなく、その品徳を新たに磨いていくこともできるとし、

「常に水が湧いている泉では、水は日ごとに新しくなり、後から湧いた水と

---

*69 『朱子語類』巻十三：「学者須是革尽人欲，復尽天理，方始是学。」「人之一心，天理存，則人欲亡；人欲勝，則天理滅。未有天理人欲夾雑者，学者須要於此体認省察之。」。

*70 『四書訓義』巻十一。

*71 『論語・述而』。

*72 『論語・里仁』。

その前の水とは異なる。人も同様に、たゆまず道徳修養を続ければ、今日の品徳は昨日の品徳とは違うものとなり、品徳も日ごとに活力を増し、不断に磨かれていく。」*73
と説いた。

4. 道徳的行為段階

　道徳的行為とは、一定の道徳規範に則って採る行為をいい、道徳教育の帰着点である。道徳的認識を形成し、道徳的情感を育て、道徳的意志を育成する最終目的は、道徳実践に移すことである。
　人の道徳水準の高低、良し悪しの重要な基準は、その人の発言が耳に心地よいかどうかではなく、その行為が社会的に求められていることに適っているかどうかである。したがって、徳育過程の基本任務は道徳的認識、道徳的情感そして道徳的意志を道徳的行為に転化することである。道徳的行為を育成する過程は、学生からそれを導き行動させる過程であり、一歩一歩順を追った啓発教育により、学生の言行一致を引き出すことである。カリキュラムや指導を通じて学生を実践活動に参加させ、彼らの行為に対して厳格な要求と訓練を提供し、道徳的行為の仕方を段階を踏んで習得させ、良き道徳習慣を育成するのである。
　「行動」の重視は、古代中国の学術思想のすぐれた伝統ということができる。徳育過程において、それは道徳実践が殊更に重視されるという形で表れ、道徳的行為の訓練、道徳習慣の養成に重点が置かれる。古代中国の教育家からはこのことについて多くの鋭い見解が出されている。
　孔子は「力て行うは仁に近し。」、「文は吾猶お人のごとくなること莫からんや。」*74 と説いたが、この意味は、書物から得た知識は自分も他の人も大して変わらないが、実践において君子かどうかといえば、私はまだ君子になってはいないというもので、道徳を実際の行動に表すよう提起している。
　墨家も道徳実践を非常に重んじ、「其の志功を合せて観る」*75 ことを提唱し、人の道徳的品性を評価するときは、道徳的な動機と道徳的行為とを合わせて検

---

*73 『周易大象解・坎』。

*74 『論語・述而』。

*75 『墨子・魯問』。

討すべきであるとした。

　宋代の理学家たちが提唱した「知先行後、知軽行重」は、ある意味、彼らの道徳実践を重視していることの反映であるともいえる*76。

　さらに「行（行うこと）は知（知ること）を兼ねるべし」を提唱した清代の教育家王夫之は、道徳的認識は実際の道徳的行為においてのみ得ることができるとし、

　「試しにこれを論じてみよう。何を以て［徳］というのか。実際に行うことによって得られるものを徳という。何を以て［善］というのか。宜しく処することを［善］という。実際に行わなければ、それらはでたらめだ。」*77

と説いた。

　学生の道徳的行為を育成する具体的な措置や方法について、古代中国の教育家たちは貴重な意見を三つ提示している。

　第1に、学生たちに言行一致、表裏一体を求めることである。

　孔子は弟子たちに「言而有信」を求め、「人にして信無くんば、其の可なるを知らざるなり」*78 と説いて子路が自分の発言を守ることを称賛し、子路に「諾を宿むること無し」*79 と言っている。また少説多做、慎言敏行、先行後言を提唱し、「君子は言に訥にして、行いに敏ならんことを欲す」*80、「事に敏にして言に慎む」*81、「先ず其の言を行いて、而して後之これに従う」*82 とも説いている。孔子は大風呂敷を嫌い、「君子はその言を恥じて、その行いを過ごす」*83 と説き、空論に反対して「其の之を言いて怍じざれば、則ち之を為すや難し」*84 と説いている。さらに嫌ったのは嘘をつくことで、「利口の邦家を覆

---

*76 『朱子語類』巻九：「致知、力行，用功不可偏。偏過一辺，則一辺受病。如程子雲：『涵養須用敬，進学則在致知。』分明自作両脚説，但只要分先後軽重。論先後，当以致知為先；論軽重，当以力行為重。」。

*77 『大学補伝衍』。

*78 『論語・為政』。

*79 『論語・顔淵』。

*80 『論語・里仁』。

*81 『論語・学而』。

*82 『論語・為政』。

*83 『論語・憲問』。

*84 『論語・憲問』。

す者を悪む」*85 と説き、デマを信用したり流布することを嫌って、「道に聴きて塗説くは、徳を之れ棄つるなり」*86 とも説いている。そして「色に仁を取るも行いは違い」の二枚舌を最も嫌悪し、「巧言令色」な人は仁徳が少ないとしている。かくして孔子の弟子たちは自分が言行一致であるか、表裏一体であるかを気にするようになったという。「子路聞くこと有りて、未だ之を行うこと能わざれば、唯聞くこと有るを恐る」*87 それがここに見事に表れている。

『中庸』の著者も学生に言行一致を求めている。

> 庸徳をこれ行い、庸言をこれ謹み、足らざる所あれば、敢えて勉めずんばあらず、余りあれば敢えて尽くさず、言は行いを顧み、行いは言を顧みる、君子胡ぞ造造爾たらざらん。

「日常的な道徳を実践し、日常的な言葉を慎しみ、徳に及ばない行為があれば、必ず努力するものである。発言通りのことができていなければ、敢えて空論で尽くそうとはしないものである。発言は行動を振り返り、行動は発言を振り返る必要がある。君子であるなら不誠実なことなどどうしてできよう。言行一致に努めなければならないではないか。」
という意味である。

学生の道徳的品性を評価するとき、古代中国の教育家は発言と行動を合わせて見るように注意しながら、行動に重きを置いて考察していた。孔子の「其の言を聴いて其の行いを観る」*88 にそれが表れている。

第2は、学生に自分の欠点と過ちに正しく対処するよう求めたことである。孔子は、人は過ちを犯すものだとし「人は聖人に非ざれば孰か能く過ち無からんや？」と説き、問題は改めようとする気があるかないかであるとした。改めようとするならば「過ちて能く改むる、善焉より大なるは莫し」であり、改めようとしないのならば、「過ちて改めず、是を過ちと謂う」*89 とした。そして学生たちに過ちを積極的に改めるよう求め、「過ちては則ち改むるに憚ること勿れ」*90

---

*85 『論語・陽貨』。
*86 『論語・陽貨』。
*87 『論語・公冶長』。
*88 『論語・公冶長』。
*89 『論語・衛霊公』。
*90 『論語・学而』。

と説き、子路の過ちへの対処を称賛し、「過ちを聞けば則ち喜ぶ」と言っている。孔子は、君子は過ちに気づいたらそれを改めるべきで、過ちを覆い隠そうとするのは「小人」だけだとした。それで弟子の子貢は「君子の過ちや、日月の食の如し。過つや人皆之を見る。更むるや人皆之を仰ぐ。」[*91] と言う。

意味は、人の過ちは客観的存在であるが、日食や月食の翳りのようにその過ちの存在がわかり、すべての人がそれに気づく。自ら過ちを改めれば、日や月と同様に、その輝きを取り戻すことができるということである。このことは、孔子が学生に過ちを積極的に改めることを求める教育が成功していたことを示している。

明代の王陽明は社学教条で時間割表を作り、「孝徳」を一日の最初の授業とした。そこには毎日のスケジュールが次のように記されている。

毎日清晨，諸生参揖畢，教読以次偏詢諸生：在家所以愛親敬畏之心，得無懈忽未能真切否？温凊定省之儀，得無虧缺未能実践否？往来街衢歩趨礼節，得無放蕩未能謹飭否？一応言行心術，得無欺妄非僻未能忠信篤敬否？諸童子務要各以実対，有則改之，無則加勉。教読復随時就事，曲加誨諭開発，然後各退就席肄業。[*92]

このスケジュールによると、学生は学校に入ると最初に揖礼を行い、次に教師が順番に学生に質問し、過去一日の、家や学校、あるいは街なかでのすべての行為と心がけについて反省を促す。もし過ちがあれば、当然ながら率直にそれを認め、過ちを悔い改める決心を表さなければならない。最後に教師が再度学生一人ひとりの状況に応じて励ましたり訓戒を与えたりする。

第3は、学生に行為の訓練を通じて良好な道徳習慣を形成するよう求めることである。孔子はこれについても見解をもっており、樊遅に「崇徳」について問われたときに「事を先にして得を後にするは、徳を崇くするに非ずや？」[*93] と答えている。すなわち、実践することが先決で、収穫は後にするということが品徳を形成する方法であるとしたのだ。それゆえ、弟子たちが道徳実践や訓練を行い、自分の道徳的品性を陶冶することを常に奨励し、「仁遠か

[*91] 『論語・子張』。
[*92] 『王文成公全書』巻二。
[*93] 『論語・顔淵』。

らんや。我仁を欲すれば、斯に仁至る。」*94、さらに「仁を為すは己に由る。人に由らんや。」*95 と説いている。

　道徳的行為の訓練に重きを置いた朱熹は、子ども向けの教材『童蒙須知』という本を著した。『童蒙須知』は子どもが守るべき道徳規範について細かく規定したもので、「服装・身嗜み」、「仕草・言葉遣い」、「清掃・衛生」、「勉強」、「その他雑事」等の項目に分かれている。「仕草・言葉遣い」の項には「落ち着いて静かに話しなさい。発言するときは丁寧な言葉遣いでゆっくりと話し、大きな声で騒いだり、冗談を言ってバカ笑いしたりしてはいけません。目上の人が教えてくれているときは、ひたすらじっと聞き、みだりに自分の意見をぶつけてはいけません。」、「その他雑事」の項には、「年長者の傍にいるときは、行儀よくまっすぐ立ち拱手の礼*96 をします。質問されたときには、必ず誠実に返答するようにして、ふざけてはいけません。」とある。これらの道徳的行為の内容は、言うまでもなく封建主義的道徳規範の具体化で、子どもの一言一行をさまざまに規定することで、規範に適った封建主義的道徳習慣を育成するものであった。こうした訓練により、学生たちを「其の習い、知と長じ、化、心と成り、扞格して勝えざるの患い無く」して、「操守堅定、涵養純熟」の境地*97 に至らしめたのである。

　王陽明も同様の主張をしている。

　　未だ学びて行わざる者有らざるなり。孝を学ぶと言うが如きは、則ち必ず労に服し養を奉じ躬ら孝道を行うて後に之を学ぶと謂うなり。豈に徒らに懸空に口耳講説して、遂に以て之を孝を学ぶと謂うべけんや*98

　王陽明によると、学生の道徳的品性を形成するには、道徳概念の植え付けを続けながら、具体的な道徳実践を行うことが必要であるという。「孝」という品徳は「労に服し養を奉じ、躬ら孝道を行う」という身体力行を通じてこそ、人の品徳心理の構造に根を下ろす。

---

*94　『論語・述而』。
*95　『論語・顔淵』。
*96　訳注：拱手（きょうしゅ、こうしゅ）とは、右手を握り左手をその外側にかぶせ胸元に持ち上げる動作をいう。
*97　『小学集解・小学輯説』。
*98　「伝習録中」『王文成公全書』巻二。

以上、古代中国の教育家の徳育過程についての論述を概観することにより、次のことが判明した。すなわち、古代教育家たちは道徳的認識、道徳的情感について論述してはいるが、その重点は間違いなく道徳的意志と道徳的行為に置かれているということである。古代中国が重視したのは、意志型の道徳的人格であり、徳育の原則と方法論においてそれが現れている。

3、徳育の原則と方法

　徳育の原則とは、教育者が教育対象者に対して徳育を実施するときに随うべき基本的な要求であり、徳育過程における基本的な矛盾と関係を処理する基本準則である。また徳育の方法とは、徳育という任務を達成するために用いる手段をいう。徳育の原則と徳育の方法は徳育過程の実践中に形成されるものであり、徳育の実践と経験の総括であり概括である。そしてそれがまた実践を指導することにもなる。古代中国の教育家の教育実践にはいくつかの徳育原則と方法が総括されており、そうした効果の高い徳育原則と方法を活用することは、早くから中華教育思想の重要な構成要素となっている。これらの原則と方法を活用することにより、愛国憂民、徳行高尚な志士仁人を育成してきたのである。

　古代中国の徳育原則と方法は大きく次の四分野、九準則に分けられる。

1．外部の影響に関する徳育原則と方法

　徳育は無菌状態の中で行うものではなく、常に社会の影響を受ける。魯潔教授によると、「人の思想品徳にはたらきかけるものはきわめて広範に亘っており、社会生活のあらゆる領域（物質から精神まで）、あらゆる実際関係においてこれらの影響が浸透している。」[*99] という。こうした影響のなかには、プラス、ポジティブな影響だけではなく、マイナス、ネガティブな影響もある。したがって、どのようにこれらの影響を選択し制御するかが、徳育原則と方法に考慮されるべき重要な内容となる。

＊99　魯潔「徳育過程初探」『教育研究』1981年第2期。

1）環境薫陶

　古代中国の教育家は、徳育過程において環境が学生に及ぼす影響に注意し、学生のために良好な徳育環境を選択し提供していた。例えば、「染於蒼則蒼，染於黄則黄」の人性素絲説に立脚する墨家は、染まることを慎むよう求めた。
　『墨子・所染』には次のように記されている。

　　子墨子言う。絲を染めるものを見て嘆じて曰く、蒼に染めれば蒼となり、黄に染めれば黄となり、入る所のもの変ずればその色も変ず。五入は必せんのみ、即ち五色となる。故に染は慎まざるべからず。

　糸が染料によってさまざまな色に染まるのと同じように、人は置かれる環境によって善くも悪くもなるという意味である。
　荀子は、「蓬も麻中に生ずれば扶けずして直し。白沙も涅にあらばこれとともに黒し」と比喩を通して「君子は居るに必ず郷を択び、遊ぶに必ず士に就くは、邪僻を防ぎ中正に近く所以なり」*100 と結論づけ、学生に、居住するのは必ず環境のよい所を、交際するのは必ず学徳のある人を選ぶよう求めた。荀子は外界の環境が人に及ぼす影響を「注錯」または「漸」と呼び、人が常に外界の影響を受けることを「積靡」または「積」と呼び、環境が学生の道徳品徳の形成に及ぼす大きな作用について「以て堯・禹と為る可く、以て桀・跖と為る可く、以て工匠と為る可く、以て農賈*101 と為る可く、埶に注錯・習俗の積む所に在るのみ。」*102 と認識していただけでなく、「肉腐れば虫を生じ、魚枯るれば蠹を生じ、怠慢身を忘るれば、禍災乃ち作こる。強は自ら柱を取り、柔は自ら束を取る。」*103 と、環境による負の影響に打ち勝つ能力を育成することに夫も重きを置いていた。自分の抵抗能力が高まれば、悪い環境に入り込まれることがない。荀子の道徳教育における客観的環境と主観的努力の弁証関係についての論述は、非常に見識の高いものである。
　明代の思想家王廷相は環境を「社会的風習」という大環境と「居住・交際」という小環境の二つに分け、これらの環境が人の道徳的品性に与える影響について論述している。

＊100　『荀子・勧学』。
＊101　訳注：農賈：農民と商人。
＊102　『荀子・栄辱』。
＊103　『荀子・勧学』。

人の道徳品性は習いの積み重ねであり、教育や法で律し、社会が長年に亘って「善をよしとし、悪を禁ずべきこととする気風」にあることで形成される*104。

宮殿の奥で女の人と遊びに耽けたり、一日中宦官と戯れたりするような環境に置かれれば、人間というものは仁・義・礼・孝による抑制などできないものだ。「習い、性となる」で、傲慢でふしだら、或いは下品で怠惰な人間になるのがオチである*105。

王廷相は、社会的風習という大環境がよければ人心は善に帰し、居住・交際という小環境が悪ければ人心は悪に帰すると考えていた。一日中宮殿の奥で女人と戯れ、ふざけあう生活を続けていれば、「驕淫狂蕩（きょういんきょうとう）（傲慢でふしだら）」、「鄙褻惰慢（ひせつだまん）（下品で怠惰）」といった善からぬ品徳が形成されるということだ。

中国の歴史の中でよく語られる「孟母三遷」という故事は、環境が子どもに与える影響を古人が重視していたことを示すものである。

「孟軻の母、其の舎墓に近し。孟子の少なるや、嬉戯墓間の事を為し踊躍築埋す。孟母曰く、此れ以て子を居く所に非ざるなり、と。乃ち去りて市に舎す。其の嬉戯賈衒（こげん）を為す。孟母曰く、此れ以て子を居く所に非ざるなり、と。乃ち徙（うつ）りて学宮の旁に舎す。其の嬉戯乃ち俎豆を設け揖譲進退す。孟母曰く、此れ眞に以て子を居く可し、と。遂に之に居る。」*106

孟母が息子の教育環境を重視していたことは、現代においても手本とするに足る大きな意義がある。

2）朋友観摩

古代中国の教育家は環境薫陶の作用を重視しただけでなく、徳育過程にあっては友人の選択に注意し、友人との交際を通じて学業、徳行に切磋琢磨すべきであると提唱した。

孔子は「三人行けば必ず我が師有り。其の善なる者を択（えら）んで之に従い、其の不善なる者は之を改む。」*107 と説き、友人を鏡として自分の行為を照らし、

---

*104 『王氏家蔵集・答薛君采論性書』。
*105 『慎言・保傅』。
*106 『列女伝・母儀』。
*107 『論語・述而』。

友人の「善」の面に学び、「不善」の面を排除することで、「友を以て仁を輔たすく」の目的地*108 に到達するとした。孔子は徳育過程において友人を選ぶ指導することに長けており、次のように説く。

> 益者三友えきしゃさんゆう、損者三友そんしゃさんゆう。直ちょくを友とし、諒りょうを友とし、多聞たぶんを友とするは益えきなり。便辟べんぺきを友とし、善柔ぜんじゅうを友ともとし、便佞べんねいを友とするは損なり。*109

正直な人、誠実な人、見聞が広く博識な人を友人にするようにし、人に追従する人や目の前ではお世辞をいい裏で誹謗中傷するような人、口先ばかりで大言壮語する人を友人にしてはならないという意味である。

孔子はさらにこう説く。

> 益者三楽えきしゃさんらく、損者三楽そんしゃさんらく。礼楽を節するを楽しみ、人ひとの善を道いうを楽しみ、賢友けんゆう多きを楽しむは益なり。*110

「人生に有益な楽しみが三つある。程よい礼楽ができるようになること、人の善言善行を広めること、徳の高い友と交わることだ」という意味である。なるほど、だから『論語』の冒頭が「朋有り遠方より来たる、亦た楽しからずや」*111 なのである。

『学記』は朋友観摩の徳育原則と方法論について系統立てて説明している。「相観て善くする之を摩と謂う」という命題を提起し、相互学習や、長所で短所を補う「朋友観摩」を教育が成功する四大要因の一つとした。それについては第 1 章で論述している。

東晋時代の蘇浚は『鶏鳴偶記』で友人を 4 種類に分類した。「道義相砥，過失相観，畏友也。緩急可共，死生可託，密友也。甘言如飴，遊戯征逐，昵友也。利則相攘，患則相傾，賊友也。」と述べ、道徳において互いに切磋琢磨し、ミスや過ちを互いに忠告し助け合う「畏友」や、患難苦楽を共にし命を預けることもできる「親友」がいれば、それ以上の助けはないとする。

宋代の教育家張載も学問と修養における友達の作用に着目していた。「学ぶことが苦手な者は技能が身につかず、ただ友人とお喋りするだけだ。」*112 と述

---

*108 『論語・顔淵』。
*109 『論語・季氏』。
*110 『論語・季氏』。
*111 『論語・学而』。
*112 『張載集・経学理窟・学大原下』。

べているが、ここでいう「学ぶこと」とは、単に知識の学習のみを指すのではなく、当然、品徳を学ぶことも含まれる。

明代の王陽明は「責善（善を責む）」を朋友観摩の柱とした。

> 善を責むるは朋友の道なり。然れども須く忠告して而して善くこれを道びくべし。その忠愛を悉し、その婉曲を致して、彼をしてこれを聞きて而して従うべく、これを繹ねて而して改むべく、感ずる所有りて而して怒る所無からしむれば、乃ち善たるのみ。もし先にその過悪を暴白し、痛く毀り極めて詆りて、容る所無からしむれば、彼、将にその愧恥憤恨するの心を発せんとし、降りて以て相従わんと欲すると雖も、而も勢いとしては不能わざる所あり。これこれを激して而して悪を為さしむるなり*113。

友人間における相互の「責善」は非常に有益なものであり、それはときに師の教え以上になることがある。それは、互いに気持ちが通じ合い、互いに信頼しあっている友人だからこそ、相手の忠告を快く、まったく抵抗なく受け入れられるからである。しかし「痛毀極詆」すれば、恥ずかしい思いをさせるだけで、いかなる教育効果も得られないとする。

王夫之も朋友観摩は道徳陶冶に重要な意義があるとし、『俟解』で「『仁者だけが人を真に愛し真に憎むことができる』と言うが、仁に未熟な者はそのままでいると愛憎の基準が偏ってしまうので、愛憎の分別の助けとなる人が必要である。人格の高い者といると自分もその人が愛するもの・善しとするものを大切にし、悪しとするものを憎むようになる。人格者の高くない人といると、自分もその人が愛するもの・善しとするものを大切にし、その人が悪しとするものを憎むようになる。さらに世俗に染まった人と共にいると自分もそのようになっていく。それゆえ友にするなら昔から『友を以て仁を輔く』と言われるのであり、自分の好きか嫌いかの感情を善悪判断の物差しへと拡大するのだ。」*114 と述べている。

王夫之は、人の品徳や行為は、その人が交際する相手の影響を相当程度受けると主張した。徳や品性の高い人と交わったり仕事や生活を共にしたりすると、価値観が同化して高い品徳、振る舞いが身に付き、反対に、品徳の低い人と一

---

*113 『教条示龍場諸生(教条、龍場諸生に示す)』。
*114 『俟解』。

緒にいると、その好ましからぬ品徳や行為が形成されると考えていた。そのため、学生は「友を以て仁を輔く」よう努め、友人の影響と助けのもとに自分を磨くべきだとした。ただし、孔子の「己に如かざる者を友とすること無かれ」には異を唱え、賢者はもちろん友とすべきであるが、賢者でない者も友としてよいという。賢者を友にすると、心理的にも言葉でもその人を尊敬し称賛するだけでなく、品徳、知性において追いつこうとするので、その人と肩を並べるようになっていく。賢者でない者を友にすると、その人の宜しくない品徳に嫌悪を覚えるが、それが逆に自分にも同じような欠点がないかを反省することになり、友人を支えることを通じて自分を高めていくことができるとした[*115]。つまり、朋友観摩には「斉(ひと)しからんことを思う」という正の作用と、「内に自ら省みる」という反作用とがある。

2. 主観的努力に関する徳育原則と方法

　主観的努力とは、徳育の過程で教育対象者の自己教育という積極性を引き出し、彼らの主観的能動作用を発揮させることをいう。徳育において教育対象者が受動的、消極的な状態に置かれるのであれば、まさに「教育される」客体になってしまい、良好な徳育効果は得られない。学生の自己教育意識を喚起し、その主観的能動性を発揮させれば、労力以上の著しい成果が得られる。スホムリンスキーは、主観的努力の作用に関する論述で「喚起して自己教育を実行する教育は、私の強い信念に基づけば、それも真の教育である。人に自己教育を実行させるのは、日曜日に暇つぶしのイベントを企画するよりも大変である。」[*116]と述べている。

　古代中国の教育家は、道徳的品性の育成における主観的努力の作用をとくに重視していた。孔子は「仁を為すは己に由る。人に由らんや？」[*117]、「仁遠からんや。我仁を欲すれば、斯に仁至る」[*118]と説き、「仁」という品徳は自己努力によって形成できるとしている。

　孟子も「反求諸己」を提唱し、

---

*115　邱椿「古代教育思想論叢（下冊）」『四書訓義』巻八、128〜129頁。
*116　スホムリンスキー『教育的芸術』肖勇訳　湖南教育出版社 1983年、267頁。
*117　『論語・顔淵』。
*118　『論語・述而』。

「君子深くこれに造るに道を以てするは、そのこれを自得せんと欲すればなり。これを自得すれば則ちこれに居ること安し。これに居ること安ければ則ちこれに資(よ)ること深し。これに資ること深ければ則ちこれを左右に取るもその原(もと)に逢う。故に君子はそのこれを自得せんと欲するなり。」*119
と説き、先天的な善の稟性を保持し、自己修養に努めれば、生来の優れた品徳は失われることはないとした。

朱熹は『必有隣』という詩の中で主観的努力の意義を形象的に論述している。

徳者人心之所同，

苟有能徳類斯従。

不須閉門嗟寥落，

但立誠心自用功。

徳は人心に根差すものであり、

身近に品徳のある人がいたらその人に倣うべきである。

そうすれば世間から孤立して寂しいと言って嘆かなくても済む。

但し、それには誠実な心をもって自ら努力することだ。

主観的努力の原則と方法について、古代中国の教育家たちは「自省自訟」、「省察自監」の二つを提唱している。以下に紹介しよう。

1）自省自訟

古代中国の教育家は、学生らに他人の道徳的行為を見つけたら自身を反省すると同時に、自分の過ちへの対処のしかたを真摯に振り返り、自己批判するよう求めた。

孔子は弟子に「賢(けん)を見ては斉(ひと)しからんことを思い、不賢を見ては内に自ら省みるなり」*120 と説き、良い道徳的行為を見たときは、自省を通じて人を師とし、良からぬ道徳的行為を目にしたときは、自省を通じて同じような過ちを避けることができるとした。孔子の弟子たちはこの点での修養が高く、曾参は「吾(われ)、日に吾(わ)が身を三省す。人の為に謀りて忠ならざるか、朋友と交わりて信ならざ

---

*119 『孟子・離婁下』。

*120 『論語・里仁』。

るか、習わざるを伝えしか。」*121 と言っている。一人ひとりが一定の道徳規範をもって自分を律し、他人の道徳的行為を見たときに自らを顧みるという自己チェックを行うことは、品徳向上のための修養として確かに有用である。そのため、朱熹も詩を撰して自省性の強い曾参を「きちんとできていなかったのではないかと毎日我が身を振り返っていたからこそ、曾子は洞察する人になったのだ。」と称賛している。*122

　孔子も弟子たちに自分の過ちに正しく対処するよう求め、「自ら訟むる」徳育方法「吾、未だ能く其の過ちを見て、内に自ら訟むる者を見ざるなり」*123 を提唱し、常に弟子たちに「過ちては則ち改むるに憚ること勿れ」*124 と説き、「過ちて改めず、是を過ちと謂う」*125 とした。ただし「過ちて之を改むるは是過ちならず」*126 としている。つまり、人は過ちを犯すものであり、道徳的行為に多少の逸脱があっても、そのこと自体は大した問題ではない。しかし、いつも同じ過ちを犯し、逸脱行為を繰り返すのであれば勘弁することができなくなるというものである。それで孔子は弟子たちに「自ら訟むる」方法を採らせ、真摯に厳粛に自分の過ちに向き合い、「過ちを弐(ふたた)びせず」にさせるのである。

　孟子も弟子たちに改過遷善を求め、「自訟」に努め、心を入れ替える人に対して過去の過ちを問わず「古の君子は其の過つや、日月の食するが如し、民、皆之を見る。其の更(あらた)むるに及んでや、民、皆之を仰(あや)ぐ。」*127 と説いている。

2）省察自監

　古代中国の教育家は、学生たちを常に警備に置かれたような状態にし、たえず自己監督と自己鞭撻を行わせ、道徳に合わない思想や行為の修験を厳重に防ごうとした。

　朱熹は省察について「今から意識が発動されるというときに省察するという

---

*121 『論語・学而』。
*122 陳漢才編『古代中国教育詩選注』山東教育出版社 1985 年、107～108 頁。
*123 『論語・公冶長』。
*124 『論語・学而』。
*125 『論語・衛霊公』。
*126 『韓詩外伝』巻三。
*127 『孟子・公孫丑下』。

のは、慎重に思索を始めることをいう。已発の後に省察するというのは、言動として現れた後に審判することをいう。思索を始めるときは、そもそも慎重でなければならない。言行が著(あき)らかであるのは、省察すればこそである」*128 と述べ、さらに例を挙げて「未発と已発はひとつのまとまりであり、常に涵養し、常に省察するということにすぎない。川の水が長く流れているとき、高いところに行けば流れに起伏が出るというだけのことだ。恐れ畏むのが長く行うことであれば、独を慎む段に来たら、自らをもう一度少し奮い立たせてみるのだ。馬に乗るときに、常に自分で手綱を握り、険しい場所にさしかかったら、その手綱を少し引くようなものである。」*129 と説明している。つまり、省察とは「なくしてはならない」長期の道徳修養であるが、日常においては「涵養」に重点を置き、道徳に合わない言行をそれが出現する前に食い止めることが重要だということである。

韓非子は自己監督の方法について、

「昔の人は、自分の顔を自分の目で見ることが難しいからと、鏡を用いて顔を見ることにした。知恵で自分を知るには十分ではないからと、道を定めて己を正した。だから鏡が物のキズを映し出すことは罪ではなく、道が人の過ちを明らかに示しても怨む者はない。目は、鏡がなくなれば自分の髭や眉を正しく見ることができず、身は、道を失えば行いに迷っていることに気づくことができない。西門豹(せいもんひょう)という人は短気だったので、なめし革の紐を身に佩(お)びて戒めとし、己を緩めるように努めた。董安于(とうあんう)という人は心が悠長過ぎたので、弦を身に佩びて戒めとし、己を締めるように努めた。このように、余裕のあるところを用いて足りないところを補い、長いところを取って短いところに繋ぐというのが名君というものである。」*130

と論述している。韓非子によると、道徳水準を高め、自分の欠点を直そうとするなら、常に自己を振り返り、自己監督すべきであるという。

戦国・魏の文侯の時代の鄴令西門豹は、自分がせっかちな性分で、向こう見ずに進むことを知っていたため、柔らかなベルトをつけ、自らをゆったりと事

---

*128 『性理精義』。

*129 『性理精義』。

*130 『韓非子・観行』。

に臨むようコントロールしていたという。反対に、春秋末期の趙簡子の謀臣董安于は、自分がおっとりした性分で物事をいい加減にするところがあるとして、弓弦を着け、自らを怠慢にならないようコントロールし、日々新しいことをしていたという。

3. 教育のタイミングに関する徳育原則と方法

徳育は科学であり芸術である。徳育を行うとき、最適な教育時期の把握は、良好な徳育効果が得られるかどうかに重要な影響を及ぼす。この「最適な時期」は二つの方向から把握することができる。

1）蒙以養正（蒙は以って正を養う）

人の縦方向の発達という観点からは、徳育の最適な時期は子ども時代である。それゆえ、古代中国の教育家は、徳育は幼いとき、早い時期から始め、子どもに良好な道徳習慣を身に着けさせるべきであると主張する。孔子が提唱した「少成若天性，習慣成自然」は、後世の道徳教育に長く影響を与えている。

南北朝時代の顔之推は『顔氏家訓』のなかで、自分の幼年期に受けた道徳教育を振り返り

「わが家の躾・家庭教育は、整然としてきめ細かいものであった。歯が生え変わる頃には、生活のすべてが躾教育に包みこまれていた。私は二人の兄に従って両親に対する朝夕の挨拶、折り目正しい行い、穏やかな表情、温雅な言葉遣い、礼儀正しい立ち居振る舞いを学んだ。まるで父上母上の御部屋にご機嫌伺いに参上しているようであったが、兄たちはいつも優しく、私の欲しいと思うものを心にとめてくれていた。長所は褒めてくれて、至らない点を教えてくれた。全く至れり尽くせりであった。」

と述べ、子どもに早期徳育を行う意義について、次のように主張している。

年少の頃には自主的な精神や感情が確立していないため、たまたま親しくしている人に感化され、言葉つきや振る舞いなどが、真似るという意識もなく、自然とその人に似てくる[131]。

顔之推は、幼年時代の心理状態は不安定で、プラスとマイナスのどちらの影

---

[131]『顔氏家訓・慕賢』。

第4章　古代中国の徳育観

響も受けやすく、知らず知らずの間に感化されるため、薫陶を受けることによって一定の品徳が形成されるとしたのである。

宋代の朱熹は、子どもに道徳教育を行う意義を重視しただけでなく、子ども用の徳育の教科書として自ら『小学』を編纂した。この書物の編纂目的について次のように述べている。

　古は小学、人を教うるに洒掃・応対・進退の節、親を愛し、長を敬し、師を隆（たっと）び、友に親しむの道を以てす。皆、脩身・斉家・治国・平天下の本と為す所以にして、必ず其れをして講じて、之を幼稚の時に習わしむ。其の習い、智と長じ、化、心と成り、扞格（かんかく）して勝えざるの思い無からんことを欲するなり。今、其の全書は見る可からずと雖も、伝記に雑出する者亦多し。読む者往往直（ただ）古今の宜しきを異にするを以てして、之を行う莫し。殊に知らず、其の古今の異なること無き者は、固より未だ始より行う可からざるにはあらざるを。今、頗る蒐集（すこぶ）して、以てこの書を為し、之を憧蒙に授け、其の講習に資す。庶幾わくば風化の万一に補い有らんかと爾か云う（昔の「小学」では、人を育てるのに、掃除、応対［挨拶をはじめとする人としての心構え］、立ち居振る舞いといった作法やマナー、親を愛し、目上の人を敬い、先生を尊び、友を親しむといった道を教えたが、これらは、修身［身を修める］、斉家［家をととのえる］、治国［国を治める］、平天下［天下国家を平らかにする］の根本となるものであるから、必ず幼少期から教えて身に着けさせることである。そうすることによって徐々に知識が増え、心が磨かれ、物事がうまくいかないときでも耐えられないことがなくなるのだ。当節、その全ての書籍に目を通すことはできないが、伝記などにはしばしば見られる。それらを読んでも、往々にして昔と今とでは道理が違うとして、行うことはない。しかし、昔と今とで変わらないところは、始めないうちから頑（かたく）なに「行うべきでない」とすることもない。今、そうした例を多く蒐集してこの書を作り、これを児童に授けてその学びの助けにしようと思う）＊132。

「童蒙に習う」を主張した明清時代の王夫之は、「蒙は以って正を養う」という早期教育の見解を提起し、

＊132『小学集解・小学書題』。

「易に、『蒙以て正養うは、聖の功なり』という言葉があるが、幼少期の教育は立派な人間をつくるための基礎となる。その時期に不幸にして教育が受けられず、悪習慣の中に身を置いて、人非人の言葉を耳にし、人非人の振る舞いを目にしながら暮らしていた者が、志を立て、大人になってからそれを矯正しようとしても、身に染み込んだ悪習は直せない。」[*133]

と説き、物心がつかないうちに良好な道徳習慣を育成し、正しい道徳的品性を形成することによってこそ、人生全体のための基礎を築くことできるとした。幼少期に正しい教育、指導が足りないと、よくない道徳習慣や道徳的品性が形成され、多大な労力を費やしてもそれを是正するのは非常に難しくなるというものである。

蒙以養正の具体的な方法について、古代中国の教育家は非常に興味深い見解を示している。行為習慣の訓練の重視、プラス面からの誘導、家庭教育の教化などである。これらについては「蒙学と古代中国教育」に詳細を論述しているので、ここでは割愛する。

2）禁於未発（未発のうちに禁ずる）

人の思想品徳の形成過程を横方向から見ると、徳育の最適な時期はよからぬ品徳が形成される前に予防する、いわゆる「未発のうちに禁ずる」である。それゆえ古代中国の教育家は道徳教育の最適時期の把握を非常に重視し、悪いことを未然に防ぐことに注力した。

傅任敢氏は『学記』の「禁於未発」の命題を論評したとき、教育というものはプラス面である「よいところ」を育成し、マイナス面である「いけないところ」を取り除くことに他ならないと述べている。「よいところ」を育成するためには「いけないところ」を取り除く、あるいは防止することが必要である。「新しいものを打ち立てるには、先ず今あるものを破ること」だからである。ただ、「いけないところ」を取り除くのは、「いけないところ」を防止することよりも大変である。それゆえ、「よいところ」を育成するために「いけないところ」を取り除くには、予防を主とする方法を採らなければならないということになる。この「いけないところ」は病気と同じで、一度身に着くと直すこと

[*133]『俟解』。

が困難である。「いけない病気」に罹らないうちに予防する方が容易である。
　例えば、嘘を言うという「いけないところ」は、子どもに嘘をつく習慣がつく前に、道徳やお手本を示すなどして感化されないようにすると、子どもはそうしたことに染まりにくくなる。普段、躾に無頓着で、子どもがそうした習慣に染まってから取り除こうとするのは、非常に骨が折れるものである[*134]。それゆえ『学記』は「発して然る後に禁ずれば、すなわち扞格して勝えず。」を教育の失敗の六大原因の一つとしたのである。チェコの大教育家コメニウスは「徳行は邪悪が心を占領する前に早めに教えることである。」[*135]と言ったが、『学記』の「禁於未発」に関する論述も、これとまったく同じである。
　墨家も徳育の未然防止に注意している。墨子は弟子たちに「譖慝（しんとく）の言、之を耳に入るること無し。批扞（ひかん）の声、之を口に出だすこと無し。人を殺傷するの孩（がい）、之を心に存すること無し（誹謗中傷は耳に入れない。非難の言葉は口から出さない。人を損なう意図を心に持たない）」[*136]と説き、よからぬ品徳の侵蝕に打ち勝つ努力をするよう求めている。
　唐代の孔穎達は「凡所過失，為人所怨，豈在明着大過？皆由小事而起言小事不防，易致大過。」[*137]と提起している。ここで言っているのは、未然防止とは単に「重大な過ち」を防止することではなく、ひとつの微小なことにも注意を向けるということであり、そうすることで真の悪の未然の防止ができるということである。
　朱熹の説く「居敬」という方法は、実際的にも予防というこの徳育原則と方法の意味を重視する。『敬斎箴』において朱熹は

「口を守ること瓶の如く、意を防ぐこと城の如く、洞洞属属敢て或軽することなし。東を以て西とせず、南を以て北とせず、事に当りて存し他に其れ適（ゆ）くこと靡（な）し。弐に以て二とすること勿れ、参に以て三とすること勿れ。惟心惟一、万変是れ監（かんがみ）て事に斯に従う。是れを敬を持すと曰う。動静違う無く表裏交々正しき。須臾（しゅゆ）も間有れば私欲万端、火ならずして熱く、氷ならずして寒く、毫釐の差有り。天壌処を易（か）え、三綱既に淪（しず）み、九法も亦斁（やぶ）る（瓶の口

[*134] 傅任敢『学記』訳述　上海教育出版社1982年、31～32頁。
[*135] コメニウス『大教授学』傅任敢訳　人民教育出版社1984年、182頁。
[*136] 『墨子・修身』。
[*137] 『尚書正義・五子之歌第三』。

を塞ぐように口を慎み、城を守るように雑念を防ぐようにせよ。何事も粗略にしないで、誠実に取り組むようにせよ。東に行こうとして西に行ってはいけなく、南に行こうとして北に行ってはいけない。事に当たってはそれを心に置き、他所に行かないようにせよ。二つの事だとして心を二つにせず、三つの事だとして心を三つにしない。心を専一にし、万変を観察してそれに従うように物事をせよ。このようにするのが敬を持つということだ。動であっても静であっても違えることなく、表も裏も正しくせよ。少しでも心に隙があれば、万の私欲が端緒となって火がなくとも熱くなり、氷がなくとも寒くなる。わずかでも違いがあれば、天と地が入れ替わり、三綱は崩れ、九法は壊れてしまう。)」

と述べ、不良行為の発生を予防するだけでなく、そうしたよからぬ思いの出現までも用心している。まさに「存天理」、「去人欲」で、内に妄想なく、外に妄行なしである。

童蒙教育の例で「禁於未発」の原則を説明した王夫之は「教道之豫」を提唱し、「謂之童蒙者，鳥獣之生得慧最夙，及長，漸而流於頑戻。惟人之方童蒙，昧無識，理未睹，而欲有所閑止而不知縦，六五之陰暗，而上有陽以止之，其象也，人之所以異於禽獣也。……蒙険，而止之以閑邪，而抑其非僻，教道之豫也。」*138

と説いた。人の心理と動物は本質的な違いがあり、生まれたばかりの動物は「知恵」の表れが早く、その本能活動は生命の維持、環境への適応に足りるものである。しかし動物のこうした「知恵」と本能は、それ以上は発達しない。それゆえ成長しても「頑戻（道理をわきまえることなく乱暴）」であるとする。人はそうではなく、子ども時代は無知蒙昧で、本能で生命を維持することも環境に適応することもできない。しかし人の心理能力は年齢を重ねるにつれて発達し、動物とは比べものにならない。これは、人は子ども期が長く、より高い学習能力をもっているためで、幼少期から「邪を塞ぐ閑邪を以てこれを止め、その邪な心や悪い事柄が起こるのを抑える」ことで正しい導きを受けるからである。「禁於未発」や「教道之豫」は、徳育とりわけ子どもの徳育の重要原則であることがわかる。

---

*138『周易内伝』巻一。

4. 教師の指導に関する徳育原則と方法

徳育において、社会環境の影響、教育対象者の主観的努力、徳育最適時期の把握はもとより重要であるが、我われは教師の指導作用も無視できない。なぜなら教師は往々にして環境の選択制御の実施者であり、学生スピリッツをつくるエンジニアでもあるからである。完備された教育活動において、教育と自己教育は一貫して互いに影響しあう対立統一関係にある。

1）因材施教

古代中国の教育家たちは、徳育過程において因材施教の原則に従い、教育対象によって異なる教育方法を採ることを主張した。孔子は長期に亘る徳育実践中、因材施教の原則と方法の活用に重点を置いていた。以下にいくつか述べる。

第1は、弟子たちからの問いが同じ場合、方向性を一貫させつつも、相手によって重みづけの異なる回答をしていたことである。例えば、顔淵が「仁」の道徳的概念を問うたとき、孔子は「己に克ちて礼に復るを仁と為す」[*139]と答えているが、仲弓が問うたときは「門を出でては大賓を見るが如くし、民を使うには大祭を承くるが如くす。己の欲せざる所は、人に施すこと勿かれ。邦に在りても怨み無く、家に在りても怨み無し。」[*140]であり、樊遅が問うたときは「愛人（人を愛す）」の二文字で解説している[*141]。ほかにも「礼」、「孝」、「政」、「知」、「士」、「君子」など数え上げたらきりがない。これは弟子たちの道徳的境地の違いによるものだという。

第2は、弟子たちから出された同じ問いに対し、質問者の状況に応じて、意味の異なる、場合によっては真逆の回答をしたことである。例えば、「善いことをきいたら、すぐ実行にうつすべきでしょうか」という問いについて、冉有が教えを乞うたときは「すぐ実行にうつしなさい。」と答え、子路が尋ねたときは「父兄がご健在のうちは、他の方から学んだからといってどうしてすぐに実行にうつしてよいものか」と答えている。一見孔子の回答は矛盾しており、当時その場に居た弟子の公西華も不思議に思ったという。しかし、これは孔子

[*139]『論語・顔淵』。

[*140]『論語・顔淵』。

[*141]『論語・顔淵』。

の教育に対する抜群の機知と芸術である。冉有は勇気がなく引っ込み思案なので尻を叩いたが、子路は人一倍度胸があるが、でしゃばるところがあるので制止したのだ。*142

　第3は、弟子たちからのそれぞれの問いに対し、弟子の実際の状況に即して指導とサポートをしたことである。例えば、子路は勇ましいが、軽挙妄動なところがあったため、「君子は勇を尊ぶものでしょうか」と問われたとき、孔子は「勿論勇を尊ぶが、それ以上に義を尊ぶものだ。上に立つ者が勇ましいだけで正義感を持っていなければ、争いで社会秩序が乱れ、下に居る民衆が勇気だけあって正義感がなければ、盗みを働くようになる」*143 と答えている

　「亜聖」と称された孟子も、学生の個性の違いに注意を払い、弟子をいくつかのタイプに分けている。

　孟子曰く、君子の教うる所以(ゆえん)の者五つ、時雨の之を化するが如き者あり、徳を成さしむる者あり、財(さい)を達せしむる者あり、問に答うる者あり、私かに淑艾(ひそ しゅくかい)せしむる者あり、此の五つの者は、君子の教うる所以なり。*144

　すなわち、頃合良く降る雨のように万物を潤す者、その品徳を完成させる者、その才能を育成させる者、疑問に答えることに長けている者、間接的な教えを受けて自分で学習する者がいるということである。

　荀子も学生の個性の特徴に応じて徳育を実施するよう提唱した。

　　治気養心之術：血気剛強，則柔之以調和。知慮漸深，則一之以易良。勇胆猛戻，則輔之以道順。斉給便利，則節之以動止。狭隘褊小，則廓之以広大；卑湿重遅貪利，則抗之以高志。庸衆駑散，則劫之以師友。怠慢棄，則 之以禍災。愚款端愨，則合之以礼楽，通之以思索*145。

意味は、

　　「血気盛んで剛強な人に対しては、従順で調和する品性を養成するよう注意すること。智慮が深すぎる人に対しては、率直な品性を形成するよう注意すること。勇ましく乱暴な人に対しては、道理で教え諭すよう注意すること。せっかちで落ち着きがない人に対しては、これを節制しゆったりさ

＊142 『論語・先進』。
＊143 『論語・陽貨』。
＊144 『孟子・尽心上』。
＊145 『荀子・修身』。

せるよう注意すること。度量が小さい人に対しては、心を広げさせるよう注意すること。目先が利かず愚鈍で不正に貪る人に対しては、高い志を持たせるよう注意すること。才能が低下し、行動が散漫な人に対しては、師と友の助けや励ましを得てその陋習(ろうしゅう)を改めさせるよう注意すること。軽はずみで投げ遣りな人に対しては、災禍を告げて警戒させるよう注意すること。几帳面な人に対しては、礼楽、意思疎通で和らげさせ更に一歩前進させるよう注意すること。」

ということである。ここから、荀子が学生の個性の特徴に非常に注意を払い、それぞれに合った欠点の直し方で優れた道徳的品性を作り上げようとしていたことが窺い知れる。

宋代の教育家はそれまでの理論を概括したうえで、因材施教の原則と方法を提起した。張載は

「材（才）を尽くさず、安きを顧みず、誠に由らざるは、皆是れ之を施すこと妄なればなり。人を教うるは至って難し。必ず人の材（才）を尽くさば、乃ち人を誤らず。及ぶ可き処を観て、然して後に之を告げよ。」*146（才能を見極めることに努めず、ゆっくりと研究することを教えず、本心から学問を好むに至るよう導くことをしない、そういう教育はでたらめである。人を教えるということは大変難しいものであるが、その才能を見極める、すなわち人をよく見ることが大事。先ずはそれからである。）、「知、学の難易に至れば徳を知るなり。その美悪を知れば人を知るなり。その人を知り且つ徳を知る、故に能く人を教え徳に入らしむ。仲尼の問いを同じくして答え異にする所以は此れを以てす。」*147

と説き、道徳教育はまず学生の品徳の現状をよく把握してからでなければ、「徳に入る」も、「人を誤らず」も、「人の才を尽す」も始まらないとした。

張栻も「聖人の道、精粗に二致無しと雖も、但し其の教えを施すときは、則ち必ずその材に因りて篤くす。」*148 と説いている。朱熹はさらに明確に「聖賢の教えを施すこと、各々其の材（才）に因る。小は以て小を成し、大は以て大

---

*146 『張載集・語録抄七則』。
*147 『張載集・正蒙・中正』。
*148 『四書章句集注』。

を成す。人を棄つること無し」*149 としている。

　明代の王陽明も徳育実践中に因材施教の原則と方法を貫くことに長けていた。『伝習録』には次のように記されている。

　　先生の人を鍛錬する処、一言の下に人を感ぜしむること最も深し。一日王汝止出遊して帰る。先生問うて曰く、「遊びて何を見たる」。対えて曰く、「満街の人都てこれ聖人なるを見たり」。先生曰く、「爾は満街の人これ聖人なるを看たるも、満街の人は倒って爾のこれ聖人なるを看たるならん」。また一日董蘿石出遊して帰り、先生に見えて曰く、「今日一異事を見たり」。先生曰く、「何の異ぞ」。対へて曰く、「満街の人都てこれ聖人なるを見たり」。先生曰く、「これ亦た常事のみ。何ぞ異と為すに足らん」。蓋し汝止は圭角未だ融けず、蘿石は恍として悟るところあるを見る。故に問同じくして答異なり。皆なその言に反してこれを進む。」

　「圭角未だ融けず」とは、才能をひけらかすという意味である。王汝止は「狂者」で、王陽明は彼に恥ずかしい思いをさせるために「聖人」と言い、傲慢さを慎ませた。董蘿石は勇気の足りない「狷者（堅物）」であったため、王陽明は聖人が「平常なこと」であるとしてこれを褒め、進取するよう鼓舞したが、ここから彼が因材施教に精通していたことが見てとれる。「人を教育するには、抑えつけてはいけない。狂者は狂なるところからその人を完成し、狷者は狷なるところからその人を完成する。人間の才能や気質は同じにできるものではない。」*150 この言葉は、彼自身の徳育実践の経験の総括である。

　王夫之も因材施教に独自の見解を持っていた。「夫教之為術也，或順而成之，或逆而矯之，或誘之以易従，而生其慕道之切，或困之以難得，而起其奮発之切，蓋亦多術矣。」*151 すなわち、学生の具体的な状況によって、その意向に沿ったり、それを正したり、あるいは或志向を引き出したり、努力を喚起したりするということである。教師にはさらに、「教思之無窮也，必知其人徳性之長而利導之，尤必知其人気質之偏而変化之。」*152 を求め、学生の品徳の発達状況に応じて、長所を発揮させ、克服欠点を克服させるべきであるとした。

＊149 『孟子集注』巻十三。
＊150 『王文成公全書』巻三。
＊151 『四書訓義』巻三十六。
＊152 『四書訓義』巻十五。

換言すれば、因材施教の原則とは、「長所」を伸ばし「短所」や「偏り」を補って、学生を健康的に成長させることである。

2）以身作則

古代中国の教育家は、徳育過程中、教育者は自らの行為を教育対象者の手本として、身をもって教え導くべきであるとした。

孔子は「其の身正しければ、令せずして行わる。其の身正しからざれば、令すと雖も従われず。」[*153]、「苟くも其の身を正しくせば、政に従うに於て何か有らん。其の身を正しくする能わずんば、人を正しくするを如何せん？」[*154] と説いたが、孔子は単に「以身作則」の提唱者であるにとどまらず、この原則の実践者でもあった。弟子たちに「好学楽学」を求め、自身は「好古敏求」であり、弟子たちに「見利思義」を求め、自身は「不義にして富み且つ貴きは、我に於て浮雲の如し」の人であった。こうしたことは『論語』に多く記されている。徳育の実践においては、自らの言行の一致に注意を払い、「有言の教え」と「無言の教え」を結合させた。「与(とも)に言う可くして、之と言わざれば、人を失う。与(とも)に言う可からずして、之と言えば、言を失う。知者は人を失わず、亦た言を失わず。」[*155] と説いた孔子は、「無言の教え」の多大な威力を信じていた。

あるとき、弟子に今後の徳育では「私はもう沈黙しようと思っている」と話したところ、それを聞いた子貢がすぐに「もし先生が沈黙なさったら、我々門人は何を述べ伝えたら宜しいのでしょうか？」と問い返した。それに対し、孔子は「天は何も言わない。しかし四季は自然とめぐり、鳥獣草木等の百物は生育している。天は何も教えていないのに、だ。」[*156] と答えている。

「無言の教え」の実質は、暗示や手本を通じて学生を教育することであり、「潜移黙化」の効果が高い。ここから、孔子が徳育過程における「身教」の作用を非常に重視していたことが窺い知れる。

墨子も「以身作則」の原則と方法を提唱した。「尚同」という墨子の政治主張は、里長、郷長から国君に至るまで、人を治める長たる者は「先ずその身を

---

*153 『論語・子路』。
*154 『論語・子路』。
*155 『論語・衛霊公』。
*156 『論語・陽貨』。

治める」べきであるとし*157、教育実践中、自身もそうしていた。史書に墨子が「聞きて之を悼み、魯より趨りて往き、十日十夜、足は繭を重ねて休息せず、裳を裂きて足を裹み、郢に至る」*158というような人物であったと記されているが、これは墨子が苦労に耐える頑強な精神をもっていたことを示している。弟子たちはそうした手本に鼓舞され、その多くが「火中に入り、死すとも敵に背中を向けぬ」*159との気概をもっていたという。墨子は「できないことはあまり喋ってはいけない。もしできないことをしょっちゅう口にしていたら、それはでまかせというものだ」*160と説いた。行動に移してその人を尊敬できるといえないなら、その人の話はでたらめである。それゆえ墨子は教師に「身を以て行いを戴する」*161であるよう求め、学生のための手本になるべきであるとした。

　孟子は論述のなかで「以身作則」の原則について「身不行道，不行於妻子。使人不以道，不能行於妻子。」*162と述べている。すなわち、自分が道に沿って行かなければ、妻に道を通してやれない。他人にはなおさら道を語ってはいけない。他人を使うときに正しい道に沿っていなければ、妻すら使うことはできないのだから、他人を使うなどとは話してはいけないということである。教育者は「己に厳しく」なければ「人を律する」ことはできないということである。

　南宋の教育家袁采もこのことについて論述している。「己之才学為人所尊，乃可誨人以進修之要。己之性行為人所重，乃可誨人以操履之詳」*163。つまり高い実務水準や良き道徳品行がなければ、教育者という重責を担ってはならないということである。

3）「褒める」と「叱る」

　古代中国の教育家は、徳育過程では「遏悪揚善」「改過遷善」といった、「褒

＊157　『墨子・公孟』に「告子謂子墨子曰：『我治国為政。』子墨子曰：『政者，口言之，身必行之。今子口言之，而身不行，是子之身乱也。子不能治子之身，悪能治国政？』」とある。
＊158　『淮南子・修務訓』。
＊159　『淮南子・泰族訓』。
＊160　『墨子・耕柱』。
＊161　『墨子・修身』。
＊162　『孟子・尽心下』。
＊163　『袁氏世範』巻二。

める」と「叱る」を組み合わせた方法で学生を教育すべきであると主張している。

孔子は、学生の品徳の修養状況に応じて褒めたり叱ったりすることに長けていた。顔淵と子路を例にとると、顔淵は自省・自制心が強いため、孔子は顔淵に対しては「褒める」ことを主にしていた。『論語』には顔淵を褒めている箇所が十数か所ある。例えば、「回や学を好めり」、「回や愚ならず」、「賢なるかな回や」、「回や其の心三月仁に違わず」、「これに語げて惰らざる者は、其れ回なるか」、「吾れ其の進むを見るなり。未だ其の止るを見ざるなり」などである。顔淵を叱責しているのはわずかに一か所「回や、我を助くる者に非ざるなり。吾が言に於いて、説ばざる所なし」*164 だけである。実はこれも貶しながら褒めている。また子路は「剛直」で不遜な気性で軽挙妄動気味だったため、孔子はよく叱責していた。

孔子は「褒める」と「叱る」の実事求是に注意を払い、よき品行を褒め、悪しき品行を叱責した。叱ってから褒めることも、褒めてから叱ることもあった。孔子は子路を「敝れたる縕袍を衣、狐貉を衣たる者と立ちて恥じざる者は、其れ由か。忮わず、求めず、何を用てか臧からざらん」(ほろぼろの昔の綿入れを着て、高級な皮衣を着た貴人と並んで道を歩いても恥ずかしいと思わない者は、おそらく仲由*165 ぐらいであろう。『詩経』に「他人を妬まず、自分の名利を欲しがらない。それが善いことだ」とあるが、これは仲由のことを言うのであろう)と褒めた。それを聞いた子路は有頂天になり、たえず孔子その言葉を口ずさんでいた。すると孔子は子路を「是の道や、何ぞ以て臧しとするに足らん」*166 と説き、これぐらいのことがどうして得意になることができよう？と諭している。また、「子路、瑟を鼓するに北鄙の声あり」とし、孔子が冗談めかして「由の瑟、奚すれぞ、丘の門に於てせん？」と言ったところ、それを聞いた他の弟子たちは、孔子が子路を追い出すつもりだと考え、子路を軽んずるような態度をとった。それを見た孔子は自分の対応が適切ではなかったと感じ、すぐさま「由は堂に升れるも、未だ室に入らざるなり。」*167 と言い直している。

---

*164 『論語・先進』。
*165 訳注：仲由は子路を指す。
*166 『論語・子罕』。
*167 『論語・先進』。

『論語』は弟子たちに対する孔子の「褒める」と「叱る」の記録である。大きく分けて23篇あるが、そのうち褒めているのが17篇、叱責しているのが6篇と、褒めることを中心としたポジティブな教育方法である。学生の道徳面での自信や自尊心を育成するという点では、間違いなく大いに意義がある[*168]。

褒美と懲罰は「褒める」「叱る」の重要な形式である。古代中国の教育家による論述には、褒美に言及するものは少ないが、懲罰（体罰を含む）については多くが語られている。このことは中国の封建社会で体罰が盛んに行われていたことと関係がある。張載に興味深い一文が見える。

> 勿謂小児無記性，所暦事皆不能忘。故善養子者，当其嬰孩，鞠之使得所養，令其和気，乃至長而性美，教之示以好悪有常。至如不欲犬之升堂，則時其升堂而撲之，若既撲其升堂，又復食之於堂，則使孰適従，雖日撻而求其不升堂，不可得也[*169]。

この文の主旨は、子どもの品徳を育成する時期は「良いことか悪いことかの区別を示し続け」、正しい行為基準を確立し、それを習慣化させることが必要だということである。ただし、ここでも褒美と懲罰の関係について言及されている。

張載によると、犬を部屋の中に入れたくなければ、犬が部屋に入ろうとするときに叩いてやればよい。犬を叩いておきながら、一方で食べ物を与えたら、犬はどうしていいかわからなくなり、結局ずっと犬を叩くことになる。徒労は続き、それでも犬は部屋に入ろうとする。ここから、食べ物という褒美は叩くという懲罰よりも効力があることがわかる。

この点について、アメリカの教育心理学者が次のようにまとめている。「神経系の刺激と反応に関連付けが発生し、それに満足を伴うとき、関連付けは強化されるが、嫌なことは極めてわずかに関連づけられるか、まったく関連付けられず弱体化するか消滅する。」[*170] このことは、道徳教育における「褒める」と「叱る」の問題で、褒美と懲罰にはどちらも一定の基準に沿って行うことが必要であり、学生に心理的な混乱をもたらしてはならないことと、「褒める、

[*168] 許夢瀛『孔子教育思想初探』河南人民出版社 1982年、11頁。
[*169] 『張載集・経学理窟・学大原』。
[*170] 潘菽『教育心理学』人民教育出版社 1983年、54頁。

褒美」を主とし、「叱る、懲罰」は従としなければならないことを示している。

　教育面で独自の一派を築いた王陽明は、当時流行していた体罰を非常に嫌い、痛烈に批判している。『訓蒙の大意、教読劉伯頌等に示す』には以下のように記されている。

　　大抵童子の情は、嬉遊を楽んで拘検を憚る。草木の始めて萌芽するとき、之を舒暢(じょちょう)すれば則ち条達し、之を摧撓(さいどう)すれば則ち衰痿(すいい)するが如し。今、童子を教うるに、必ず其の趨向をして鼓舞せしめ、中心をして喜悦せしむれば、則ち其の進むこと自ずから已(や)む能わず。之を譬うれば時雨春風、卉木(きぼく)を霑被(てんぴ)すれば、萌動発越せざる莫く、自然に日に長じ月に化する。若し氷霜剥落すれば、則ち生意蕭索し、日に枯槁に就くがごとし。

　　近世の蒙稚を訓うる者の若きは、日に惟だ督するに句読課倣を以てし、其の検束を夷めて、之を導くに礼を以てするを知らず。其の聡明を求めて、之を養うに善を以てするを知らず。鞭撻(べんたつ)縄縛(じょうばく)して拘囚(こうしゅう)を待つが若し。彼、学舎を視ること囹獄(れいごく)の如くにして、入ることを肯ぜず。師長を視ること寇(こう)仇(きゅう)の如くにして見るを欲せず。窺避掩覆(きひえんぷく)して以て其の嬉遊を遂げ、詐を設け詭を飾り、以て其の頑鄙(がんぴ)を肆(ほしいまま)にし、偸薄庸劣(とうはくようれつ)、日に下流に趨(はし)る。是れ蓋し之を悪に駆りて、而も其の善を為さんことを求むるなり。何ぞ得べけんや。

　王陽明によると、子どもの心は常に美しいものに向かって開かれており、教育に従事する者は一歩一歩丁寧に教え導くべきであるという。「之を導くに礼を以てする」、「之を養うに善を以てする」といった肯定的な方法をとれば、良好な効果が得られる。催促するばかりの否定的な方法で体罰を加えるのでは、霜に打たれた草木が日にあたると枯れてしまうのと同様に、学生たちは活力をなくし、学校を牢獄のように、教師を仇敵のように思い、恐れと憎しみの心理を芽生えさせ、悪しき品徳を生みそれを育ててしまう、ということである。

第5章
古代中国の教授論

　「教授（teaching）」とは教育の全体的発展への基本的なアプローチである。現代教授論の観点からは、教授する者が一定の教育目的と学習者の心身の成長の法則に基づき、計画的かつ組織的に誘導することで、学習者に体系的な科学文化の基礎知識と相応の基本技能を身に着けさせ、知能や創意力、身体的素質を伸ばし、審美的能力と一定の思想品徳を育成する教育活動とされている。

　現代教育理論および実践の分野において、教授・学習の問題は最も活発に議論されている。海外では、非指示的教授法、発見的教授法、暗示的教授法（Suggestopedia）、プログラム教授法、完全習得学習（mastery learning）、モデリング教授法、「探究―討議（inquiring and discussion）」指導法、ピアコーチング、開放教育、授業最適化理論など十種類ほどの指導法が提案されており、いずれも教授の過程、原則および方法について、独自の理論的裏付けを有している。

　現代中国語では教授することを「教学」というが、古代、「教」と「学」が同時に用いられることはなかった。偶々、『学記』などに「玉不琢、不成器。人不学、不知道。是故古之王者、建国君民、教学為先。」という形で用いられたことはあるが、ここでの「教学」は「教育」というニュアンスに近く、教授するという意味ではない。

　古代中国の教授論は中華教育思想の精髄であり、非常に重要な現実的意義を有している。毛礼鋭教授は、儒家の教授理論について「儒家の『教授論』は非常に優れていた。世界の教育史上でも上位に位置づけられ、我われはこの貴重な遺産を批判的に継承するだけでなく、研究を続け、科学的な手法や現代教育心理学の成果を用いて論証し発展させなければならない。」[*1] と述べている。

＊1　毛礼鋭「儒家的［教学論］初探」『北京師範大学学報』1979年第6期。

本章では教授の意義、内容、過程および原則・方法の四つの側面から、古代中国の教授論思想を系統的に整理し、特にその精髄を掘り起こしその発揚に努めたい。

1、教授の意義

古代中国の教育家たちは、その多くが教授の重要性と必要性を十分に理解していた。『論語』の冒頭は「学びて時に之を習う、また説(よろこ)ばしからずや」であるが、ここには学習を人生の活動のなかでもうれしいこととして捉えていることが表れている。また前出の『学記』「玉不琢」では「玉は美しいが、磨かなければ素敵な器になることはできない。人は高貴な出自であっても、刻苦勉励しなければ物事の道理を理解できるようにならない」と、簡潔な言葉のなかにも教授の意義が余すところなく表現されている。

中国の教育思想史において、教授の意義を唯一明確に否定し、「絶学無憂」、「絶聖棄智」なる命題を提起したのはおそらく『老子・十九章』であろう。そこには、

> 学を為(おさ)むるは日に益(ま)し、道を為(おさ)むるは日に損す。これを損してまた損し、以て無為に至る。無為なれば則ち為(な)さざるなし。
> (学問を修める者は日に日に知識を増やしていくが、道を修める者は日に日に知識が失われていく。知識を減らしに減らしていくとその先に無為の境地に達する。無為であれば出来ぬ事など何もない。)*2

と記されており、「為学」は「聞道」と対立するもので、知識は私欲と同じで、人びととの「道」についての理解を阻害するのだという。それゆえ老子は、棄学絶智で「無為」の境地に達してこそ、至上の「道」を体得することができると説く。

ところが老子のこの学説は、すぐに墨家の反対・反論に遭う。
『墨子・経説下』には次のように記されている。

> 学(がく)。「学の益無き」を知らずと為すを以て、故に之に告ぐ、是れ「学の益無き」を知らしむるなり、是れ教うるなり。学を以て益無しと為して、教

---

*2 『老子・四十八章』。

うるは詐る。

これは「学習者は本来『学之無益』を知らず、誰かに教えられるからこそ『学之無益』を知る。『学之無益』を説くならば、教えるということをやめるべきである。あなたは『学之無益』と言いながら、教えようとしているが、これは大きな矛盾ではないか。」という意味で、墨子は老子の矛盾を突き、「学之無益」の命題を論破した。

また「立」をより重視した墨子は、教授の意義をストレートに述べている。

> 唱　和同患、説は功にあり。(「唱（教えること）」と「和（学ぶこと）」は一貫する。その説は「功（効果の如何）」にある。)*3
>
> 唱えて和せざるは、是れ学ばざるなり。智少なくして学ばざれば、(功)必ず寡し。和して唱えざるは、是れ教えざるなり。(唱導しても和同しないのは学ばないということである。智が少なくて学ばなければ、効果はまず上がらない。和同して唱導しないのは教えないということである。智が多くて教えないのであれば、効果は終息する)*4

初めの文は、「教えること」と「学ぶこと」は同じ功用があるといい、次の文は、「唱えるだけで和することがなければ学習とはいえず、自分の知識が乏しいのに学ぼうとしないのは功用も少ない。同様に、和するだけで唱えないのは教えるとはいえず、自分の知識が豊富であるのに人に教えないのは、功用の完全なる消失である」という意味である。

このように、墨家は「教えること」と「学ぶこと」がともに功用があるという前提で、教授することの意義を示した。

教授の意義について、古代中国の教育家の論述をまとめると、次のようになる。

1. 教授は知識と技能を獲得させ、強固にする

中国では古代より「生知説」と「学知説」という論争があったが、論争の双方はともに知識と技能の獲得における教授の役割を否定していない*5。裏を返

---

*3　『墨子・経下』。

*4　『墨子・経説下』。

*5　燕国材、朱永新『現代視野内的中国教育心理観』上海教育出版社 1991 年、29～37 頁。

せば、古代中国の教育家には教授を重視する伝統があったといえる。

荀子は、「高山に登らざれば、天の高きを知らざるなり。深谿に臨まざれば、地の厚きを知らざるなり。先王の遺言を聞かざれば、学問の大なるを知らざるなり。」*6と説き、客観的な事物に対する体験と観察および先人の知識を学ぶことを通じてこそ、教授に収穫が得られるとした。

『学記』も学生の知識獲得、とりわけ客観的規律（「道」）習得における教授の意義を明確に指摘している。

> 嘉肴(かこう)有りと雖も、食(く)わざれば其の旨きを知らざるなり、至道有りと雖も、学ばざれば其の善きを知らざるなり。

北宋時代の王安石は、この問題について対極から論じ、「仲永を傷(いた)む」という一文に、実に考えさせられる内容を記している。「昔、金渓県に仲永という名の『神童』がいた。5歳の時には、物を指すと忽ち(たちま)詩を作り、その文の筋道や構成も相当なものであった。仲永の神童ぶりは四方八方に知れ渡り、仲永の父親はあちこちから賓客として招かれ、仲永の詩作が金銭で乞われたりした。つまらぬ欲を出した父親は仲永を学校に行かせなくなり、日々仲永を連れて村の住人に見せて周り、勉強させなかった。その結果、仲永はかつての才能を無くし、全くの凡人となってしまった」というものだ。王安石は次のように評している。

> 仲永の聡明さは、天から授かったものである。天分であるからこそ、世の才子より遥かに優れていたのだ。それなのに最後に凡人になってしまったのは、人から受ける教育が不十分であったからである。天分を授けられてあれほどまでに優れていても、教育を受けなければ、仲永でさえただの凡人になってしまうのである*7。

王安石は、生まれつきの才能が人より秀でていても、「これを人に受くる（受之人）」、すなわち教授による更なる知識獲得がなければ、聡明さに磨きをかけることができず、その才能も日に日に剥がれ落ち、最後には普通の人と変わらなくなる。凡人に至っては、なおのこと「受之人」による教育が必要であると考えていた。

明清の王夫之は、この問題について最も詳細に述べている。教授は知識と技

---

*6 『荀子・勧学』。
*7 王安石「傷仲永」『王文公文集』巻三十三。

能を獲得し、強固にするための重要な手段であると考えた王夫之は、「学ぶ」とは、未知から既知へ、不能から可能にする過程であり、「習う」とは、獲得した知識を涵泳し、習得した技能を練習してそれを定着させる過程であるとした。また、知識は涵泳と復習を経ることによってのみ日々進歩でき、技能は練習を重ねることによってのみ熟達するとして、「所未知者而求覚焉，所未能者而求効焉，于是而有学。因所覚而涵泳之，知日進不已也。于所効而服習之，能日熟而不息也。」*8 と説いた。教授することの意義を否定する見解に納得しない王夫之は、人の認識過程を動物の本能的な活動と比較し、

> 人は耳や目を研ぎ澄ませ、知性をもって能動的にものの道理を知ろうとすることでようやく物事がわかる。少しの聞きかじりやチラ見をしただけで考えることもないままでは、生まれながらにして光を放つことのできるホタルのようなわけにはいかない。生まれつきの知恵は動物の方が上である。だからヒナ鳥が親に懐くのは「孝」とは言えない。天から与えられたものが生まれてすぐに現れただけで、後から習得したものではないからだ。生まれながらに知っている者は学ばなくてもできると言うのは、ヒナ鳥が野人よりも賢く、野人が君子よりも賢いと言うことに等しい。*9

と説き、「世の中には学ばなくても知識や才能のある人がいる」ということを認めるのは、普通の人間より幼動物の方が賢く、道徳や学問を身に着けた君子よりも普通の人間の方が優れていると認めることに等しいと断じた。

王夫之は弓術を例に、教授が人の技能技法の形成に果たす役割について説明した。

> 夫射者之有巧力，力固可練，巧固可習，皆不全系資稟。而巧之視力，其藉于学而不因于生也為尤甚。総縁用功処難，学之不易得，庸人偸惰，便以帰之気稟爾*10。

弓術は一に力が必要で、二に技能技巧を必要とする。この二つはともに繰り返し練習を重ねることで習得することができるが、技能技巧は力よりもより後天的な学習とトレーニングを必要とする、という意味である。

---

*8 『四書訓義』巻五。
*9 『読四書大全説』巻七。
*10 『読四書大全説』巻九。

2. 教授は学生の知能を発達させ、有能な人材をつくる

「学を好むは知に近し」*11 に見えるように、孔子は早くから人間の知力発達と学習の関係に注目し、能力発達における教授の役割を指摘した。

『孔子家語・子路初見篇』に次のように記されている。

> 子路が孔子にまみえた。孔子が「お前は何が好きか」と言うと、子路は「長剣を使うことです」と答えた。孔子は「そんなことを尋ねたのではない。ただお前の得意なことに学問で裏づけをすれば、立派になると思ったのだ」と言った。……子路は「南山に竹があります。それは矯正しなくてもそのままで真っ直ぐなので、切って矢として使えば犀の皮をも貫きます。このことから言えば、どうして学ぶことがあるのでしょう」と言った。孔子が「矢筈をつけて矢羽をつけ、矢尻をつけてよく研いだなら、より深く達するだろう」と言うと、子路は再拝してこう言った。「謹んで教えを請いたいと思います」。

子路は、南山の竹は矯正しなくともそのままで真っ直ぐなので、竹だけで「犀の皮をも貫き通す」力があると思ったが、孔子の答えは、「矢筈をつけて矢羽をつけ、矢尻をつけてよく研ぐ」というようにその竹に手を加えれば、より鋭利になろう。人間の能力も同様に、学習と錬磨によって向上させなければならない、というものだった。

漢代の王充も、学生の知能の発達における教授の意義を次のように認めている。

> 人に知ることのできることとは、考えればわかることである。知ることのできないこととは、学びもせず問いもしないので、知ることのできないことだ。学ばないでも自然にわかり、問わないでも自然にさとるということは、古今の事実でまだあったことはない。……だから才知才能ある人でも、学ばなければ大成せず、問わなければわからないものだ。*12

宋代の教育家二程子は、さらに興味深いことを述べている。

> 万物には良能があり、動物が誰に教えられることもなくうまく巣を作るのも良能である*13。

---

*11 『礼記・中庸』。
*12 『論衡・実知』※現代語訳は、新釈漢文大系『論衡 下』より。
*13 『二程集・遺書』巻十九。

第 5 章　古代中国の教授論

「良能」とは生まれながらにして持っている本能をいうが、人のこうした本能は極めて少なく、「喫乳」のみが「良能」で、それ以外能力はすべて学習によって獲得するというものである。

古代中国の教育家は、教授・学習が学生を有能な人材にする点についても論じている。古代、「才」（材）には二つの意味があった。第 1 は「才質」、今でいう「素質」である。知力や能力は「才質」をベースとして発達するので、知力は「才知」、能力は「才能」とも呼ばれる。第 2 は「才能」、すなわち今でいう「能力」や「能力のある人」である。

古代の教育家は、有能な人材育成における教授の役割を認めていた。

三国時代、劉劭は「それ学は才を成す所以なり」*14 と説き、諸葛亮は「才は須(すべから)く学ぶべし，学ぶに非ざれば以て才を広むるなく…」*15 と説いている。北宋の胡瑗も『松滋県学記』に「天下の治むる者に致るは人才に在り。天下の才と成る者は教化に在り。教化の本とするところの者は学校に在り。」と記し、人材養成における学校の教授・学習活動の意義を明確に指摘している。

こうした観点は後世の学者の認めるところとなり、清代の教育家顔元も「思うに、学術は人材の根本である。人材は政(まつりごと)の根本である。政は人の生命の根本である。学術なくして人材なし。人材なくして政なし」*16 と論じている。

王夫之は教授の知能発達、優秀な人材育成における役割について総合的に論じている。

> 人性の徳を以て之をいうと、人間の知識や才能は、先天的な「知能」という土台の上に、後天的な学習や適切な環境という要素が加わって成り立つものだ*17。

> 志が立てば、学問や思考はそれに従うもので、才能や聡明さは日ごとに豊かになっていく*18。

> 人間の才能は、日常の実践の積み重ねによって初めて花開くもので、「用いる」ということをしていれば人の思考は枯渇しない。また、人は外界と

---

*14　『人物志・体別第二』。
*15　『諸葛亮集・誡子書』。
*16　『習斎記余』巻下。
*17　『読四書大全説』巻三。
*18　『張子正蒙注』巻五。

接しなければ、潜在能力が抑えられてしまい、結局、開花することがない[*19]。

王夫之は、人には一定の「生まれつき持った知能」があるが、のちの教育や学習、実践活動がなく、「学習や適切な環境を得る」という段階がなければ、先天的な要素は充分に発揮、発達できないと考えていた。だからこそ、人の知能は「学ぶ」と「用いる」という基本過程があってはじめて発達でき、人の才気は「学ぶ」と「用いる」という基本過程があってはじめて「日々生まれ」、人の思考は「学ぶ」と「用いる」という基本過程があってはじめて枯渇しないのだとした。

外界の事物と接触せず、教師の教えを受けることもなく、学習などの活動に従事することもなく、ただ無為徒食の日々を過ごし、何もせず座っているだけでは、「ものの道理を窮めさせ、事態に対処させようとしても、知恵や知力の湧出が抑制されてしまうので、そんなことであれば、人よりも小屋に入れられている豚の方が賢く、豚よりも石ころや虫けらの方が賢いという話になる」[*20]のだ。

3. 教授は品徳を養い、人間性の発達に資する

古代中国の教育家が教授が学生の品徳育成に資する意義を認め、それを教授の一義的かつ唯一の意義とすることさえあったということは、すでに前章で言及した。ここでは教育家たちの論断についてもう少し分析を試みる。

孔子は次のように説いた。

仁を好みて学を好まざれば、その蔽や愚。知を好みて学を好まざれば、その蔽や蕩(とう)。信を好みて学を好まざれば、その蔽や賊。直を好みて学を好まざれば、その蔽や絞(こう)。勇を好みて学を好まざれば、その蔽や乱。剛を好みて学を好まざれば、その蔽や狂。(仁に熱中して学問を疎かにすれば、その弊害として人から馬鹿にされる「愚」。知に熱中して学問を疎かにすれば、その弊害としてとりとめが無くなる「蕩」。信に熱中して学問を疎かにすれば、その弊害として反逆者になる「賊」。正直であることにばかり

[*19] 『周易外伝』巻四。
[*20] 『周易外伝』巻四。

熱中して学問を疎かにすれば、その弊害として人情に外れむやみに他者を非難するようになる「絞」。勇に熱中して学問を疎かにすれば、その弊害として騒動になる「乱」。剛に熱中して学問を疎かにすれば、その弊害として無謀になる「狂」。）[21]

仁、知、信、直、勇、剛は古代の志士仁人が追求した道徳目標であるが、こうした道徳的品性の形成は、教授・学習活動と切り離すことはできない。「学ぶこと」を疎かにすれば、人は「愚」（愚か者、人から馬鹿にされる者）となり、「蕩」（放蕩者でとりとめがなくなる）となり、「賊」（反逆者、自分も被害に遭う）となり、「絞」（言葉が辛辣）となり、「乱」（騒動・災いを招く）となり、「狂」（大胆で無謀）となる。

後世の教育家は孔子の思想を継承し、荀子は「木、縄を受くれば則ち直(なお)く、金礪(れい)に就けば則ち利く、君子博く学びて日に己を参省(さんせい)すれば、則ち知明らかにして行い過ち無し（木は墨縄をあててけずれば真っ直ぐになり、金属は砥石で研げば鋭くなる。君子は幅広く学んで毎日我が身を振り返るなら、英知が増して、行動を誤らなくなる）」[22]と説き、さらに漢代の劉向は「『賢徳』に親しみそれを目指す者は、学問を身につけるために道徳心が伸ばされる」[23]と明確な指摘をしている。

古代中国の人性学説はいわば百花繚乱で、有名なところでは孔子の性習論、孟子の性善説、荀子の性悪説、告子の性無善無不善説、董仲舒の性三品説、王夫之の性日生日成論などがある。いずれの学説も、教授の人間性の発達における役割を認めている。

性習論を例に挙げると、孔子が「性相近也，習相遠也」という命題を提唱して以来、歴代の教育家たちがそれを解釈してきたわけであるが、王夫之は「人之性，各有所近，而即其所近者，充之以学，則仁智各成其徳，而性情功效之間有別焉。」と解釈している。これは、人間に内包されているもの、つまり先天的に具わっているもの（稟賦）にあまり違いはなく、人間性の違いをつくる原因は、後天的な学習であり、学習が人間性を発達させる重要な手段となるとい

---

*21　『論語・陽貨』。
*22　『荀子・勧学』。
*23　『説苑・建本』。

うことを言っている。

さらに性善説と性悪説も例に挙げてみよう。性善説の代表的人物である孟子は、人の中には先天的な「善端」があるが、これらの「善端」はただ萌芽の状態にあるだけで、善良な発展が得られるかについては、良い教育が受けられ熱心に学習に取り組むかどうかにかかっているとした。まさに「故苟得其養, 無物不長。苟失其養, 無物不消」[*24]である。「得其養（其の養を得れば）」、すなわち良好な教育と学習条件があれば、「善端」を伸ばすことができ、仁・義・礼・知の善性を養うことができる。反対に、「失其養（其の養を失えば）」、「善端」は消滅し、「為不善（不善を為す）」という誤った道に入り込んでしまう。

荀子の性悪説は、人は生来悪い素材でしかないが、この悪い素材は後天的な教養と学習によって善に変わり、聖人になることができるというものである。荀子は、「塗之人百姓, 積善而全尽謂之聖人。彼求之而後得, 為之而後成, 積之而後高, 尽之而後聖。故聖人也者, 人之所積也」[*25]と説いたが、これはつまり、人の道徳品性というものは後天的に身に着けるもので、先天的に「聖人」である者などそもそもいない。高尚な品徳を具えた「聖人」は、普通の人が教育を受け、懸命に学習した結果にすぎず、誰もが到達できる境地であるということである。

2、教授の内容

教授内容はひとつの学習段階における学校（小学校など）の全体的な教授内容を指すことも、ひとつの学科（国語など）の教授内容を指すこともある。いずれも教育目的を実現するための重要な手段であり、教授者学習者の共同活動の仲介である。現在、教授内容の研究はひとつの専門の学問——教科カリキュラム論、構造カリキュラム論、活動カリキュラム論といったカリキュラム論となり、教授論の中でもよく研究対象とされる分野となりつつある。

古代中国の原始教育は社会生産や生活から分離されていなかったことから、教育内容は基本的には人びとの生産と生活に関連する経験と技能であった。氏族公社末期、学校の萌芽が出現したときの教育内容はほぼ「楽」と「孝」が中

[*24] 『孟子・告子上』。

[*25] 『荀子・儒効』。

心であった。

　夏、商、西周になると教育内容が次第に統一されて明確になり、いわゆる礼、楽、射、御、書、数の「六芸」教育が形成された。「六芸」教育は文武両道、知識・能力の兼備を追求した特徴的なもので、中国の教育史上で連綿と続き深遠な影響を及ぼしている。

　孔子の時代になると、「六書」が改編され、「六経」と呼ばれるようになった、「六経」は中国で初めて整備された教科書としてだけでなく、中国の封建社会の中で最も基本的な教材となった。漢代以降は「罷黜百家、独尊儒術」という文教政策の推進に伴い、儒教の経典も次第に重要な教科書となっていった。また、漢唐始各種専門学校も完備されていき、これらの学校もそれぞれ専門的な教材をもっていた。

　本節では六芸、六経および科学教材等の教育内容（カリキュラム）について考察し、蒙学教材なども専門的に検討する。

1.「六芸」の教育内容

　「六芸」は体系化された中国最古の教育内容で、『周礼・春官』に「保氏は国子を養うに道を以てす。乃ち之に六芸を教う。一に曰く五礼、二に曰く六楽、三に曰く五射、四に曰く五駁、五に曰く六書、六に曰く九数なり。」と記されている。
礼教

　早期の礼教は「国学之礼」と「郷学之礼」に分かれていた。「国学之礼」は、吉、凶、軍、賓、嘉の面での礼を指し、「郷学之礼」は冠、婚、葬、祭、饗、相見を指している。礼教は政治・宗法・教育・倫理道徳教育・愛国主義教育そして行動習慣の育成といった役割を担っていた[*26]。

　『礼記・曲礼』には「礼」の教育機能について次のように記されている。

　倫理道徳は「礼」があってこそ成立する。人を教え風俗を正すことも、「礼」があってこそうまくできる。争いや訴訟も「礼」があってこそ物事の曲直を明らかにし裁決ができる。君臣・上下・親子・兄弟の関係も「礼」があってこそ確定する。官職を目指して師について学ぶにも「礼」があってこそ親和が図れる。朝廷の序列、軍隊の管理、任官や法の執行も、すべて「礼」が

[*26] 毛礼鋭、沈灌群『中国教育通史（第1巻）』、94～101頁。

あってこそ威厳をもって行える。祭祀祭礼で先祖の霊に供え物を捧げるにも、「礼」があってこそ誠意が通じ厳かに行える。君子は必ず心身を恭敬に保ち、自己を抑制して謙譲に努めて礼を守り、人に示すものだ。

楽教

楽教は、当時の国学の主要教科で、楽徳、楽語、楽舞などいくつかの分野があった。楽徳とは楽の道徳教育としての機能をいい、「声音の道は政に通ず」[*27]「楽は倫理に通ずる者なり」[*28] とされた。

『周礼・春官・大司楽』によると、楽語には「興・道・諷、誦、言、語」があったという。「興」はたとえ話、「道」は昔話で今を説くこと、「諷」は書物を読み暗記すること、「誦」は歌を吟じること、「言」「語」は作文の授業に相当する。

楽舞には雲門、大咸、大韶、大夏、大濩、大武があり、「六楽」と言われる。

以上のことから、楽教が音楽、詩歌、舞踊、演劇の原形や簡単な作文などを含むものであったことがわかる。

射御之教

「射」とは弓術の訓練をいう。矢を射る方法が5種類あることから「五射」と呼ばれる。白矢（矢が侯を貫通し、矢尻が白く現れる）、参連（連続して矢を射る）、剡注（水平に矢を射る）、襄尺（矢を射るとき、肘を水の入ったコップを置けるくらい水平にして腕をまっすぐに伸ばす）、井儀（4本の矢が的に当たり「井」の形になる）。

「御」とは兵車を操る技術訓練をいう。操縦の方法が5種類あることから「五御」と呼ばれる。鳴和鸞（兵車を始動させ、「和」と「鸞」という兵車の鈴を相呼応して鳴らす）、逐水曲（曲った川岸に沿って水に落ちないように兵車を疾走させる）、過君表（機会をとらえて轅門に入り、行く手を阻む者をうまくかわす）、舞交衢（通りで方向転換させるなど兵車を思い通りに操る）、逐禽左（兵車で禽獣を追い込み狩猟の助けとする）がある。

書教

すなわち識字教育である。識字の方法が6種類あることから「六書」と呼

[*27] 『礼記・楽記』。
[*28] 『礼記・楽記』。

ばれる。「六書」には象形、指事、会意、形声、転注、仮借があり、漢代の許慎の『説文解字』には、

「周礼、八歳にして小学に入る。保氏国子に教うるに先ず六書を以てす。一に曰く指事。指事なる者は、視て識る可く、察して意を見る。上、下是れ也。二に曰く象形。象形なる者は、画きて其の物を成し、体に随いて詰詘(きっくつ)す。日、月是れ也。三に曰く形声。形声なる者は、事を以て名と為し、譬(たとえ)を取りて相成る。江、河是れ也。四に曰く会意。会意なる者は、類を比して誼を合わせ、以て指撝を見わす。武、信是れ也。五に曰く転注。転注なる者は、類一首を建て、同意相受く、考、老是れ也。六に曰く仮借。仮借なる者は、本其の字無く、声に依りて事を託す、令、長是れ也。」

と記されている。

古代中国の文字構成の分析にとどまらず、我われが西周時代の識字教育法を理解するための手がかりも提供してくれている。また、中国最古の識字教科書『史籀篇(しちゅうへん)』もこの当時に登場している。

数教

数に関する教育である。教育内容が方田、粟米、差分、少広、商功、均輸、盈不足、方程、勾股の9種類あることから「九数」と呼ばれる。数学者や教育学者らの考証によると、「九数」の一部は漢代になってから登場するが、当時すでに簡単な計数札や四則演算があったことは否定できない。当時の数教は、おそらく自然科学技術や宗教知識の教授にも及んでいたと思われ、呂思勉氏は当時の数術学の六つの側面を「曰く天文、曰く暦譜、曰く五行、曰く蓍亀(きき)(占筮)、曰く雑占、曰く形法(風水・相術)である」[*29]と述べている。

以上、「六芸」の教材は文武両道、知識・能力の兼備という特徴を具え、その内容は現代の道徳教育、知育・体育・美的教育、軍事教育に相当する分野に及んでいた。比較的低階層の諸教育を兼ね備え、それらが相互に補完しあっていたことが窺える。

漢代以降、経学が盛んとなると「六芸」の教えは鳴りを潜め、官学から排除されることになったが、「六芸」の内容は途切れることなく脈々と受け継がれていった。

---

*29 呂思勉『先秦史』上海古籍出版社 1982年、457頁。

2.「六経」の教育内容

　孔子が生きた春秋時代末期は、「学在官府」という伝統が壊され、技芸、軍事訓練に偏った「六芸」の教えは当時、教育に求められていた客観的な需要に完全に合わなくなった。そこで孔子は『詩』、『書』、『礼』、『楽』、『易』、『春秋』の六書を整理し、講義の基本教材とした。

　「六芸」よりも理論的であった「六書」は新興の「士」階層のニーズに合い、一定の教育的意義と教育的価値を有していた[*30]。「六書」は中国初の系統的教科書で、戦国時代には「経」[*31]と尊称された。このため「六書」は「六経」とも呼ばれる。『楽経』は亡佚したため、楽教以外の「五経」とその後の「四書」とともに、中国の古代社会の正統な教材となった。

『詩』

　現在に伝わる『詩経』である。中国最古の詩歌全集で、『史記・孔子世家』に、「古者『詩』三千余篇。孔子に至るに及びて、其の重なれるを去て、礼義に施す可きを取り」、現在の305編に編纂しなおしたと記されている。『詩』を「風」（民謡、地方音楽）、「雅」（宮廷音楽）、「頌」（周天子および諸侯宗廟之楽）の三部分に大別して収録し、孔子はすべての弦歌ができたという。

　孔子は「思無邪」[*32]という三文字で『詩』の宗旨を表したが、その思想内容は「礼義に施す可き」ものであるとした。さらに政治・外交・修養・芸術の諸方面から『詩』の教育機能について述べている[*33]。

『書』

　現在に伝わる『書経』である。『尚書』ともいう。『尚書』には古文と今文の

[*30] 『礼記・経解』には孔子の「温柔惇厚，『詩』教也。疎通知遠，『書』教也。広博易良，『楽』教也。潔静精微，『易』教也。恭倹荘敬，『礼』教也。属辞比事，『春秋』教也。」が引用されている。

[*31] 『荘子・天運』に「丘治『詩』、『書』、『礼』、『楽』、『易』、『春秋』六経。」とある。

[*32] 『論語・為政』。

[*33] 孔子が『詩』の政治外交面での意義を論じたものに「誦『詩』三百，授之以政，不達。使於四方，不能専対。雖多，亦奚以為？」（『論語・子路』）が、また修養の作用を論じたものに「女人孔子的兒子孔鯉」為（学）『周南』、『召南』（『詩』篇名）矣乎？人而不為（学）『周南』、『召南』，其猶正牆面而立也與？」（『論語・陽貨』）がある。芸術・政治的作用について論じたものには「小子何莫学夫『詩』？詩，可以興，可以観，可以群，可以怨，邇之事父，遠之事君。多識於鳥獣草木之名。」（『論語・陽貨』）もある。

2種類があり、古文尚書は一般に偽書とされる。今文尚書のいくつかの篇目は現在も真偽問題が議論されているが、孔子が『書』を編纂してこれを教材としたことは、否定することのできない史実とされている*34。『書経』は原始時代末期から夏、商、春秋前の周王朝にかけての歴史にまつわる資料であり、それゆえ「太古の史書」*35 であり、中国歴史上「最古の歴史教材」でもある。孔子が『書』を編纂しそれを教授したのは、文武の政を発揚させ、立政の本および歴史上の政治経験や教訓を講釈することにその趣旨があった*36。

『礼』

現在に伝わる『礼経』である。『儀礼』、『士礼』ともいう。周代の各種儀式祭式（冠婚葬祭などの儀式）の礼儀修養を教授する17篇から成る教科書で、孔子が自ら編纂した。孔子は礼教を非常に重視し、「『礼』を学ばざれば、以て立つこと無し」*37 とし、学生に「礼にあらざれば視るなかれ、礼にあらざれば聴くなかれ、礼にあらざれば言うなかれ、礼にあらざればおこなうなかれ」を求めた。そのため孔子の学説は「礼教」ともされた。

『楽』

孔子が編纂したと伝えられる音楽についての書物で、『楽経』とも呼ばれるが、早くに亡佚している。『楽経』が実在していたかどうかについて学術界は諸説紛々であるが、孔子が「楽」を重視していたことは間違いない。

孔子は若い頃に楽手を務め、のちに師襄子に師事して音楽を本格的に学び、通俗的な楽曲から高尚な雅曲まですべてに精通していた。「詩に興り、礼に立ち、楽に成る」*38 と説いた孔子は、詩は人の精神を奮い立たせ、礼は人の行為を御し、楽は人の徳性を十全なものにすると考えていた。また「人にして不仁ならば、礼を如何せん。人ひとにして不仁ならば、楽を如何せん」*39 と説き、仁徳のない者には高尚な礼や楽の鑑賞能力がないとした。以上より、『楽』は

---

*34 『論語・述而』：「子所雅言：『詩』、『書』、執礼，皆雅言也。」に『書』が孔子の教材であったことが見られる。

*35 呂涛『大教育家孔子』遼寧教育出版社1987年、134頁。

*36 『論語・為政』：「『書』云：孝乎惟孝，友於兄弟，施於有政。是亦為政，奚其為為政？」。

*37 『論語・季氏』。

*38 『論語・泰伯』。

*39 『論語・八佾』。

孔子が実施した美育と徳育の重要な内容であり、楽教は孔子の教育体系の重要な構成部分であったといえる。

『易』

現在に伝わる『易経』で、『周易』ともいう。しかし、孔子の時代の『易』はまだ最終的な定型化に至っておらず、現在の『易経』とは相違する部分がある。『易』は占いの筮書であったが、商・周時代に文王が整理して注釈をつけ、さらに孔子による研究と伝述を経ることで、卜筮から「天人の際」の学術領域に入った。

『易』を重視した孔子は、『易』の「潔静精微」を是認するだけでなく、『易』を研究する専門家 商瞿(しょうく)を養成した。『史記・仲尼弟子列伝』にも「孔子は『易』を瞿に伝う」と記されており、『易』はそののち瞿から楚の臂子弘に伝授されていく。孔子は晩年、いっそう『易』を好んで読むようになり、「韋編三絶」という逸話（「竹簡」という文字の書かれた竹の札を綴じていた革紐が、繰り返し読むことで三度も切れた）を残し、「我に数年を加え、五十にして以て易を学ばば、以て大過なかるべし」[*40]と述べている。ある意味、『易』は孔子の哲学の教科書であったといえる。

『春秋』

『春秋経』ともいい、現存する中国最古の編年体の歴史書である。魯の隠公元年から哀公14年（紀元前722〜紀元前481年）の魯国の政治、軍事、経済、天文、地理、天災地変などの様子が記されたもので、『書経（尚書）』が孔子の古代史の教科書であるとするなら、『春秋』は孔子の現代史あるいは時事政治の教材であるといえよう。この「教材」は当時の禁令を犯しているために正式な教材とはされていないが、孔子の弟子が「『春秋』の教えを受けた」[*41]ことは事実である。

我われは「六経」について、「六経を語る」というレベルにとどまっているわけにはいかない。孔子が「六経」を伝えたことは、もとより古代中国文化の保存にとって大きな功績であったが、孔子は漢代以降、至上の地位に置かれているため、孔子が「六経」を伝えたという史実にはより深い意味──「六経」自体が文化を創造し、中華民族の魂を形作った──が付加される。

---

*40 『論語・述而』。
*41 『史記・孔子世家』。

郭斉家氏は「中国は礼儀の国であり、中国人も社会の公徳を守ることが好きである。ルールを守り、礼儀作法を重んじる。これは『礼』の影響である。中国人は楽観主義、あるいは浪漫主義で、『詩』や『楽』を好む。中国人の性格も多岐多層にわたり、政治（『書』）に関心のある者、歴史（『春秋』）に熱中する者、哲理（『易経』）を追求する者がいる」[*42]と述べている。しかし、郭氏のこの見解は、過度に「礼」を重んじたことにより階級社会の煩わしい儀礼を形成したこと、行き過ぎた楽観主義で危機意識が欠如してしまったことなど、その負の影響には言及していない。また、孔子は「六経」において自然科学を軽視し、扱いに手抜かりもあった。このことは、後世の教育において自然を軽んじ、技芸を排斥する現象が現れたことに直接影響した。

3. 科学技術の教育内容

科学技術教育は古代中国の教育体系において支配的な地位を占めなかったが、中国の教育において不可欠な一面であることに変わりはない。そのため、古代中国の科学教育を研究し、古代科学の教育内容を把握することは、中華教育思想の特質を全面的に理解することにいくらか裨益（ひえき）することはある。

西周以前、古代中国の教育は基本的に政教合一、官師合一という模式で、政治的色彩を強く帯びていた。春秋戦国時代には私学が現れ、教学内容も「六芸」から「六経」に変わったが、政治指向性も非常に著明であったことから、科学技術に関する教育内容は、申し訳程度のものであった[*43]。自然についての知識に及ぶことが出てくることもあったが、単に「政治道徳上の意義や価値を導き出す」[*44]ための道具にされることが多く、例えば孔子の「日月之食」[*45]や

[*42] 郭斉家『中国教育思想史』、24頁。

[*43] 『論語・子路』に「樊遅請学稼。子曰：『吾不如老農。』請学為圃。曰：『吾不如老圃』。樊遅出。子曰：『小人哉樊須也！上好礼，則民莫敢不敬。上好義，則民莫敢不服。上好信，則民莫敢不用情。夫如是，則四方之民襁負其子而至矣，焉用稼？』」とあり、『荀子・解蔽』に「農精於田而不可以為田師，賈精於市而不可以為市師，工精於器而不可以為器師。有人也，不能此三技，而可使治三官，曰精於道者也，（非）精於物者也。」とある。つまり、学校教育の任務は、道を伝え、礼、義、信を重んじるが器を重んぜず、技を必要としないというものであった。

[*44] 趙紀彬、『論語新探』5187（馮天瑜、周積明『中国古文化的奥秘』、101頁よりの転載）。

[*45] 『論語・子張』。

「譬如北辰，居其所而衆星共之」*46 なども、当然ながら天文現象について考察するものではなく、それを比喩として用い「君子之過」や徳政の安定を説くための、いわゆる「観物比徳」としてのものであった。

このような背景にあったため、科学技術教育（特に政治、社会生活にあまり関係しなかった部分）は、教育（特に公教育）のなかでも洗練されていない。

古代中国では、科学技術教育は一貫して民間主体で行われていた。興味深い集計をした人がおり、それによると、黄帝の初期から清朝初期にかけて暦算天文学で成功した人は約243名で、そのうち前漢から明半ばまでが約150名、この150名のうち官学の「司天学生」、「星暦生」の出身者はわずか2名、「司天官属」、「司天役人」出身も2名で、それ以外は全員民間出身者であったという*47。

中国の科学技術教育の始祖墨子を例に挙げると、墨子は下層階級の出身で、手工業者から士人に上りつめ、「宋の大夫」として手工業を担当する官吏となった人である。私学で幾何学、光学、力学、機械製造などの科学技術の知識も伝授し、その「兼愛」学説も「顕学」となったが、司馬遷が墨子について単独での伝記を記しておらず、『史記』の「孟軻荀卿列伝」の最後にわずか24文字で付記されているだけであることから、墨子も民間の科学教育者と見なすしかない。

古代中国における民間の科学技術教育は主として3種類の形式があった。「家業世伝」（いわゆる親子代々に伝える）、「師徒相伝」（妙技を身に着けた職人が弟子を募集して個別に伝授。通常は家族に伝授する人や跡継ぎがいない場合）、そして「設学収徒」（一師多徒の、いわゆる民間の学校に相当）である。この三形式の本質は師匠が徒弟をもつことである。こうした形の科技教育は厳しさが要求されることが多く、「その人にあらざれば教うることなかれ、その真にあらざれば授くることなかれ」*48 という言葉に見られるように、徒弟の選定に十分に注意するだけでなく、教授するにあたって非常に厳しく臨んでいた。そのため「教える」側と「学ぶ」側の双方が共に真剣であった。しかも技は代々受け継がれていくのが一般的であったため、代を追うごとに「精微深妙」

---

*46 『論語・為政』。
*47 阮元「畤人伝毛礼鋭・沈潅群」『中国教育通史（第１巻）』、196～197頁参照。
*48 『黄帝内経・霊枢』。

を極めていった。

　中国の歴代の名匠名工が作り上げた数々の優れた技術、その奥義はまさにここにある。しかし、教授する者の数が少なく、科学知識や技能の普及が制限された。またさまざまな理由（跡継ぎがいない、師匠が突然病死したなど）で、卓越した多くの科学知識や技巧が失われてしまった。これも古代中国の科学技術の発展が制約され妨げられた要因の一つである。

　古代中国の公教育としての科技教育は、唐代になってようやく一定の規模を形成する。それまで官府には基本的に民間の「家業世伝」と同様の形式である、子が父について学び、代々受け継がれる「疇官」制度というものがあり、天文、暦算、医薬の「疇官」が最高であるとされていた。歴代の統治者は、この最低水準、最小規模の科学技術者の単純再生産に満足していた。

　漢代に至るまで、大規模な「太学」においても科学技術教育は地位がなかったばかりか、地方設立の「郡国学」「校」「庠」「序」においてさえ科学技術教育はなされなかった。漢の霊帝時に、尺牘(せきとく)、辞賦、書画などの芸術を専門に研究し伝授する特殊学校「鴻都門学」が設置されたが、科学技術の学校を設立することは考えもされなかった。

　科学技術の専門学校の原形が現れたのは西暦443年、南朝が設立した医学校であった。隋朝も国子監の下部組織として算学、太常寺の下に太医署を設置したが、期間が短く、規模も小さかったため、影響はほとんどない。そのため、一般には、唐代が中国科学技術教育の基礎確立時期とされる。

　唐代では「国子学」、「太学」、「四門学」が設置されたほか、律学、書学、算学、医学をそれぞれ独立させた専門学校が設立された。こうした官立の科学技術専門学校は、医学校が太医署に属し、医学に専門的に従事している教官による講義と指導がなされていたことからもわかるように、明確な指導者と管理体制をもち、さらに学科の設置と教授カリキュラム計画もあった。医学校は医学、針学、按摩、呪禁の四分野に分かれ、医科はさらに体療（授業年数7年）、瘡腫（授業年数5年）、少小[*49]（授業年数5年）、耳目口歯（授業年数2年）、角法[*50]（授業年数2年）に分かれていた。これは世界で最初の科学技術専門大学

[*49] 訳注：小児科。
[*50] 訳注：抜罐療法。

である*51。そこで用いられていた教材『新修本草』や『黄帝内経』は朝廷が改正を主宰しており、その意味では世界最初の国定の科学技術専門教材であるといえる*52。また、唐代には司天台に天文博士2名を置き、天文観生90名、天文生50名に教授し、暦博士1名が歴生55名に教授した。今で言うOJT教育のようなものである。

　指摘すべきは、唐代の科学教育は、古代中国における科学技術教育の基礎確立時期であり、また全盛期でもあったことだ。唐以降、科学技術教育は、規模、体制、内容ともに大したブレークスルーもなく、一般の学校教育で教授されることもなく、科学的な思考や成果に人はほとんど関心をもつことがなかった*53。これが古代中国社会の発展にマイナスの作用を及ぼしたことは確実であり、ある意味、中国の伝統科学と伝統教育に内在する欠陥とも言える。

3、教授の過程

　教授過程は教師と学生の共同活動の過程であり、教師の指導下にある学生の学習過程であり、学生が知識と技能を習得する認識過程でもある。学生は、教授過程の認識主体であり、現代教育論は一般に教授過程を人間の認識過程の組成部分とする。

　ドイツの教育家ヨハン・フリードリヒ・ヘルバルトが、明瞭、連想（連合）、系統、方法の四段階教授法を提案して以来、教授過程の研究は日ごとに増え、教授過程の段階の区分もさまざまとなった。教授過程の研究は教授論の核心問題の一つとなっている。

　教授過程の理論は、一般に三つの内容から成る。教授の本質、教授過程の段

---

*51　『ブリタニカ百科事典』によると、ヨーロッパでは9世紀になってようやくイタリアの医学校が登場したという。これは中国より約2~300年遅い。
*52　歴史書によると、国外最古の国定の科学技術専門教材は1494年のイタリア『フィレンツェ薬局方』であるという。これは中国よりおよそ8~900年遅い。
*53　明代科学の巨匠李時珍が『本草綱目』を朝廷に献上したとき、明の神宗は一言「目を通した。礼部に知らせよ」と言い、そのまま仕舞われてしまった。この書物は千種余りの植物、数百種の動物、鉱物について分類と形態記述を行った科学の大著で、西洋の「分類学の父」カール・フォン・リンネの『自然の体系』より200年早い。

階、教授過程における各要素の関係である。古代中国の教育家たちは、この三つの内容にいずれにも触れており、教授過程の段階に関する論述が最も多いため、そこに重点を置いて述べようと思う。

　古代中国の教育家の教授過程の理論について、周徳昌教授および燕国材教授は比較的深い研究を行っている[*54]。周徳昌教授は古代中国がもっていた代表的な教授過程の公式は「博学・慎思・篤行」であるとし、燕国材教授は古代中国の教授過程の理論には二段階論（学、習、または学、行）、三段階論（学、思、行）、四段階論（学、思、習、行）、五段階論（博学、審問、慎思、明弁、篤行）、六段階論（博学、審問、慎思、明弁、時習、篤行）、七段階論（立志、博学、審問、慎思、明弁、時習、篤行）があるとした。

　筆者は、上記の見解は一理あると思いつつも、実際的な教授過程を語るのは、五段階論であると思う。これは古代中国において影響が最も大きかった教授学習過程の段階理論でもある。この理論が最初に出されたのは『礼記・中庸』である。

　　博く之を学び、審らかに之を問い、慎しみて之を思い、明らかに之を弁じ、篤く之を行う。学ばざること有れば、之を学びて能くせざれば措かざるなり。問わざること有れば、之を問いて知らざれば措かざるなり。思わざること有れば、之を思いて得ざれば措かざるなり。弁ぜざること有れば、之を弁じて明らかならざれば措かざるなり。行わざること有れば、之を行いて篤からざれば措かざるなり。
　　（物事を幅広く学んで知識を広め、不明な所は詳しく質問し、慎重に思索して、善悪・理非を明らかに弁別して、それを丁寧に実践する。［それが誠に至ろうと努める人の道だ。］まだ学んでいないことがあればそれを学び、一旦学び始めたらよく分かるまでは途中でやめない。まだ質問していないことがあれば、それを質し、よく理解するまでは途中でやめない。まだよく考えていないことがあれば、それを思索して、納得するまでは途中でやめない。まだ弁別できていないことがあれば、それを弁別しようと努力し、明確になるまでは途中でやめない。まだ実行していないことがあれ

[*54] 周徳昌「中国古代教育家論教学過程」『教育研究』1982年第6期。燕国材、朱永新『現代視野内的中国教育心理観』、71〜81頁。

ばそれを実行し、十分に行き届くまで途中でやめない。)

宋代の大教育といわれる朱熹は『白鹿洞書院学規』で再び五段階論について述べている。

> 父子に親有り、君臣に義有り、夫婦に別有り、長幼に序有り、朋友に信有り。右が五教の項目である。尭・舜が契を司徒に任命し、敬しんで五教を敷かせた、というのは即ちこのことである。学ぶ者は、これを学ぶ以外他にはない。そして其の学びの順序にも五つあり、それを分類すると下記の如くである。
>
> 「博く之を学び、審らかに之を問い、慎しみて之を思い、明らかに之を弁じ、篤く之を行う。」

朱熹がここで論じている古代中国・封建社会の教授内容と教授過程は、後世の歴代の書院の従うところとなり、全封建社会の教授理論の発展に影響を及ぼした。朱熹はさらに上述の五段階のなかで、「学・問・思・弁の四つは理を窮める拠り所である。これを熱心に行うということは、修身に始まり、事柄への対処、人への応対に至るまで、その各々に要がある」と述べている。

明清の王夫之は『中庸』の五段階教授論を展開した際、次のように記している。

> 実際、まだしっかりと学んでいないところがあれば、急いで弁別せよ。質問しても理解できていなければ、急いで考えよ。考えても理解できなければまた学べ。弁別しても明確にならなければ質問せよ。実行するのに熱心に取り組んでいなければ、いっそう学・問・思・弁を以てその力を養い、学・問・思・弁をしていて得意なものに出会ったら、全力を以て取り組み、決して自分の学・問・思・弁が行き届いていないところを後で埋めるなどと言ってはいけない。「学問思弁行」の五段階のうち、最も重視すべきは「行」である[*55]。

王夫之は、教授過程の「学問思弁行」の五段階には決まった順序だけでなく、軽重緩急もある。また学と弁、問と思、思と学、弁と問の間の内在関係だけでなく、この四者と「行」の弁証関係もある。そして教授過程全体では「行」が重視されるとしている。これは古代中国の教授過程理論の一つの総括である。

---

*55 『読四書大全説』巻三。

現代の教授論では、一般に、教授過程を「教材の感知」、「教材の理解」、「知識の定着」、「知識の応用」の四つの基本段階に分け[*56]、またこの四つの基本段階の前後に動機づけ、検査・評価を加えて、教授過程の基本六段階とすることもある。

　古代中国の教授五段階論と現代の教授論の四段階論とを比較すると、両者が驚くほど似ていることがわかる。古代教育家の他の論述を総合し、「立志」（動機づけに相当）と「考校」（検査・評価に相当）を加えれば、古代中国の教授七段階論と現代の教育論の六段階論も一致する。

　古代中国の教授過程の段階論を全体的に把握するため、ここでは「立志、博学、審問、慎思、明弁、篤行、考校」の七段階について重点的に分析し、各段階における諸要素の相互関係についても併せて論じる。

1．立志

　いわゆる「志」を立てることで、動機や決意に相当する。朱熹は「心之所之（心が何かに向って之くこと）」[*57]、王夫之は「心之所期（心が望むこと）」[*58]、あるいは「人心之主」[*59]と説き明かしている。朱熹の晩年、「志」を解釈した高弟の陳淳も「志とはちょうど『向かう』というようなもので、心の正面がすべてある方に向かっていることをいう。例えば（孔子の言う）『道に志す』とは、心が完全に人としての正しい道に向かうことである。『学に志す』とは、心が完全に学問に向かうことである。真っ直ぐに求めに行って、必ず手に入れようとするのが志である。もし途中でやめようとか、後戻りしようとするのであれば、それは志とは言わない」としている。ここでいう「志」とは、強い動機と揺るがぬ意志をいう。

　古代中国の教育家は、特に「立志」を教授過程の具体的段階としたわけではないが、少なくとも一つの重要な前提として論述している。

　「志がしっかりしなければ、学識は上がらない」[*60]（墨子）

[*56] 儲培君『教育学教程』上海交通大学出版社 1991年、115～116頁。
[*57] 『朱子語類』巻五。
[*58] 『詩広伝』巻一。
[*59] 『張子正蒙注』巻一。
[*60] 『墨子・修身』。

「凡そ学は、官は事を先にし、士は志を先にす」というのは、既に仕官している者であるならば、教えることを第一とし、まだ仕官していない者であれば、その志を正しくすることをいうのだ。志は教育の重要原則であるといえる」[61]（張載）

「志は道に入る先鋒である。先鋒が勇ましくなければ後軍は前に進めない。学ぼうという志が強くなければ、学問の道で成功しない」[62]（陸世儀）

「志が立てば、学問や思考はそれに従うもので、才能や聡明さは日ごとに豊かになっていく。志が篤ければ、気持ちがその志に従うので、倦まず日々新鮮さが保たれる）」[63]（王夫之）

古代中国の教育家にとって「志」は「教えの大倫」、「道に入る先鋒」であり、「立志」は「学び思いて之に従う」の前提条件であった。これは事実上、「立志」を教授過程の不可分の構成要素とみなしていることになる。

「立志」の重視は、古代中国の教授論の良き伝統である。

孔子は弟子たちに徳育過程において「道に志す」を求めたが、さらに教授過程においては「学に志す」を主唱して学習動機を啓発し、弟子たちに「三軍は帥を奪うべし。匹夫も志を奪うべからざるなり（大軍の総大将は奪い捕ることができるが、ひとりの人間の志は、それを堅く守るならば、誰もその志を奪うことはできない）。」[64]と説いた。

北宋の張載も「立志」を非常に重視し、教授過程の前提としてだけでなく、教授過程の唯一かつ決定的な条件とし、「有志於学者，都更不論気之美悪，只看志如何。」[65]と説き、立志は学生自身の持って生まれた資質より重要であるとした。

王夫之は「人之所以異於禽獣，唯志而已矣。不守其志，不充其量，則人何以異於禽哉？」[66]と説き、志を立てられるか否かは、人を動物と区別する本質的な特徴の一つであるとした。

古代中国の教育家は、立志の重要性と必要性を強調しただけでなく、さらに

---

[61] 『張載集・正蒙・中正』。
[62] 陸世儀撰：『思弁録輯要』巻二。
[63] 『張子正蒙注』巻五。
[64] 『論語・子罕』。
[65] 『張載集・語録中』。
[66] 『思問録・外篇』。

立志に対して一定の要求を出している。主に次の二点である。

第1に、立志は高尚かつ遠大であること。

張載は「学ぶ者は大いに宜しく志小さく気軽かるべからず。志小さければ則ち足り易く。足り易ければ則ち由って進むこと無し。」*67 と説き、大志を立てぬ者は学習の面での進歩も得られないとした。

王夫之も、学習者が望む目標が高いほど動機は強く、得られる成果も大きくなるとして、

「学習者の学識・見識の度合いは、その志による。志が大きくなければその学識は浅く、志が深いものでなければその見識は薄っぺらい。望みが小さければフラフラするので、心の底に届くほどの見識は得られない。追求の仕方が浅ければ、一時的に知識が宿るだけで、自分のものとして定着しない」*68

と説いている。

第2に、立志は確固たるものであること。

朱熹は

「事を行うには、志を堅く守ってひたすら前を向き、何かに囚われることなく進むべきだ」*69

と説き、王夫之も朝三暮四に反対して

「志す者は、志学に始まり従心に終わる。意志が堅く簡単にぶれない者が大成する」*70

「人のなすところは変化するものだが、志は必ず一にせよ。ひとりの人間が二つの志を持つものではない。あの場で志を立てたのにこの場でまた志を立てるというのであれば、それは志とは言わない。[無志]という」*71

と説いている。今日「立志」した学び方と明日「立志」する学び方が異なるのであれば、それは「志がない」のと変わらないのである。

---

*67 『張載集・経学理窟・学大原下』。
*68 『四書訓義』巻九。
*69 『性理精義』巻七。
*70 『張子正蒙注』巻四。
*71 『俟解』。

2. 博学

古代中国の教育家は、教授過程中の博学段階を重視し、教授の成功の基礎であるとした。

孔子は「多聞」「多見」「博学於文」を提唱し、

「多く聞きて其の善き者を択びて之に従い、多く見て之を識(しる)すは、知るの次なり（多くの道理を聞き、そのうちの良いものを選んでそれに従い、多くのものを見てそれを記憶するというのは、理解することの前段階である）。」*72、

「多く聞きて疑わしきを闕(か)き、慎んで其の余を言えば則ち尤寡(とがすく)し。多く見て殆(あや)うきを闕き、慎んで其の余を行えば、則ち悔い寡し（多くを聞いて、疑問に思うことを除いてそれ以外のことを慎重に言えば、まず過ちは少ない。多くを見て、不安な点を除いてそれ以外のことを慎重に行えば、まずまず後悔は少ない）。」*73

と説いている。さらに自らの体験から博学の意義を「吾嘗終日不食，終夜不寝以思，無益，不如学也。」*74 と説き、感性を与えてくれるものから離れて瞑想苦行に励んでも何も得られない、無意味であるとした。

清代の王夫之は、自身の「博学」に努めた経験を総括し、「多聞多識」、「博覧群書」を繰り返し主張し、「ものの道理は学ばなければ知ることはできない。広く知らなければ物事の判断ができない」*75 と説いた。また、教授過程において、学習者は自分に知識がないので、先人の研究成果の吸収に努めなければならない。学識を広げる努力を惜しめば、材料不足のために思考が深まっていかず、そういう状態のときに教授しても良い効果は得られないという意味の言葉（「尽吾心以測度其理，乃印之於古人，其道果可拠為典常乎？抑未可拠而俟裁成者也？則学不容不博矣！」）*76 を残している。

古代中国の教育家は、さらに教授過程における博学と一意専心の問題にも注意していた。

孟子は早くから

---

*72 『論語・述而』。
*73 『論語・為政』。
*74 『論語・衛霊公』。
*75 『俟解』。
*76 『四書訓義』巻六。

第5章　古代中国の教授論

「博く学んで詳らかに之を説くは、将に以て反りて約を説かんとすればなり（博く学んでその知識を詳しく説明するのは、その要旨をよく説明したいからである）。」*77

と提唱し、学識を広めるには「専精」（専心）との結合が必要であると主張した。王夫之はこれに解釈を加え、

「将に以て…」の部分は、自分の博識を誇示するためではなく、要旨を説明するためだということを言っている。「約」とは「博い学識」を要約することであり、「博」は「要約したもの」を展開して広げることである。だから「将に以て反りてその約を説く」ために、「博く学んで詳らかに之を説く」のである。「博く詳らか」であるのは、要約の功である*78

と説き、教授の過程で、「博」と「約」は切り離すものではなく、互いに相手の基礎となり互いに促進しあうとし、

「約」とは「博い学識」を要約することであり、「博」は「要約したもの」を展開して広げることである

と定義づけた。「約」という、教授内容の要点をつかみ、体系的に整理するということをしなければ、幅広い知識を得ることは不可能で、同様に、「博」という、広く読み、実践を続ける努力をしなければ、「約」の境地に到達することはできないということである。

古代中国の教育家は、学生にスムーズに知識を身につけさせるため、直観的教授法に注目していた。『学記』に「君子之教喩也」、「能博喩然後能為師」と提唱されているが、生き生きとした適切な比喩は、学生が知識を身につけることにプラスの作用があると考えられていた。そのため、直観的な文言が古代中国の教育の特徴の一つになっている。

『孟子』のある書物の比喩を集計した人がいたが、全261章のうち、93章で計159個の比喩が使われていたという*79。古代中国の識字教育そのものが直観的であるという特徴を有し、後世に少なからずの貴重な経験を蓄積した。また、自然科学の教授では、直観教育の問題に注意していた。

---

*77　『孟子・離婁下』。
*78　『読四書大全説』巻六。
*79　毛礼鋭、沈潅群『中国教育通史（第1巻）』、361頁。

唐の著名な医学家孫思邈は、医学の伝授のために、大型のカラー鍼灸掛図『明堂図』を作り、魏晋時代の数学者劉徽は、数学の教授の中で「析理以辞, 解体用図」を主張した*80。いずれも直観的教授法の例である。

3. 審問

質疑審問も教授・学習の重要な段階であり、教授・学習の成果を生む重要なポイントである。古代中国の教育家はこの段階にも非常に関心を寄せていた。

孔子は、学習中に疑問をみつけて質問や問題提起するということのできない学生はどうすることもできないと、「不曰『如之何如之何』者，吾末如之何也已矣。」*81 と慨嘆し、そうであるからこそ、学生に対し「不恥下問」*82 であることを求め、自らも「毎事問」*83 を実践していた。

張載は、疑問の有無を、教授・学習を測る基準の一つとしており、次のように唱えている。

> 疑問をもつことを知らない者は、精を出して真剣に取り組んでいないだけである。真剣に取り組めば疑問は湧いてくるものだ。全身全霊で取り組めば、少しわかりかけた段階で疑問がわく。それが学ぶということであって、そういう風にならないのは、考えるということをしていないのだ。*84

朱熹は疑問の有無を学習の進歩の目安とし、次のように述べている。

> 読書して疑問が湧かないのならば、疑問を探す努力をすべきである。疑問が湧いたら、それが解明できるまで懸命に調べることである。このようになってようやく上達するものだ。*85

もちろん、質疑審問自体が目的ではない。審問は真知を得るため、質疑は疑わしいことを解消するためのものであり、疑問を持つことは「覚悟之機」*86 に過ぎない。

---

*80 『〈九章算術〉注』。
*81 『論語・衛霊公』。
*82 『論語・公冶長』。
*83 『論語・八佾』。
*84 『張載集・経学理窟・気質』。
*85 『学規類編』。
*86 『明儒学案・白沙学案』。

第5章　古代中国の教授論

王夫之は懐疑のための懐疑という弊害を指摘し、
「『敏断之士』と言われる人たちは自分の主観を信じるあまり『信古（古を信ずること）』を軽んじがちであるが、思索は拘泥を是とすることに通ずる。自分が学ぶことをしないで物事を知ろうとする者は、思索してもすぐに枯渇する。『倣古（古を模倣）』して行う者は、労せずして知識が得られ、私見に拘らずに紆余曲折を経て求め得たものは、たちまち是となる。すぐに非であると疑うのは、危険この上ない」*87
と説いている。この言葉はまことに当を得たものである。

周知のとおり、教授・学習過程にある学生の学習は書物による知識を主としている。これらの知識は一般的にきわめて簡約化、概括化されたものであり、歴史による濾過と入念な選別を経てきたものである。懐疑のための懐疑でどうしても自分の考えに固執するのであれば、誤った道を歩み遠回りして無駄骨を折ることになりかねない。したがって、真の教授法は学生を「疑問に思わない」から「疑問に思う」そして再び「疑問に思わない」へと向かう過程に導かなければならない。だからこそ朱熹は次のように説く。

> 読書も初めの頃は、疑問があることもわからないが、進めるうちに段々と「分からないこと（疑問点）」が出てきて、中盤になるとどんどん疑問が湧いてくる。ひとしきりすると、そうした疑問点は次第に解消され、やがて通暁し、疑問点は無くなる。これこそが「学ぶ」である。*88

王夫之も同様の趣旨の、しかしより興味深いことを論じている。

> 「疑問に思わない」から「疑問に思う」まで、学問を修めれば日ごとに長じ、「疑問に思う」から「疑問に思わない」まで、道を修めれば日ごとに定着する。「疑問に思う」は、道を疑うことではないし、「疑問に思わない」ことは、修養に努めないということではない。丁寧に見極め、着実に実行することで、どんな問題に出くわしても解決ができるようになる。*89

ここには教授学習過程中における「疑問に思わない」段階から「問題発見」、そして「問題解決」に至るまでの過程だけでなく、「問題発見」と「問題解決」

---

*87　『四書訓義』巻六。
*88　『宋元学案・晦翁学案』。
*89　『詩広伝』。

の鍵が、教えの実践における「審之微」(丁寧に審査する)と「履之安」(着実に実行する)であることまでもが説明されている。

4. 慎思

古代中国の教育家は、教授は「博学」と「審問」のレベルに留まるべきものではなく、「慎思」のレベルに引き上げ、思考の役割を重視しなければならないと考えていた。

「学」と「思」を結合させることを主張した孔子は、有名な「学びて思わざれば則ち罔く、思いて学ばざれば則ち殆し」*90 という命題を提唱し、学ぶだけで自分で深く考えないならば、それ以上知識を広め、問題に取り組もうとしても、わけがわからなくなり、何も得ることができないと説いた。

朱熹は具体的に、「読書をしても考えることをせず、しかもその意味を知らないのは……赤の他人に頼んで家を守ってもらっているようなもので、いつまでたっても自分のものにならない。」*91 と説き、真剣に考えるということをしなければ、知識は身につかないとした。

王夫之も「学」と「思」の弁証関係を「両者はどちらもゆるがせにできるものではなく、相互に補完しあって効果が生まれる」*92 と指摘し、物事を学ぶだけで考えることをしない「頑固之士」と、思考するだけで学ぶことをしない「敏断之士」は、どちらも「学」と「思」を切り離していると批判し、「学」と「思」は統合的な教授過程においては不可欠な段階であり、「学」のなかに「思」があり、「思」のなかに「学」があるので、学習した知識が広がるほど、思考は深くなり、思考が障害にぶつかれば、学びに勤しむことで通りをよくするべきだとしている。「学ぶことは思考を妨げるものではなく、博く学ぶほど思考は深遠なものになる。正に思考は学びに功ありで、思考中に困惑することにぶつかればぶつかったで、より勤勉に学ぶようになる。」*93 と説いた王夫之は、「学業で成功するかどうかは知識の弛まぬ積み重ねによって決まる。新旧の知識が相互に作用しあい、古い知識をベースに新たな知識が獲得

---

*90 『論語・為政』。
*91 『朱子語類』巻十。
*92 『四書訓義』巻六。
*93 『四書訓義』巻六。

されていく。思考が収穫を得られるどうかは、それがきめ細かで深いかどうかによって決まる。大きなものと小さなものを一緒に並べ、小さなものから順に片付けていくとよい」[*94]と考えていた。すなわち、「学」は継承するなかで新しいものを作り出すものであり、「思」は知顕察微（大筋を把握し、詳細を観察）して掘り下げていかなければならないものなのである。

「思」は教授過程の重要な階段であり、古代中国の教育家は教授の実践において学生の思考を啓発することを非常に重視し、学生の「挙一反三」、「聞一知十」、「告往知来」、積極的思考を奨励していた。学生を啓発して思索させることを教授の原則とした。朱熹は、学生の「深沈潜思」[*95]を誘導し、学生の思考方法を指導することに注意を払い、「結局は繰り返し追究することだ。何かする時には思考し、休む時にも思考する。朝、思考することができなければ夜に思考する時間をとる。夜に思考することができなければ、翌日に思考する。こうしていけば必ず道理に辿り着くものだ」[*96]と説いている。

5. 明弁

教授論において、「明弁」とは学生に明確な概念を形成し、確かな知識を習得させることをいう。「明弁」と「慎思」は知識理解の段階に属すもので、いずれも学生の思考活動をいう。「明弁」は思索に対して出された具体的な要求であり、「慎思」の更なる発展であり必然的な結果である。王夫之は『読四書大全説』で「慎思」と「明弁」の関係について、次のように論じている。

> 博学、審問、篤行は「学」に属する。慎思、明弁は「思」に属する。明弁は「その当然を思う」ことであり、慎思は「その以て然るところを思う」ことである。〈中略〉「思」のふたつの段階はどちらが欠けても成立しない。

王夫之は教授過程を「学」と「思」に二分し、さらに「学」を三段階、「思」を二段階に分けた。「思」の第一段階は「思其当然」、すなわち思考によって「何であるか」を知り、物事の外的関係を判別する。第二段階は「思其所以然」、すなわち思考によって「なぜ」を知り、物事の内在的な本質を理解する。前者は

[*94] 『周易外伝』巻五。
[*95] 『朱子語類』巻九。
[*96] 『朱子語類』巻百二十。

「明弁」による段階であり、後者は「慎思」による段階である。もうお分かりかと思うが、これは王夫之が『中庸』の「明弁」と「慎思」の順序を入れ替えたものである。実際、この二つは本来、互いに含み含まれる関係にある。あるいは思考過程全体がまず「明弁」(理解)で、次に「慎思」(なぜそうなのかを知る)、また「明弁」(習得)に行くという螺旋式の上昇過程であるともいえる。

古代中国の教育家も「明弁」という段階の教授過程中での意義と役割を重視している。

朱熹は「弁之明，則断不差，故能無所疑惑而可以見於行。」[*97]と説いた。換言すれば、「明弁」により、確かでうそ偽りのない知識を習得してこそ、効果的にこれらの知識を実際のなかに応用でき、行動に見ることができるということである。したがって、「明弁」は「博学」、「審問」、「慎思」を経て得られた確かな知識を運用する重要な段階であるといえる。

古代中国の教育家は教授過程において学生の「明弁」を指導することにも注意を払っていた。第1には、主観的な古臭い見解を排除することで、『論語』に見られるように、学生に「毋意、毋必、毋固、毋我」[*98]を求めるものである。つまり主観的な憶測をせず、独断せず、意地を張らず、独りよがりにならないということ。第2は比較による識別である。例えば、王充は「両刃で切ってみるとどちらが鋭利かわかる。両論を検討してみて、はじめて是非が判明する」[*99]と説き、朱熹も「諸家の説に違いがあるところにこそ醍醐味がある。例えば甲が説を論じていたら甲に注目してその言葉を細かく突き詰めていき、乙が説を論じていたら乙に注目してその言葉を細かく突き詰めていく。両者の見解を突き詰めた上でさらにそれを比較対照して突き詰める。そうすれば確かな答えが必ず出てくるものだ。」[*100]と説いている。比較をすることにより、善悪是非は自ずと明白となる。

6. 篤行

篤行はさらに「時習」と「篤行」の二段階に分けることができる。「時習」

[*97]『四書或問・中庸或問』。
[*98]『論語・子罕』。
[*99]『論衡・案書』。
[*100]『朱子語類』巻十一。

とは、獲得した知識をタイムリーに、かつ弛まず復習し練習をすることで定着させることをいう。古代中国の教育家は「時習」も重視しており、既得知識の保持における「時習」の意義を強調するだけでなく、また新知識、新見解の獲得における「時習」の役割についても論じている。

孔子は、「学而時習之，不亦説乎！」*101 と説き、さらに「日知其所亡，月無忘其所能，可謂好学也已矣。」*102「温故而知新，可以為師矣。」*103 と説いている。

朱熹は「時習」の原動力としての機能に着目し、「習とは鳥の 数 (しばしば) 飛ぶなり。これを学びて己まざること、鳥の 数 (しばしば) 飛ぶが如くするなり。説とは喜の意なり、既に学びて又時にこれを時習すれば、則ち学ぶ所の者熟して中心喜説し、其の進むこと自ら己む能わざるなり。」*104 と説いている。すなわち、「時習」によって復習した知識を熟知し、心理的に満足感が得られると、新たな学習欲が生まれるのである。「時習」に重要な作用があることから、古代中国の教育家は「学而時習」や「温故知新」を教授の原則として提唱した。

古代中国の教育家は、教授の実践中において、学生に知識の記憶や定着を助けとなる「時習」方法を教えることも重視していた。

『管子・弟子職』に、「朝益暮習，一此不解（懈）。『国語・魯語下』也認為：「士朝而受業，昼而講貫，夕而復習，夜而計過，無憾而後即安。」と記されているが、これは現代の教育心理学でいう順向抑制、逆向抑制と似ている。朝と夕方の最適な時間に学習と記憶、復習を行うことを提唱したものである。

朱熹はさらに「読誦者，所以助其思量，常教此心在上面流転。若只是口裏読，心裏不思量，看如何也記不細。」*105「若読得熟而又思得精，自然心与理一，永遠不忘。」*106 と唱えている。つまり、誦読と思索は記憶を促進する作用があるということである。

「明弁」と「時習」を経た知識は、応用しなければならない。応用することができなければ、せっかく学識が豊かで才能に溢れていても、何の意味もな

---

*101 『論語・学而』。
*102 『論語・子張』。
*103 『論語・為政』。
*104 『論語集注』巻一。
*105 『朱子語類』巻十。
*106 『朱子語類』巻十。

さない。そのため、古代中国の教育家は「篤行」の段階に非常に注意を払い、「篤行」は学習の真の立脚点であり、教授過程のクライマックスであるとした。

孔子は「誦『詩』三百，授之以政，不達。使於四方，不能専対。雖多，亦奚以為？」*107 と唱えたが、これは、たとえ『詩経』300編を熟読しても、政治の任務をうまくこなすことができず、外国に派遣された時にきちんと交渉を果たすことができなければ、詩を多く暗唱したことが何の役に立つのだろうかという意味である。

荀子も、学んだ知識の応用を学習の根本的な目的であると明確に指摘している。

学は之を行うに至りて止む。これを行なわば、明らかなり。これを明らかにせば聖人たり。聖人なる者は、仁義に本づき、是非に当たり、言行を斉(ひと)しくして、毫厘も失わざるは、他の道なし。之を行うに已(と)まればなり。

（学問は実践に行きつかなければ意味がない。実践してこそ確かなことがわかる。確かなことがわかった人が聖人である。聖人が仁義に基づいて事の是非を判断し、言行正しくわずかほどの過ちもしないのは、学問を実践に昇華させているからである）*108。

朱熹は『答曹元可書』に、「為学之実，固在践履，苟徒知而不行，与不学無異。然欲行而未明於理，則所践履者，又未知其果為何事也。」と記し、盲目の境地に陥らないために、知らぬままに実行することだけでなく、知っていながら実行しないことにも異を唱えた。

王夫之はさらに「篤行」から離れて教育について論じることに反対し、知行の「並進而有功」*109 を主張した。知識の応用を非常に重視し、真の知は行いの上でのみ体現できると考え、知識を真に習得したかどうかは行動で検証すべきであるとして、「知というものは、そもそも行によって検証されるものである。行は、知の効果を体現するものである。行は知を包括できるが、知は行に代わることはできない。行は知よりも価値のあるもので、知は行に従属する。君子の学びは、［離行以為知］であるべきだ」*110 と説いた。さらに碁を例にして「篤行」の教育における意義について「格致有行者，如人学弈棋相似，但終日打譜，

＊107 『論語・子路』。
＊108 『荀子・儒効』。
＊109 『読四書大全説』巻四。
＊110 『尚書引義』巻三。

亦不能尽達殺活之機。必亦与人対弈，而後譜中譜外之理，皆有以悉喩其故。且方其进着心力去打譜，已早属力行矣。」*111 と説き、碁を学ぶ過程では、棋譜や定石書を読むだけでは上達できず、せいぜい無理にあてはめるのが関の山で、碁石を「活かすことも殺すことも」できない。棋譜や定石書を読むと同時に、人との対局を重ねることで、はじめて学んだことが生かせ、効果が出るのだとした。

7. 考校

現代の教授理論では、検査・評価は教授過程の不可分な構成部分とされる。検査・評価をすることにより、学生の知識や技能の習得状況を把握することができ、それによって教授をより的確性あるものにするとしている。

古代中国の教授過程の五段階論には考校（検査評価）が含まれていないが、古代中国の教育家による理論と実際から見ると、彼らは「考校」ついて一定の認識を持っていた。

北宋の張載は「教人者必知至学之難易，知人之美悪，当知誰可先伝此。」*112 と唱え、教師として学生の知識の習得度と品徳の発達の全体像を把握することが、次の段階の教育に余裕を持たせるとした。『学記』にも太古の時代の学校教育における検査・評価の状況が記されている。

> 比年入学，中年考校：一年視離経弁志，三年視敬業楽群，五年視博習親師，七年視論学取友，謂之小成。九年知類通達，強立而不反，謂之大成。夫然后足以化民易俗，近者説服而遠者懐之。此大学之道也。

高時良氏の考証と解釈によると、これは太古の時代における大学教育での考校（試験）制度であるという*113。すなわち学生が一定の年齢に達して大学に入ると、国が隔年で学習および素行成績を考査する。1年目は文章の構造分析や段落分けの能力と学習の志向、3年目は学生が学習に専念しているかどうか、周りの人と仲良くやっているかどうか、5年目は学生の学識が広いか、教師と親密な間柄になっているかどうか、7年目は学生の研究している学問の実力と友人選びを考査する。これは大学教育の第一段階であり、規格に合致した者を

---

*111 『読四書大全説』巻一。
*112 『張載集・正蒙・中正』。
*113 高時良『学記』評注、129〜35頁。

「小成」と呼んでいた。第二段階では、一を聞いて十を知るといった事物認識による類推能力が学生に求められた。政治的立場が固まり、成熟の境地に達し、基準に合致した者は「大成」と呼ばれた。

ここでは考校の内容がインターバルから要件まで明確に規定されており、当時の考校制度が非常に整備されたものであったことは誰の目にも明らかである。しかし、考校の具体的な方法については、言葉が少なくよくわからない。あるいはそもそも託古方式で提案された考校構想かもしれない。

中国の考校制度は漢代から整備され始め、考校方法も記録に見られるようになった。

漢代の太学が採用した「設科射策」は、年に1回、学生を試験するもので、試験問題は難易度によって甲、乙に分けられ、密封されていた。学生は1種類または両方を開封して回答し、成績は合格（射中）と不合格の2種類で、合格者には官職が与えられ卒業となった。

隋唐時代には科挙制度が始まり、口述試験、帖経、墨義、策問、詩賦など厳格で比較的整備された試験制度が形成された。詳しくは第8章で考察する。

学校内部の考校制度も整備され強化された。

唐代では、中央級の学校の試験は旬試、歳試、卒業試験の3種類、医学校は月考、季考、年終考があった。旬試は10日間以内の学習状況を検査するもので、合格と不合格があり、不合格者には罰則があった。歳試は問題が10題で、8問正解で上等、6問で中等、5問で下等とされ補習が課せられた。このような三段階法は清朝末年まで続いた。

興味深いのは、中国の古代民間教育の教授過程には官学のような試験と得点法がきわめて少なかったことである。書館、私塾から経館、書院までは例外である。これは、教師が察言観色、論難詰問、調査研究を通じて学生を理解することを妨げるものではない[114]。このため、教師は「因材施教」ができ、学生

---

*114 孔子は教学において「聴其言而観其行」（『論語・公冶長』）を重視し、「視其所以，観其所由，察其所安，人焉哉？人焉哉？」（『論語・為政』）と言っているが、これは現代の「観察法」に相当する。孔子はまた難しい問答を通して対話をすることにより弟子たちを理解しようとし、弟子たちに何度も自分の志を語らせ、そこから子路、曾皙、冉有、公西華、顏淵等に対する理解を深めた。樊遅との「稼を学ばんと請う（請学稼）」の対話では、「小人哉，樊須也」との評価を出している（『論語・子路』）。これは現代の「対話法」に相当する。

と互いに磨きあうことができたのである。

　古代中国の教育家の教授過程に関する論述は、綿密ということで世界一といえるかもしれない。特に五段階の学説のようなシステマチックで明確なところは高く評価されるべきである。『中庸』を西洋の学説と比較すれば、ヘルバルトより約2000年、コメニウスの『大教授学』より1800年ほど早い。

4、教授の原則と方法

　教授原則とは、教授過程を指導する一般原理をいい、教授工作に対する基本的な要求である。教授方法とは教育の任務を遂行するための、教師の作業手段と学生の学習手段の総称である。教授原則と教授方法も、教育の実践の中で形成され、教授の実践と経験に対するまとめであり概括である。

　古今東西の教育家は、教育実践の中でいくつかの興味深い教授の原則と方法を提起している。特に近現代の西洋の教育家、例えばコメニウスは直観教授と一歩一歩段階的に教えるという原則を、デューイは「なすことによって学ぶ」の原則と興味論、ブルーナーは動機付けの原則、プログラムの原則、構造の原則、強化の原則、レオニード・ザンコフは高難度・高速度の原則を提起した。教授方法については、ソクラテスの「産婆術」からブルーナーの「発見学習」、ヴァーゲンシャインの「範例教授法」、ロザノフの「暗示的教授法」やシャタロフの「綱要信号図示法（Outline Signal Graph）」まで、実に多くの教育論が登場している。

　興味深いのは、こうした現代の教授の原則と方法は、教育者が特定の歴史的背景と哲学思想の指導下で作られ提起されたが、古代中国の教育家の教授原則と方法に関する論述を詳細に見ると、そこからある種の原型あるいは啓示を見つけることができる。

　孔子も調査や訪問を通じて学生の状況を把握し自分の印象を検証することに注意を払っていた。子貢に顔淵の知力について話したときも、一方で「衆悪之，必察焉。衆好之，必察焉」[*115] と説いている。これは現代の「調査法」に相当する。

＊115　『論語・衛霊公』。

したがって、古代中国の教授原則の理論と方法を体系的に総括し考察することには、重要な現実的な意義がある。

古代中国の教育家が提唱した教授原則と方法は非常に多く、百は下らない。主なものに憤悱啓発、循序漸進、温故知新、教学相長、因材施教、適時而教、熟読精思、立志為先、虚心涵泳、切己体察、著緊用力、居敬持志、由博返約、学思結合、楽勉結合、知行合一、学以致用、自求自得、切磨弁明などがあり、このうち一部については古代中国の教授過程の理論を分析した際に述べている。また「第7章古代中国の読書法」でも詳しく考察するため、ここでは主な点についてのみ述べる。

古代中国の教授原則は、教師の「教（教授）」の原則と方法、学生の「学（学習）」の原則と方法、そして「教」と「学」に共通する原則と方法の三つに大別される。

1.「教（教授）」の原則と方法
1）憤悱啓発

憤悱啓発の原則は「啓発式教授原則」ともいい、教授過程において学生の主体性、積極性を引き出し、彼らの思考活動を誘発することに注意を払い、知識の全面的習得と知力の発展を実現することをいう。古代中国で最初にこの原則を明確に打ち出したのは孔子であった。

　　　不憤不啓，不悱不発。挙一隅不以三隅反，則不復也[116]。

朱熹の解釈によると、「憤」は「知ろうとしてまだ知ることができず煩悶としている意」、「悱」は「口で言おうとしてもうまく出てこない様子」をいう。したがって、孔子のこの言葉の意味は、次のようになる。

教授過程において、学生に学びたいという意欲が見られないときは、無理に啓発してはいけない。頭ではわかっていてそれを言おうとするのだがうまく口から出てこないという状況が見られて初めて啓発するということだ。東を教えたとき、そこから西・南・北の三方が類推できなければ、まだその者を教えてはならない。

憤悱啓発の教授原則は、学生を消極、受け身の立場に置く注入式ではなく、

---

[116]『論語・述而』。

学生たちの学習の主体性、積極性を強調したものであるため、孔子が提唱して以来根強く支持され、歴代の教育者家たちに継承され発展し、古代中国で最も影響力のある教授原則の一つとなった。古代中国の学術の集大成者王夫之はこの原則を体系的に解明している。

若教則不憤而啓，不悱而発，喋喋然徒労而無益也^{*117}。

教人者固以無有不教為与善之公，而抑以有所不教以待人之悟。固有所啓焉，以開示其所未知，必待其有求通之志，而誠不能及之，自懐憤恨以不寧，乃一示以方，而欣然請事也。若不憤者，付之於可知不可知之中，而悠悠自任，雖与啓之，即不疑以為能必然，亦且視為固然矣，不啓也。有所発焉，以達其所可知者，必待其有深求之力，而心不能決之，中懐悱懣而難言，乃一達其情，而暁然自信也。若不悱者，初無有若知若不知之機，而茫然罔測，雖与発之，即能信以為実然，而終不知其所以然矣，不発也^{*118}。

ここで王夫之は、教授による啓発には「無有不教」と「有所不教」の2種類があるとし、その共通点を学生に先ず「求通之志」を求めることであるとした。これは、意欲があり心が準備状態にあって「識不能及之，自懐憤恨以不寧」で「心不能決之，中懐憤懣而難言」のときにタイミングよく啓発し説明してこそ、よい成果が得られるというものである。逆に、学生に「真心内動」がなく、「憤」の状態でも「悱」の状態でもなければ、教師が朝から晩まで必死に教えても学生たちは「悠然自任」、「茫然罔測」、あるいはどうでもいいという態度をとるか、なぜそうなのかがわからないということになり、結果、労して功なしということになる。

憤悱啓発の原則には多くの方法がある。『学記』には次のように記されている。

故に君子の教え、喩すなり。道きて牽かず、強いて抑えず、開いて達せず。道びきて牽かざれば則ち和ぎ、強いて抑えざれば則ち易く、開いて達せざれば則ち思う。和易にして以て思う、善く喩すと謂う可し。

ここでいう「喩」は比喩ではなく、「教者有善誘之功，学者有欲罷不能之意」（南宋の戴渓の言葉）を指しており、「喩」はすなわち「啓発」をいう。ここ

---

*117 『周易内伝』巻四。
*118 『四書訓義』巻十一。

で言及されている啓発手法には三つあり、第1には「和」、すなわち「教」と「学」の両者の関係をうまく処理し、学生たちを牽引することなく誘導することであるとする。第2に「易」、すなわち学生に厳しい要求はしても、大きな圧力をかけず、勉強が困難極まりないものと思わせないことである。第3に「以思」、すなわち講義の際、手がかりのみ与えすべてを出さないようにして、学生たちの思考を活発で積極的な状態に置くことである。これは教授過程中の教師の主導的な役割と学生の主体性を組み合わせたパターンとして実際に明らかにされている。

アメリカの現代教育ブルーナーは『教授に関する若干の原則を論ずる』の中で、「心理的傾向」の原則について、「学習と問題の解決は、本人の選択した探索活動にかかっている。そうであるなら教授は学習者側が選択した探索活動に促進と調節の役割を果たさなければならない。」[119] と論じているが、まったく同じことが『学記』にも記されている。

搔い摘んで言うと、古代中国の教育家が「憤悱啓発の原則」を用いた教授方法には、さらに以下のいくつかがある。

第1には「問答」である。孔子は「吾有知乎哉？無知也。有鄙夫問於我，空空如也。我叩其両端而竭焉。」[120] と唱えている。つまり、質問者からの質問を表裏両面から尋ねて答えを返すのだという。『学記』にはさらに鋭い見解がある。

> 善く問う者は、堅木を攻むるが如し、其の易き者を先にし、其の節目を後にす。其の久しきに及びてや、相い説いて以て解る。善く問わざる者は此に反す。善く問を待つ者は、鐘を撞くが如し、之を叩くに小なる者を以てすれば、則ち小さく鳴り、之を叩くに大る者を以てすれば、則ち大きく鳴る、其の従容を待ちて、然る後に其の声を尽す。善く問に答えざる者は此に反す。此れ皆学に進むの道なり。

「質問の上手な教師は、ごつごつした樹木を伐採する木こりのようだ。まず脆弱な部分から着手し、それから節目を破っていく。学生への質問も初めは易しく後で難しくする。月日がたつうちに、学生たちは質問を喜んで受け入れ、その意味を理解することができるようになる。質問の上手な教師は、鐘衝きの

---

[119] ブルーナー著、邵瑞珍訳『教育研究』1979年第5期。
[120] 『論語・子罕』。

ようだ。鐘は小さく衝くと小さな音が、大きく衝くと大き音を鳴らす。学生から出される質問には、その質問に応じた適切な回答を与え、悠揚迫らぬさまで接し、鐘の音のように抑揚のある声で、繰り返し説明する」という意味である。

第2には「余地を残すこと」である。古代中国の教育家は「隅々まで行き渡る」ことや「ひと目で余すところなく見渡せる」ことに反対していた。

後漢の王充は次のように記している。

> 聖人の言葉は全てを理解することはできない。道を説き義理を述べるが、すぐには行き届いた説明ができない。すぐに納得できなければ、質問して明らかにするがよい。全てを理解できなければ、討論して探究するがよい。皋陶が舜帝の前で述べたとき、浅薄簡単でまだ突っ込みが足りなかったので、禹がこれを問い詰めて、浅薄だった言葉は深められ、大まかだった意味は明確となった。そもそも互いに討論を始めることによって、説明は激せられて深くなり、触発されてはっきりとなるのだ。*121

この部分は、舜帝*122の質問によって皋陶の話が「激せられて深く」なり、「触発されてはっきりとなる」として「問難（徹底した討論）」を強調しているところであるが、別の角度から見れば、話を尽くさないで話せば、聞き手の積極性を引き起こすことになり、それによって「浅薄だった言葉が深められ」、理解が進むことを説いているとも解釈できる。

第3には「挙一反三」である。孔子が提唱した憤悱啓発の原則がそれである。実際には類推という思索方式で、「一を聞いて十を知る」「告往知来」と同様、類似性の連想をいう。

教授の実践において、古代中国の教育家もこうした啓発の手法をよく用いていた。孔子の子貢との「貧而無諂」*123や、子夏との「巧笑倩兮」*124の問答も

---

*121 『論衡・問孔』※現代語訳は、新釈漢文大系『論衡 下』を改変。
*122 訳注：原書では「舜帝」となっているが、論衡のこの件は「禹」の質問によって皋陶の話が「激せられて深く」なったと読める。
*123 『論語・学而』に「子貢曰：『貧而無諂，富而無驕，何如？』子曰：『可也，未若貧而樂，富而好禮者也。』子貢曰：『『詩』雲「如切如磋，如琢如磨」，其斯之謂與？』子曰：『賜也，始可與言『詩』已矣，告諸往而知來者。』」とある。
*124 『論語・八佾』に「子夏問曰：『『巧笑倩兮，美目盼兮，素以為絢兮。』何謂也？』子曰：『繪事後素。』曰：『禮後乎？』子曰：『起予者商也！始可與言『詩』已矣。』」とある。

その類である。

2）因材施教

　「因材施教」は徳育の原則であり、教授の原則でもある。教授の原則として、学生の個人差と年齢の差異によって、目標を定めて教授を編制し実施している。前述したように、「因材施教」の原則は孔子を期限とするもので、孔子は徳育と知育において「因材施教」を行うことに長けていた。

　孔子は、「中人以上，可以語上也。中人以下，不可以語上也。」[*125] と説いたが、これはつまり、知的レベルが異なれば、教授における要求も異なるということである。知的レベルが中程度以上の学生らに対しては程度の高い学問を教えることができるが、中程度以下の学生にはそのようにはできない。

　孔子以降の歴代教育家たちも「因材施教」の原則の教授上での応用を重視していた。『学記』には、

　「今之教者，呻其占畢，多其訊言，及其数進而不顧其安，使人不由其誠。教人不尽其材，其施之也悖。其求之也仏。」と記されており、当時の教師は、ただ目の前の教科書を読み上げることばかりに注意を払い、しょっちゅう理解しにくいことを質問し、言説は散漫で同じことの繰り返しであると嘆き、教授するのに学生の受容能力を考慮しないために、学習に懸命に取り組ませることができず、教師は「因材施教」で学生それぞれの才能を開花発揮させることに努めていない。教授者が教授原則に反しているので、学習者もスムーズに前に進めないと断じている。

　教授という過程において、古代中国の教育家が「因材施教」の原則を運用する主な手段は以下の五つあった[*126]。

　第1は、学生の知能レベルに応じて教授することである。孔子は、学生の知能レベルにはいくらか差があるという現状を踏まえ、ある者には「可与共学、未可与適道」（一緒に同じ学問をしても、必ずしも一緒に同じ学業成績を収めるとは限らない）と説き、またある者には「可与適道、未可与立」（同じ学業成績を収めても、必ずしも同じ体験を味わうとは限らない）と説き、別の学生

[*125] 『論語・雍也』。
[*126] 燕国材「個別差異与因材施教浅談」『上海師範学院学報』1984年第1期。

には「可与立、未可与権」（同じ体験を味わうことができても、必ずしも臨機応変に新しい境遇に順応できるとは限らない）と説いていた*127。

墨子も教授において「量体裁衣」に注意を払っていた。「因材施教」に努め、「受け皿が深い者には深く、浅い者には浅く、教えることを増やした方がよい者には増やし、減らした方がよい者には減らすべきである。）*128 と説き、技能学習においても、学生の能力差を考慮して、「2～3人の弟子が墨子に射を学びたいと申し出たが、墨子は『だめだ。知者は自分の力量の限界をはかって事をなすものだ』」*129 と説いている。

第2は学生の知識レベルに応じて教授することである。現代の教授論は、学生の既存の知識レベルが新たな教授内容、方法、速度を制約し、最終的に教授の効果に影響を及ぼすと指摘している。

古代中国の教育家はある意味でこの問題を認識し、教授の実践において学生の既存の知識レベルを知ることに注意を払っただけでなく、その既存の知識レベルに応じてそれぞれに的確な教授を行うことに長けていた。

荀子は、「短綆は以て深井の泉を汲む可らず、知幾からざる者は與て聖人の言に及ぶ可からず（つるべの縄が短ければ、深い井戸の水を汲み出すことはできず、知識が足りなければ聖人の言葉が理解できない）」*130、「浅は与に深きを測るに足らず、愚は与に知を謀るに足らず、坎井の蛙は与に東海の楽しみを語るべからず（浅いものは深いことを測ることはできず、愚かな者は知を働かせることはできず、井の中の蛙は大海の楽しみを語ることができない）。」*131 と唱えている。いずれも比喩を用い、基礎知識とバックグラウンドの足りない学生に対しては、レベルの高い難しい内容の講義はすべきではないということを解説したものである。

古代の教育家は、既存の知識と新たな知識との関係に注目し、「温故知新」という命題を提起している。これについては後述する。

第3には学生の年齢や特徴に合わせて教授することである。古代中国の教

---

*127 『論語・子罕』。
*128 『墨子・大取』。
*129 『墨子・公孟』。
*130 『荀子・栄辱』。
*131 『荀子・正論』。

育家は、年齢の異なる学生らに対し、教授内容もその方法も変えるべきであると考えていた。

朱熹は、「此れ小学の事。知の浅くして行の小なる者なり。此れ大学の道。知の深くして行の大なる者なり。(「小学」の「事」は、学識がまだ浅くその実践の少ない者がするもので、大学の「道」は深い学識と豊富な実戦経験がある者がするものである)」[*132]と説いた。すなわち小学校では「洒掃(掃除)・応対(挨拶)」、「進退の節(立ち居振る舞いといった作法やマナー)」といった「事」を教え、大学では「窮理」、「修身」、「治国」、「平天下」などの「道(道理)」を教えるということである。小学生には訓練を中心に、大学生には理論教授を中心にする。このようにしなければ、いくら労力をかけても成果はあがらない。

> まだ幼いからと小学で学ばせないならば、子供の放逸な心が収まらず、徳性を養って大学の基本とすることができない。成長しても大学に進めなければ、義理というものが理解できず、物事に対処できず、小学の功を収めることができない。[*133]

王夫之はこの問題に言及したとき、「六年以上，固有早慧而可与於六芸者矣，而古人不及焉，豈靳教哉！蓋迫之小成，而固不足以達於広大深遠之義理，則聡明局隘，志意苟且，将終其身於粗浅卑近之中，而不足以入斯道之室。故必待其可喩而後迪之，斯以正蒙而為聖功之大成也。」[*134]と指摘している。つまり、教師が教え子の年齢や特徴に注意しないで、幼い子どもに難解な概念や知識を講義すると、得られるべき成果が得られず、却って「聡明局隘、志意苟且」の負の作用が生じるということだ。

第4は学生の適性によって教科を分けて教授することである。古代中国の教育家は、教授過程において、学生の秀でたところを無視して「いっしょくたにする」ことはできないと考えていた。

『論語』によると、孔子は学生の適性によって、徳行、言語、政事、文学の4科に分けて教授を行っていたという。

---

*132 『小学集解・小学集説』。
*133 『小学集解・小学集説』。
*134 『礼記章句』巻十二。

第5章　古代中国の教授論

　孟子も学生を「成徳者」、「達財者」、「答問者」、「私淑艾者」のように分類し、この分類によってそれぞれ異なる教育を施した。

　北宋の時代には、また教科を分けて教授する「蘇湖教法」が誕生した。この名は、教育者の胡瑗が蘇州と湖州で実施したことから付けられたものである。胡瑗は学校を「経義斎」と「治事斎」という二つの斎に分け（現代の学部に類似する）、「経義」は「六経」などの儒教経典の学習を中心とし、「治事」は軍事、治安などの学習を中心として、「経術（経学）、戦術、文芸、節義の専門家が居り、それぞれの分野に分かれて集団授業する」[*135]という形で教授した。それと同時に主副兼修の形式、すなわち「一人各治一事」を基本とし、その上で「兼摂一事」することとした。この教授法は大きな影響をもたらし、顕著な効果が現れた。のちに胡瑗は「抜擢」されて太学で教鞭をとり、その教授法も「太学法」と命名された。

　第5は学生の学習上の特徴に合わせて教授することである。学生には知能、知識レベル、年齢や適性などの相違のほか、学習上の特徴や学習のしかたの違いもあり、教授においてはそうした要素を考慮しなければ、それぞれを伸ばすことができない。古代中国の教育家もこの問題を認識しており、『学記』にも「学ぶ者四失あり……或いは則ち多きに失い、或いは則ち寡(すくな)きに失い、或いは則ち易きに失い、或いは則ち止まるに失う。」と記されている。つまり教師は学生が学習過程で犯しやすい四つの過ち、すなわち「広く浅く」多くの事に手を広げすぎて、そのどれにも精通しないという過ち、少しかじるだけの「一知半解で知見が狭い」という過ち、目先の変化に引かれ「移り気で学習に専念しない」という過ち、「古い殻に閉じ籠ったままそこに留まり進取の精神を持たない」という過ちがあることを知らなければならないという。

3）適時而教

　「禁於未発」や「蒙以養正」を徳育機会の原則であるとするなら、教授にも最適なタイミングの把握という問題がある。これがいわゆる「適時而教」の原則である。「適時而教」が最初に提唱されたのは『学記』においてであり、「当其可之謂時」、「時過然後学，則勤苦而難成」という形で記されている。筆者の

[*135] 陳澧著『東塾読書記』。

理解によれば、いわゆる「当其可」とは、学生の特定の時期に特定の内容を教授するのが望ましく、それが早すぎても遅すぎてもよくないというものである。『学記』は非常に丁寧に言及しており、その時期を逸したら決して成功できない、というわけではなく、ただ「成り難し」なのだとしている。

現代の外国語教育の実践でも『学記』の結論が証明されている。例えば、一般的に、言語学習の最適の時期は12歳までと考えられているが、これはこの時期は大脳両半球がまだ高度に分化していないため、言語学習の優位効果を有するからである。この時期を過ぎても外国語をマスターすることは可能である。ただし、多大な労力を必要とするということである。

現代の教育心理学は、『学記』でいう「当其可」の「可」、すなわち「ちょうどよい時」について探索を開始している。これまでにまだこれといった成果は得られていないが、ピアジェの「前操作段階」、「具体的操作段階」、「形式的操作段階」という区分、ブルーナーの教授内容の構造の研究など、我われにとっても得るところは大きい。

古代中国の教育家に「可」の問題に対する綿密な考察はもちろん無いはずはなく、探索は少ない方ではない。が、歴史的条件の制約により、その多くが天才的な推測であったり、個人の経験であったりした。

前漢の賈誼の『保傅』は「早期教育」を提唱している。その理由は「心未濫而先諭教，則化易成也」だからである。

北周の顔之推は、7歳から19歳までを大切な時期とし、「二十歳以降に暗誦した経書は、一か月放っておくともうぐちゃぐちゃで大変なことになる」[*136]と述べている。

陸世儀は『論小学』で、15歳を境とし、「人間には記録力と理解力とがある。15歳までは記憶力が高くて理解力が低いが、15歳を過ぎると理解力が高くなり、記憶力は低くなる」と論じている。

教授の内容については、古代中国の教育家の言葉が少なく詳しく述べられていないが、小学校では「事」（行為の訓練）を中心とし、大学では「理」（知識・規律）を中心としていたようだ。前節に述べたので、ここでは割愛する。

---

*136 『顔氏家訓・勉学』。

2.「学（学習）」の原則と方法

　学生の学習は古代中国の教授論の重点でもあり、古代中国の教育家は教授における学習原則と方法について非常に詳しく述べている。『古代学者論治学』と題して研究を行った人は、20万字近いその著書の中で「要点を集めたにすぎない」*137 と述べているが、ここでは要点の要点を検討する。

1）自求自得

　古代中国の教育家は、教授において、学生の主体性や積極性を発揮させるべきとし、「自求自得」がなければ、学びの収穫が得られないと考えていた。
　孟子は、
　　君子の深く之に造るに道を以てするは、其の之を自得せんことを欲すればなり。之を自得すれば、則ち之に居ること安し。之に居ること安ければ、則ち之に資ること深し。之に資ること深ければ、則ち之を左右に取りて、其の原に逢う。故に君子は其の之を自得せんことを欲するなり。
　　（君子が深く道に通ずるために、方法を尽くして工夫するのは、自分自身でその道を会得したいと願うからである。そうして自身で道を会得すれば、十分自身に納得がいってのことであるから、その道にしっかりと居ついていられる。このように、安定してその道に居ついていられれば、その道に関する深く無尽蔵な資源「資料」を見出して取り出し、拠り所とすることができる。道から資源をいくら取り出しても、無尽蔵なので、右からあるいは左からというように、手当り次第に取り出して用いても尽きることがなく、しかも皆自得した道の根源にふれてくるのである。それ故に、君子はまずその一番もとになる道を自得しようと願うのである）*138*139。
と説き、正しい方法によって学生たちに造詣を深めさせるためには、学生自らも積極的に得ようとしなければならない。このようにして得た知識こそが完全に自分のものとなり、万事がうまくいくとした。
　宋の張載も、教授過程では、学生のとる「自求」の習慣を身に着けさせなけ

＊137　傅孫久『古代学者論治学』南京大学出版社 1987 年。
＊138　訳注：新釈漢文大系「孟子」改変。
＊139　『孟子・離婁下』。

ればならないとした。自ら求めてこそ自らの身に着き、自らの身に着いてこそ自ら安らかとなるからである。それで「聞見之善者，謂之学則可，謂之道則不可。須是自求，己能尋見義理，則自有旨趣，自得之則居之安矣。」*140 と説き、「自求自得」があってはじめて興味も旺盛となり、学んだことが定着するとした。

　古代中国の教育家は、「自求自得」を貫くための原則と方法のポイントは、自らの思索を介して消化することだと考えていた。すなわち学習のための学習、読書のための読書ではなく、学びの材料を消化吸収し、骨の髄まで入れるということである。

　明代の王廷相は、「広く知識を得ようとすることが必ずしもよいとは限らない。思索を通して自得したものこそが本物である。漠然とした講義が必ずしも理に適うとは限らない。実践を通して熟練の域に達したものこそが巧妙といえるものだからである。これがゆえに君子の学ぶことにおいては、外面を広く学ぶこともさることながら、内面に深く通暁することが貴く、天下の諸事道理を議論するよりも学んだ知識を実践に活用することの方が貴いのだ。」*141 と唱え、「広く知識を得ようとすること」から「学んだ知識を実践に活用すること」まで、「思索を通して自得」する中間段階とは切り離すことができないとした。

　清代の戴震は孟子の前述の名言を解釈したとき、次のように記している。

　　血気の場合は、飲食を助けとして栄養分を得るなら、其の消化された結果は直ちに人の血気となるのであり、もはや飲食された物ではない。心知が学問を助けとするのも、自分のものにしてしまえばこれもまた同じことである。……仮にも学問が飲食のようなものであることを学べば、それを消化することが大切なのであって、消化しないのでは意味がない。棒暗記の学問とは、頭に入っただけで消化されていないものをいう。これを自分のものにしてしまえば定着し、しっかり定着すれば、それを左からとってみても右からとってみても根源に触れる。かくして心知は極点に達し、聖人の神明に至るのである*142。

＊140 『張載集・経学理窟・義理』。
＊141 『慎言・潜心』。
＊142 『孟子字義疏証』。

食事が消化を経て人体に吸収され、血気に変わるのと同様に、学問も消化を経てようやく心知となる。この理論は、実際上は教授を「学問」と「心知」の二階層に分ける。

周知のように、現代の海外の教授論では、教育には「記憶レベル」「理解レベル」「思考レベル」の三段階があるとされている[*143]。ブルームは教育目標を三つに分類し（認知的領域・情意的領域・精神運動的領域）、このうちの認知的領域を六段階（知識・理解・応用・分析・統合・評価）に分けた。オーズベルは学生の学習方式によって「受容学習」と「発見学習」に分け、教授の内容により「機械的学習」と「有意味学習」に分けた[*144]。そうすると、戴震の「学問」はオーズベルの「受容学習」または「機械的学習」に相当し、「心知」は「発見学習」または「有意味学習」に相当する。

指摘すべきは、王陽明が提唱した学説と3段階理論とがかなり似通っていることである。

　　一友問う。「書を読むも記し得ず、如何？」先生曰く、「只だ暁（さと）り得るを要（もと）めよ。如何ぞ記し得るを要めん。暁り得るを要むるも、已に是れ第二義に落つ。只だ自家の本体を明らかにし得るを要めよ。若し徒に記し得るを要めば、便ち暁り得ず。若し徒に暁り得るを要めば、便ち自家の本体を明らかにし得ず[*145]。

ここで、
「記し得る（記憶する）」→「暁り得る（理解する）」→「明らかにし得る（明らかにする）」の三段階は現代教育論の「記憶レベル」「理解レベル」「思考レベル」とほぼ合致する。もちろん、王陽明はこの三つの階層について詳細な論証を残しておらず、またその最終目的も単に「自家の本体」を理解するためだけのものであったので、その点は明らかに片手落ちであるといえよう。

2）楽勉結合

「楽勉結合」とは、教授における楽しいという気持ち、安定した興味を根気

[*143] 燕国材、朱永新『現代視野内的中国教育心理観』、104頁。
[*144] 邵瑞珍『教育心理学―学与教的原理』上海教育出版社1987年、24〜26頁。
[*145] 『伝習録下巻・黄省曾録(五)』。

と結合して、「楽しいが努力する」「努力するが楽しい」にし、これによって学生に強い学習意欲を形成することをいう。

　古代中国の教育家は、教授の実践において、学生が興味を持ち続けることと、楽しいという気持ちを養成するように心がけていた。

　孔子は「これを知る者はこれを好む者に如かず。これを好む者はこれを楽しむ者に如かず」[*146]と説いていたが、あるとき葉公(しょうこう)が子路に孔子の様子を聞いた。子路が答えないでいると、孔子が「女奚(なんじなん)ぞ曰わざる。其の人と為(な)りや、憤りを発して食を忘れ、楽しみて以て憂いを忘れ、老いの将に至らんとするを知らざるのみ、と。」(お前はこう答えればよかったのだよ。学問に熱中すると食事も忘れ、学問の楽しみを味わうと憂いを忘れ、そろそろ老年期に入ろうとすることにも気付かないような人柄です、とね)[*147]と言ったという。このことは、孔子が学生によく学びよく楽しむことを求めただけでなく、自らも「憤りを発して食を忘れ、楽しみて以て憂いを忘る」であったことを示しており、孔子が「勉(努力)」と「楽(楽しみ)」を組み合わせていたことが窺える。

　宋の張載も、学習のなかに楽しみがあり、積極的な学習意欲があってこそ、進展が得られるとした。それゆえ、「『楽則生矣』，学至於楽則自不已，故進也。」[*148]と説く。

　『呂氏春秋』にも「達師之教也，使弟子安焉、楽焉、休焉、遊焉、粛焉、厳焉。此六者得於学，則邪辟之道塞矣，理義之術勝矣。……人之情，不能楽其所不安，不能得於其所不楽。」[*149]と記されている。この部分は分析する価値がある。まず、これは、「心安らぐことをすれば楽しいと思えるが、楽しいと思えないことをしても収穫などあるはずがない」という指摘である。教育活動も同様で、ベテランの教師は教授活動の中で学生に「安・楽・休・遊」を求め、学習活動に大きな興味や楽しいという気持ちを持たせる。次に、「安・楽・休・遊」を「粛」「厳」と並べる。この六者は学習を成功させる共通の条件である。すなわち「楽(楽しみ)」と「勉(努力)」が結合しなければ、高い効果は得られないということを意味している。

[*146] 『論語・雍也』。
[*147] 『論語・述而』。
[*148] 『張載集・経学理窟・学大原上』。
[*149] 『呂氏春秋・誣徒』。

第5章　古代中国の教授論

　古代中国の教育家も教授の実践において学生の粘り強さを養成することに注意を払っていた。学生の勉強は苦しみを伴うものであり、公園を散歩するような自由もなければ、劇場で芝居を観るような気軽さもない。広大な大地で馬を操ることでも、海辺で水浴びをすることでもない。労苦を厭わず、根気を持って、険しい山道を登った人だけが輝かしい頂点に到達できる。

　孔子は、根気よく力を尽くすことを非常に称賛し、「善人は吾得て之を見ず。恒有る者を見るを得ば、斯れ可なり（完璧な人格者には私は到底出会うことはできないが、せめて教養のある人に出会えれば、それでよしとしよう）」[*150]という言葉を用いて自分の弟子を激励した。また、学習中は強い気持ちを持って前進し、「譬えば山を為(つく)るが如し。未だ成らざること一簣(いっき)にして、止むは吾が止むなり。譬えば地を平らかにするが如し。一簣を覆すと雖ども、進むは吾が往くなり（山を作ろうとするとき、あと簣(もっこ)に１杯…というところで山が完成しないのは、自分がやめてしまったからである。同様に、土地を均そうとするときに、たった簣１杯分であっても土を入れられたなら、平らになる方に進む。それは自分が進めているからだ）。」と説いて、途中で投げ出してはならないことを教えた。

　宋の張載は、学習上の間違いで「苦難則止」[*151]以上のものはないとし、
「学問は登山のようなものだ。なだらかな麓はさっさと大股で進めがちだが、その先には険しい難所が待ち受けているから、急がずに、着実に進んで行かなければならない。そして、その難所に来たらへこたれず果敢にアタックすべき」[*152]であると説く。それゆえ、粘り強く懸命に頑張ってこそ「日々進歩し止まることがない」[*153]という成果が得られるとする。「勉（努力）」と人の自信との関係について、「学んでも自信が持てず、自明（明確な方向性を保持すること）できないでブレてしまうのは、自分が根気よく努力できないところに問題がある。学びというものは正しいルートに従って弛まず追究していくものであって、元に戻ってはいけない。川の流れがそうであるように、源泉が勢いよく、そして休むことなく湧き出て前に進んでいけば、自分に自信もついて自

---

*150 『論語・述而』。
*151 『張載集・正蒙・中正』。
*152 『張載集・経学理窟・学大原下』。
*153 『張載集・正蒙・中正』。

らの方向性も明確になり、豊富な知識を自得することができる。」*154 と論述し、「自勉―自信―自明―自得」という論理を提起した。これは張載の教育理論の必然的論理である。

宋代の文学者蘇軾の『晁錯論』には力強い名言が残されている。

> 古の大事を立つる者は、惟だ超世の才有るのみならず、亦た必ず堅靱不抜の志有り。

「楽（楽しい）」と「勉（努力）」を重視していた王夫之は、学習の過程では、「楽しい」という気持ちを積極的に関与させる必要があり、根気強く頑張るという意志をもって支えることも必要であると提唱した。学習は「勉」と切り離すことができないとして、「学者不自勉，而欲教者之俛従，終其身於不知不能而已矣。」*155 と説いたが、「勉」は「楽」とは切り離せない。「勉」だけで「楽」がなければ長く続けることはできない。

> 「『中庸』でいうところの［勉強］とは、学・問・思・弁・篤・行の達成を言うのであって、荘厳なもの、すなわち静かに思索し省察することである。［勉強］の成功は、［楽しい］という思いがあってこそ実現する。［子供の教育］という道の先にあるゴールは、その子を立派な大人にすることだが、心の底から楽しいと思えないことを無理強いしてもゴールには到達しない」*156

のである。「楽」がなぜ「勉」の基礎であるのか？　王夫之はこれを感情の特徴と機能が決定するとして、「和者於物不逆」、「楽者於心不厭」であるため、学習を楽しいことと思えてこそ苦難も厭わず「欣然有得」となると説いた*157。

3）学以致用

「学以致用」とは、学生に対し、学んだ知識を実際に応用することを求めるいわゆる「実践」である。これは現代教育論の「理論を実際と結びつける」教育原則に似ている。古代中国の教育家は「学以致用」の原則と方法を非常に強調しており、本書でも教授過程の「篤行」の段階の考察で触れているが、「学

---

*154 『張載集・横渠易説・系辞上』。
*155 『四書訓義』巻二十五。
*156 『張子正蒙注』巻三。
*157 『張子正蒙注』巻三。

以致用」の原則と方法は古代中国の教育論のなかでも特異的な地位にあるため、本節でもいくつかの考察を試みる。

　古代中国の教育家はなぜ「学以致用」原則と方法を殊更に強調したのだろうか。それには三つの理由が考えられる。

　第1に、「学」（知）と「用」（行）の弁証関係の客観的ルールにより決定したということである。古代中国の教育家は、「学（学ぶ）」と「用（用いる）」、「知（知る）」と「行（行う）」は相互に促しあうことができると考えていた。学習によって獲得した知識を、指導の「用」と「行」とすることではじめて役に立つ。「知」から外れた「行」は愚行である。同様に、「用」と「行」を目的とする知こそが正しい知見であり、「用」と「行」に結びつかない知は「空知」である。

　朱熹はこの点について詳しく述べている。

　　実践に努めれば知識が増え、知識が深まれば実践に行きつく[*158]。
　　治学の本質は実践にある。道理だけを学んで実践しないならば何も学んでいないのと同じである。しかし実践しようと思っても、その道理がわからなければ、たとえ実践したところで、何故そういう結果になったのかが理解できない[*159]。

前の文は、「学」「知」と「用」「行」が相互に促しあうことを説明しており、後の文は、「学」の目的は「用」であり、「知」があっても「行」をしないのは、「学」をしないよりも劣るということであると説明している。したがって、教授・学習過程にあっては両者を統合し、「学以致用」、「知行合一」に努めなければならないとする。

　第2に、学習の最も基本的な原動力と目的は、実際の問題を解決することにある。古代中国の教育家は、教育の真諦は学生を「学以致用」できるようにすることである。

　漢の王充は、「通を尊重するのは、それが有用であるからである。もし単に書物を暗唱しているだけなら、詩をそらで千篇以上読み唱えたとしても、オウムがものをいうたぐいのことだ。伝書の意味を敷衍し、豊富な語彙を出すのは、

＊158 『晦庵先生朱文公文集・答潘子善』。
＊159 『晦庵先生朱文公文集・答曹元可』。

才気が優れている人でなければ不可能である。」*160 と説き、教授・学習において最も価値あることはすべてを完全に理解することであり、すべてを完全に理解することは、実質的には学習した知識を応用することができるということに他ならない。

　詩書を唱えるだけならば、それがたとえ千篇であっても、書いてあるとおりに読み上げるだけで単なるオウム返しに過ぎない。

　北宋の黄進は、学んだことを実践に生かさなければ、それは全く学習の意味を失っていると唱え、教授の最高の境地は、学生を「学以致用」できるようにすることであるとして、「生まれて学ばざれば、生まれざるに同じ。学んで道を知らざれば、学ばざるに同じ。知って行うこと能わざれば、知らざるに同じ。知って後で行うは尚なり。」*161 と説いた。

　第3に、古代社会において学術界への弾圧が2回あったことである。中国の古代史上、比較的影響力のある学術思潮があった。魏晋時代の玄学と宋明理学である。この二つの思潮は古代中国の学術思想にプラスの意義を有しており、とりわけ古代哲学の思索方式と思索水準に変化と向上をもたらしたことは評価に値する。にもかかわらずそれらは無視できない弱点をもっていた。そのうちの一つが理論と実際の乖離である。魏晋時代の「清談」という玄学の風潮の影響で、多くの知識人は実際を疎かにし、ただただ机上の空論にふけるようになっていった。

　「世の中では、学問にふける人はとかく口ばかり達者で行動が伴わないことが多く……家の造り方を聞いても、梁が横で梲(うだつ)は縦、ということを必ずしも知っているようには思えず、田んぼの耕し方を聞いても、必ずしもウルチキビは春のものでモチキビは夏のものであることを知っているようには思えない。吟嘯するか、冗談を言い合うか、辞賦を諷詠するのが精々で、閑人の遊びごとである。学識が増えたといっても現実離れしている。」*162
であったのである。顔子推の言である。

　清代の李塨は宋明以来の空虚で内容の無い士林学風について、鋭く批判して

---

*160 『論衡・超奇』※現代語訳は、新釈漢文大系『論衡 中』を改変。
*161 『歊瓆微論・生学篇』。
*162 『顔氏家訓・勉学』。

いる。
　「天下の傑士たちを集めてそこへ網を張ると、空虚な楽しさと大げさな詩文書画が捕らえられる。明代末期、朝廷には信頼できる臣下はおらず、天下に仕事のできる役人はいない。大司馬堂に座って『左伝』を批評し、敵兵が近くまで攻めてきても詩賦進講にふけっている。そうした風潮が将相にまで広がり、日夜［これ伝世の業なり］と言いながら、功を建てることなどに見向きもしない。そんなことだから天下は乱れに乱れ、民衆は苦しい思いをさせられている。顔元先生が泣きながら仰るはずである。」[*163]

　こうした状況の中、「学以致用」を強調したことの歴史的意義は当然大きい。「学以致用」の原則は、教授原則であり、教授方法でもある。古代中国の教育家は、この原則と方法を貫き運用する際に、主に次の二点を強調した。第1には、教授・学習で習得する知識は「経世致用」であり、実際問題の解決ができなければならないという主張である。唐の歴史家劉知幾は、「仮有学窮千載，書総五車，見良直而不覚其善，逢觗悟而不知其失，葛洪所謂『蔵書之箱篋』、『五経之主人』，而夫子有云『雖多亦奚以為？』其斯之謂也。」[*164]と述べている。つまり、学んだ知識を応用することができなければ、合理的なものに出会ってもその良さがわからず、不合理なものに出会ってもその誤りに気が付かない。このような人は単なる本の虫、勉強オタクであり、「歩く本棚」であるにすぎない。第2は、教授・学習で習得する知識は「身を以て行いを戴する」[*165]で、自らの品徳の修養レベルを向上させられるものでなければならないという主張である。これについては「徳育観」の中ですでに触れているので、ここでは割愛する。

3.「教（教授）」と「学（学習）」に共通する原則と方法

　教授は「教（教授）」と「学（学習）」の相互間活動である。教授過程では、前述の「教（教授）」を主とした三つの教授原則と方法、および「学（学習）」を主とした三つの教授原則と方法のほか、「教（教授）」と「学（学習）」に共

---

*163　李塨撰『恕谷後集』巻四。
*164　『史通・雑説下』。
*165　『墨子・魯問』。

通する三つの原則と方法がある。

1）教学相長

「教学相長」の原則と方法は、教授過程で、教師と学生の双方が相手の存在と挙動を前提とし、双方の共同活動を通じ、相互促進、共同成長することをいう。

著名な教育史家・毛礼鋭氏は、

「『教学相長』という教育原則は、海外の『教育論』の中でこれまで提起されたことがなく、儒家の教育理論ならではの独創的な見解で、大変貴重なものといえる。『教（教えること）』と『学（学ぶこと）』は相反するものであるが、互いに補完し合うものでもある。『学』に『教』は必須であり、教えるということがなければ学んでも知識が行き届かず、いわゆる『無師自通（教師がいなくても自分で理解できる）』は極めて特殊な状況をいう。『教』には、教師自らが学ぶだけでなく、学生に学ぶ、または学生に啓発されて努力邁進し、自分の知識レベルを向上させることも必要である」[166]

と述べている。この言葉は、古代中国の「教学相長」の原則と方法についての画竜点睛ともいうべき説明である。

孔子以来、古代中国の教育家は「教学相長」の原則と方法を重視してきた。

孔子は、師弟間の切磋琢磨と相互啓発に注意を払い、「人を誨(おし)えて倦(う)まず」（人に教えて飽きることがない）、「循循然(じゅんじゅんぜん)として善く人を誘(いざな)う」（順序立てて一歩一歩導く）[167]をモットーとして、学生を指導しサポートした。それと同時に、自分自身も学生から学ぶように努め、「予(われ)を起こす者は商なり」（私を奮起させてくれるのは商だよ）[168]「三人行けば必ず我が師有り」（三人で何かを行うと、そこには必ず自分の手本となる人がいるものだ）[169]と唱えた。

『学記』は「教学相長」の原則を定型化し、「学問をしてみて初めて己の知識不足を知り、教えてみて初めて教育の難しさがわかる。不足を知ると自分で反省することができ、難しさを知ると、自ら努力して向上することができる。だ

---

*166 毛礼鋭「儒家的［教学論］初探」『北京師範大学学報』1979年第六期。
*167 『論語・子罕』。
*168 『論語・八佾』。
*169 『論語・述而』。

から『教えることと学ぶこととは互いに助け合う（教学相長）』というのだ。」という明確な命題を提起している。

　古代中国の教育家は「教学相長」の原則と方法を貫き運用する際に、以下の見解とやり方を提案した。

　第1には「師法（教師による指導法）」を強調し、教師の指導的役割を重視したことである。

　「教師の指導法に従わず、自己流の勉強のしかたを好むのは、例えて言うと、盲目の人が色を見分け、聾唖の人が音を聞き分けようとするようなもので、でたらめ以外の何物でもなくなってしまう。」[*170]

と説いた荀子は、さらに

　「教師も法もなければ、なまじ知恵のある者は盗みをはたらき、勇気ある者は賊になり、才能ある者は社会を乱し、頭のきれる者は奇行奇談で人心を惑わし、弁の立つ者は人を欺きたぶらかすに違いない。一方、教師も法もあれば、知恵のある者はわずかの間に道理を理解し、勇気ある者はわずかの間に威厳を身に着け、才能ある者はわずかの間に成功を収め、頭のきれる者はわずかの間にすべてを見通し、弁の立つ者はわずかの間に事の是非を判断する。だから教師と法があることは、人間にとって大きな宝であり、教師も法もなければ、人間にとっての大きな禍である。」[*171]

と説いた。荀子は、教師の指導があり、道徳的な基準を知れば、知礼に通じ、立派な成果を収められる鋭敏で明察な人になれると考え、それが最も大切なことであるとした。

　王充は、教師から与えられるヒントが学生の発達に重要な意義をもつとして、「学士は学問に練り鍛えられ、一人前の先生になっている。」[*172] と唱えた。

　唐代の韓愈の『師説（しのせつ）』は、教師の指導的役割について、より詳細に謳っている。

　　「古代の学ぶ者には必ず師があった。師とは、道徳の道を伝え、業を授けて惑いを解決するためのものである。人は生まれながらにこれらを知っ

[*170]『荀子・修身』。
[*171]『荀子・儒効』。
[*172]『論衡・量知』※現代語訳は、新釈漢文大系『論衡 中』より。

ているのではない。誰が惑いの無いことができよう。惑いがあるのに師に従って学ばなければ、その惑いは、いつまでも解決しままである。自分より先に生まれ、自分より先に道を学んだ人である。もとより自分よりも先であるならば、自分はこの人に従い、この人を師としよう。自分より後に生まれても、その道を知ることが、また自分より先であれば、自分は従ってその人を師としよう。自分は道徳の道を師とするのである。一体どうしてその人が自分より先に生まれたか後に生まれたかなど考えようか。だから貴賤の差別なく、年齢の上下なく、道の存在する所が、師の存在するところなのである。

ああ、師の正しい在り方が伝わらなくなってから久しい。だから、人々が惑うことがないようにしたいと思ってもむずかしい。古代の聖人は、衆人よりもずば抜けて優れていたが、それでもやはり師に従って学問をした。当節の衆人は、聖人よりも格段に劣っているのに、師に学ぶことを恥じる。そうであるから聖人はますます智徳最高となり、愚人はますます愚かになる。聖人が聖であるわけ、愚人が愚であるわけは、皆、このことから出ているのであろうか。*173」

韓愈は、教師が知識の伝授と道徳教育の指導という役割を果たすことができ、学生の疑問を解消する手伝いができるのは、知識の習得、道理の理解という面で学生より秀でているからであると考えていた。それゆえ、聖人愚人の別なく、師を尊敬し、謙虚に教えを乞うべきであるとした。これは、教師の本質に関する系統立った論述である。

第2は、「交りて以て師と為す」で、師弟間の「取長補短」、「互学互促」、「共同成長」を提唱するものである。

『晏子春秋・内篇諫上』に「列士併学，能終善者為師。」と記され、唐の杜甫は『戯為六絶句』で「転益多師是汝師」と述べている。柳宗元はより明確に、「苟も其の名を去りて其の実を全くし、其の余を以て其の足らざるを易(おさ)め、亦た交りて以て師と為すべし」と説き、「そうやって世俗の煩わしさを無くせば有益なことになるが、これまでによく導いてその煩累を避けた者はいない」*174

---

*173 ※現代語訳は、新釈漢文大系『唐宋八大家読本 一』を改変。
*174 柳宗元『答厳厚輿秀才論為師道書』。

と論じている。「交りて以て師と為す」は「教学相長」の原則と方法を継承し発展させたものであるが、古代教育論において、確かに「新境地を開き、人を啓発して深く考えさせる」といった貢献をしている[*175]。この点については王夫之も理解が深く、「師弟子以道相交」、「相扶以正」という見解[*176]を示している。教師と学生の間は、学問の上で切磋琢磨できるだけでなく、道徳の上でも互いに助け合うことができるというものである。

　第3は、「出藍の誉れ」を強調し、学生が教師に学んだ上で師を超えるよう奨励したことである。この命題を最も早く提唱した荀子は

「君子曰く、『学は以て已むべからず。青は、之を藍より取りてしかも藍より青し。氷は、水、之を為して水より寒し（君子は「学問は途中でやめてはいけない。青という色は藍草から作られるが、藍よりも青い。氷は水からできるが、水より冷たい」。）[*177]と説いたが、実は荀子自身が「出藍の誉れ」の典型であった。稷下学宮に3回遊学した荀子は、学術的にも広い見識を有し、儒家の学説を受け入れただけでなく、道家、法家等のよい部分を摂取することにも気を払い、その結果、先秦時代の学術の集大成者となった。韓愈も、学生が師を求める目的は、教師に学ぶことを基軸として師を超えることにあるが、師を超えるために師の教えを請うのも悪くないとして、

「自分の文章が人より勝っていて採用されることを求めるのであれば、もともと人に勝って採用されることができるであろう。」[*178]

と唱えている。宋の張載も師を求めて師を超える「出藍の誉れ」の法則は必然的な流れであるとして、

「今日、人に問い、明日、人に勝ることのどこにいけないことがあるか」[*179]

と述べている。

2）循序漸進

　「循序漸進」の原則と方法とは、教授過程において、科学知識の体系と学生

---

*175 周徳昌『中国古代教育思想的批判継承』教育科学出版社 1982 年、131 頁。
*176 『四書訓義』巻三十二。
*177 『荀子・勧学』。
*178 韓愈『答李翊書（李翊に答うる書）』。
*179 『張載集・経学理窟・学大原下』。

の知能発達レベルに応じて、系統的かつ段階的に教授することをいう。

　古代中国の教育家は「循序漸進」の原則と方法を重視していた。孔子の弟子は師を「循循然として善く人を誘う」*180 と褒め称えたが、これは、孔子が教材にしたがって一歩一歩誘導するのがうまかったことを意味し、学生たちが段階的かつ系統的に学習でき、簡単なところから深く難しいところへと進むので、興味が日に日に増し、遂には「やめられない」境地に達することができたということを物語っている。

　孟子は孔子の「川上之嘆」を解釈したとき、「循序漸進」の思想を明確に示した。

　　原泉混混として、昼夜を舎かず。科に盈ちて而る後に進み、四海に放る。本有る者は是の如し、是れ之を取れるのみ。*181
　　（源のある水は、その源からどんどん湧いて、昼も夜も止まることがない。流れの途中に窪地があれば、それを満たしてそれからまた流れていき、四海に達する。根本があるものは皆このようなものであり、この点を褒められたのである）。
　　流水の物為るや、科に盈たざれば行かず。君子の道に志すや、章を成さざれば達せず*182。
　　（流水というものは、流れている途中に窪地があれば、それをいちいち満たしてからでないとその先に進まない。君子が道に志すのもそれと同じで、一つひとつ徳を進めていかなければ目的を達成しない）。

　孟子は、教授はそもそも流れる水のように昼夜を問わず前進するものだが、順を追って一歩一歩進め、流水のように「科に盈ちて而る後に進」んでこそ、知識の海ができ、真に学問が成就すると考えていた。そしてこの原則と方法に従わず、功を焦って、一定の順序によらずにまるで苗を引っ張って伸ばすようなことをすれば、「急いてはことを仕損じる」の言葉通り、「其の進むところ鋭き者は、其の退くところ速かなり」*183
となり却って失敗してしまうとした。

―――――――――――――――――
＊180　『論語・子罕』。
＊181　『孟子・離婁下』。
＊182　『孟子・尽心上』。
＊183　『孟子・尽心上』。

『学記』は「循序漸進」の理論構成に大きな貢献をしている。そこに記されている「雑施而不孫，則壊乱而不修」は、一見何でもない文のようで、実は奥深い意味がある。「雑施」とは、教授の際、教師が無秩序に、教育内容の体系や程度の順を無視して進めることをいい、教授は順序立てて行うものであり、「以二書言之，則先『論』而後『孟』，通一書而後及一書。以一書言之，則其篇章文句，首尾次第，亦各有序而不可乱也」*184 である。これは、「循序漸進」の原則と方法が、知識自体の論理の順序によって決められた規律であることを物語っている。

また「不孫」とは、教師が学生の年齢や心理的なレベルを考慮しないで教授を進めることをいう。

王陽明は次のように述べている。

「人に学問を教える場合も、相手の能力やキャパシティーに応じて教えなければならない。例えば芽を出したばかりの樹に水をやるなら、量はほんの少々でよいが、その樹が成長するにつれて水の量は増やしていく。一握りの太さから一抱えの太さになるまで、樹の状態に応じて水の量を加減する。もし芽を出したばかりの頃に桶いっぱいの水をやったら、水浸しにしてその芽をダメにしてしまう」*185

「赤ん坊が母親のおなかにいるときは、純気というものだけで、何の知識もない。母の胎内から出て初めて泣くことができ、次に笑うことができ、次に父母兄弟の顔がわかるようになり、次に立つことができ、歩くことができるようになり、物を持ち、背負えるようになって、ついには何でもできるようになる。それというのも皆、生まれてから日ごとに精気が充実し、それによって筋力も強くなり、知恵がついてくるからであって、生まれたその日にすぐにそれらの能力を得たわけではない。このように、ものごとには根本というものがあるのだ。」*186

これは、「循序漸進」の原則と方法が、事実の上では学生の心身の発達の順序によって決められる規律であることを物語っている。王陽明は、人の成長は

---

*184 『朱子大全・読書之要』。
*185 『王文成公全書・答黄以方問』。
*186 『王文成公全書・伝習録上』。

苗木の成長に似たところがあるとし、常に小から大へ、未熟から成熟へと向かうべきであり、この点を考慮せずにバケツの水をいっぺんに苗木にかけるように、生まれたばかりの赤ちゃんに深遠な道理を説くのは、むしろ逆効果であり、有害無益であるという。

「循序漸進」の原則と方法を貫き運用する問題について、古代中国の教育家は次のような見解を提唱している。

第1には、基礎を固めることである。老子は「合抱(ごうほう)の木も毫末(ごうまつ)より生じ、九層の台(うてな)も「累土(るいど)より起こり、千里の行も足下(そっか)より始まる」*187

（一抱えもある大木も毛先ほどの芽から成長し、9階建ての高い建物も土を積み上げることから始め、千里の道も一歩から始まる）。

と唱えている。朱熹は、中国教育史上、「循序漸進」を明確に提唱した第一人者であり、この命題について例を挙げ、「問学如登塔，逐一層登将去，上面一層，雖不問人，亦自見得。若不去実踏過，却懸空妄想，便和最下底層，不曾理会得。」*188 と詳細に論述し、学問というものは宝塔を登るのと同様で、一番下から一気にてっぺんに登ろうとするのは、ただの「現実離れした妄想」にすぎないと断じている。

第2には、容易なことから難解なことへ、である。早くも『学記』には、教授は容易なこと、簡単なことから始め、それから難しいこと、深いことに向かうべきであるとした、「善く問う者は堅木を攻(お)むるが如し。其の易き者を先にし、其の節目(せつもく)を後にす。其の久しきに及びてや、相説いて以て解(さと)る。」との指摘が見える。また「良冶之子，必学為裘。良弓之子，必学為箕。始駕者反之，車在馬前。君子察於此三者，可以有志於学矣。」とも記され、腕利きの鍛冶屋が子に技術を伝えるときは、まず柔らかい革をはぎ合わせて鼓裘（皮の衣）を作ることを学ばせる。すぐれた弓師は子にしなやかな柳の枝で矢壺を作ることから学ばせる。馬に車を引かせる訓練をするときは、まず親馬に引かせると、子馬は車の後ろについて走る。やさしいことから始めてこそ、最後に難しいことがたやすくできるようになると、例を挙げて説かれている。

第3にはカリキュラムの強化である。カリキュラムの強化とは、教授過程

---

*187 『老子・六十四章』。
*188 周永年編集『先正読書訣』。

と内容を調整し、何から教え、次に何を教えるかの段取りをすることである。無秩序、無計画ではいけない。朱熹は、無計画の弊害について、たとえ話を交えて批判している。「雑然進之而不由其序，譬如以楞然之腹，入酒食之肆，見其肥糞大，餅餌膾脯，雑然於前，遂欲左挐右攫，尽納於口，快嚼而亟呑之，豈不撐腸拄腹，而果然一飽哉？然未嘗一知其味，則不知向之所食者果何物也。」*189 つまり、計画性のない教授は、お腹を空かせた人が食堂に行くようなものだという。片っ端から何でも口に詰め、咀嚼しないで飲み込めば、腹は膨れるがまったく味がわからない。

3）温故知新

「温故知新」の原則と方法とは、教授過程においては、学生に復習させ既に学んだ知識を定着させ、そのうえで復習によって新たな意味を理解し、新たな収穫や新たな発想を導いて、新しい知識を探索する原動力とすることである。

古代中国の教育家は早くから「温故知新」の原則と方法に注目していた。それが如実に現れているのが『論語』の冒頭が「学而時習之，不亦説乎！」となっていることである。孔子は『為政』篇で明確に「温故而知新，可以為師矣」と唱え、教師は「温故知新」の原則と方法を把握すべきであるとしている。「温故知新」は、教師のみならず学生もそう努めるべきであると考えていた孔子は、教授の中でも学生にこの原則どおりに学習を行うよう注意を払っていた。曾参の「吾日三省吾身」に、師から伝授された学問をきちんと温習（おさらい）しているかを振り返るとある*190。別の弟子の子夏も「日知其所亡，月無忘其所能，可謂好学也已矣。」*191 と言っている。以前知らなかったことを毎日学び、習得したことを毎月温習することで、それを忘れないようにする。これを「好学」というのである。

「温故知新」の原則と方法をどのように貫き運用するか。古代中国の教育家が価値ある見解を提示している。

第1は「正業」と「居学」を組み合わせることであり、正規授業と課外学

---

*189 周永年編集『先正読書訣』。
*190 『論語・学而』：「曾子曰：『吾日三省吾身――為人謀而不忠乎？與朋友交而不信乎？伝不習乎？』」。
*191 『論語・子張』。

習の相乗効果を強調する。『学記』は最も早くこれを提唱しており、「大学之教也，時教必有正業，退息必有居学。不学操縵，不能安弦。不学博依，不能安詩。不学雑服，不能安礼。」と記されている。すなわち、普段の授業に加え、放課後に課外学習の時間を作り、学生の知識の定着と技能の熟達を図るというものである。放課後に調琴の基本動作や歌咏雑曲、洒掃応対などの礼儀の細かいところを練習することは、琴線の調節、詩歌の音律や礼儀規範の習得にとって重要な意義を有している。

第2は、「温故」と「知新」を組み合わせることであり、「温故」の目的が「知新」であることを強調する。晋代の陸機の『文賦』に「或襲故而弥新。或沿濁而更清。」とあり、張載も「義理有疑，則濯去旧見，以来新意。心中苟有所開，即便記」[192]と述べ、学生に対し、書物に書いてあることに道理に問題があることが判明したら、旧来の古い知見を捨て、新たな意義を確立せよ、新たな理解が生まれたら、すぐにメモせよと教えている。

朱熹はより明確に、学生に対し、「学者不可只管守従前所見，須除了，方見新意。如去了濁水，然後清者出焉。」[193]と説き、古い見解に拘泥せず、古い見解を打破して新たな見解を打ち立てよと指導している。

明代の方以智は、「温故知新」の重要なところは、「故」を消極的に受け入れるのではなく考察を重ねることにあるとして、「学以収其所積之智也，日新其故，其故癒新，是在自得，非可襲掩。」と述べている。すなわち、真の「知新」とは、他人の古い知見を剽窃するのではなく、先人の知恵を吸収したうえで考察を重ね、「自得」の境地に到達してはじめて「新たな知」を得ることができるというものである。

---

[192]『張載集・経学理窟・学大原下』。
[193]『朱子語類』巻十一。

第6章
古代中国の教師論

　教師という仕事は世界で最も古い職業の一つである。教師のいない社会はありえず、教師は先人の知識や経験を若い世代にスピードを凝縮して伝えることのできる、人類社会の継続と発展の架け橋としての役割を果たしている。

　ロシアの教育家ウシンスキーがいみじくも述べている。「教師は、現代教育の歩みに後れをとらなければ、自分が人類の無知と悪習を克服する大機構の活発で積極的なメンバーであることを感じるだろう。そういう教師は過去の歴史上すべての高尚で偉大な人物と次世代との仲介者であり、真理と幸福を勝ち取った者の神聖な遺訓の保存者である。自分が過去と未来の間の生ける環節であることを感じ……その仕事は表面的には平凡だが、史上最も偉大な事業の一つだ……」[*1]。

　17世紀のチェコの教育家コメニウスも「国家に対する貢献として、青年を指導し教育すること以上にすばらしく、偉大なものが他にあるだろうか」と述べ、教師という職業を「太陽の下で最も輝かしい職業である」としている。

　では、古代中国の教育家は教師についてどのように論じていたのだろうか。中国の古代社会において、教師の地位と役割はどうだったのであろうか。

　本章では、その点について紹介と考察を試みる。

1、師の変遷

　古代中国の教育思想史上、教師の地位については論争が繰り返されてきた。中国では古来より「尊師重教」の良き伝統があったという人もいれば[*2]、古代

＊1　イワンカイロフ『教育学』人民教育出版社 1957年、693頁。
＊2　許椿生「歴史上教師的作用和地位」『河北教育』1981年第1期。

中国では教師が特別に尊敬されたことはなく、師弟関係の上で論争できる権威があったかどうかだけだとする人もいる*3。

いったいこの問題をどう見るべきか。

古代中国における教師という職業の発生とその地位の変遷を歴史的に考察してみる。

古代中国、最古の原始人群の段階では、特に専門の教育活動はなかった。原始人群の教育は完全に集団の中で行われ、「集団を拠り所とした交流のなかで生産方法や生活経験を伝授し、集団を拠り所として後継を育てる」*4というものであった。

原始社会から氏族共同体の段階に入ると、社会に「氏族の酋長はすべてそれぞれの氏族の同一家庭から選ばれる風習が現れ、ここに最初の部落顕貴（氏族の中の首領または長老）もつくられた」*5という状況がもたらされた。

これらの「部落顕貴」は教育の責を担っており、最初の「兼業教師」とされる。

古典には多くの記録がある。

伏羲氏の時代は獣が多く、そのため教育は狩猟を教えることだった*6。

包犠氏が没して、神農氏がおこる。木を切ったり曲げたりして鋤や鍬として役立て、それを世に教えた*7。

堯は「棄（弃）」を招き、山あいに居住して、その土地に従って耕し、種まきをするなどの農事を民に教えさせ……「棄」を「農師」に拝し、邰に封じて号を后稷とした。姓を姫氏という*8。

后稷は民に農事を教え、五穀を植え付け育てさせた。五穀はよく実り、民も十分に育った*9。

このことは、「兼業教師」の教育活動が基本的に労働生産のプロセスにおい

---

*3　朱永新、袁振国『政治心理学』知識出版社 1990年、87頁。
*4　毛礼鋭、沈灌群『中国教育通史（第1巻）』、6頁。
*5　エンゲルス「家族・私有財産・国家の起源」『マルクスエンゲルス選集（第4巻）』、125頁。
*6　『尸子』。
*7　『易経・繋辞』。
*8　『呉越春秋』。
*9　『孟子・滕文公上』。

て行われていたことを説明している。氏族共同体段階の末期には、社会生産の発展と社会分業の拡大につれ、教育も分化され始めた。すなわち「部落顕貴」の子弟を育成する専門の学校が誕生したのである。いわゆる「成均之学」、「虞庠之学」といわれる最初の学校である。

その頃、学校の教師は2種類あった。一つが「部落顕貴」の兼任で、行政の長が学校の教師を兼務した「官師合一」である[*10]。もう一つは徳高望重の老人が選抜されて専業教師となったものである[*11]。初期の専業教師は徳の高い年寄りで、貴族の子弟に射、礼、楽の教育を行ったほか、養老礼の「乞言」や「合語」[*12]によって、天子、諸侯、群臣および貴族の子弟へ善言善行と倫常の道を説いた。

当時、教師は当然尊重されたが、尊重された理由は官師合一によるところが大きいであろう。この官師合一の制度は、直接夏、商、西周の奴隷社会のものを継承していた。特に西周（紀元前11世紀～紀元前771年）は政教不分で、官師合一の制度は日を追って整えられ、「学在官府」、すなわち教育機関が官府に設置される教育形式が形成された。

西周時代の教師は国学、郷学の2種に分けられる。

国学の教師は大楽正（大司楽ともいう。国家のために宗教祭祀と国家儀式を司る礼官）が主を務め、その下を小楽正、大胥、小胥、大司成、籥師、籥師丞、太傅、少傅、師氏、保氏などの官吏で分掌した[*13]。彼らは官府の正式楽官であっただけでなく、貴族の子弟に教育を行う教師でもあった。

郷学の教師は大司徒（民政担当の最高責任官）が主を務め、その下を郷師、郷大夫、州長、党正、父師、少師等などの各級地方行政長官が兼任した。また致仕（官吏を退職）した大夫と士の中にも教師を務める者があり、彼らは「文

[*10] 『書経』に「天佑下民，作之君，作之師。」とあり、さらに「命契為司徒，敷五教；命伯夷為秩宗，典三礼；命夔典楽教胄子。」ともある。

[*11] 『礼記・王制』に「有虞氏養国老於上庠，養庶老於下庠。」とあり、さらに「有虞氏深衣而養老……用燕礼；夏後氏燕衣而養老……用礼；殷人縞衣而養老……用食礼。」とある。

[*12] 顧樹森『中国歴代教育制度』では「所謂「乞言」，就是向耆老乞善言，可施行者則記之。所謂「合語」，就是説在養老的宴会中，応当与耆老論及父子，君臣，夫婦，兄弟，朋友五倫之道，互相告語彼此符合的意思。」と説明している。顧樹森『中国歴代教育制度』江蘇人民出版社1981年、16～17頁。

[*13] 『礼記・文王世子』および『周礼・春官』。

師」または「少師」と呼ばれた*14。

　政教不分、官師合一の西周の教育制度は、中華教育思想の政治倫理的基礎を築くとともに、教師の社会的地位の伏線を張ることとなった。すなわち、教師であると同時に政府官僚として政治と密接な関係があったため、その地位は承認と尊重を得ることができたのである。

　教育分野の「官本位」思想は正にここに端を発する。

　春秋戦国時代になると、社会に巨大な激動と変革が出現し、教育面で三つの顕著な変化として表れた。官学の衰退、私学の勃興、士階層の台頭である。

　群雄割拠の構図の中、精力を軍事闘争に集中しなければならなくなった奴隷主貴族は教育事業を顧みる余裕がなくなり、「天子失官，学在四夷」という官学衰退現象が現れた*15。その機運に乗じ、教育に対する社会的需要を満たすためとして私学が生まれた。

　今となっては誰が私学の創始者であるのかを特定するのは難しいが、私学を一つの新しい学校運営形式として中国教育史上に登場させたのは孔子だとする見解が一般的である。

　私学の出現は、「学在官府」の教育の独占状態を打破し、新興の商人、地主、農民、手工業者の子弟に教育を受ける機会を与えただけでなく、中国史上初めて教師を職業とする真の教育家を出現させた。

　そして士階層の出現と台頭*16も、私学と相互に影響し触発しあうことで、当時の教育事業を飛躍的に発展させた。

　春秋戦国時代、教師はまだいくらか官府や政治と繋がりがあったため、その地位は概ねよかった。

　『塩鉄論・論儒』に、当時の斉国が教師など文化人を尊重していた状況が記されている。

　斉の宣王は褒儒尊学し、孟軻（孟子）、淳於髠（じゅんうこん）という者が大夫の禄を受け、国の要職に就くことなく国事を論じた。思うに斉の稷下先生は千人余りである。

---

*14　『尚書大伝』巻五に「大夫七十而致仕，老於郷里，大夫為父師，士為少師。」とある。
*15　毛礼鋭、沈灌群『中国教育通史（第1巻）』、161頁。
*16　余英時「古代知識階層的興起与発展」『士与中国文化』上海人民出版社 1987年、1～83頁。

第6章　古代中国の教師論

稷下の学士と呼ばれた当時の高等学府の教師たちは、たしかに斉王の「シンクタンク」としての役割を担っていた。

しかし、一方で、この時代から教師の地位が不安定になり始めたともいえる。教師の栄枯盛衰は完全に為政者に左右されていたのである。

孔子の経歴を考察してみよう。

孔子は中国史上初の大教育家であり、教師の手本でもある。司馬遷は孔子の一生について次のように記している。

> 孔子の家は貧しく、身分も低かった。孔子は成長すると李氏の史官になり、管理・集　計の仕事を間違いなく行った。さらに司職吏になると、家畜がよく繁殖した。これにより司空になった。魯を去った後、斉では任官を斥けられ、宋、衛では追放され、因って陳と蔡の間で苦しめられ、そういうわけで魯に帰った[*17]。

孔子はその生涯のなかで、魯国の司空（「産業大臣」）や大司寇（「司法大臣」）兼摂相を務めるなど出世運に恵まれた時があり、「知名度」は非常に高かった。しかしその思想が「時代遅れ」であるとして為政者に認められず、官を辞して巡遊の旅に出た。

孔子の教師としての生涯は30歳頃に始まり、以後途切れることなく続いた。

当時の歴史的背景の下では（後に「万世師表」、「聖人」と称えられたにも拘わらず）、官を辞してからの生活は、辛酸を嘗める茨の道であった。暴徒による攻撃、君主からの冷遇、世人からの中傷、弟子の死による落胆……。

これらのすべては、晩年に形成される厭世思想の悲観的な考え方に大きな影響を与えている[*18]。ついに孔子は「累累(るいるい)として喪家の狗の若(ごと)し」のようになる。そして弟子の子路が衛で死亡したという訃報を耳にしてまもなく、突然「闕里で死す」[*19]のであった。

次に荀子の境遇を見てみよう。教師の地位と役割について、中国史上、中国教育史上、最初に全面的に述べ、教師の地位を空前絶後の高みに上げた教育思想家が荀子である。

---

*17 『史記・孔子世家』。
*18 高専誠『孔子・孔子弟子』、79〜99頁。
*19 『論衡・幸偶篇』。

教師が国の盛衰、法制の存廃、人心の善悪に関係するとした思想を早くから明確にしていた。

「国が発展しようとするときは、必ず師が尊敬され、傅すなわち守り役が尊重される。師が尊敬され傅が尊重されれば、法や制度が守られる。国が衰えるときには、必ず師が軽視され傅が軽んじられる。師が軽視され傅が軽んじられれば、人は好き勝手にする。人が意をほしいままにすれば法や制度は崩壊する」[20]

と説き、教師を尊重しなければ、社会制度も法律も整備されず、遵守されることがないとし、次のように説いた。

礼には三つの根源がある。天地は生命の根源であり、先祖というものは種族の根源であり、君であり師であるものは、社会秩序の根源である。天地がなければどうして人が生まれようか。先祖がなければどうして子孫としてこの世に出られようか。君であり師であるものがなければどうして社会秩序が保たれようか。この三つのうちどれが欠けても人は安楽でいられない。だから礼においては、上は天、下は地を祀ってお仕えし、先祖を尊び、君師を仰ぐのである。これが礼の三つの根源である[21]。

これは、中国史上初めて教師と天地君親を並べたものである。教師の地位が尊いのは「礼」の地位が崇高であることによるが、教師の働きかけがなければ、どうやって「礼」を知ることができようという。

それゆえ荀子はこうも説く。

「礼は身を正す拠り所である。師は礼を正す拠り所である。礼がなくてどうして身を正せようか。師がなくて、どうやって礼の何たるかを知ることができようか。礼法が規定する通りに振る舞えば、情緒は礼に安んじる。師が言う通りに言えば、知識は師と同じようになる。理性が礼に安んじ、知性が師ほどになれば、それは聖人である」[22]。

「礼」は人の思想や行為を矯正するものであり、教師には人の思想や行為が「礼」に適っているかを判断する役割があるという意味である。このように、

---

[20] 『荀子・大略』。
[21] 『荀子・礼論』。
[22] 『荀子・修身』。

礼の実施は最終的に教師にかかっている。

荀子が師に就くことを人として成功するかどうかの鍵とするのは、
「教師も法もなければ、なまじ知恵のある者は盗みをはたらき、勇気ある者は賊になり、才能ある者は社会を乱し、頭のきれる者は奇行奇談で人心を惑わし、弁の立つ者は人を欺きたぶらかすに違いない。一方、教師も法もあれば、知恵のある者はわずかの間に道理を理解し、勇気ある者はわずかの間に威厳を身に着け、才能ある者はわずかの間に成功を収め、頭のきれる者はわずかの間にすべてを見通し、弁の立つ者はわずかの間に事の是非を判断する。だから教師と法があることは、人間にとって大きな宝であり、教師も法もなければ、人間にとっての大きな禍である。」[*23]
からである。

しかし、この師法を重んずる荀子も孔子と似たような境遇を辿っていた。荀子にも飛ぶ鳥を落とす勢いの頃があった。「稷下の学士」の隆盛期である。学者の中で「最も年長の師」であっただけでなく、斉国君主の寵愛も受け、「三たび祭酒（酋長の意）となり」、「客卿」として登用された。しかし斉国の政治情勢が変化し、やむなく楚へ行く。楚では讒言（ざんげん）に遭い、重用されず、のちに稷下の学士に戻った際、荀子に与えられたのは、「知者も慮ることを得ず、能者も治むることを得ず、賢者も使わるることを得ず」で「名声白（あきら）かならず、徒与（とよ）衆（おお）からず、光輝博からず」の地位であった[*24]。

教師が政教不分、官師一体の制度の中のものから独立したひとつの職業に生まれ変わったとき、教師の地位は不安定となった。教師の地位の上下は時の政治情勢の反映であり、為政者個人の好みや気分に左右されることすらあった。教師は封建的な倫理政治相関図の「ノード」にならなければ、目をかけられず、重用されなかったのだ[*25]。

前後両漢の教師を含めた知識人への態度の違いは、この見解を裏付ける。

前漢の開国時の功臣は亡命・無頼の徒の出身が多かった。後漢になると儒学を学んだ者が登用されたので将帥がみな儒者の気象をもち、気風も異

[*23] 『荀子・儒効』。

[*24] 『荀子・尭問』。

[*25] 朱永新『困境与超越―当代中国教育述評』広西人民出版社 1990 年、28～30 頁。

なっていった……君主と臣下の根本的な考え方が一致し、そのため感情の持ち方や嗜好の違いが少なくなった。せずしてそのようになり、ある者が君主になるとある者が臣下になった*26。

趙翼は両漢の開国君主の儒者に対する扱いの相違について、「君主と臣下の根本的な考え方が一致していた」、「感情の持ち方や嗜好の違いが少なくなった」と評し、固より偏りに失するのは、彼が社会の歴史的背景の影響を軽視していたからであるが、両漢の開国君臣の性質が異なることおよびその儒者に対する態度まで認識したことは、やはり一定の道理はあるとした。

史書によると、漢の高祖劉邦は「傲慢で人をばかにする」人物で、儒生に対し、その冠を解かせてその中に小便をすることさえあったというが*27、これは知識人の人格への大いなる侮辱である。

一方漢の武帝の時代になると、天下郡国に官立学校の設立を命じ、「立『五経』博士，開弟子員，設科射策，勧以官禄，訖於元始，百有余年，伝業者浸盛，支葉蕃滋，一経説至百余万言，大師衆至千余人」*28 となった。

実際には、劉邦が儒生に対して冷淡だったというのは、自身が功績をあげつつある過程で、武人として「武力」で天下をとった劉邦に対し、儒生は直接戎馬倥偬（軍務）にタッチするわけではなく、政治に介入することもなかったため、劉邦の眼に入らかなったということであった。

一方漢武帝の時代は、士族はすでに社会で主導地位を得てきており、直接政治生活に介入していた。

後漢初期の光武、明帝、章帝などは士人を尊重し、光武帝のように自身が士人出身ということもあった。

漢以降、教師の地位が揺らぎ始め、魏晋から唐にかけて最高潮となり、危機的状況となった。正に韓愈の言う「漢の時代以来、師道は日に日に衰退したが、それでも経伝を教える者は時折いた。今となってはそんなことも聞かない。」*29 である。

柳宗元も次のように記している。

---

*26 趙翼撰「東漢功臣多近儒」条『廿二史札記』巻四。
*27 『史記・酈食其伝』。
*28 『漢書・儒林列伝』。
*29 韓愈『進士策問十三首』。

「魏晋の朝以来、教師を務めようとしない人がますます増えた。今の世に教師というものがあるとは聞かないが、もしあれば狂人と嘲り笑う。ひとり韓愈だけは奮い立って世の慣わしを顧みず、笑い侮られることを物ともせずに後進の学徒を受け入れ、『師説』を作り、それによって顔を高く挙げて師となった」*30。

唐代になると、教師の地位はもはや昔の神聖なものではなくなっていた。

その根本的原因は、やはり政と教、官と師の分離によって、教師が社会・政治生活から遠く離れてしまったことにある。

また、もう一つの見逃せない要素、すなわち科挙制度の影響があった*31。

科挙制度が教育の社会化をもたらし、全社会の読書人が必死になって、科挙の「門」を目指していたことは周知のことである。この「門」を開けることができるのはごく少数の「幸運児」、すなわち「科目取士，止是万万之一耳」*32だけであった。

一方落第した読書人としては、農業や商業あるいは手工業などの職業に従事しようとすれば馬鹿にされ、自分自身も重い心理的圧力があった。そのため、それら科挙の門をくぐれなかった読書人は、教師の職を選び生業とした。科挙制度が誕生してから、教師の大多数が科挙試験に落ちた者となったため、その社会的地位が急激に低下してしまった。

元代になると、教師の地位はほぼ社会の最下層にまで一気に落ちぶれた。鄭思肖は「韃法：一官、二吏、三僧、四道、五医、六工、七猟、八匠、九儒、十丐」*33 と記し、謝枋得は『送方載伯帰三山序』で元代の雑劇の登場人物に「以儒者為戯曰：我大元典制，人有十等。一官二吏，先之者，貴之也，貴之者，謂其有益於国也。七匠八娼九儒十丐，後之者，賎之也，賎之者，謂其無益於国也」と語らせている。

教師を含めた知識人の地位が、驚くべきことに工匠、遊女の次で、ぎりぎり乞食の一つ上だというのである。

＊30　柳宗元『答韋中立論師道書』。
＊31　金忠明「中国伝統教育和中国知識人」丁鋼『文化的伝逓与嬗変』上海教育出版社 1990 年、56〜57 頁。
＊32　金諍『科挙制度与中国文化』上海人民出版社 1990 年、161 頁。
＊33　「大義略序」『心史』巻下。

清代の有名な画家鄭板橋も教師の居候生活を描写している。

教師はそもそも下流で、他人に頼って暮らしていた。
食うや食わずの貧乏生活だったが、圧迫も束縛もないから悠々自適だった。
授業が少なければ父兄に怠慢と罵られ、課題を多く出すと学生に怨まれた。
今は高い地位を得、当時の恥の半分は遮っている*34。

この詩は、塾師、蒙師として生計を立てている儒家の困窮生活の様子が、ありのままに映し出されている。中国の封建社会においては、教師という職業を知識人の末路として捉えられ、「家有二斗糧，不当孩児王」という怨み節が広まっていたのだ。

民間や教育界では、教師は尊敬されるもので、統治者が教師を社会の最下層に貶めたときでさえ、そうした尊敬が消え去るということはなかった。

したがって、教師の社会的地位が古代中国で変遷を繰り返し、山の頂上から谷底へと転落したにもかかわらず、教育者や教育思想家ないし一般大衆が教師を称賛し尊敬する伝統は、基本的に絶滅はしない。

2、師の功能

前節では、古代中国の教師の変遷を手短かに考察した。ここでは古代中国の教育家の教師の役割または機能に関する論述を若干分析してみる。

古代中国の「師の効能」についての学説はおおむね以下の三つがある。

1．教師の「伝道」功能

「道」は中国の古代哲学の基本概念で、春秋時代に初めて現れた。子産は「天道遠，人道迩，非所及也」*35 と提唱しているが、ここでの「天道」は天体の運行法則、「人道」は人としての法則を指している。

後世になると、儒家が次第に「道」を封建的な倫理綱常として規定するようになった。前漢の董仲舒は、「道之大原出於天，天不変，道亦不変」*36 と説い

---

*34 『鄭板橋全集・集外詩文・自嘲』。
*35 『左伝・昭公十八年』。
*36 『漢書・董仲舒伝・挙賢良対策三』。

た。「伝道」とは政治的倫理道徳を伝授することであり、これは古代中国教育の第一の機能であり、教師の主たる任務でもある。

「師は人を教うるに事を以て諸徳を論すものなり」[*37] としたのは漢代の馬融である。馬融は比較的早くにこの思想を明確にしている。鄭玄も「師は人を教うるに道を以てする者の称なり」[*38] とよく似た表現で説き、教師の根本的な任務と役割は政治倫理道徳の伝授であるとした。

唐代の韓愈は教師の役割について、名言を残している。

　師は道を伝え業を授け惑いを解く所以なり[*39]。

ここで「道を伝え（伝道）」とは、封建主義的政治倫理道徳の伝授をいう。「業を授け」とは『詩』、『書』、『易』、『春秋』等の儒家経典著作を伝授することである。「惑いを解く」とは、学生が「道」や「業」を学ぶ過程で出てくるさまざまな疑問に答えることである。

この三者は「伝道」を本とし、「授業」、「解惑」は補佐とされた。後二者は伝道の順調な進行を保証するためのものである。

宋代の楊簡は、その唯心主義の「心学」体系から、これについて解釈を行い、「教えるというのは、道を伝えるためのものである。道というのは外からあてがわれるものではなく、自己を啓発しようとする心に形成される。学ぶ者が自らそれをもつことなくしては始まらない。誠実さによらないならば、教えるものはすべてそとどうやってこれを教えるか」[*40]
と説いた。すなわち教師の役割を学生の心に固有の「道」を啓発し回復することとした。

清代の王夫之も「伝道」を重視し、大学の根本目的は「教人修己治人，而成大人之徳業」[*41] であるとしていた。ただし彼は心学派が内心からのみ覚醒する方法には賛成せず、「外観於事物」を「内尽其修能」と結びつけることを主張している。

---

*37　『通典』巻五十三。
*38　『周礼注疏』巻九。
*39　韓愈『師説』。
*40　「論諸子」『慈湖遺書』巻十四。
*41　「大学」『四書訓義』巻。

2. 教師の育才功能

西洋教育思想史上で比較的早く「人間は教育によってつくられる」という命題を提唱したのはフランスの教育家ルソーである。

「ルソーにおいては、子どもは社会と両親の二者の束縛から解放され、一人の人間として捉えられる。ルソーは、真の教育は子どものこうした自然の本能を発達させることにあると考えていた。これは教育学上の180度の大転換であり、それが近代教育の原理を確立した」*42。

古代中国の教育家はこのような命題を明確に提示してはいないが、類似した思想の歴史は長い。

先秦時代の荀子は、教師は学生の人格形成を決める重要な要素と考え、「だから教師と法があることは、人間にとって大きな宝であり、教師も法もなければ、人間にとっての大きな禍である」*43 と説いている。

前漢末期の揚雄も教師の人材育成機能を認め、「先生、先生、子ども達の人生は先生の手にかかっているんですよ」*44 と言い、教師は学生の運命を握る存在で、学生の未来に影響を与えているのだとした。

漢代の班固が編纂した『白虎通徳論』は、教師の教育がなければ、人はただ生物学的意義の上での自然人にすぎないとし、「是を以て自然の性ありと雖も、必ず師傅を立つ」*45 と説いた。教師による教育の下で人としての文化の遺産と社会道徳規範を習得しなければ、名実相伴った社会学的意義上の社会人になれないという意味である。

宋代の張載の提唱は、ルソーの有名な命題に非常に近い。

> 学ぶ者は人としての本性を確立すべきである。「仁」は人なり。人の人といわれるところを弁別すべきである。学ぶ者は人たるゆえんを学ぶのである*46。

班固と張載の命題は完全にはルソーの思想とは比較できないが、時間を言えば、ルソーの命題よりも、班固は千六百余年、張載は七百余年早い。

---

*42 筑波大学教育学研究会『現代教育学基礎』鐘啓泉編訳 上海教育出版社 1986年、26頁。
*43 『荀子・儒効』。
*44 揚雄撰:『法言・学行』。
*45 「辟雍」『白虎通徳論』巻四。
*46 『張載集・語録中』。

唐の柳宗元と陸游は、さらに自らの経歴と経験による教訓を用いて教師の人材育成における役割を説明した。
　柳宗元は、次のように述べている。
　　愚幼時甞嗜音，見有学操琴者，不能得碩師。而偶伝其譜，読其声，以布其爪指。蚤起則謬謬以逮夜，又増以脂燭，燭不足則諷而鼓諸席。如是十年，以為極工。出至大都邑，操於衆人之坐，則皆得大笑曰：「嘻！何清濁之乱，而疾舒之乖戾！」卒大慙而帰。及年已長，則嗜書，又見有学書者，亦不得碩師。独得国故書，伏而攻之。其勤若向之為琴者，而年又倍焉！出曰：「吾書之工能為若是」知書者又大笑曰：「是形縦而理逆」卒為天下棄，又大慙而帰。是二者皆極工而反棄者，何哉？無所師而徒壮其文也，其所不可伝者卒不能得。故雖窮日夜，弊歳紀，愈遠而不近也＊47。
　要約すると、教師の指導がなく、自分の努力のみで模索しても、なかなか要領を得ることができなければ、「骨折り損のくたびれ儲け」、「労多く功なし」ということになりかねない。そうすると良い結果を得ることは難しくなり、才を成すこともできなくなってしまうという意味である。それゆえ、柳宗元は『師友箴』で「師とせず之を如何せん。我何を以てか成さんや？（師がいなければどうすればよいのか。どうやって才を成すことができよう）」と説く。
　宋代の陸游は自身が師の教えのない苦しみを味わっており、『答劉主簿書』の中に次のように記している。
　　二十歳になって、発奮して古学を勉強しようとしたが、指導者がおらず、古人が心を砕いたところについて質問もできなかった。大体の雰囲気で理解しようとするので、その理解が妥当かそうでないかがわからない。初めはそうではなかろうと疑問に思うことでも、仕舞いには大いに信じることがあったり、初めは「その通り」と思ったことでも、次第にそうではないだろうと思うようになったりすることが多かった。しかしまた、それがどういうことか、そうでなければどうであったかはわからない。
　一連の知識を真に習得するには、教師の指導は不可欠であるということだ。
　明清の黄宗羲は教師の機能を論述した際、「古今学有大小，未有無師而成者

＊47　『柳河東集』巻三十二。

也」*48 と説き、学業の成功、人材の成長において、教師による育成から遠ざかれば、最終的に何も成就しないとした。

3. 教師の偏向是正功能

偏向是正とは、教師がその教育活動により、学生の人格を完璧なものに育成し、自然人を社会人へと変わらせ、さらに学生の偏り、不良行為を是正し、社会人として失格であった者を適格な社会人へと転化させることを指す。

『呂氏春秋』の著者たちは、この思想について繰り返し述べていた。

『呂氏春秋』は、ひとりの人間が良い教師の指導を受け、自身に一定の良い素質が備わったならば、聖賢といった類の人物にもなれると指摘した。すなわち「学者師達而有材，吾未知其不為聖人」である。また特に人の不良行為を是正するという面での教師の重要な役割を強調し、次の例を挙げている。戦国時代の著名賢士に、昔「刑戮死辱」となったが、その後、刑罰を受けなかったどころか、逆に「天下名士顕人」となった者がいる。その主な原因は「得之於学」で、教師の偏向是正教育の賜物であったと結論付けている。

子張は「魯の鄙家」の出身、顔涿聚は「梁父(りょうほ)の大盗賊」、段干木は「晋国の大ブローカー」、高何、県子石は「斉国の暴者」、索盧参は「東方の巨狡」であったが、彼らは皆それぞれ孔子、子夏、墨子、禽滑などの名師の教えの下、最終的には品行方正で道徳的にも高尚な立派な人間になった*49。

3、師たるの道

教師が教育機能を実現し、教育目標を達するまでのプロセスにおいて、どのような修養を有するべきであろうか。「師たるの道」にどういう要求があるのだろうか。

アメリカ教育学会（AERA,1952）は、教師の「能力」は次のいくつかの点で表現すべきであると提唱した。①教師の影響力（学生の一生に到達する水準と成功への影響、学生の以降の学校生活で到達する水準への影響、学生が現在

---

*48 黄宗羲撰『南雷文案』巻六。
*49 『呂氏春秋・尊師』。

の教育目標に到達することへの影響）②父母の教師に対する満足度③教育行政と校長の教師に対する満足度④教師の意見、価値観、態度⑤教師の教育心理学知識⑥教師の情緒および社会への適応能力⑦教師の学習カリキュラム策定知識⑧教師の教授学科に関する知識⑨教師の教授学科に対する関心度⑩教師の教育実習時の成績、教師の教育専門科目の成績、教師の知力。

　古代中国の教育家の論述は、これほどまでには全面的でも「現代的」でもないが、体系を成しており、独特の特色がある。

　古代中国の「師たるの道」の教育思想を以下のとおり三つの側面から分析する。

1．「師たるの道」の綱領

　古代中国で、最も簡潔かつ要点を得た「師たるの道」の論述は、孔子の八字綱領「学而不厭、誨人不倦」であろう。

> 黙して之を識(しる)し、学びて厭(いと)わず、人を誨(おし)えて倦(う)まず。何か我に有らんや（口に出さないで心のうちに記憶し、飽くことなく学び、途中で嫌にならないで人に教える。この三つなら私にもできる）*50
>
> 聖と仁との若きは、則ち吾豈敢えてせんや。抑(そもそ)も之を為して厭わず、人を誨えて倦まざるは、則ち云爾(しかいう)と謂う可きのみ（聖や仁というほどの境地に、私はとても当たらない。しかし聖や仁に至ろうと耐えず努力し、その道を人に倦むことなく教え続けてきた。そのことをいうなら確かにそうだと言えよう。）*51

「学而不厭、誨人不倦」の含意を分析すると、それが確かに「師たるの道」の高度な要約であり、古代中国教育理論の大きな貢献でもあったことを思い知らされる。教師の基本修養について、これまでにこの八文字以上に洗練され凝縮された言葉は見たことがない。

　先ず「学而不厭」を見てみよう。教師が名実相伴った教師になるには、まず学習し続けること。「学びて厭わず」でなければならない。

　絶えず、根気よく学習してこそ、自分の学識を深く広くし、品徳を高尚にす

＊50　訳注：「何有於我哉」の解釈は諸説ある。
＊51　『論語・述而』。

る。学習を疎かにする教師は、当然ながら人の師表として適性を欠いている。

孔子は中国の歴史上「学而不厭」の手本とされている。教師としての生涯で、ひと時も学習を止めることがなかったという。

「我は生まれながらにして之を知る者に非ず。古を好み、敏にして以て之を求めたる者なり」*52 と説いた孔子は、10軒ほどしか家のない小さな村落であったが、自分以上に学問の道に精進した者はいなかったという*53。また、よく質問しよく学び、行く先々で勉強する「下問を恥じず」、「常の師無し」でもあった。

晩年になってもなお学習を続け、「我に数年を加え、五十にして以て易を学ばば、以て大過なかるべし」*54 と言う孔子は、自分の一生について「吾十有五にして学に志す。三十にして立つ。四十にして惑わず。五十にして天命を知る。六十にして耳順う。七十にして心の欲する所に従えども矩を踰えず」と表現した。

「学而不厭」は孔子自身を中国史上博学多才な一人としただけでなく、歴代教育家に立派な手本も確立した。

中国史上、多くの教師が勤勉な学習について少なからず名言を残している。宋代の大教育家朱熹は、自分が8歳で『孝経』を読んだときのことを「是の若くならずんば、人に非ざるなり」と記している。10歳過ぎで『孟子』を読み、「聖人与我類者」までよみ進んだとき、意外にも言いようのない喜びがあったという*55。

李侗に師事していた頃も寝食を忘れて刻苦勉励していたので、李侗はしばしば朱熹のそのひたむきな姿を「学力に素晴らしく秀で、正義を尊び善行に励む、我が門下生の中で稀に見る逸材である」*56 と褒めた。

次に「誨人不倦」を見てみよう。

教師に好学である条件が求められるのは、きちんと教えることができるようにするためである。教師が名実相伴った教師になるには、「学而不厭」に加え、根気よく仕事をする、「人を誨えて倦まず」が必要である。

---

*52 『論語・述而』。
*53 『論語・公冶長』:「子曰:『十室之邑, 必有忠信如丘者焉, 不如丘之好學也。』」。
*54 『論語・述而』。
*55 『朱子語類』巻一〇四。
*56 『李延平文集』巻一。

教育事業に誠心誠意献身してこそ、教育という仕事をこなすことができる。

教育という仕事に飽きる人は、優秀な教師になる可能性はなく、往々にして子どもをだめにしてしまう。

孔子は中国史上「誨人不倦」の手本である。どんな人が教えを請おうと二つ返事で教えを授け、どんなに暮らし向きが悪くなろうと教育を続けた。宋国で包囲されたときも、依然として「弟子と大樹の下で礼を習う」であった。陳の国にいる時に糧食が絶えてしまっても、依然として「講誦弦歌して衰えず」*57であった。

顔淵を褒めて「私が語った内容をしっかり消化して怠らず実行するのは、顔回（淵）くらいのものだ」*58と言うが、「私は顔回と朝から晩まで話をするが、私の言うことに異論や反論をすることがまったくない。まるで愚か者のようである」とも言う。顔淵の学習態度が真面目であることを表した言葉に、孔子の「誨人不倦」の精神*59が表れている。孔子の「誨人不倦」がなければ、顔淵の「不惰」、「不違」もない。顔淵本人も深く感じ入るところがあり、まさに孔子の「循循然として善く人を誘う」たる所以である。「誨人不倦」の精神があってこそ、学習の上でも、道徳修養の上でも「やめようと思ってもやめられない」という境地に到達させられるのである。

孔子の「誨人不倦」の精神も中国歴代教師の手本となった。

『宋史』に、程頤は「日頃から誨人不倦ゆえ門下生が最も多い。淵源の漸くするところ、皆名士である」とある。

朱熹も白鹿洞書院で講学していたとき、「休みになると学生達がいろいろと質問しに来るが、教えて飽きることが無い。退職すると、今度は一緒に幽石の間を散策しながら、やはり一日中そうやって過ごしていた」*60のであった。

『朱子年譜』には、繁忙な政治実務の合間を縫って岳麓書院の教育に従事していたことが「先生はありったけの力を使っている。軍知事の仕事で疲れるだろうに、夜は学生に講義をし、質問に答え、それでも少しも嫌な顔をしない。実務に励み懸命にたくさんの教えを与え、卑近を厭わず高遠を思い、懇到切至

---

*57　『史記・孔子世家』。
*58　『論語・子罕』。
*59　『論語・為政』。
*60　王懋竑編『朱子年譜』巻二。

で聞いた者を感動させる」*61 と記されている。

「学而不厭」と「誨人不倦」は密接に関係し、互いに促しあう。六十余年前、毛沢東氏は学習問題について語り、次のように指摘した。「学習の敵は自己満足である。ひとつの物事を真剣に学ぶには、自分に満足しないところから始めなければいけない。我われは自分に対しては『学而不厭』、他人に対しては『誨人不倦』という姿勢で取り組むべきである」*62。実際、確かにそうであり、教師が「学而不厭」でなければ、「誨人不倦」ができない。同様に、教師は「誨人不倦」でなければ、「学而不厭」ができない。

2. 教師の基本資質

古代中国の教育家は「師たるの道」の綱領を提唱しただけでなく、教師の基本的な資質と主要な能力について具体的に論述し、「師たるの道」に十分な含意を持たせている。

荀子は次のように説いた。

> 師術有四，而博習不与焉：尊厳而惮，可以為師。耆艾而信，可以為師。誦説而不陵不犯，可以為師。知微而論，可以為師*63。

教師の基本的な資質には四つの側面があり、第1に、尊厳があり、学生を敬服させること。第2に、威信があり、豊富な教授経験があること。第3に、系統的かつ秩序立った伝授知識があること。第4に、教材の「精」と「粗」がわかり、微妙な言葉の真意がうまく説明できること、という意味である。

漢代の儒学の大家董仲舒は、上記五つの面から優秀な教師が具えるべき基本的資質について次のように論じている。

> この故に善く師たる者は、既にその道を美にし、有たその行いを慎み、時の蚤晩を斉え、多少に任せ、疾徐を適え、造して趨（うなが）す勿（と）く、稽めて苦（せか）す勿く、その為すところを省みて、その湛けるところを成す。故に力、労せずして、身、大成す。これ聖化という。吾、これを取らん*64。

---

*61 『朱子年譜』巻四。
*62 毛沢東「中国共産党在民族戦争中的地位」『毛沢東選集（第二巻）』人民出版社 1991 年、535 頁。
*63 『荀子・致士』。
*64 『春秋繁露・玉杯』。

第 6 章　古代中国の教師論

　現代の言葉に言い換えると、「教師は自分の行うべき道を立派にし、言動を慎む才徳兼備で人格感化できる力を有し、その務めを果たさなければならない。学生の年齢や個性に気を配り、彼らの心理を把握しなければならない。彼らの力を見ながら、彼らの能力に合わせて教育時期の早晩や教育内容の量、進むスピードを調整し、順を追って進まなければならない。学生に発破をかけるが、急かすことなく彼らの興味と主体性を抑圧しない。学生の日常の行動をしっかり観察した上で、彼らの性格の特徴によって善いところを伸ばすような教えを施さなければならない」*65 ということだ。
　つまり、教師の基本的な資質とは、以下を体現することである。

1）一視同仁，公正無私

　教師は学生一人ひとりに分け隔てなく公平に接し、財産の有無など俗物的な見方で学生を見ないということである。
　孔子は教師の責務を履行する立場にあったとき、特にこの問題に気を付けていた。
　ところが弟子の陳亢は、孔子が自分の息子伯魚を特別扱いしているのではないかと疑いを持ち、ある日、伯魚を見かけたときに声をかけた。「お父上から何か特別な事を教わっているのではありませんか？」伯魚は「いいえ」*66 と答えたという。
　『呂氏春秋』の作者も、学生を教育するにあたっては、教師は決して学生の出自や家庭の経済状況を介入させてはならないとした。
　教師が権力のある側に取り入り、権力者や富裕層の子女に対して「阿りて之に諂う」という態度で接し、権力も財力もないが懸命に学問の道に精進している者を抑圧し、難癖をつけ、疎んじたりすれば、師弟は感情的な対立を引き起こし、それにより「学業の敗るるや、道術の廃るるや」という結末を引き起こす*67。

＊65　毛礼鋭、沈灌群『中国教育通史（第 2 巻）』山東教育出版社 1986 年、179〜180 頁。
＊66　『論語・季氏』。
＊67　『呂氏春秋・孟夏紀・誣徒』。

2）己を厳しく律し、身をもって範を示す

　教師は自分に厳しくし、自らの良き行為を人の指標となるようにせよということである。孔子はこれについて、「躬(み)、自ら厚くして薄く人を責むれば、則ち怨みに遠ざかる」*68 と指摘している。つまり、教師本人の模範的役割を重視し、身をもって教えるは言葉で教えるに勝るとし、「無言の教え」を主張している。

　董仲舒も、教師は学生に不適切な影響を与えぬよう自身の言動を制約すべきであると主張し、「説不急之言而以惑後進者，君子之所甚悪也……為人師表者，可無慎邪！」*69 と説いている。揚雄も教師を「人之模範」とし、教師はその自身の模範を以て学生を感化すべきであるとしている。

　宋代の王安石も「教授必可以為人模範者」*70 と似たような言葉を残している。つまり、最適な人を選んで師とすること、すなわち「取士大夫之材行完潔，而其施設已嘗試於位而去者，以為之師」*71 が求められているとしている。

　明清時代の王夫之は「孝悌」教育の手法について、次のように記している。

　　孝弟者，生於人之心，而不可以言喩者也。講求其理，則迂闊而辞不能達，科以為教，則飾行而非其自得。故先王所以化成天下者惟躬行，而使人之自生其心，則不待言孝弟而已衆著之矣。古人誘掖扶進之大用，洵非後世之所能与也*72

　孝悌教育は道理を説く「言喩」に依るだけでは不十分で、教師自らの「躬行」を通じて教えるべきだという。すなわち、身をもって教えなければ学生に影響を与えられず、孝悌の内的欲求も引き出せないという意味である。

3）情緒が安定し、落ち着いた態度

　教師は自分の情緒をうまくコントロールし、苛立って猛スピードで進めたり、無鉄砲に事にあたらないようにすることをいう。孔子は「視るには明を思い、聴くには聡を思い、色は温を思い、貌(かたち)は恭を思い、言は忠を思い、事は敬

---

*68　『論語・衛霊公』。
*69　『春秋繁露・重政』。
*70　李燾撰『続資治通鑑長編』巻二百三十二。
*71　「慈渓県学記」『王文公文集』巻三十四。
*72　「文王世子」『礼記章句』巻八。

を思い、疑いには問うを思い、忿りには難を思い、得るを見ては義を思う」*73
と、9種類の事柄について説きし、自身も「温にして厲し、威にして猛からず、恭にして安し」で、良好な精神状態を保持していた。

朱熹も教師は感情やしがらみに左右されるべきではないとし、「気清くして心正し」であってこそ、「性全くにして情乱れず」であるとした。

それゆえ

「学ぶ者は存心・養性によってその感情・情緒を抑えるべきである。当節は聖人を無心というが、感情は誰にでもある。聖人は修養によって感情をコントロールしているだけである。」*74

と説いている。

朱熹は『敬斎箴』において

「其の衣冠を正し、其の瞻視を尊くす、心を潜めて以て居て、天帝に対す。足の容は必ず重くし、手の容は必ず恭しくし、地を択びて蹈みて、蟻封を折旋す。門を出づるに賓の如くし、事を承るに祭るが如くし、戦戦兢兢として、或は易ずること敢て罔し」*75

と述べ、「整斉厳粛」とした良き雰囲気を求めている。

4) 明るく楽観的な性格で、向上心がある

教師は楽観的な精神状態を保持し、積極的で活力に溢れた雰囲気で学生を感化せよというものである。孔子がまさにこのような教育家であった。

あるとき葉公が子路に孔子の人柄について問うたところ、子路は答えなかった。帰ってからそのことを孔子に告げると、孔子は子路に

「女奚曰わざる、其の人と為りや、憤りを発して食を忘れ、楽しみて以て憂いを忘れ、老いの将に至らんとするを知らざるのみ（こう言えばよかったのだよ。『先生の人柄は、研究に熱心なあまり、わからないことがあるとそれを知ろうと発奮して食事も忘れるほど打ち込み、物事の道理がわかるとそれまでの苦労も忘れます。何よりご自分の年齢を忘れている方です』と）」*76

---

*73 『論語・季氏』。
*74 『晦庵先生朱文公文集・答徐景光』。
*75 『晦庵先生朱文公文集・敬斎箴』。
*76 『論語・述而』。

と話したという。楽観的な精神を持ち合わせていた孔子ならではの言葉がけであり、そういう性格だからこそ「疏食を飯い水を飲み、肱を曲げてこれを枕とす」であっても、「楽しみ亦た其の中に在り」*77 と感じたのであろう。

　宋代の程顥も楽観的な性格で、明るく親しみやすく、程顥に接した学生は皆「如座春風」と感じ入ったという。

　黄宗羲は『明道学案』の中で次のように記している。「遊定夫が亀山を訪ねた。亀山が、公適はどこから来たのか？と言うと、定夫がこう言った。とある春風の穏やかな空気の中から帰って来た。亀山がそこはどこかと問うと、明道のところより来たと言った」

5）誠実、謙虚で、過ちを改める勇気がある

　教師は誠実で虚心坦懐、自分の落ち度を素直に改める果敢さが必要であるとするものである。

　『荀子・子道』によると、あるとき孔子が子路に
「故に君子は之を知るを之を知ると曰い、知らざるを知らずと曰うは、言の要なり。之を能くするを之を能くすと曰い、能くせざるを能くせざると曰うは、行の至なり。言要あれば則ち知なり、行至れば則ち仁なり。既に知にして且つ仁なれば、夫れ悪んぞ足らざること有らんや（だから君子は、知っていることについて知っていると言い、知らないことについて知らないことと言うのだ。これが言葉を用いる要点である。また君子は、行うことができることを行うことができると言い、行うことができないことは行うことができないと言う。これが最上の行動である。言葉の要点をわきまえるのが知であり、最上の行動を取ることが仁である。知者であり仁者であれば、それでもう何も不足はないであろう）」
と言ったという。知識と能力については、教師はこのように誠実な態度をとるべきである。

　同時に、教師は謙虚に他人に教えを求めるべきだという。それゆえ孔子は「三人行けば必ず我が師有あり」*78 と説き、孟子は「人の患いは好んで人の師

---

*77　『論語・述而』。

*78　『論語・述而』。

と為るに在り」*79 と説く。

　学生が師を超えたときには、自分の教え子に教えを請い、教え子を師と仰ぐのを恥としないことである。

　南北朝時代の李謐は、「最初、孔という小学の博士に師事した」が、数年後、李謐が師を超えると、師は「今度は自分が李謐に教えを請う」ことにしたという。これは当時美談として広まった。

　『北史・李謐伝』は「青（学生）が藍（教師）に成長し、教師が学生に教えを請う。教師は未来永劫教師ではなく、学問への精通の度合いが重要である」とうまくまとめている。隋末唐初の王通は15歳のときに人の師となり、その様子は「教えを請うために訪れる人は数え切れず、優に千人は超えていた」*80 であったといい、李靖、房玄齢、魏征など社会的名士といわれる人たちも教えを求めてやってきたという。

　教師はまた果敢に過ちを改めなければならない。これについては孔子の弟子の子貢がうまく表現している。

「君子の過ちや、日月の食の如し。過つや人皆之を見る。更（あらた）むるや人皆之を仰ぐ（君子の過ちは日食や月食のようなものである。過っても隠し立てをしないので人が皆これを見るし、過ちを改めると元のように光が戻るので、皆が仰ぎ見る）」*81。

　教師に誤りがあれば、「人皆之を見る」を恐れるのではなく、自分の威信への影響を恐れるべきである。自分の誤りを是正することができさえすれば、「人皆之を仰ぐ」で自分の威信が向上するのである。

3. 教師の主な能力

　教育という仕事を全うし、教育の質を高めるためには、教師は上述した基本的な資質のほかにも一定の能力が要求される。

　古代中国の教育家の言葉と実践によると、教師は以下のいくつかの能力を具えていなければならない。

---

*79　『孟子・離婁上』。
*80　杜淹『文中子世家』。
*81　『論語・子張』。

1) 学生の能力を把握できる

　学生を知るのは教育の成功の前提である。クルプスカヤによると「教師は敏感な心をもつべきであり、そうしなければ子どもの心が見えず、心の変化に気づくことができない。…もし我われが子どもの年齢特性を理解せず、年齢段階による違いを理解しなかったら、子どもたちは普段何に興味を持つか、どのように環境を認識するのかがわからないということだ。それでは教育実践で成功を得ることは不可能だ」[*82] としている。

　古代中国の教育家もこの問題を非常に重視している。

　孔子は自身の教育活動において、種々様々な方法を活用して学生を理解することに非常に長けていた。「その言を聞き」だけでなく、「その行を見ることも必要である。学生の通常条件下の言行を評価することに気を配るだけでなく、特殊状況における態度を観察することにも重きをおくべきである。学生の外在行為を分析するだけでなく、かれらのある種の行動を支配する内的世界を洞察するのである。学生の過去の行為行動を理解することだけでなく、彼らの現在を把握すること、場合によっては彼らの将来を予測することにも気を配るのである[*83]。

　宋代の陸象山は学生を理解する大家でもあった。自分のことを「何もできないただの知りたがりのオジサン」[*84] と称し、教育するのに「学規を用いず、些細な過りには、ときには汗が出るまで説明する。授業を受けても学問が自分のものにできていない者がいたら、その者のために解説すべき」[*85] であるとした。

2) 啓発誘導の能力がある

　孔子は啓発誘導の教授原則を明確に提唱し、さらに教育実践中にはタイミングを見計らって意識的に啓発誘導を行うよう気を配っていた。これによって彼らを「一を聞いて十を知る」「目から鱗が落ちる」「一挙両得」の効果に導いていたのである。

---

*82　『クルプスカヤ教育著作集』人民教育出版社 1959 年。
*83　『論語・為政』「子曰：『吾與回言終日，不違，如愚。退而省其私，亦足以發，回也不愚。』」「視其所以，觀其所由，察其所安，人焉廋？人焉廋？」。
*84　『陸九淵集』巻三十五。
*85　『宋史・陸九淵伝』。

「叩竭法」はその一例である。学生から質問が出されたとき、孔子はすぐに自分の見解を出すことはせず、まずは質問者の疑問点に立ち返り、質問者に自分の意見を言わせてから問題の表裏両面について詰問し、問題の性質や内容を解明させた。それによって質問者を覚醒し、必然的かつ合理的な答えに導き、自然にかくあるべき結論を引き出させたのである。

墨子も啓発誘導の方法を重んじた。

教育においては、「他物を挙げて以って之を明らかにする」であることに留意し、具体的な譬えで物事の属性を説明し、かつ常に学生に対して「なぜ」、「どうして」、「どういう理由でそうなるのか」、「どうやってその答えを導いたのか」などの質問を投げかけ、学生を啓発して思索させた。

3）因材施教の能力がある

因材施教は学生の心理の個別差に基づくもので、彼らの心理活動に対する深い理解を基本として確立されるものである。

したがって、因材施教の能力は教師修養に不可欠な構成部分である。第4章、第5章で教育と徳育過程における因材施教の問題を紹介し、古代中国の因材施教に関する教育思想と実践を概観したが、ここではもう少し例を挙げて説明する。

子貢、子路がともに「何如なるをか斯れ之を士と謂うべき」と、士たるものの資格について孔子に教えを乞うた。孔子は二人の性格の違いによってそれぞれに応じた答えを出した。

子貢に対しては「己を行うに恥あり。四方に使いして君命を辱めざるを士と謂うべし（恥を知り、国外に出ても主君の名誉を傷つけない振舞いができれば、士と言えるであろう）」[*86]と答えている。朱熹の解釈によると、これは「子貢能く言う。故に使いの事を以て之に告ぐ。蓋し使いするの難きこと、独能く言うのみを貴ばず」であるからだという。

一方、子路に対しては、「切切（せつせつ）、偲偲（しし）怡怡如（いいじょ）たる」と答えている。これは、子路の人柄が豪放ではあるが、軽率なところがあるため、孔子は「切切（丁寧な物腰）」、「偲偲（他者への励まし）」、「怡怡如（穏やかさ）」を身につけてこ

---

*86 『論語・子路』。

そ「士」の品格が形成できるのだと教え導いているのだという。

　王夫之も学生の個性の違いに応じた教育を行うべきだとして「得物情事理屈伸相感之義以教人，而審其才質剛柔之所自別，則矯其偏而立斯立，動其天而自和楽以受裁。竭両端之教，所以中道而立，無貶道以徇人之理」[*87]と主張している。学生の才能には高低が、性格には剛柔の違いがあり、教師はそれらの偏ったところをそれぞれに適した異なる教育方法で矯正し、「中道」に合わせるべきであるという意味である。

　明代の王陽明は年齢の違いという観点から、教師は因材施教の能力を有するべきであると論じている。王陽明は、教育活動において、学生の心理的発達レベルや年齢の違いを考慮しなければ、教師は主導権を握ることはできず、そのために最適な教育効果も得られない。場合によっては学生の知力の発達を殺してしまうことすらあるとして、

　「人に学問を教える場合も、相手の能力やキャパシティーに応じて教えなければならない。例えば芽を出したばかりの樹に水をやるなら、量はほんの少々でよいが、その樹が成長するにつれて水の量は増やしていく。一握りの太さから一抱えの太さになるまで、樹の状態に応じて水の量を加減する。もし芽を出したばかりの頃に桶いっぱいの水をやったら、水浸しにしてその芽をダメにしてしまう」[*88]

と例を挙げて説いている。これは、年少の子どもに難解で深い内容の知識を大量に与えることの危険性を説いている。逆に、年長、意識水準の高い子どもや学生に浅すぎる知識を教授するのも、因材施教の能力が欠落しているということである。

　王陽明はさらに例を挙げて、

　「これを道を行くことに例えると、心を尽くし天を知る者は、若く壮健な人のように、数千里もの距離を何度も行ったり来たりできるが、心を存し天に事うる者は子供のように庭の中で歩くことを学ぶことしかできない。夭寿も弐にせず、身を修めて以て俟つ者は、産衣にくるまれた赤子のようなもので、壁につかまらせて立って歩くことを教えなければならない。数千里の道

[*87] 『張子正蒙注』巻四。
[*88] 『王文成公全書』巻三。

を何度も往復できる者に、もう庭を歩くことを教える必要はない。何の問題もなくできるからだ。庭の中を歩くことのできる者には、もうつかまり立ちを教える必要はない。立ちあがって歩くことはもう何の問題もなくできるからだ。しかし、立ちあがって歩くことは、庭を歩くことの基礎であるし、庭を歩くことは数千里の道を行き来することの基礎である。根源は一つなのである。」*89
と述べている。年長者に幼い子どものような学習をさせれば、当然、彼らに反感を抱かせる。

4）言語表現能力がある

　言語表現も教育の質の向上を保証するための重要な能力である。ソロモン（D. Soloman, 1964）やヒラー（J. H. Hiller, 1971）らの研究によると、教師の言語表現の明晰さと学生の学習とは著明な相関関係を呈するという。古代中国の教育家も教師の言語表現能力について若干の要求を出しており、『学記』では教師の言葉は簡潔かつ透徹、精微かつ妥当、少ない例示で問題の説明ができることが求められている*90。

　荀子も教師は譬えを織り交ぜた説明能力を有するべきであるとして「譬称以喩之，分別以明之」*91 と説き、「小弁而察，見端而明，本分而理」*92 と説明している。

　質問の上手な教師の言語能力について、『学記』で次のように指摘している。「善問者如攻堅木。先其易者而後其節目。及其久也，相説以解。不善問者反此。善待問者如撞鐘：叩之以小者則小鳴，叩之以大者則大鳴。待其従容，然後尽其声。不善答問者反此」。

　質問の上手な人は、堅い木を伐るときのように、まず斧が入りやすいところから片づけていき、それから節目へと進んでいく。時間がたてば手を入れただけですぐに木は伐れるという意味である。

＊89　『王文成公全書』巻二。
＊90　『学記』「其言也，約而達，微而臧，罕譬而喩。」。
＊91　『荀子・非相』。
＊92　『荀子・非相』。

回答が上手な人は、鐘を衝くときのように、軽く衝けば響きも小さく、強く衝けば響きも大きい。落ち着いた人が衝けば落ち着いた音が鳴る、ということを知っている。

これがいわゆる「進学の道」である。

古代中国の多くの教育家も言語表現に長けていた。孔子の言葉は非常にイメージしやすい。孔子は当時の天文現象、理化学材料、動植物の生活現象、農業および手工業の生産状況、ならびに当時の詩歌やことわざなどを引用して自分の政治的見解、倫理思想を説明し、問題を解釈または道理を解明していただけでなく、一定の表現を使って言語表現の効果を増強することに長けていたことが『論語』から見てとれる。

あるときは「莞爾(かんじ)として笑う」、またあるときは「喟然(きぜん)として嘆ず」。あるときは厳粛で真面目、丁寧な言葉遣い、またあるときはユーモアたっぷりで、冗談を言ったりもした。どれもすべて言語表現レベルと教育の質の向上に資するものである。

4、師弟関係

師弟関係は教育過程における最も基本的な人間関係である。それは教育活動の中で、教師と学生の付き合いによって形成される相互認知の情感関係であり、教育効果に直接影響する最も基本的な関係の一つである。

古代中国の教育家の師弟関係についての論述は多く、以下の二つの側面に観点が集中している。

1. 教学相長

前述したように、「教学相長」の概念を最も早く明確に提出したのは『学記』である。

嘉肴(かこう)有りと雖も、食わざれば其の旨きを知らざるなり、至道有りと雖も、学ばざれば其の善きを知らざるなり。是の故に、学びて然る後に足らざるを知り、教えて然る後に困しむを知る。足らざるを知りて、然る後に能く自ら反るなり。困しむを知りて、然る後に能く自ら強むるなり。故に曰く、教学相長ずるなりと。兌命(おし)に曰く、学うるは学ぶの半ばなりと。其れ此(これ)の謂(いい)か。

どんなにおいしい料理があっても、食べなければその美味しさは知ることができない。どんなに素晴らしい道理があっても、学習を通じなければその良さを知ることができない、という意味である。

つまり、学習を通じてこそ、自分の知識レベルが足りないことを知ることができるということである。教育に携わってはじめて真の戸惑いにぶつかる。元は問題にならず素通りしていたことが問題になる。そうやって自分の水平が足りないことを自覚できれば、前に戻って自分にむち打ち学習に力が入る。戸惑いを感ずれば、自分を励まし弛まぬ努力で研鑽できる。

これが「教える」ことと「学ぶ」ことの相互影響、相互浸透、相互促進の弁証関係の最初の掲示であり、教師と学生が教育活動の中で不可分関係にあることを物語るものである。

唐の韓愈は『師説』の中で、別の角度から「教学相長」の道理を説明している。聖人は常の師無し。孔子は郯子、萇弘、師襄、老聃を師とす。郯子の徒は、其の賢孔子に及ばず。孔子曰く、三人行えば則ち必ず我が師有りと。是の故に弟子は必ずしも師に如かずんばあらず。師は必ずしも弟子より賢ならず。道を聞くに先後有り、術業に専攻有りて、是の如きのみ。

韓愈は孔子を例に、師弟関係の三つの基本点を論じている。第1に、「弟子は必ずしも師に如かずんばあらず」である。すなわち、学生は教師に及ばないとは限らず、教師を越える可能性があるということをいう。第2に、「師は必ずしも弟子より賢ならず」である。すなわち、教師はすべての分野で学生より優れているとは限らず、謙虚な気持ちをもって学生を含むすべての人に学ぶことが大切であるとする。学ぶことを厭わず、向上を重ねよということである。第3に「道を聞くに先後有り、術業に専攻有り」である。すなわち、教師と学生は「道」を理解した時期に早晩があり、学術・技能に経験の差がある。初めから師の位置にいる人はおらず、道を聞くには必ず先に始めた人、学ぶにはそれを得意とする人を師とすべきであるということである。

このことは、学生が教師に学ぶことの重要性を説明している。教師の指導があってこそ健康的に成長できるからである。また教師も師であることを気取るのではなく、学生に学ぶことを無視してはいけないとも説明している。

つまり、師弟関係は教育活動の中で完全に一対の双方向関係であるといえる。

2. 尊師愛生

尊師愛生は師弟関係のもう一つのコアである。古代中国では、教師の社会的地位は極めて不安定であったものの、教育過程中での師弟関係は一般に良好な伝統がある。

それゆえ、数千年の長い歴史において、尊師愛生の少なからぬ感動秘話がある。ここで「尊師（師を尊ぶ）」と「愛生（学生を愛す）」の二方向から分析を試みる。

1) 尊師

『学記』に「大学之礼，雖詔於天子，無北面，所以尊師也」と記され、漢代の鄭玄は「尊師重道焉，不使処臣位也」*93 と記している。もちろん、ここでの「尊師」は「重道」する人であり、教師は「授道」する人をいう。

魏晋以降、教師の社会的地位は衝撃を受け、多くの人が師を恥ずべきものとした。唐代の韓愈はこうした風潮を鋭く批判している。

> 古の聖人は、其の人に出ずるや遠し。猶且つ師に従って問う。今の衆人は、其の聖人に下るや亦た遠し。而も師に学ぶことを恥ず。是の故に聖は益々聖にして、愚は益愚なり*94。（現代語訳は第5章208頁参照）

「尊師」の具体的な内容は以下のとおりである。

1. 教師の教えを服膺（ふくよう）する

古代中国では、弟子は師の教えを喜んで受け入れるのが一般的であった。孔子の弟子の中には、教えを受けた後「諸事斯語矣」と言う者、「終身誦之」と準備する者、さらに「書諸紳」する者がいた。孔子の教えを広帯に記録するのである。

あるとき、孔子が弟子に「予（わ）れ言うこと無からんと欲す（私はもう何も言うまいと思う）」と言うと、それを聞いた子貢が慌てて「子、もし言わずんば、則ち小子何か述べん？（先生がおっしゃってくださらなくなったら、私ども門人は何を拠りどころに道を述べ伝えれば宜しいのでしょうか）」*95 と言ったと

---

*93 『礼記正義』巻三十六。

*94 韓愈『師説』。

*95 『論語・陽貨』。

いう。古代の中国で学生が教師に教えを求めたときの心構えにはいつも感心させられる。

『後漢書・李固伝』に、李固は「幼い頃、学問を好み、万里の道もものともせず、いつも師を求めて歩いていた」と記されている。

『宋史・楊時伝』には「ある日、(楊時が)(程)頤にまみえたたとき、頤は瞑目して坐し、楊時と遊酢は侍立していた。頤が目を開くと、外には雪が一尺も積もっていた」と記されているが、これが有名な「程門立雪」である。

著名な学者宋濂は自身が師を求めたときの経験を次のように述べている。「昔は経書を携え家から百里離れたところまで出かけて行って先達に教えを請うたものだ。先達は徳が高く名声のある人で、部屋は教えを受けに来る門人や弟子でいっぱいだった。先生は言葉遣いや謹厳な表情を崩すことはなかった。私は先生の横に侍立して、難しいところやわからないこと、物の道理を尋ねるのに身をかがめ、耳を傾けて教えを聞いた。先生はたまに人を叱責することがあったが、そうすると私は恐縮し、いっそう畏まって一言も答えなくなったものだ。そんなときは先生の怒りが消えるのを待って教えを請うていた。そういうわけで愚かだった私でも多くのことを習得することができた」[*96]。

『管子・弟子職』には、教師の教えを服膺することが学生の本分の一つとして記されている。

「先生は教えを施し、弟子はそれを見習う。温和で恭敬にして我を取り去って教えの究極を受ける。善行を見た場合にはそれに従い、義の道理を聞いた場合にはそれを身につける。穏やかに振る舞い、父母に孝行を尽し、驕り高ぶって力で対処しようとしてはならない。志には虚偽邪念なく、行動は必ず正しく真っ直ぐであること」。

2. 師弟一蓮托生

中国教育史上、学生と教師が苦楽を共にする事例も珍しくない。孔門では、いつも師に付き従っている学生が少なくなく、師と苦楽を共にし、師の警護をしていた。

孔子は何度も子路の無謀ぶりを注意したが、子路はずっと師に追随し、実際

[*96] 宋濂『送東陽馬生序』。

にも用心棒の役割を担っていた。それだからか孔子も慨嘆しながらも誇りに感じるように「道行われず、桴に乗りて海に浮かばん。我に従う者は、それ由か！（正しき道が行われない。筏に乗って海の向こうの遥か遠くの国に行こうか。私についてくる者は、由であろうか。）」*97 と言うのだった。またあるとき、孔子が陳国から衛国に行く途中、蒲人に通行を阻まれた。弟子の公良儒が自分の車で孔子を護送し、蒲人とは激しい戦いが繰り広げられることになったが、ついに孔子を保護し東門から出城したという。

南宋の著名な教育家朱熹がこの世を去ったとき、「偽学の師の葬儀に出席したいと各地から偽学の徒が集まる。集まれば人の優劣を無責任に喋るか、政治についてでたらめな論議をするようだ。諸侯たちを留め置いて下さい。」*98 と上奏する人がいた。寧宗皇帝はそれにより葬儀の規模を制限するよう勅令を出したが、それでも、葬儀に訪れた門徒は数千人にのぼったという。

明清時代の王夫之は教育者としての生涯においてもしばしば弟子と「昼共食、夜共燃」であったが、王夫之は「貧しくて本も紙筆も無いので多くは友人や門人に借りた。そして著作ができ上がるとそれをその人たちにあげる」という状況で、基本的に学生の援助に依り学術活動に従事していた。36歳から教鞭をとった王夫之の収入源は門弟の支援によるもので、正に艱難辛苦のなか、粗末なあばら家で師弟が知識を探り、真理を追求する楽しみを共有していたのである。

3. 師の尊厳の維持

古代中国の教育家は教師の尊厳を非常に重視し、『学記』に「およそ学問を修めるには、まず教師の尊厳を保つことが必要である。教師が厳かな存在であれば学問を修めることが尊重される。そうであって初めて人びとが学問を尊重すべきことを知る」と指摘されている。

荀子も教師の尊厳を非常に強調し、教師は権威の確立が必要であるとして、「言いて師を称せざる、これを畔と謂う。教えて師を称せざる、これを倍と謂う。倍畔の人、明君は内れず、朝士大夫は諸と途で遇うも与に言わず（発言をして自分の師の名前を挙げないのは師に叛くことである。弟子に教えて

---

*97 『論語・公冶長』。
*98 「道学崇黜」『宋史紀事本末』巻八十。

自分の師を挙げないのは師に逆らうことである。賢明な君主は師に叛いたり逆らったりするような人物を朝廷に登用しないし、朝廷に仕える士大夫はそういう人に道で会っても口をきかない）。」*99

と説いている。つまり荀子は「尊厳而憚（尊厳にして憚らる）」を「可以為師（以て師と為るべし）」の必須条件の一つとしていた*100。

『呂氏春秋』の作者はさらに荀子の思想を展開し、学生に対し、師の教えに従い「義を説くに必ず師を称して以て道を論じ、聴従するに必ず力を尽くして以て光明にす」*101るだけでなく、教師に礼儀正しい態度、すなわち「必ず恭敬にして顔色を和らげ、辞令を審らかにす。趨翔を疾め、必ず厳粛にす」*102で接するよう求めた。

古代中国における師の尊厳に関する秘話も多く残されている。

あるとき、魯国の大夫叔孫武叔が人に「子貢は仲尼（孔子）よりも優れているな」と言った。それを伝え聞き、事実と異なり孔子の威信を損ねてしまうと思った子貢は、誤解を明らかにしようと

「垣根に譬えて言えば、私の垣根はせいぜい肩の高さぐらいで、人様から家や部屋を見られて褒められたりもしますが、先生（孔子）の垣根は数仞もあり、門を入ることができないと、中の宗廟の美しさや文武百官の盛大さは見られません。しかし先生の門に入れる人は少ないので、そんな風に言われるのかもしれません」*103

と言い、自分を褒め孔子をけなすのは、完全に孔子を理解していないことによる無知であるとした。

またあるとき、陳子禽が子貢に

「あなたは謙遜されているのですよ。孔先生がどうしてあなたより優れているといえるのでしょう。」

と言ったところ、子貢は

「君子は相手の一言で、その人が賢者か愚者かがわかります。言葉は慎重に

---

*99 『荀子・大略』。
*100 『荀子・致士』。
*101 『呂氏春秋・尊師』。
*102 『呂氏春秋・尊師』。
*103 『論語・子張』。

話さなければなりません。私が孔先生に及びもつかないことは、ちょうど天にはしごをかけて上れないようなものです」*104

と答えたという。

子貢はさらに、

「そういう悪口はお控えください。孔先生を悪くいうことがあってはなりません。先生以外の賢者は丘陵くらいの高さで、越えようと思えば越えられますが、先生は日や月のような高さのところにいらっしゃるので、越えることが出来ません」*105

とまで言いきった。

子貢がこれほどまでにも師の尊厳を守る人であったためか、司馬遷は、「孔子の名を天下に轟かせるのに、子貢が果たした役割は大きい」*106 と評している。

4. 仁は師に劣らない

師を尊重し、敬愛することと、唯々諾々と教師の言いなりになることとは違う。教師に欠点や誤りがあれば果敢に指摘し、師を超えるべきである。

孔子は最も早く「仁は師に劣らない」の命題*107 を提唱し、学生の教育にあたり、「仁」の前に師弟の別はなく、一律平等であるとした。

この思想はアリストテレスの「プラトンは友であるが、真理はよりよい友である」という命題に比肩する。

韓愈の「弟子は必ずしも師に如かずんばあらず、師は必ずしも弟子より賢ならず」の観点は孔子の思想を一歩進めたものである。

韓愈は『師説』で次のように述べている。

「自分より先に生まれ、自分より先に道を学んだ人である。もとより自分よりも先であるならば、自分はこの人に従い、この人を師としよう。自分より後に生まれても、その道を知ることが、また自分より先であれば、自分は従ってその人を師としよう。自分は道徳の道を師とするのである。一体どうしてその人が自分より先に生まれたか後に生まれたかなど考えようか。だか

---

*104 『論語・子張』。

*105 『論語・子張』。

*106 『史記・貨殖列伝』:「子貢結駟連騎，束帛之幣以聘享諸侯，所至，国君無不分庭與之抗礼。夫使孔子名布楊於天下者，子貢先後之也。此所謂得勢而益彰者乎？」

*107 『論語・衛霊公』。

ら貴賤の差別なく、年齢の上下なく、道の存在する所が、師の存在するところなのである」。
　古代中国の教育家もこれを師弟交流の重要原則としていた。
　あるとき子路が孔子に
「衛の君、子を待ちて政を為さしむれば、子将に奚をか先にせん（衛の君主が先生をお呼びして政治を任されたら、先生は最初に何をされますか）」
と尋ねた。孔子が
「必ずや名を正さんか（まず名目を正そう）」
と答えると、孔子の言葉にいささか現実離れの感が拭えなかった子路は、単刀直入に
「是有るかな、子の迂なるや。奚ぞそれ正さん（それだから先生は迂遠だと言われてしまうのです。どうしてそんな名目を正すなどするのでしょう）」*108
と聞き返したという。また子路が、孔子は「乱臣賊子」*109 に反対していながら、その乱臣賊子からメリットを得ようとしていると思い、孔子に質問する場面もある。
「公山弗擾が費を根城にして謀反を起こし、孔子を招いた。孔子はこの招きに応じようとした。子路は猛反対して『之くこと末きのみ。何ぞ必ずしも公山氏に之れ之かんや』と言った」*110
という件で、子路の言葉は「先生は行かなくてもいいではないですか。なぜ公山弗擾の所へなど行く必要があるのでしょう」という意味である。
　指摘すべきは、「尊師」はもともと古代中国の伝統的美徳であるが、その中に封建的倫理関係が反映されていることは否めないということである。すなわち、師弟の間は君と臣、父と子の関係とほぼ同じであるということである。
　したがって、「仁は師に劣らない」の秘話はあるものの、より多いのは学生が教師の命令を守る、教師に従順であるというものであり、民主的な教育環境の話はあまり多くない、あるいは主導的地位を占めてはいない。

---

*108　『論語・子路』。
*109　訳注：人の道に外れ、悪事をはたらく者の意。「乱臣」は主君に反逆する家来、「賊子」は親不孝をして悪い道に入ってゆく子供の意。
*110　『論語・陽貨』。

古代の「尊師」の伝統を継承するとき、その中の糟粕は止揚（アウフヘーベン）すべきであろう。

2）愛生

　教師の教育愛（教育対象、教育事業に対する愛）は、いくら使っても尽きることのない教育という仕事の源泉である。

　学生に対する真摯な愛情がなければ、随時随所で学生の心身の発達を気に懸けることができず、楽しく教材の研鑽ができず、教育方法の改良に磨きをかけることができない。

　それゆえ、東西古今の教育家は教師として教職に従事するとき、愛を出発点とする。

　孔子は「之を愛しては能く労すること勿からんや。焉に忠にしては、能く誨(おし)うること勿からんや」*111と説き、イギリスの教育家ラッセルも「およそ教師に愛情が欠けている場合には、性格も知性も存分に、またのびのびとは発達しないだろう」*112と言った。そしてソ連の教育家スホムリンスキーは、さらに明確に、学校での学習は、単に一つの頭脳から別の頭脳に知識を無造作に積んでいく作業ではなく、教師と生徒の間で四六時中行われている心の触れ合いであるとしている。

　つまり、心の上での接触がなく、愛情が伴わなければ、たとえ教師の学問が深く才能が豊かであっても、学生の心の扉を開くことはできない。

　古代中国の教育家の「愛生」の理論と実践については、次の通りである。

1．学生に心を寄せる

　孔子は「仁者愛人」の精神を学生に注ぎ、学生の品徳学習と生活に全面的な関心を寄せていた。

　常に学生と共に居り、思う存分語り合いをしていた。弟子の冉伯牛が病気になったときは、見舞いに行った孔子は伯牛の手を握り、「こんなことがあっていいものか。これも運命か。この人がこんな病に罹るとは。この人がこんな

＊111　『論語・憲問』。
＊112　ラッセル"Education and the Good Life"華東師範大学教育系、杭州大学教育系編訳『現代西洋資産階級教育思想流派論著選』人民教育出版社　1980年、104頁。

病に罹るとは。」*113 と悲しそうに言ったという。弟子の顔淵が「不幸短命」にして死ぬと、孔子も死ぬほど悲痛な表情で天に向かって、「ああ！天は私を殺した！天は私を殺した！」*114 と嘆き、従者が慰めようと「悲哀が度に過ぎていらっしゃいます」と言うと、「度が過ぎている？この人の為に慟哭しないで、どの人に慟哭しようぞ。たいそう悲痛なことではないか。この人のことを悲痛に思わずして誰を悲痛と思うのだ？」*115 と答えたという。

『呂氏春秋』の作者も「徒を視ること己の如く、己に反(かえ)って以て教う」*116 と唱え、教師は学生の立場になって物事を考えるべきであり、それが良好な師弟関係に不可欠であるとして、人の情は「己に同じき者を愛し、己に同じき者を誉め、己に同じき者を助く」*117 べきであるとした。

師弟異心は怨恨の原因となる。

2. 学生を信頼する

学生を尊重し信頼することは教職に携わる者の金科玉条である。ソ連の教育家スホムリンスキーは「子どもの内面世界を深く理解し、彼らの思想と感情を体験できれば、我われの教育の仕事の非常に重要な真理は明らかなものとなる。生徒の内面世界に影響があるときは、彼らの心の中の最も敏感な隅にある自尊心を傷つけるべきではない」*118 と述べている。古代中国の教育家の実践はこの金科玉条を見事に体現している。

孔子は弟子を信用していた。『論語・子罕』に有名な言葉がある。

　　後生畏る可し、焉(いずく)んぞ来者の今に如かざるを知らんや

　　（若者達を侮ってはいけない。これから出てくる人材がどうして自分たちに及ばないと言えるだろうか）

孔子の見解では、若者はすべて尊敬すべきものとする。彼らには無限の前途があり、将来は必ず今を超えるはずだという。

弟子の公冶長が投獄されていたとき、孔子はこの弟子は無罪だと信じ、娘を

---

*113 『論語・雍也』。

*114 『論語・先進』。

*115 『論語・先進』。

*116 『呂氏春秋・誣徒』。

*117 同上。

*118 Ｂ.Ａ. スホムリンスキー『子どもを信頼しよう』王家駒訳 教育科学出版社 1981年、3頁。

嫁がせてもいる*119。

孔子は学生一人ひとりに才能のあることを知っており、彼らを信じていた。それは

「由や、千乗の国、其の賦を治めしむべし、其の仁を知らざるなり（由〔子路〕は、諸侯の国で国政の長を担当させることができる。ただまだ仁の程度は分からない）」、「求や、千室の邑、百乗の家、これが宰たらしむべし、その仁を知らざるなり（求〔冉有〕は、千戸の町や家老の家で執政の長を務めさせることができる。ただ仁の程度は分からない）」、「赤や、束帯して朝に立ち、賓客と言わしむべし、その仁を知らざるなり（赤〔公西華〕は、衣冠束帯の礼服を着用して朝廷で官位に就き、客人と応対させることはできる。ただ仁の程度は分からない）」*120、「雍や、南面せしむべし（雍〔冉雍〕は、民を治めるに足る器量をもった人物である）」*121

などに表れている。

また、仲弓（雍也）の「南面せしむべし」ほど卓越した才を人びとが信じないことを懸念し、わざわざ「犂牛之子且角，雖欲勿用，山川其舍諸？」*122 と強調してもいる。この言葉は、農耕用の牛の子であっても、赤毛で角の整った牛に育てば、祭祀用として使わないでおこうとしても、条件がそろっているので、山の神川の神が見捨てるはずがないという意味である。

仲弓は賤民階級の出身であるが、道徳心が高く聡明で、卿大夫という高官はまことに適任であるということである。

3. 学生に厳しく要求する

学生を愛するということを、彼らへの関心、尊重、信頼という形だけでなく、彼らに厳しい要求をするという形で体現する。

ソ連の教育家レオニード・ザンコフはこれについて鋭い見解がある。「教師の子どもに対する愛情を、単にやさしい態度で彼らに接することだけと考えてはいけない。もちろん柔和な態度も必要ではあるが、しかし学生に対する愛情は、まず教師のもつありったけの精力、才能、知識を教え子への教授と教育に

---

*119 『論語・公冶長』：「子謂公冶長，『可妻也，雖在縲絏之中，非其罪也！』以其子妻之。」
*120 『論語・公冶長』。
*121 『論語・雍也』。
*122 『論語・雍也』。

注ぐことで表現し、彼らの精神の成長の上に最高の成果を得なければならない。したがって、教師の子どもに対する愛情は、理にかなった厳格な要求と結合するべきなのである」*123。

古代中国の教育家の学生に対する要求も相当厳格であった。孔子の弟子はみな好学であったが、顔淵を「好学」として褒める以外、そうそう「好学」で他の学生を表彰するようなことはなかった。

褒めるときも顔淵の「其心三月不違仁」の部分を褒めるだけで、自分の弟子が仁徳の標準に到達したとして褒めたことはなかった。

子路を「由（子路）、お前はがさつだね」*124「由はでしゃばるところがある」*125、「由は私以上に勇ましいが、その材料を準備する手立てを持っていない」*126 と叱り、昼寝をしていた宰我には、「彫刻のできない腐った木」、「上から塗装ができないぼろぼろの土塀」だから何を言っても無駄であると強く責めた。辛辣な言葉で、ここから孔子の学生に対する要求の厳しさが窺い知れる。

墨子も学生に厳しく要求することを意識しており、「禽滑釐子は子墨子に3年師事した。手足にひびやあかぎれ・たこができ、顔の色が黒くなるまで我が身を使って子墨子に仕えたが、自分の願望は何も言わなかった」*127 という。

4．学生を励まし有用な人物にする

学生を気に懸け、信じ、厳しい要求をするその根本的な目的は、学生を叱咤激励して有用な人物にすることである。その意味で、チェコの教育家コメニウスは学校を「人間製作工場」*128 と定義している。

古代中国の教育家は人材育成を十分に重視しており、孟子は「天下の英才を得て之を教育す」を人生の悦びとした。

宋代の教育家胡瑗は「天下の治むる者に致るは人才に在り、天下の材と成る者は教化に在り、教化を職とする者は師傅に在り、弘く教化して之を民に致す者は郡邑の任に在り、而して教化の本とするところの者は学校に在

---

*123 ザンコフ著、杜殿坤訳『和教師的談話』教育科学出版社 1980 年、30 頁。
*124 『論語・子路』。
*125 『論語・先進』。
*126 『論語・公冶長』。
*127 『墨子・備梯』。
*128 コメニウス著、傅任敢訳『大教授学』、51 頁。

り」*129 と説き、清代の顔元はより明確に「教職を閑職という人がいるが、そういう人は人材が政事の基本であり、とりわけ学校が人材の基本であることがわかっていないのだ」*130 と説いている。

　教育実践において、古代中国の教育家は学生を励ますことにも留意していた。
　孔子は、より大きな信念と勇気もって進歩するようにと常に学生を励ましていた。
　例えば「仁はそれほど遠くにあるのだろうか？いや、自分が仁であろうと欲すればすぐに至ることができるのが仁なのだ」*131「ためしに一日だけでもその力を仁のために使ってみなさい。力が足りない者など私は見たことがない」*132 という具合である。
　朱熹も学生に有用な人物になるという信念を確立するよう求め、自分の資質が劣ることや、基礎が浅いことを心配せず、とにかく倦まずたゆまず努力することであるとし、「蓋し人の性不善無しと雖も、而れども気禀同じからざる者有り。故に道を聞くに蚤莫有り、道を行うに難易有り。然るに能く自ら強めて息まざれば、則ち其の至りは一なり」*133 と説いたのであった。

＊129　胡瑗『松滋儒学記』。
＊130　『顔習斎先生年譜』巻下。
＊131　『論語・述而』。
＊132　『論語・里仁』。
＊133　『四書章句集注・中庸章句』。

第7章
古代中国の読書法

　読書法は古代教育史から「忘却」の彼方に置かれがちである。中国教育思想史の論著において、読書法に言及するものは少ない。
　しかし、教育活動の中で、読書は重要なウェイトを占める。マルクス主義教育理論家楊賢江は、1920年代、現代教育の必然的な要求であるとして、読書法研究の必要性を謳っている。
　楊賢江の指摘は次のとおりである。
　「読書法研究の必要性は、読書というものを重視することから言われるようになり、読書に効果が期待されている。作文にも教え方の方法があるのに、まさか読書に方法がないということはあるまい。昔の受身的な教育では、学生はひたすら教師の指導に従うことが求められ、読書法に注意が向けられることはなかった。しかし、現在の能動的教育にあっては、学生はあらゆる学問において自己の力を用いて研究に取り組まなければならないため、読書法が必要ということになった。」[*1]
　古代中国の教育は学生の読書指導を重視していた。特に宋代に書院が勃興した後、教育者は学生自身による書物知識（六経中心）の自学を誘導することにより意識を傾け、一連の読書法をまとめた。
　朱熹は読書の役割を非常に強調し、
　「学問の道は、窮理（理を窮める）に先んじてはならない。窮理の要は必ず読書にある」[*2]
　「聖人の教育方法は経典にある。志のある士は、それを熟読して問い正す

[*1]　楊賢江「論読書法（一）」『学生雑誌』1926年第13巻(1)。
[*2]　『性理精義』。

べきである」*3
であるとした。
　古代の読書法は古代の思想家、教育者自身の読書治学の経験をまとめた、古代教育の知恵の結晶であるからであり、中国の教育思想史上の一角を占めるべきものであることに疑いの余地はない。
　台湾の学者韋政通は『中国的智慧』で、古代の読書法を専門の問題として捉えた論述*4を試みており、我々のこの問題に対する考察は焦眉の急となった。

1、読書法の綱領

　読書法の綱領は、読書の基本原則であるといえる。宋代の朱熹はこれについて最も詳しい論述をしている。『孟子集注』において、「事必ず法有りて、然して後に成る可し。師これを舎つれば則ち以て教うること無く、弟子これを舎つれば則ち以て学ぶこと無し。曲芸すら且つ然り。況や聖人の道をや」と示し、何事にもやり方というものがあり、教えるには教え方、学ぶには学び方がある。具体的なやり方から逸脱すれば、教師は「無以教（拠り所なく教え）」、学生は「無以学（拠り所なく学ぶ）」となり、結局、物事が成就しないと説いている。
　先人の読書経験と自らの長き実践を総合し、朱熹は見識高い読書法をいくつか提案している。
　彼の死後、弟子や門人が『朱子読書法』を作成した。元初の著名な学者程端礼の『程氏家塾読書分年日程』に「（朱熹は）門人と私淑の徒が、朱子の日頃の訓示を集め、要点をまとめて［読書法六条］とした。曰く［循序漸進］、曰く［熟読精思］、曰く［虚心涵泳］、曰く［切己体察］、曰く［著緊用力］、曰く［居敬持志］である」と記されている。
　この六条の読書法は大きな影響力をもち、古代読書法の綱領・原則となり、後世の学問する者はこれを基準にするようになった。
　以下に一つずつ論じていく。

---

*3　『白鹿洞書院学規』。
*4　韋政通『中国的知恵——中西洋偉大観念比較』吉林文史出版社 1988 年、133～139 頁。

1．循序漸進

「循序漸進」は教育の原則であり、読書法の綱領の一つでもある。読書は書物のロジック体系と学習者の水準に応じて、系統的かつ段階的に進めるべきであることをいう。

朱熹は例を挙げ、「（学問の道は）まるで山登りのようなもので、多くの人が高いところを目指すが、低いところを理解していなければ、最終的に高所の理に至ることができない」*5 と説明している。

読書はなぜ「循序漸進」が必要なのであろうか。朱熹は、次のように述べている。

> 大方、最近の道学を語る人たちは、高遠に過ぎるところに欠点があり、読書講義の際も概ね径軽（てがる）に飛び越えて順序段階を経ないのを喜びとし、読書講義の間の曲折があって精微なまさに玩味窮策すべきところにおいても、等しく皆ゆるがせにして厭い棄て、身近で面倒なことにそれほど神経を注いではいられないという様子である*6

前述の「低いところを理解していない」、「径易に飛び越え、順序段階を経ないのを喜びとする」といった読書方法は間違った学問のしかたで、「誤って人を深いくぼみに沈める」*7 ことになる。

朱熹は孔子が提唱した「急がば回れ」や『学記』の主張「学ぶこと等を躐（こ）えざるなり（学問には次第があって、急進すべきではない）」といった読書方法に賛同し、地道に、順序を踏んで一歩ずつ低いところから高いところに行く方法をとってこそ、高い山に登れると考えていた。

読書はどのように循序漸進するのか。朱熹は次のように述べている。

> 『論語』と『孟子』の2冊では、先に『論語』で次が『孟子』、1冊を読み切ってから次に進む。1冊で言えば、篇・章・文・句の順に読み、順序があればそれを乱さないことである。力に応じて進め、各課程で決め事があればそれに従うこと。読み方や意味などわからないことがあるうちは先に進んではならない。「循序漸進」とはこういうことである*8

---

*5　『朱子語類』巻八。
*6　『晦庵先生朱文公文集・答汪尚書』。
*7　『朱子語類』巻十。
*8　『晦庵先生朱文公文集・答張元徳』。

ここからわかるように、朱熹のいう「循序漸進」には、大きく三つのポイントがある。

第1は、新旧の知識の順序に注意することである。基礎を固め、「科に盈ちて而る後に進む（段階を追って進む）」である。

例えば、『論語』と『孟子』の2冊では、『論語』を習得していなければ、『孟子』に読み進むことができない。

第2に、力に応じて事を進めることである。自分の知識レベルや知能レベルをとび越えない。「弓を射るのに五斗の力があるのなら、四斗の弓を用いれば楽にひける」である。

第3に、復習を強化し、学んだことを定着させることである。

朱熹は「明日の予習をしさえすれば、前に読み終えたところは読まなくてよい」式の読書方法に反対で、張敬夫への返信の中で「学ぶだけで復習しなければ、その理を理解し、実践することは難しい。こなれた文章も書けず、自身も安ずることができない。復習するにしても頻繁でなく、それを復習したからといって、間隔が開いたり中途半端に終わっては、復習の効果は得られない」と指摘し、「学而時習」、「温故知新」、「不断の強化」があってはじめて習得したものが定着するとしている。

2．熟読精思

熟読精思とは、読書の際に記憶と思考を結び付けることである。

朱熹によると、熟読とは「一冊丸ごと頭に入っていて、覚えていないところがなく」[*9]、「さながら自分で言ったようにできること」[*10] を言い、精思とは、「読んでなるほどそうだと思ってもすぐにそれが正しいとはせず、さらに何度も繰り返して味わうこと」[*11] であり「さながら自分の心から出たようにすること」[*12] であるという。

熟読精思の論述は、孔子の「学びて思わざれば則ち罔く、思いて学ばざれば則ち殆し」の命題よりも具体的で深いことがわかる。

---

*9 『晦庵先生朱文公文集・答張元徳』。
*10 『朱子語類』巻十。
*11 『朱子語類』巻十。
*12 『朱子語類』巻十。

読書になぜ熟読精思が必要であるのか。朱熹は次のように述べている。

> 学者須是熟、熟時一喚便喚在目前、不熟時、須着旋思索、到思索得来、意思已不如初了*13

> 大凡読書、須是熟読。熟読了、自然精熟、精熟後、理自見得。如喫果子一般、劈頭方咬開、未見滋味便喫了、須是細嚼教爛、則滋味自出、方始識得這箇是甜是苦是辛、始為知味*14。

これらの意味は、熟読してこそしっかり記憶でき、「軽く呼び出すだけですぐにその知識が出て来る」というものである。しっかり記憶してこそ考えが深く細かくなり、学んだことが体得できる。熟読精思しないのは、ナツメを丸ごと飲み込むようなもので、食べてもその味がわからず有害無益である。

朱熹の言う「熟読」とは、知識を貯蔵、保持するためではなく、知識を抽出、活用するためのもので、思考のためのものである。

これが朱熹ならではの高い見解である。朱熹は、読書の効果が大して無いというのは、熟読精思の努力が足りないからだとして、

「学ぶ者が書物を読むときは、先ず本文を読み、そして注解を覚え、暗記するまでよく読むことである。文意を解釈し、事物、名前を頭に入れ、まるで自分が草稿を練ったかのになれば、そこで漸く繰り返して玩味ができ、向上できる余地が生まれる。そこまで行かなければ、議論の虚設でしかないので、科挙のための勉強と同様、自分のための学びではない」*15

さらに、読書家庭での熟読（記憶）と精思（思考）の弁証関係について、

> 読誦者，所以助其思量，常教此心在上面流転。若只是口裡読，心裡不思量，看如何也記不仔細。*16

> 読了又思、思了又読、自然有意。若読而不思、又不知其意味。思而不読、縦使暁得、終是不安。一似倩得人来守屋相似、不是自家人、終不属自家使喚。若読得熟、而又思得精、自然心与理一、永遠不忘*17。

---

*13 『朱子語類』巻八。
*14 『朱子語類』巻十。
*15 『朱子語類』巻十一。
*16 『朱子語類』巻十。
*17 『朱子語類』巻十。

と言っている。これらを要約すると、熟読（記憶）は精思（思考）の基礎であり、記憶は「その思考を助け」る。精思はまた熟読の条件であるため、考えなければ「覚えられない」。記憶と思考の共同作業、記憶を土台にした思考、理解が関与する記憶、これらがあってこそ「心与理一、永遠不忘（心と理が一致して永遠に忘れない）」の境地に達する、ということだ。

これは西洋の学習理論における連合説や認知説が、ただ記憶または思考の一面のみを強調しているのと比べ、より合理的である。

どのように熟読するのか。朱熹は、まず読書の心、目、口の「三到」が必須であるとし、「余嘗謂読書有三到：心到，眼到，口到。心不在此，則眼看不仔細，心眼既不専一，却只漫浪誦読，決不能記，記亦不能久也」[18]と説いた。この意味は、読書の際には「心到（心をそこに至らせ）」て、思考の積極性を引き出す。心を書物に置き、書物を心に詰める。そして「眼到（目をそこに至らせ）」て精神を集中させて細かいところまで見る。さらに「口到（口をそこに至らせる）」、すなわち目で見ている内容を声に出して読むということである。

このうち「心到」は基本である。しかし軽んじてはいけない。

のちに近代の学者胡適がこの三到に「手到」を加え、合わせて「四到」としている。

次に、繰り返し読むことである。朱熹は「正面から裏から、右から左から読む」、「読み終えたらそれでよし、ではない。千回読んだら次は一万回読むのだ。そうすると別のものが見えてくる」[19]と説き、さらに「百遍読むと五十遍読んだ時よりも理解が進み、二百遍読むと百遍読んだ時よりも理解が進む」[20]と言っている。熟読はそもそも理に適った側面を有するが、それがあまりに過ぎるとアメリカの教育心理学者ソーンダイクの頻度の法則と同様、機械的になるのは免れない。

ではどのように精思するのか。朱熹は、ポイントは疑問の持ちかたと問題の解決であるとして、「読書して疑問に思うところがないという者には、疑問をもつことを教えてやらなければならない。疑問がある者はそれをなくしたいと

---

[18] 『朱子読書法』。
[19] 『朱子語類』巻十。
[20] 『朱子読書法』。

いう思いに駆られ、そういう気持ちがあって初めて進歩するからだ」*21 と説いた。読書も疑問なし→疑問あり→疑問なしという過程をたどるのである。

どのように疑問なしから疑問ありへ行くのか。

朱熹は、根拠のある疑問をもち、疑問なしから疑問ありまでの唯一の方法は時間をかけて努力することで、「努力すればこそ疑問が湧く」*22 とした。

またどのように疑問ありから疑問なしへ行くのか朱熹は二つの方法を提起した。第1は「自詰難」、すなわち自分の疑問に根拠があるかどうかを確かめること、

「人之病、只知他人之説可疑。而不知己説之可疑。試以詰難他人者、以自詰難、庶幾自見得失」*23 である。

第2に、「さまざまな意見を相互に戦わせること」である。

朱熹は「凡看文字、諸家説有異同処、最可観。謂如甲説如此、且捍扯住甲、窮尽其詞。乙説如此、且捍扯住乙、窮尽其詞。両家之説既尽、又参考而窮究之、必有一真是者出矣」*24 と説いた。人によって意見の相違があるというのが最もおもしろいところだ。異なるセオリーの扱いは、まずそれぞれの論点を解明し、それから考察する。それぞれの異同や是非を比較し、最後に自分の見解を出せという意味である。

朱熹は問題を精思の核心とし、そのうえで疑問を払拭する効果的な方法を提起した。これも見識の高さが窺える。

3. 虚心涵泳

「虚心涵泳」とは、心を空にして物事を取り込めるスペースをあけ、気持ちを落ち着かせてよく考え、丁寧に、繰り返し研磨して書物の意味を理解することをいう。

朱熹は「読書のしかたは他にない。ただひたすら虚心に、功あるよう繰り返し読むことだ」*25 と説いている。

---

*21 『朱子語類』巻十一。
*22 『朱子語類』巻百十九。
*23 『朱子語類』巻百十九。
*24 『晦庵先生朱文公文集・読書之要』。
*25 『晦庵先生朱文公文集・読書之要』。

読書になぜ虚心涵泳が必要であるのか。朱熹は次のように説く。

　読書は虚心になってこそ得られるものがある[*26]。

　窮理は虚心静慮（心にわだかまりを抱かず静かに思索すること）を以て本となす[*27]。

　読書は涵泳して詳しく尋繹し、胸中に何かしら得るものがあるべき[*28]。

朱熹は、読書は虚心静慮、沈潜玩索、真剣研磨の状況にあってこそ「胸中有所得」、「見得道理明」[*29] となるとした。

ここから「虚心涵泳」が読書治学の一つの重要な心理条件であることがわかる。

読書でどのように虚心涵泳をやり遂げるか。朱熹は次の五つの意見を出している。

第1に、先に見解を立てないこと。朱熹は「凡看書須虚心看，不要先立説，看一段有下落了，然後又看一段。須如人受詞訟，聴其説尽，然後方可決断」[*30] と説き、読書は虚心に行い、先に別の見解や枠があると、書物の真意が理解できなくなるとした。朱熹は、当時一部の学問をする者の間で、読書の際に主観的な憶測や先に自説を立てる由々しき風潮があることを「人観書，先自立了意，後方観。尽率古人語言，入做自家意味中来。如此，只是推広自家意思，如何見得古人意思？」[*31] と批判し、原著を尊重し、真意を探究するというなかにこそ収穫があるとした。

第2に、傲慢な気持ちを持たないこと。朱熹は傲慢、居丈高な読書気風を嫌っていた。「学ぶ者は自惚れの気持ちがあってはいけない。」[*32] と説き、読書には「驕」と「吝」というタブーがあり、「驕や吝はその有りを狭め、以その無しを広げる。その有りを狭めるのは吝であり、その無しを広げるのは驕である」[*33] した。ここから、「驕」の実質を自惚れ、気取り、居丈高であり、「吝」

[*26] 『朱子語類』巻百四。
[*27] 『朱子語類』巻九十。
[*28] 『朱子語類』巻百十六。
[*29] 『朱子語類』巻十一。
[*30] 『朱子語類』巻十一。
[*31] 『朱子語類』巻十一。
[*32] 『晦庵先生朱文公文集・答胡季随』。
[*33] 『朱子語類』巻三十五。

を独善的、思い込み、独りよがりと捉えていることがわかる。

　この二つの負の品性を持つと、虚心坦懐な読書学習ができなくなる。

　第3に、無理なこじつけや都合のよい解釈をしないこと。朱熹は、学問をする人が「今の人の読書は、多くが予めなんらかの意味付けがあって、聖人賢人たちの言葉をその意味に合わせようとしている。合わなければ、合うように無理やりこじつけをする」[*34] ことを批判している。「苦尋支蔓、旁穿孔穴」で、勝手なこじつけをする読書方法は、道を誤らせ、少しも進歩がないとした。

　それゆえ、また「最近、学問をする人を見ると、多くがその場のこじつけを定論にし伝え聞いたことをすぐ鵜呑みにして吟味しようとしない。だから毎日聖賢の書を朗読してもその意味がわからず、ただ自分の見識のみに頼っていいかげんな理解をしているだけである。こんなことでは進歩や成長は望めまい」[*35] と述べている。

　第4に、先に効果を求めないこと。朱熹は「読書看義理，須是胸次放開，磊落明快，恁地去。第一不可先責効」[*36] と説き、内容を理解しないうちに、達成すべき要求や効果を主観的に決めてはならないとした。「功を急いで気が重くなる」ので、逆に実りがないからである。

　第5に、焦らないこと。朱熹は、「読書はしっかり身を入れて隅々まで読むこと。焦ると意味がなくなる。例えば論語精義を読むなら、諸説を比較しながら並行して読めば、自ずと正しい道理が導かれる」[*37] と説いている。

　古今東西の読書経験から、大雑把な読み方や、焦って読み進めるのは読書には禁物であり、心を落ち着け、真剣に取り組んでこそ、良好な効果が得られることが証明されている。

4. 切己体察

　「切己体察」とは読書が自分の努力により、書物にない工夫を重視し、読書を自分の生活体験などと結びつけることをいう。

　朱熹は「道に入るの門は、己の身をその道理の中に入れ、次第になじませ己

[*34] 『続精講多練』巻二。
[*35] 『学規類編』。
[*36] 『朱子語類』巻十。
[*37] 『朱子語類』巻十九。

と一致させる。今、人の道はこちらにあり、自分は外で、元々互いに関係がない。学問をする者の読書は、聖人賢者の言葉を自身で体験することが大切である」*38 と説き、読書はただ「文に沿って意味を追い、期限を焦って見どころを読まない」ではなく、表面の字面から知りえることに満足するのでもなく、書物の中の道理を繰り返し体験し、その真偽を追求しなければならないとした。

読書になぜ切己体察が必要であるのか。朱熹は次のように説く。

　人之為学，也是難，若不従文字上做工夫，又茫然不知下手処。若是字字而求，句句而論，不於身心上著切体認，則又無所益*39。

　読書不可只専就紙上求理義，須反来就自家身上推究。秦漢代以降，無人説到此，亦只是一向去書冊上求，不就自家身上理会。

　自家且未到，聖人先説在那裡。自家只借他言語来就身上推究，始得*40。

読書が文章の上での取り組みに終始して、紙の上で理義を求めるだけで、自分の実際と関連付け体認しなければ、何も得られず無益であるとした。

もちろん、朱熹の言う体験は、主に倫理道徳についての体験であり、これは我々が排除すべきものである。

読書でどのように切己体察をするか。朱熹は三つの方法を提案している。

第1に、自求自得である。朱熹は、読書は他人に頼るものではなく、「師友之功，但能示之於始，而正之於終爾。若中間三十分工夫自用喫力去做」*41 と考えていた。

これは、読書は師友の助けとは切り離せるものではないが、師友の役割にも限界があり、肝要なのは、読書開始時には、正しいアプローチと方法を指導することであり、ひとしきり読み進んだときに、正しく理解しているかを指摘することだという意味である。

朱熹は学生に「私のところでは講義の時間は少なく、実践の時間が多い。何事もすべて君自身が取り組み、体験し、修養しなければいけない。書物は自分から読み、道理も自分から探求するのだ。私はただ道案内人、立会人を務め、

---

*38 『学規類編』。
*39 『朱子語類』巻十九。
*40 『朱子語類』巻十一。
*41 『朱子語類』巻八。

疑問点があったときに一緒に考えるだけだ」*42 と説いている。

第2は、自分の身に引き寄せて体認することである。朱熹は「書物の上の字面を追うだけで、自分の身の状況に基づいて書物の内容を理解することをしない」読書法に反対し、「今の人の読書は、自身の身を以て体験しないで、紙の上で文意を解説するだけで終わっていることが多い。こんなことでは何も成就しないのだが」*43 と嘆息し、読書は「文意の間をゆったりと読み、操存践履（そうそんせんり）の実践を身を以て体験すると、心が穏やかになって物事の理が明るくなり、次第に意味がわかるようになる」と説いている。

さもなければ、たとえ「多くの知識を得るために、日に何冊もの本を朗読し」*44 であっても、学問には無益であり、それゆえ、文意を理解しようとすると同時に、自分の実際状況に結び付ける努力をすることこそ、読書の的確性をより強くさせることができるとした。

第3に、自分を信じることである。朱熹は「看人文字，不可随声遷就。我見得是処，方可信。須沈潜玩繹，方有見処。不然，人説沙可做飯，我也説沙可做飯，如何可喫？」*45 と説き、読書治学は他人の意見に気軽に折り合うばかりでまったく定見をもたない態度を忌むべきとし、そうでなければ哀れなイエスマンになるだけで何にもならないとした。

5. 著緊用力

「著緊用力」とは、読書とは強い意志をもって、元気を奮い起こし、努力を続け、大いに力を尽くすことが必要だということである。

朱熹は、「著緊用力」の境地について「計画的に進めることである。大まかに期間をとり、具体的な課題を細かく決める。学問は強い意志を持って思い切り取り組むもので、悠然としていてはモノにならない。まさに［憤りを発しては食を忘れ 楽しみては以て憂いを忘るる］の精神が大切である」*46 と述べている。

---

*42 『朱子語類』巻十三。
*43 『朱子語類』巻十一。
*44 『学規類編』。
*45 『朱子語類』巻十一。
*46 『朱子読書法』。

読書になぜ「著緊用力」が必要であるのか。マルクスはフランス語版『資本論』の序文で「科学に平坦な道はなく、その険しい山道をよじのぼる労苦を厭わない者がいてこそ、光輝く頂上にたどり着く希望があるのだ」[*47]と述べているが、これは読書治学になぜ「著緊用力」が必要であるのかをよく説明している。

朱熹も次の言葉を残している。

　為学極要求把篤処着力。到工夫要断絶処，又更増工夫，着力不放令倒，方是向進処。

　為学正如上水船，方平穏処，尽行不妨，及到灘脊急流之中，舟人来這上，一篙不可放緩，直須着力撑上，不得一歩不緊。放退一歩，則此船不得上矣[*48]。

いずれも「逆水を行く舟、進まずんば則ち退く」を言っている。すなわち、読書治学は水の流れに逆らって船を漕ぐようなもので、根気を無くしてしまえば後退して中途半端に終わり、それまでの努力が無駄になってしまう。

読書はどのように「著緊用力」するのか。朱熹は心理学的な面から次のように述べている。

　読書，須是知貫通処。……只認下着頭去做，莫要思前算後，自有至処。而今説已前不曾做得，又怕遅晩，又怕做不及，又怕那箇難，又怕性格遅鈍，又怕記不起，都是閑説。只認下着頭去做，莫問遅速，少間自有至処……莫要瞻前顧後，思量東西。少間担擱一生，不知年歳之老！[*49]

「読書は、知識が貫通するところでなければならない」として読書に没頭する者を励まし、後先のことをあれこれ心配するな、これまでにしたことがないからといって遅すぎると心配するな、自分はウスノロであると思うな、覚えられないと思うな、など躊躇せず迷わず読書を進めるよう説いている。また人の素質の如何に係らず学習には努力が必要であるとして、「大抵為学，雖有聡明之資，必須做遅鈍工夫始得。既是遅鈍之資，却做聡明底様工夫，如何得？」[*50]とも言っている。賢い者でも努力しなければ収穫がないのに、ましてや遅鈍な者であれば何をかいわんやということである。

---

*47 『マルクスエンゲルス全集（第44巻）』人民出版社 2001年、24頁。
*48 『朱子語類』巻八。
*49 『朱子語類』巻十。
*50 『朱子語類』巻八。

だからこそ信念をしっかりと固めることが必要なのであって、基礎ができていない、始めるのが遅い、マイペースな性格である、記憶力が悪い云々は学習上の足かせにはならないとし、「その気持ちを褒め励ましてやる気を出させ、自ら進んでやるようにするのだ。身の両側で戦いの狼煙が上がれば、必死になって進んでいくしかなく、その先がどうなるかなど聞いてはいられない。そうなった時、人は懸命に頑張る」[*51]と言う。

「著緊用力」は「剛毅果決」の精神で読書することを求めるもので、だらだらと漫然とした姿勢、心そこにあらずの性急な読書姿勢を否定する。

朱熹は「看文字須是如猛将用兵，直是鏖戦一陣。如酷吏治獄，直是推勘到底，決是不恕他，方得」[*52]「読書如戦陣厮殺，擂着鼓，只是向前去，有死無二，莫更回頭始得」[*53]と説いた。つまり、読書の際は気合の入った状態を保ち、全身全霊を込めて、「飢えた者が食べることを忘れ、喉が渇いた者が飲むことを忘れる」ほど「一掴一掌血一棒一条痕」の姿勢で、一歩ずつ着実に邁進せよということである。

6．居敬持志

「居敬持志」とは、読書には専静純一の心と堅定久遠の志が必要であることを指す。朱子語類に、「何事もない時は、敬を以て自らを律し、何もない空虚な世界に心を置かないで、気持ちをひきしめてそこに収斂させる。物事に対応する時、敬は対応にある。書物を読む時、敬が読書にあれば、自ずから動静を貫き、心そこになしということがない」[*54]「得堅固心，一味向前」と記されている。

読書になぜ居敬持志が必要であるのか。朱熹は次のように説く。

敬是守門戸之人[*55]。

敬之一字，乃学之綱領[*56]。

---

*51 『朱子語類』巻八。
*52 『朱子語類』巻十。
*53 『朱子語類』巻十。
*54 『朱子語類』巻八。
*55 『朱子語類』巻八。
*56 『晦庵先生朱文公文集・答孫敬甫』。

為学在立志，不干気稟強弱事*57。

人之為事，心先立志以為本，志不立，則不能為得事*58。

「敬」とは家を守る人である。

「敬」という文字は、学問の綱領である。

学問は志次第である。気稟の強弱には関係がない。

何かを為すには、先ず志を立てることが根本であり、志をたてないと事を為すことができない。

朱熹は「敬」を「家を守る人」に見立てている。これは現代心理学でいう「注意」とある種似たところがある。

ロシアの著名な教育家ウシンスキーは、「注意というものは唯一の扉であり、この扉を通過することによってのみ、外的世界の印象あるいは比較的接近している神経系の状態が心の中に感覚を呼び起こす」*59 と述べ、中国の心理学者燕国材教授も、注意は知的活動のオーガナイザーであり維持者であり、人のすべての知的活動は、注意の関与の下でこそ順調かつ有効的に発生し、発展、形成すべきであるとしている*60。

「志」とは何か？朱熹は「心之所之（心が何かに向って之くこと）」*61 と説いているが、晩年の弟子陳淳の解釈によると「志とはちょうど『向かう』というようなものである」「例えば（孔子の言う）『道に志す』とは、心が完全に人としての正しい道に向かうことである。『学に志す』とは、心が完全に学問に向かうことである」「真っ直ぐに求めに行って、必ず手に入れようとするのが志である」*62 であるという。つまり「志」は現代心理学の言う「志向」、「動機」と類似するところがある。

注意と志という二つの要素は、学習心理の重要な内容であり、朱熹はこの二つの要素を非常に重視した。これらの心理的要素を人のその他の素質よりも

---

*57 『朱子語類』巻八。
*58 『朱子語類』巻十九。
*59 ウシンスキー、李子卓等訳『人是教育的対象（教育の対象としての人間）（第1巻）』科学出版社 1959 年、218 頁。
*60 燕国材『智力与学習』教育科学出版社 1982 年、127 頁。
*61 『朱子語類』巻五。
*62 陳淳撰『四書性理字義』上巻。

重要な「聖門第一義」とし、さらにそれらを結びつけ、居敬は「網」、持志は「本」であるとし、読書治学の全体活動において最も重要な地位にあるとした。これはなかなか見識が高い。

　読書でどのように居敬持志するのか。

　朱熹は次のように説く。

　　読書はこの心を収斂するものである。これがすなわち敬である*63。

　　読書は心を書物に貼りつけ、一字一句追って読んでいくこと。それぞれに手がかりがあって漸く考えを巡らすことができる。およそ学ぶ者は心を専静純一に整え、日常の動静の間で心を馳せめぐらせないようにしてこそ、精密に文章を読むことができる。それで漸く力がついてくる*64。

　　持敬の説は多く言う必要はないが、「整斉厳粛」「厳威儼恪」「容貌を動かす」「思慮を整える」「衣冠を正す」「瞻視を尊ぶ」など数語を熟味して実にここに加工する*65。

　　志がそこにあれば、常にそこに思いがあって嫌になることはない*66。

朱熹は、居敬持志は仏教禅宗の「快然兀坐（かいぜんこつざ）し、耳は聞く所無く、目は見る所無く、心は思う所無くして」とは異なるとし*67、居敬持志は身心の収斂であり、「精神を聳起（しょうき）させ、筋骨を竪起（じゅき）すること」、「内無妄思、外無妄動（ないむもうし、がいむもうどう）（内に妄思無く、外に妄動無し）」*68であるとした。

　居敬持志の要点は、立志が大きい程「高出事物之表」*69が必要であり、「堅い心を保ってひたすら前に進むこと」*70が必要だということである。居敬には「誠」が必要であり、「常に事物の中にあること」*71が必要である。

　朱熹によると、居敬は持志の前提条件であり「雖能立志……此心亦泛然而無

---

*63　張伯行編集『朱子語類輯略』。
*64　『朱子語類』巻十一。
*65　『朱子語類』巻十二。
*66　『論語集注・為政』。
*67　『朱子語類』巻十二。
*68　『朱子語類』巻十二。
*69　『朱子語類』巻十九。
*70　『朱子語類』巻十。
*71　『朱子語類』巻十九。

主，悠悠終日，亦只是虛言」*72 であるという。居敬の具体的なやり方については、十分な物質と心の準備をしっかりし、乱れた心を落ち着かせ、専静純一にすることだとしている。

注意を集中できなければ、たとえ読書をしてもするだけ時間と気力の無駄である。それならば、注意を集中できるときまで待ってから読書する方がよい。

朱熹の提唱した読書法は、古代の読書法の綱領となっただけでなく、今日にとっても非常に価値があり手本とするに足る。まさに古代中国教育論の貴重な遺産である。

2、読書法の精髄

古代中国の教育家は、以上に述べた読書法の綱領のほかにも創意にあふれた読書法を提唱しており、清の周永年が『先正読書訣』で詳細に解説している。ここではその精髄に迫る。

1．提要鈎玄法

提要鈎玄法については、唐代の教育家韓愈の『進学解』に次のように記されている。

　　……口不絶吟於六芸之文，手不停披於百家之編。記事者必提其要，纂言者必鈎其玄。貪多務得，細大不捐。焚膏油以継晷，恒兀兀以窮年。

韓愈のこの方法に従い、読書はまず読む書物を分類することが必須で、それからその書物の性格、種別の違いによりさまざまな手法を採用する。

記録的性格をもつ歴史書を読むときは、書の内容から要点を掻い摘むこと。論述的性格の理論書を読むときは、その深層にある見解をつかむこと。

提要鈎玄法のポイントは、読書で重点をつかみ、精髄を汲み取ることである。

提要鈎玄法で読むときは、手をよく動かすことが大切である。

清代の学者李光地は、韓愈の読書法を論評したとき「其要訣却在記事纂言両句。凡書目口過総不如手過，蓋手動則心必随之，雖覧誦二十篇不如抄撮一次之功多也。況必提其要則閲事不容不詳，必鈎其玄則思理不容不精。若此中更能考

---

*72 『朱子語類』巻十九。

究同異，剖斷是非，而自紀所疑，附以弁論，則智癒深，着心癒牢矣」*73 と述べているが、これは提要鈎玄法の「手を動かす」ことが覧読誦読よりもはるかに効率が高いことと、「手を動かす」こと自体が読書に対する直接的な働きかけであることを説明している。

　「その要を提げ（提其要）」、「その奥深い心理（＝玄）を鈎る（鈎其玄）」という制限の下に、「閲事不容不詳」、「思理不容不精」するのである。さもなければ提要鈎玄の任務は全うできない。

2．八面受敵法

　八面受敵法は宋の文豪蘇軾が提唱した読書方法である。「八面受敵」は『孫子兵法』の「我専而敵分」に由来する。すなわち部隊が「八面受敵」という危機的状況に陥ったときに、優勢な兵力を集め、それぞれが敵を撃つという方法である。「以衆撃寡」であって「以寡迎衆」ではない。八面に出撃し、兵力を分散するというものである。

　蘇軾は孫子の兵法からヒントを得た八面受敵の読書法を次のようにまとめている。

　　少年応科目時，記録名数沿革，其条目等大略与近歳応挙者同爾，実無捷径必得之術。
　　但如君高材強力，積学数年，自有可得之道，而其実皆命也。但卑意欲少年為学者，毎読書皆作数過尽之。
　　書富如入海，百貨皆有，凡人之精力不能兼取尽収，但得其所欲求者耳。
　　故願学者毎次作一意求之。如欲求古今興亡治乱聖賢作用，但作此意求之，勿生余念。
　　又別作一次求事跡故実，典章文物之類亦如之。
　　他皆倣此，此雖愚鈍，而他日学成，八面受敵，与渉猟者不可同日而語也。甚非速化之術可笑可笑*74。

蘇軾によると、世の中に書物が大量に出回るようになり、ジャンルも豊富で何でもある。一冊の書物でもいろいろなことに関わっている。だからこそ、読書

---

*73　李光地『榕村集』（周永年編集『先正読書訣』よりの転載）。
*74　『蘇東坡文集・又答王庠書』。

をするときには「毎次作一意求之」し、一つの問題に集中すべきである。例えば古今の興亡治乱と聖賢の関係を知りたければ、その問題に絞って考察に専念し、事績、史実、法制度、文物など他の問題を同時に考えないようにすることが大切である。

そうしてこそ、一歩一歩、地道に成果が得られるのである。

3. 板橋読書法

「板橋読書法」とは清代の詩画家鄭燮（号：板橋）が提唱した読書法である。詩、書、絵画に優れた「三絶」の誉れ高い鄭燮は、読書法についても他には見られない鋭い見解を持っていた。

第1に、「有記有忘」（記憶の取捨選択）である。鄭板橋が詩書画すべてに優れ、独自の流儀をもつまでになったのは、頭の回転が早く、ずば抜けた記憶力を持っていたからだともいわれている。

鄭板橋について「板橋生平最不喜人過目不忘，而『四書』、『五経』自家又未嘗時刻而稍忘。無他，当忘者不容不忘。不当忘者，不容不不忘耳」[*75]と書かれているものがあるが、それによると、読書は読んだものを忘れないようにするものではなく、記憶すべきものを記憶し、記憶する必要のないものは忘れることであるらしい。

確かに、鄭板橋は優れた記憶能力をもち、経書の暗誦比べをしたときに、「1日に三〜五紙だったり、一〜二紙、七十〜八十紙、あるいは好きなだけ覚えるようにしたが、間に二十〜三十紙入れることもでき、2か月しないうちに全て覚えてしまった。文字こそ楷書草書の間違いがあったが、文言はわずかな間違いもなかった」[*76]という結果を出した人である。

しかし、彼の記憶の秘訣は正に「有記有忘」の読書法であったというのだ。

彼は、記憶に値しないものを覚えるのは、「腐って悪臭のする油や醤油をぼろぼろの棚に一緒にぶち込んだときの気色の悪さと同じで、とても耐えられない」[*77]と考えていた。

[*75] 『鄭板橋全集・四書手読序』。
[*76] 『鄭板橋全集・四書手読序』。
[*77] 『鄭板橋全集・灘県署中与舎弟墨第一書』。

この結論は現代心理学の研究成果とも一致するところが多い。

記憶心理学者たちは、記憶と忘却は弁証統一の関係にあり、忘却はマイナスであるとは限らないとし、あるものを能動的に忘れる（情報論でいうノイズ除去）ことによってのみ、他のもの（有用な情報）を有効に記憶できるとされている。

記憶のみがあって忘却がなければ、見たもの聞いたものがすべて脳に詰め込まれてしまい、記憶の宝庫が廃物でいっぱいになり、思索と想像を展開することができなくなる。したがって、板橋の「有記有忘」読書法には科学根的根拠がある。

第2に、「有学有問」である。鄭板橋は、読書は深く考え多く疑問を持つことが必要であるとし、有学有問でなければ卓越した効果が得られない、読んでも考えをめぐらせず、学んでも疑問を持たないで、ただ両手を拱いていても何も得られないと考えていた。

「『学問』の二文字を分けてみなさい。『学』は学ぶ、『問』は問うである。今の人は学んでも問うことがないので、いくら書物を読んでもただの愚鈍でしかない。瓊崖主人（愛新覚羅・胤禧）は読書でよく質問なさる。一回で解らなければ何度もお尋ねになるし、一人に質問しただけでは理解できないとなれば、何十人にもお尋ねになって、細かいところまで明確に理解されようとする。だからあの方のお書きになるものは道理が火を見るが如く明解なのだ」[*78]と説いた鄭板橋は、古代の質疑尋問を重視する読書の伝統を受け継ぎ、また「学問」に内在する含意を深く追究して、「質問する」という努力がなければ、読書をいくらしても「ただの愚鈍でしかない」と考えていた。それで、同じ疑問を繰り返さない窮究深問を主張した。これは「質問」〔Question〕の作用を強調し、80年代に海外で流行したSQ3R読書法に近いものがあり、現代読書法の研究がすでに何度も証明している。問題を掴み、答えを見つけるようにして進めると、読書が能動的、準備的、批判的なものになる。問いを出し、疑問を浮き上がらせてこそ、新たな知の獲得ができる。これは読書法の金科玉条であるといえる。

第3に、「有学有抛」（学びの取捨選択）である。鄭板橋は、読書には創造

---

*78 『鄭板橋全集・題随猟詩草、花間堂詩草』。

性とある程度の選択が必要であるとし、有学有拋で、独自の道を切り開くことが必要であるとした。

絵画においてもこの手法を使い、画家の石濤らに蘭竹画を学んだが、ただそのまま描き写したり、模倣するのではなく、学ぶところは学び、取捨選択することで自分の味わいを出した。

読書になぜ有学有拋が必要であるのか。その理由は二つある。

第1に、読書は知識を制御するためのものだからである。鄭板橋は、「知識を制御する能力がなければ、いくら読書をしてもどうしようもなく、お金の遣い方を知らないにわか成金と同じである」*79 と述べ、知識を御してこそ「昔の流儀に縛られないで思想と感情が統合され、まるで真珠がつながっていくように気持ちよくきれいに揃っている」といった境地に到達できるとしている。

第2に、読書は創造のためのものであり、先人の受け売りや人の尻馬に乗ることではないからである。鄭板橋は、「半分学び、半分は捨て置いたので、全部を学んだのではない。これは全てを学ぶのが嫌だというのではなく、全てを学ぶことなどできないということであり、またその必要もないということだ。詩に［学ぶことが十あるなら、七を学び三は放っておけ。ここだ！というミソの部分は自分で探すもの。石涛を学ばずしてどうやって万里の長城や雲南を学べようか］とある」*80 と述べ、これを基本として、彼は読書の内容に少しのしかし精鋭な選択をするよう主張している。

「『史記』百三十篇のうち『項羽本紀』が要で、『項羽本紀』のなかでは鉅鹿の戦い、鴻門の宴、垓下の会が要である。繰り返し読んで泣いたり笑ったりできるのはこの数段だけである。『史記』を全編くまなく読んで一字一句覚えるなど、事の分別のつかない愚鈍な奴のすることだ」*81 と述べ、さらに「『五経』、『廿一史』、『蔵』十二部を一句一句読むのは愚かである。漢、魏、六朝、三唐、両宋の詩人を一人ひとり学ぶのも愚かである」*82 と例を挙げて説いている。

読書について、鄭板橋は精神統一を強調し、現実離れしたことを厳しく戒め

---

*79 『鄭板橋全集・贈国子学正侯嘉弟』。
*80 『鄭板橋全集・題画・蘭』。
*81 『鄭板橋全集・濰県署中与舎弟墨第一書』。
*82 『鄭板橋全集・題随猟詩草、花間堂詩草』。

ている。「明るく小ぎれいな部屋で本を読む。これもこの世の痛快事なり」*83
として良好な読書環境を選ぶことを強調し、「穴をこじ開け、切り開いてその
精髄をえぐり出すこと」と、書の精義を満喫する手法を示している。

4. 精熟一書法

「精熟一書法」は清代の学者李光地が提唱した。

　読書要有記性，記性難強，某謂要練記性，須用精熟一部書之法。不拘大書小書，能将這部爛熟，字字解得道理透明，諸家説俱能弁其是非高下，此一部便是根，可以触悟他。

　無親疎厚薄，便不得一友之助，領兵必有幾百親兵死士，交友必有一二意気肝胆，便此外皆可得用。

　何也？我所親者又有所親，因類相感，無不通徹。

　只是這部書却要実是丹頭方可通得去，倘熟一部没要緊的書，便没有用。如領兵却親待一伙極作姦犯科的兵，交友却結交一班無頼的友，如何聯属得来*84。

李光地は、1冊の書物を精読する方法は、記憶力の鍛錬に役立つだけでなく、他の書物を「触悟」して会得する基礎となると考えていた。

精読する書物は、よく吟味して選択し、基礎固めや類推に向いていることが必要で、読むときは細かく丁寧に、「一字一字道理が明らかになるまで読み込み、諸学者の注釈の是非優劣が判別でき」なければならないとした。

こうして1冊の書物を熟読すれば、学問に取り組む「根」ができ、これを基に雪だるま式に更に多くの知識が吸収できる。

5. 通し番号読書法

「通し番号読書法」は清代の邢懋循の師が提唱した読書方法で、王筠『教童子法』に簡単な紹介がある。

　邢懋循常言，其師教之読書，用連号法。初日誦一紙，次日又誦一紙，並初日所誦，誦之三日。又並初日次日所誦誦之，如是漸増引至十一日，乃除去初

＊83　『鄭板橋全集・集唐詩序』。
＊84　李光地『榕村集』（周永年編集『先正読書訣』よりの転載）。

日所誦。毎日皆連誦十号，誦至一周，遂成十周，人即中下，亦無不爛熟矣。

実際には、読んだ書物を記憶していく方法であり、現代の循環記憶法に酷似している。その具体的なやり方は次の通りである。

まず1日目に一定量の分量を音読する。2日目は、1日目に読んだものを再度読み、新たに一定量加える。3日目は、1日目と2日目に音読したものを読み、さらに新たに一定量加える。こういう具合に11日目まで続ける。すなわち、11日目は1日目に読んだ分を抜き、2日目から10日目までに読んだ9日分の素材を読み、新たな素材を加える。12日目は2日目の分を抜き、3日目から11日目までに読んだものを読み、新たな素材を加え、あとは同様にする。ただし、毎日必ず10個の素材を音読する。

このように循環音読すると、ひとつの素材を連続して十遍音読することになり、普通の人でも鮮明に頭に残る。

6. 約取実得法

約取実得法は、明末清初の文学者葉奕縄が提唱した読書方法である。清代の学者張爾岐は『蒿庵閑話』でこの読書法について記している。

> 歷城葉奕繩，曾言強記之法。云某性甚鈍，每讀一書，遇意所喜好，即札錄之。錄訖，乃朗誦十餘遍，粘之壁間，每日必十餘段，少亦六七段，掩卷閑步，即就壁間觀所粘錄，日三五次以為常，務期精熟，一字不遺。粘壁既滿，乃取第一日所粘者收笥中，俟再讀有所錄，補粘其處，隨收隨補。
>
> 歲無曠日，一年之内，約得三千段。
>
> 數年之後，腹笥漸富，每見務為氾覽者，略得影響而止。稍經時日，便成枵腹，不如予之約取而實得也。

約取実得読書法は、略読や目を通すだけで忘れてしまうような読書習慣に反対し、少量を吸収しそれを保つことを強調している。

その具体的なやり方は次の通りである。

1冊の書物、自分の好きな章、段落あるいは格言、警句を紙に写し取り、10回あまり音読する。1枚ずつ壁に貼り、毎日多くて10数段、少なくて6〜7段読む。疲れてひと休みする時は部屋の中をゆっくり歩きながら、壁の紙きれを読む。毎日3〜5回も読めば、そのうちすらすら読めるようになり、壁が貼り紙でいっぱいになれば、以前貼ったものを剥がし、その日新たに写したもの

を貼り、空白を埋めていく。
　こうして剥がしたら埋めるようにして1年もすると3000ブロックほどの文が蓄積する。
　数年すると蓄積したものは相当な数にのぼる。葉奕縄はこの約取実得読書法で博学となり、文才を開化させた著名な戯曲家である。

7．圏抹読書法
　「圏抹読書法」は清代の学者王筠が『教童子法』の中で提唱したもので、読解のプロセスで、頭だけでなく手も使うことで理解を深め、記憶を固める方法である。

　　入学後，毎科必買直省郷墨，篇篇皆使学子圏之抹之，乃是切実工夫。工夫
　　有進歩，不妨圏其所抹，抹其所圏，不是圏他抹他，乃是圏我抹我也。
　　即読経書，一有所見，即写之書眉，以便他日塗改。
　　若所読書，都是干干浄浄，絶無一字，可知是不用心也。

　圏抹読書法には二つのポイントがある。
　第1は、読むときに、自分の理解と見解に基づき、よいと思われるところに丸印をつけ、よくないと思われるところを消していく。学習の進歩に伴い、最初に丸を付けて肯定された部分が消され、最初に否定された部分に丸印が付けられることもある。
　こうした「圏其所抹、抹其所圏」は、印を付けたり消したりするごとに、学習が進む。
　いわゆる「切実工夫（確かな努力）」である。
　第2は、読み物にマークや書き込み、コメントをすることである。
　マーク、書き込み、コメントも書いたり消したりし、「一度書いた（あるいは）消したまま」にはしない。ある書物を読んだ後、その書物が「きれいで何も書かれていない」のは「真剣に読んでいない」証拠である。

8．出書入書法
　出書入書法は明代の学者李詡が提唱した読書法である。次のように記されている。

　　読書須知出入法，始当求所以入，終当求所以出。見得親切，此是入書法。

用得透徹，此是出書法。
蓋不能入得書，則不知古人用心処。不能出得書，則又死在言下。
惟知出知入，得尽読書之法也*85。

出書入書法は、実質的には読書の二つの段階を指している。最初の段階が「入書」で、「丁寧に細かく読む」ことにより書中の精義を熟慮する。第2の段階が「出書」で、書物から学んだものを実際の生活に応用する。これによって書物を読むことが書物の奴隷にならず、「死在言下」にもならない。

清代の陸隴は出書入書読書法をさらに発展させ、読書と做人（身の処し方）を合わせるとする見解を出した。

「読書と身の処し方は別々のことではない。読んだ書物の内容を自分に投影するのが身の処し方である。こうなってこそ『読書ができる』と言える。もし読書の内容が将来身についていなかったら、読書は読書、身の処し方は自身の処し方としただけで、読書をしてこなかった人ということになる」*86

と説いた。つまり「精義を熟慮する読書」と「書物から学んだものを実際の生活に応用すること」（做人）は、本来統一されたプロセスであり、読んだ書物の「句句体（内容）」を「貼到自己身上（自己に投影）」することである。つまり、身を処する（做人）手段が、真の読書でもある。

3、読書精要

古代中国の読書法に関する研究と論述は夥しい数があり、以上の二節では価値ある見解をまだまだ紹介しきれていない。

ここでもう一度整理して、読書の格言を一部抄録し、補足しておく。

1．読書は疑うを貴び

孟子は最も早く「読書は疑うを貴び、尽く書を信ずれば即ち書なきに如かず」という見解を出している。

---

*85 李詡撰『戒庵老人漫筆』。
*86 陸隴其撰「示大児定征」『三魚堂文集』巻六。

尽（ことごと）く書を信ぜば、則ち書に如かず。吾、武成において二三策を取るのみ。仁人は天下に敵無し。至仁（しじん）を以て至不仁（しふじん）を伐つ、而るに何ぞ其の血の杵を流さんや（書経に書かれていることを全て信じるのであれば、書経など無い方がよい。私は（書経の中の）武成篇においても、そこから二、三策を取るだけである。仁者には敵がいないはずであるのに、至仁（武王）が至不仁（紂王）を伐つのに、なぜ血で杵を流すようなことが起きよう*87？

　孟子は周の武王の紂王討伐の例を用いて、『書経』に描写されていることの真実性に疑問をもち、書物を盲信してはならないという見解を出している。

　漢代の王充は孟子の見解をさらに発展させ、次のように記している。

　　世間の人は嘘でたらめの書物を信用し、竹簡に書かれているものはすべて聖人賢者が伝えたことで、その通りでないことはないと思っている。だから信用してもっともだと思い、声をあげてそれを読む。真に伝承されたものがその嘘でたらめの書と食い違っているのを見ると、これを捨てて小説・雑記の書物は信用できないと思うものである。奥深く微妙なことも知ることができ、深く隠れている実情でも正すことができて、明らかな書物はわかりやすいのに、区別せず一緒くたにして事実でないことを伝えているのは、心の遣り方が専一でなく、物事をよく考えないからだ。*88。

　現代の話で言えば、活字印刷されたものが必ずしも真理ではないので、すべてが「信用してもっともだと思い、声をあげてそれを読む」ことができるわけではない。いかなる書物を読むにせよ、すべて自分の思考を通し、「精」と「専」を以て、自己の見解をもつことである。

　宋代の張載もこれについて卓越した見解を有している。

　それが如実に表れた言葉に次のものがある。

　　読書少則無由考校得義精，蓋書以維持此心，一時放下則一時徳性有懈，読書則此心常在，不読書則終看義理不見。書須成誦精思，多在夜中或静坐得之，不記則思不起，但通貫得大原後，書亦易記。所以観書者，釈己之疑，明己之未達，毎見毎知所益，則学進矣，於不疑処有疑，方是進矣*89。

---

*87　『孟子・尽心下』。
*88　『論衡・書虚』。
*89　『張載集・経学理窟・義理』。

読書の要点は「於不疑処有疑」であり、目的は「釈己之疑」であるという。そのため、読書過程において記憶と思考の弁証関係をうまく処理することが、「学進」の境地に到達するために必須である。

陸象山は、孟子の見解をさらに広げ、疑問の出し方を説いている。

　昔人之書不可以不信，亦不可以必信，顧於理如何耳[*90]。

書物の知識が信頼できるかどうかの基準は「理」であり、書物に書かれてある内容が理に関することであれ事に関することであれ、真偽を鑑別する「理」を用いることで測ることができる、という意味である。

2. 読書貴精

前節で触れた八面受敵法、約取実得法などは、読書貴精を重視する方法で、ここでさら二文紹介する。

第1、宋の朱熹が提唱したものである。

　寧詳毋略，寧下毋高，寧拙毋巧，寧近毋遠[*91]。

第2は清代の紀昀が提唱したものである。

　満腹皆書，能害事。腹中竟無一書，也能害事[*92]。

これはすべて読書の貴さは「求精」にあり、順を追って一歩ずつ進み、決して欲張って多く読もうとしたり、焦って早く読もうとしてはならない。

3. 読書貴熟

古代の教育家は熟読の役割を重視し、特に音読、暗記、熟読の初学者にとっての意義を重視していた。張載は次のように記している。

　経籍亦須記得，雖有舜禹之智，吟而不言，不如聾盲之指麾。故記得便説得，説得便行得，故始学亦不可無誦記[*93]。

　書多閲而好忘者，只為理未精耳，理精則須記了無去処也。仲尼一以貫之，蓋只着一義理都貫却。

　学者但養心識明静，自然可見，死生存亡皆知所從来，胸中瑩然無疑，止此

[*90] 『陸九淵集』巻三十二『拾遺』。
[*91] 『朱子語類』巻十。
[*92] 紀昀撰『閲微草堂筆記』。
[*93] 『張載集・経学理窟・義理』。

理爾*94。

　言語の表現と行為の実践について、熟読と暗記は重要な意義を有する。このため読書をするときは、書物の精義を求めるために「養心識明静」が必要であるとした。

　陸象山は、熟読の要点は涵泳の努力であり、浅から深へ、易から難に及ぶようにすべきとした。彼は学生に次のように説いている。

　　学者読書，先於易暁処沈涵熟復、切己致思，則他難暁者渙然氷釈矣。若先看難暁『示大児定征』処，終不能達*95。

続いて詩を一首引用し、詩経を指導した。

　　読書切戒在慌忙，涵泳工夫興味長。未暁莫妨権放過，切身須要急思量。自家主宰常精健，逐外精神徒損傷。
　　寄語同遊二三子，莫将言語壊天常*96。

　陸象山は、熟読のポイントは細かく丁寧であることであり、拙速に取り組むべきではないとし、「読書之法，須是平平淡淡去看，仔細玩味，不可草草。所謂優而柔之，厭而飫之，自然有渙然氷釈，怡然理順底道理」*97と説き、「大抵読書，詁訓既通之後，但平心読之，不必強加揣量，則無非浸潅、培益、鞭策、磨砺之功。或有未通暁処，姑缺之無害。且以其明白昭晰者日加涵泳，則自然日充日明，後日本原深厚，則向来未暁者将亦有渙然氷釈者矣」*98とした。

　黄庭堅は、熟読の努力は書内だけではなく、書外でもすべきとした。それが如実に表れた言葉に次のものがある。

　　古人有言曰：「併敵一向，千里殺将」要須心地収汗馬之功，読書乃有味。棄書冊而遊息時，書味猶在心中，久之乃見古人用心処如此，則尽心一両書，其余如破竹数節，皆迎刃而解也*99。

　つまり、読書の際には全神経を注ぐだけではなく、「併敵一向」で、休息時にも読んだ書物の後味を味わうべきで、そうしてこそ真に心に定着する。熟読

＊94　『張載集・経学理窟・義理』。
＊95　「語録上」『陸九淵集』巻三十四。
＊96　「語録上」『陸九淵集』巻三十四。
＊97　「語録下」『陸九淵集』巻三十五。
＊98　「与邵中孚」『陸九淵集』巻七。
＊99　周永年編集『先正読書訣』。

を土台として、書中の精義を把握するだけでなく、書物全体の道理を理解すべきであるとした。

張載は「観書且不宜急迫了，意味則都不見，須是大体上求之。言則指也，指則所視者遠矣。若只泥文而不求大体則失之，是小児視指之類也」*100 と説き、また「観書必総其言而求作者之意」*101 とも説いた。

陸象山も「読書固不可不暁文義，然只暁文義為是，只是児童之学，須看意旨所在」*102 と説き、熟読の主な目的は文意を通釈するだけではなく、概要を先につかみ、書物の「意旨」を把握することが必要であるとした。

文意を知るレベルにとどまっているだけでは、子どもの学習と変わりがない。

4．読書貴謙

読書は謙虚な心を持つことが必要であるとするのは、古代教育家の共通認識であった。顔之推は次のように記している。

　夫学者所以求益耳。見人読数十巻書，便自高大，凌忽長者，軽慢同列。人疾之如仇敵，悪之如鴟梟。如此以学自損，不如無学也*103。

人は書物を何冊読んでも満足してはいけない。多く本を読んだからと自分を立派だと思い込み、年長者を尊敬せず、見下げた態度をとるならば、その読書は本来の目的を失い、読書の価値を自ら損ねることになる。それならば読書などしない方がましである、という意味である。

陸象山も次のように指摘している。

　謂読古書，且当於文義分明処誦習観省，毋忽其為易暁，毋恃其為已暁，則久久当有実得実益。至於可疑者，且当優遊反飫以俟之，不可強探力索。後日於文義易暁処有進，則所謂疑惑難暁者往往渙然而自解*104。

読書、特に古典を読むのに、最も忌むべきは「忽其為易暁」と「恃其為已暁」という読書姿勢である。このような無頓着な心掛けでは、まったく収穫が得られない。それゆえ、誦習観省で謙虚な態度をとることが必須なのである。

＊100 『張載集・経学理窟・義理』。
＊101 『張載集・経学理窟・義理』。
＊102 「語録下」『陸九淵集』巻三十五。
＊103 「顔氏家訓・勉学』。
＊104 「与曾宅之」『陸九淵集』巻十。

疑問に出会ったら、尻込みして進まないのではなく、力づくで探ろうとするのでもなく、「優游厭飫以俟之」で徐々に攻めていく。このようにすることで疑問は解消され、どんどん進歩していく。

5．読書貴用

　古代中国の教育家は読書過程における「用」の段階を非常に重視していた。宋代の大詩人陸游は『冬夜読書示子聿』で、「紙上得来終覚浅，絶知此事要躬行」と説き、読書によって獲得した知識は「躬行」を経なければ身につかないとしている。

　北斉の顔之推は読書貴用の思想を詳細に述べている。

　　人が読書や学問をするのは、思想を啓発し物事を見る目を定かにし、人としての振る舞いに利するためである。親に孝養を尽すことを知らなかった者は、先人の行いに照らして自分を恥じ、これではいけないと、その教えに従おうと思うようになる。君主に仕えることを知らなかった者は、先人の職務を全うする姿に照らして、無自覚な自分を慙（かな）しく感じ、これからは先人の垂れた手本のごとく職にあたろうと思うようになる。傲慢だった者は、礼節を守る先人の敬虔な生き方に照らして自分の愚かさに驚き、これからは我儘を抑制しようと思うようになる。ケチだった人は、財が失われるのも顧みず義を尊ぶ先人の姿に照らして自分を恥ずかしく思うとともに後悔し、貯めた財産を人のために使おうと思うようになる。短気で乱暴だった者は、先人の寛容さを学んでしおらしくなり、臆病だった者は、勇気を奮い起こし、何事も恐れなくなる。まだまだいくらでもあるが、ありとあらゆる人の行いに対し、読書や学問が持つ意味はかくの通りである。理想の域に達するのは無理としても、非常識な振る舞いを免れさせてくれるものである。そもそも学問で知り得たことを実践すれば、何でも成就するはずである。しかし世の中の読書する者は、口ばかり達者で行動が伴っていない。彼らが忠孝であるとは聞こえて来ず、仁義も足りていない。しかも簡単な訴訟の裁決をさせてみれば、必ずしも理論が成立していない。手頃な規模の県の知事をさせてみれば、その行政は必ずしも民のためになっていない。家の造り方を聞いても、梁が横で梲（うだつ）は縦、ということを必ずしも知っているようには思えず、田んぼの耕し方を聞いても、必ずしも

ウルチキビは春のものでモチキビは夏のものであることを知っているようには思えない。吟嘯するか、冗談を言い合うか、辞賦を諷詠するのが精々で、閑人の遊びごとである。学識が増えたといっても現実離れしているものばかりで、国の政治や軍事に少しも役に立つものではない。だから軍人や無教養な小役人出身の後輩に馬鹿にされるのも至極尤もな話ではある。*105

　読書学問の根本目的は聡明さを増進することであり、習得した知識を行動に移すことであるとした。自分に足りないところや精神の弱さがあっても、すべて相応の書物を読むことによって改善や矯正ができる。

　明末清初の学者陳確は、応用できるかかどうか真の読書であるかどうか、読書に成果があったかどうかを測る基準とし、「読書するだけで自ら体験しないのは読書をしたことがないのと同じである。『慎言語、節飲食（言葉を慎み、食を節制する）』は、戒めとなるよう私も禾（陳確の子供）に繰り返し教えたが、禾は実行できるであろうか。父の言葉を心に留めないのであれば、それは親不孝というものであり、どうして学問をしたといえるのか。敬い慎しむ気持ちが少しでもあれば、それは学力が進歩したということで、私もつい顔がほころぶというものだ。そうでなければ、学問を成して名声を博したとしても、私の望むところではない」*106 と説いた。

　清代の顔元も「心上思過，口上講過，書上見過，都不得力，臨事時依旧是所習者出」*107 と説き、読書が「頭で考えたことがある、口に出したことがある、書物で見たことがある」のレベルに留ってはならず、学んだ知識を運用し、読んだ書物を実践に付してこそ、真に「得力」ができるとした。

＊105 「勉学」『顔氏家訓』巻三。
＊106 『陳確集・書示両児』。
＊107 『存学編』巻一。

第8章
科挙と古代中国の教育

　中国の教育史上、古代教育、古代学校、古代知識人ないし古代文化に対する影響が最も大きかったのは科挙制度であろう。

　科挙制度は中国封建社会という母胎から生まれるや、驚くほどのモンスターとなり、「天下の英雄」をすべてその「殻中」に入れ、天下の文人をみな白髪頭にした。

　金諍氏は、「長い封建社会の中で、中国文化の発展のために大きな貢献をした偉大なる政治家、思想家、文学者、歴史学者その他学者たちは、そのほとんどが科挙試験に合格して社会の上層部に身を置いていて、それによって社会貢献できる基盤を作り出していた。同じ時期、中国文化の構築に大きな負の影響を及ぼした人物も、同じ道を歩んでいた。もし一つの民族、一つの社会の文化の代表が知識人であるというなら、中国の代々知識人の様相、精神は、すべて科挙制度によって形作られたものとなる」[*1]と論じている。

　たしかに、科挙制度は古代中国の文化教育という土壌に育まれたという側面だけでなく、古代の文化教育に再創造機能を与え、ひいては現代の中国人の行動方式にも影響を及ぼしたという側面も無視することはできない。

1、科挙の創設

　古代科挙制度の創設時期の問題について、教育界では「隋代起源説」が有力で、顧樹森、毛礼鋭ら教育史の大家はこの説を支持しているが[*2]、「科挙の始ま

---

*1　金諍『科挙制度与中国文化』上海人民出版社 1990：1。
*2　顧樹森は「隋代の『進士科』の設置は、それまでの郷挙里選の制度を終了させ、後世1300年にわたる科挙制度の起源となった。」(『中国歴代教育制度』江蘇人民出版社 1981年、105頁)と記しており、毛礼鋭、沈灌群も「科挙制度は隋時代に創始された」と明示している(『中国教育通史』第2巻 山東教育出版社 1986年、492頁)。

りは隋ではない」*3 という主張もある。

　ここでは科挙制度の根本的な特徴の認識と把握に向け、まずはその是非はさておき、科挙制度の源流について歴史的考察を試みる。

　科挙制度は選士制度から発展したものである。『ブリタニカ百科事典』には、「われわれの知る最初の入試制度は、中国で採用された選挙制度（紀元前 1115 年）、およびそれを定期的に行った試験（紀元前 202 年）」とある。

　これは西周の選士と漢代の察挙であろう。確かに、西周時代にはすでに郷挙賢能あるいは郷挙里選といった制度、すなわち「郷試験」によって郷や里の賢能の士を選出し、地方から中央に推薦していた。郷・里では3年に一度「大比」と呼ばれる試験を行い、「その徳行、道芸を考査し、賢者と能者に分ける」*4 という基準で郷人を選出していた。そして貢人は君主が自ら試験を行い、「諸侯歳献，貢士於天子，天子試之於射宮」*5 で選出されるのが一般的であった。これは弓術で士を選ぶもので、武功を尊んだ太古の遺風である。

　春秋戦国時代、世卿世禄制度が次第に衰え、「士」階層が急速に台頭すると、推薦試験によって任用する選士制度が次第に整備され、対象が拡大されていった。

　漢代、劉邦は秦の始皇帝や項羽が士人を登用しなかった教訓を汲み、紀元前 197 年、賢才を推薦する詔令「賢士大夫で私に従い仕えることを肯ずる者がいれば、その者を高い地位につかせて進ぜよう。この聖旨を天下に布告し、朕の意向を皆に明白に知らせよ。御史大夫の周昌から丞相に、丞相鄷侯の蕭何から諸侯王に、御史の中執法からは郡守に、それぞれこのことを下知させよ。明らかな徳行のある者がいれば、必ず自身が赴いて勧め、車に乗せて相国府まで連れて来て、その行状・容貌・年齢を記させよ。該当する賢才がいるのに上申しないことがあった場合、それが発覚すれば（地方官吏としての）職を解く」*6 を出した。劉邦の詔令は、地方から中央までの各階級は推挙によって賢才を選抜せよと規定するもので、推挙によらなかったことが分かると後に解任処分が下された。

---

*3　金諍『科挙制度与中国文化』、46 頁。
*4　『周礼・大司徒』。
*5　『礼記・射義』。
*6　『漢書・高帝紀』。

人材の発掘後は「身勧」（自ら朝廷に出向いて出仕されたし）で、その後「為之駕」（迎えの馬車を用意し、国府に送り届ける）となり、その「行義」（容貌の特徴）や「年」（年齢）も登記するというもので、後の科挙に見える「郷貢」の形式にかなり近く、漢代には「察挙」といわれた。

漢の武帝時代、察挙は劉邦の詔令から定型化された制度になった。武帝は、各郡国から毎年その地方の人口比に応じて、通常20万人に1人、各郡国に少なくとも1人、多くて6人の孝廉を中央に推薦するよう規定し、「孝行を推挙せず、詔を奉じない者はこれを不敬として論じ、廉潔を明察せず、その任に堪えない者もその職を解く。」[*7]という詔令を出した。また孝廉のほか、秀才、明法なども察挙の科目とした。

察挙後は一律に朝廷による試験が行われ、試験方法は「対策」と「射策」とされた[*8]。察挙制度は形式と内容にその後の科挙制度と似たところはあるが、本質的な違いがあった。すなわち、察挙は推薦が主で試験は従であり、従であった試験に不合格はなく、「答案を出せば合格した。ただ上か下かがあるのみ」[*9]であった。

一方、科挙は試験が主で推薦が従であった。

察挙制度は、当時の背景下で一定のプラスの役割を果たしたが、同時に少なくない弊害も生んでいた。

地方で役人と権力者・豪族が結びつくようになると、各地方から推挙されるのはその権力者・豪族の子弟が優先され、いわゆる「有名無実」という状況を招いた。

晋の葛洪は次のように批判している。

> 後漢末、霊帝・献帝の時代には、人物の評価が狂ってしまい、才能の優れた人が困窮し、貪欲な人が志を得て、名が実質にそぐわず、価値は実物に釣り合わず、出世した人が賢者で、不遇な人は愚者といわれた[*10]。

[*7] 『漢書・武帝紀』。
[*8] 「対策」は現在の筆記試験に相当する。すなわちテーマが与えられ、それについて作文するというものである。内容は多くが「策問」であった。「射策」は現在のくじ引き式の口頭または筆記試験で、内容のほとんどが儒家の経典の章句注疏であった。
[*9] 葉夢得撰『石林燕語』巻九。
[*10] 葛洪撰『抱朴子・名実』。

挙秀才，不知書。察孝行，父別居。寒素清白濁如泥，高第良将怯如鶏*11

二つ目の文の意味は、本来なら筆の達人であるはずの「秀才」が字も知らない。「孝行」の人と呼ばれている人が、驚くことに父親を家から追い出す。「清廉潔白」と言われている人が、実は泥のように濁っている。立派な屋敷に住み「良将」と称えられている人が、実際には鶏よりも肝っ玉が小さい…というもので、形骸化していた当時の察挙を絶妙に風刺している。

そうした状況を受け、漢に代わって魏を建国した曹操の息子・曹丕は、吏部尚書陳羣が提唱した「九品中正制」を採用することにした。「九品中正制」とは、各州郡にその土地の士人を調査、評価する「中正」官を置き、士人の才能・徳行を上上、上中、上下、中上、中中、中下、下上、下中、下下の九品に分け、吏部に出仕する者を選ぶというものである。

「九品中正制」は、たしかに豪族たちが察挙を操っていた局面を変えることに積極的な意義があった。

しかし、実際には形が変わっただけで本質は変わっておらず、「中正」官自体も権勢ある官吏の兼任であったため、実質的には新たな豪族を生み出しただけで、結局、漢代の察挙と大差ないものとなった。

いわゆる「上品無寒門，下品無勢族」*12 である。

隋朝は、魏以来の分裂した情勢を統一した後、官吏登用制度の上でもいくつかの重要な変革を行った。隋の文帝は九品中正制を廃止して「州都」を設置し、人材の推挙に当たらせたが、等級分けをしなかった。

開皇18年（598年）、隋文帝は「京官の五品以上、総管、刺史には、『志行修謹（徳があり志や行いが慎ましやか）』、『清平幹済（清廉で有能）』の二科挙人を採用する」*13 という詔令を出す。

大業3年（607年）、隋の煬帝は「選賢与能，収採幽滞」を下令し、孝悌有聞、徳行敦厚、節義可称、操履清潔、強毅正直、執憲不撓、学業優敏、文才美秀、才堪将略、膂力驍壮の十科に分けた人材の推挙の実施を命じた*14。

2年後、四科に減らし「諸郡学業該通、才藝優洽。膂力驍壮、超絶等倫。在

---

*11 『抱朴子・審挙』。
*12 『晋書・劉毅伝』。
*13 『漢書・高帝紀』。
*14 『隋書・煬帝紀』。

官勤奮、堪理政事。立性正直、不避強御四科挙人」*15 とした。

『旧唐書・楊綰伝』には「近煬帝始置進士之科、当時猶試策而已」と記されており、劉粛の『大唐新語』にも隋代に「置進士、明経二科」とある。

そのため、後世、科挙制度は隋に始まったとする人は多い。

しかし、まだ議論の余地がいくつかある。第1に、正史である『煬帝本紀』や『資治通鑑』に、隋代に進士、明経の二科を設置したとの記載がない。ということは、仮に当時にそうした制度があったとしても、重要な地位をしめていなかったと思われる。第2に、隋代にこの二科があったとしても、前述した二科、十科および四科と本質的な区別がなく、漢代の察挙に替えて分科と策試を実施したという文言もない。第3に、通論によれば、科挙制には重要な特徴が三つある。①投牒自応。すなわち任用を希望する者はその出自、地位、財産の如何にかかわらず、自ら志願して受験することができた。したがって、地方あるいは中央官吏による推薦は必要なかったと考えられる。②定期的な試験の実施。つまり、皇帝の下令を待つ必要がない。③厳格な試験。任用かどうかは完全に試験会場での文章の優劣に委ねられていた*16。

この三点は隋代の官吏任用制度には見られない。隋代、官吏任用に参加する士人は、地方官の推薦を得ることが必須とされ、自ら志願することはできなかった。試験も定期制度の規定はなく、皇帝がその都度下令して行われていた。厳格な試験に至っては、隋代でも完全な実施はなく、唐代でも完全にはできていない。しかも隋代は短く、「秀異之貢」も「十数を超えず」で、規模も結果も形成されていなかったという。

しかし、間違いなく言えることは、隋代の官吏任用は前漢後漢両漢の察挙と後世の科挙との過渡段階にあり、唐代科挙制度の正式な開始を大きく促す役割を果たしたということである。

古代中国の科挙制度は漢代に胚胎し、隋代で少しずつ成長し、唐代になって正式に産声を上げたと言うことができる。

唐代に正式に科挙制度が創設されたとする根拠は二つある。第1に、高祖武徳5年（622年）の選挙詔令で、「自挙」と「自進」の合法性を規定し、寒

---

*15 『隋書・煬帝紀』。
*16 金諍『科挙制度与中国文化』、48頁。

士と呼ばれる貧困層の士も自ら志願して受験できるようになったことである*17。第2に、「諸州の学士及び既に明経・秀才・俊士・進士を修め、物事の道理に明るく地元で優秀であると周知されている者で、県の試験や州の長官の推薦を受け、合格した者を、毎年10月に尚書省に集めよ」*18との詔が下され、試験に固定期間が与えられたことである。

2、科挙の変遷

唐代に本格的に産声をあげた科挙制度は次第に成長・発展し、変革と修正を重ね、興隆→成熟・定型化→衰退・終結の過程を辿ることになる。

唐代では、科挙試験の科目が多く、『新唐書・選挙志』に「其科之目，有秀才，有明経，有俊士，有進士，有明法，有明字，有明算，有一史，有三史，有开元礼，有道挙，有童子」と記されている。このうち秀才、明経、進士、明法、明字、明算は常設科目とされた。

秀才科は、「試方略策五道，以文理通粗為上上、上中、上下、中上，凡四等為及第」*19とされた。博識高才が重視され、極めて高い能力が要求されるため、合格するのは難しかった。

定員も少なく、非常に難関であったため、士人の多くは明経科、進士科の二科に流れるようになった。

明経科は「先帖文，然後口試，経問大義十条，答時務策三道，亦為四等」*20で、主として儒家の経典の把握程度が問われた。儒家の経典『礼記』、『左伝』（大経）、『毛詩』、『周礼』、『儀礼』（中経）、『易経』、『尚書』、『公羊』、『谷梁』（小経），以及『道徳経』、『孝経』（上経）等がすべて明経科の試験内容とされた。求められるレベルが高くなかったため、志願者は明経科に殺到した。

進士科は「先帖経，然後試雑文及策。文取華実兼挙，策須義理恰当者為通」*21であった。詩賦と策問が重視され、明経科よりも重んぜられたことから

---

*17 『唐大詔令集』巻百二。
*18 『唐摭言』巻一。
*19 『新唐書・選挙志』。
*20 『通典・選挙三』、『歴代制下』。
*21 『通典・選挙三』、『歴代制下』。

受験者が非常に多く、「応詔而挙者，多則両千人，少猶不減千人」*22 という状態であった。しかし、任用は明経科よりもはるかに難しく、「三十歳で明経は遅いが、五十歳で進士は若い」といわれていた。

　唐代における科挙の試験方法は、口頭試験、帖経、墨義、策問、詩賦の五種であった。口頭試験は試験会場での問答で、その内容が明文化されたものはない。

　以下に口頭試験以外の4種類について述べる。

　(1) 帖経：唐代の科挙のなかでも各科で使用された重要な方法で、試験の際、「習う所の経を以ってその両端を掩(おお)い、中間ただ一行のみを開き、紙を裁して貼と為す。およそ三字を貼し、随時増減す。可否は一ならず。或いは四を得、五を得、六を得し者を通と為す（経典から出題文として抜粋し、その両端を覆い隠して問題とする一行だけを開いておく。予め切っておいた紙をそこに貼り付けて文字を隠す。三字分くらいを貼って隠すが、字数は随時増減する。合否基準は一定ではなく、四割～六割正解した者が合格となる）」*23 というものであった。

　これは現代の「穴埋め問題」に相当し、経書および注疏に関する理解度を測るものであった。

　(2) 墨義：試験官が経文に基づいて出題し、受験者はその経文の先人による注疏または上下文を筆記回答するもので、現代の簡答題に相当する。これも経書および注疏に関する理解度を測るものであった。

　例えば、「『見有礼於君者，事之如孝子之養父母也。』に続く文を答えよ」という出題に対し、受験者はこの文の出典が『左伝』であることを承知していなければならず、そのうえで「謹んで『見無礼於君者，誅之如鷹之逐鳥雀也。』と答えます」と書いて回答しなければならなかったのである。こうした問答形式は口頭試験でも用いられることがあり、それは「口義」と呼ばれていた。

　(3) 策問：前漢の射策を踏襲した方法で、受験者に現実の政治、官吏の治績、教化、生産等の問題についての対策的提案を出させる、一種の政論性問答である。

　各科とも策問という関門を通過しなければならず、多くの士人が歴代の策題

---

*22 『通典・選挙三』、『歴代制下』。

*23 『通典・選挙三』、『歴代制下』。

と及第者の対策文書を収集し、熟読して試験に臨んだ。

（4）詩賦：策問が次第に形式的になった唐代では、詩賦試験が加わり、受験者に一詩一賦の作が課せられた。詩賦は士人の歴史文化に関わる知識や思想だけでなく、その文学的素養や書の技量も見ることができる。唐代は、五言六韻十二句の排律詩体に限定され、韻脚も限定されていた。賦は対句、典故が求められただけでなく、韻も詩と同様に制限された。

唐代の科挙は「投牒自応（自分で文書を送って応募する）」で、庶族地主や寒門の士の政権参加への強い欲望を満たすことができたため、科挙は唐代に大いに発展した。唐の太宗は、進士の新入生を目にして「天下の英雄、吾が支配下に入れり！」[*24] と大いに喜んだという。

もちろん、唐代の科挙制度にも看過できない問題と欠点がある。

まず、唐代の科挙の答案用紙が、後世のような糊名、謄録法が採られておらず、受験生の名前や筆跡がわかるようになっていたことである。このことは、主試験官に「裏口を開く」ための条件を提供することとなった。

次に、唐代では「通榜」、すなわち主試験官が受験生の社会的な才徳や名声に基づいて名簿（「榜貼」）を作成し、任用の参考に供するという方法を採っていたことである。つまり主試験官が専門の担当者を派遣して調査を行わせることができたのである。これを「通榜貼」と呼ぶ。調査において、権力者や高官貴人の推薦は大きな影響力を持ち、中には正式な試験前に既に及第者として内定することもあった。このため、受験者たちは「行巻」と呼ばれる詩文を送り、あるいは請託、賄賂といったさまざまな行為をするようになったという[*25]。

これも、唐代の科挙が両漢時代の察挙、魏晋時代の九品中正制の影響を払拭できていないことを物語っている。

また、唐代の科挙は学校教育と相容れないところがあり、科挙と学校との対立が唐代から本格的に始まった。

唐初においては学校教育がまだ比較的重視されていたが、則天武后の頃から次第に科挙が偏重され学校が軽視されるようなった。学校出身者の科挙合格人

[*24] 『唐摭言』巻十五。
[*25] 「行巻」とは、科挙の受験生が、普段自分がつくった詩文の中から優れたものを選び、当時の権力者、実力者に献上したもので、高い評価を得て彼らから主試験官に推薦してもらうことを狙っていた。

第8章　科挙と古代中国の教育

数が制限され、官吏への道が狭くなり、「以京兆同華為栄，而不入学」といった社会的風潮が形成された[*26]。

さらに、科挙制度の「指揮棒」作用が、学校教育の目標、内容、方法に重要な影響を及ぼした。例えば、唐代の国子学、太学および四門学は、科挙九経の任用の要求から組織されたものである。

宋代では、晩唐五代時代の教訓を踏まえ、文官治天下を強調し、科挙制度面でも粛正と改革を行った。

第1に、科挙任用枠を増やし、「広く科挙の門を開け、人びとに覬覦の心を持たせ、盗賊などの犯罪を自らやめざるを得ないよう」にしたことである。唐代の290年間の総数が六千余人にすぎなかったのに対し、宋の太宗の在位22年間、進士の一科だけで1万人近く任用した。

これは、宋初の人材不足の矛盾の緩和に一定の役割を果たした。しかし、必要以上に任用したことは、官吏の冗濫という危険な事態を招くことにもなった。

第2に、及第者の待遇を引き上げたことである。

宋代は唐代の科挙及第者に対する皇帝賜宴、金榜題名といったやり方を継承した。太宗太平興国2年、合格者五百余人全員に緑袍、靴、笏(ろくほう)を下賜し、開宝寺で宴を開き、皇帝自ら詩を賦して下賜している。同時に、及第してすぐに授官できる制度を確立し、吏部試験という最終手続を免除した。

第3に、私利不正を防止する科挙の立法制度を確立したことである。

「因縁挟私」の「公薦」を禁止し、唐代に盛んだった朝廷官吏や権力者による推薦というやり方を廃止した。主試験官（知貢挙）の特権を制限し、いわゆる「別頭」（試験官の家族や親戚が受験する場合は、必ず別の試験会場で受験する）や「鎖院」（主試験官は命令を受け次第貢院に入って外界との連絡を絶ち、頼み事をされぬよう家族との接触や外出が禁じられる）といった言葉を使用し、それと同時に副主試験官（権知貢挙）を数名置き、互相に制約、監督させた。「弥封」（答案用紙の受験生の氏名、本籍、家柄等の記録を糊付け封印することで、「糊名」ともいう）、「謄録」（1015年に謄録院を設置し、専任者により答案を写し取り、答案閲覧者に受験生の筆跡がわからないようにする）を取り入れ、権勢ある高官その他関係者による科挙への干渉を効果的に排除し、

[*26] 『新唐書・選挙志』。

科挙における賄賂請託、結党営私といった不正の風潮を抑制した。

このように、宋代における科挙の粛正により、唐代に産声をあげた古代科挙制度はほぼ形がつくられた。

宋代の科挙制度改革は、科挙の社会的政治的生活における機能を強化し、科挙をより広範な社会基盤にした。さらに統治者が大々的に推進することによって、社会のほぼすべての知識人たちが科挙を富貴利禄獲得のための不二の法途とした*27。

特筆に値するのは、宋代、科挙教育の理論研究も発展し始めたことである。范仲淹、王安石、司馬光、蘇軾らが科挙改革について多く論じている。

元代初期は科挙を重視せず、建国80年でようやく試験を実施したが、その目的は漢族知識人を懐柔し味方につけることであった。

元代の科挙には二つの著明な特徴があった。

第1は、科挙の不平等競争の民族偏向政策である。

元代の科挙は3年に1回行われ、郷試、会試、殿試の三段階であった。郷試では、蒙古人、色目人は経義と対策のみ、漢人にはさらに賦と雑文各一篇が加えられた。会試は300名の挙人から進士100名を合格としたが、任用比率は蒙古人、色目人がそれぞれ25名、漢人、南人がそれぞれ25名で、人口が蒙古人、色目人の数倍であった漢人と南人には半分の機会しか与えられなかった。合格発表の際も左右両手に分かれ、差別が表された。授官も民族間の不平等が反映され、蒙古人、色目人が官職を授かるのは漢人、南人進士よりも多かった。

第2に、朱子学者が注釈した「四書」、「五経」が科挙試験の主要内容となったことである。

元の仁宗は、1313年に科挙の実施を解禁する詔令を下したとき、試験の様式を次のように規定した。

蒙古、色目人は第1場に経問五条。『大学』、『論語』、『孟子』、『中庸』（そ

---

*27 経典読書による科挙及第の両宋の統治者からの提唱が頂上を極めていたことについて、宋の真宗の『勧学文』に「富家不用買良田，書中自有千鐘粟。安居不用架高堂，書中自有黄金屋。出門莫恨无人随，書中车馬多如簇。娶妻莫恨無良媒，書中自有顔如玉。男児若遂平生志，六経勤向窓前読」と記されている。司馬光の『勧学歌』にも「一朝雲路果然登，姓名高等呼先輩。室中若未結姻親，自有佳人求匹配」とあり、つまるところ、科挙制度は古代知識人のすべての需要を満たすことができたといえる。

れぞれ朱熹の章句集註を用いる）から出題。論理が明快で文章の美しい者を合格とする。第2場は時務策一道（500字以上）。漢人と南人は第1場が明経。経疑二問で『大学』、『論語』、『孟子』、『中庸』（それぞれ朱熹の章句集註を用いる）から出題。自分の考えで締め括る（300字以上）。経義一道（それぞれ一経を治める）『詩』（朱熹註を主とする）、『書経』（蔡沈註を主とする）、『周易』（程氏註、朱熹註を主とする）。以上三経は古注疏兼用。[28]

科挙試験によって朱子学を尊重する手法は、朱子学の中国封建社会後期における地位の確立に重要な役割を果たし、後世の科挙の内容にも朱子学を手本とすることへの効用があった。

明代の洪武3年（1370年）、朱元璋は科挙の実施を下令し、「中外文臣皆由科挙而進，非科挙者勿得於官」[29]と規定した。その後も何度か実施されたが、科挙による官吏任用に大した変化もなく、かつ階層、等級、条規など名目の極めて多い体系を形成した。

明代の受験者は、五段階の科挙試験を通過するのが必須であった。

第1は童試、すなわち地方の県、府の最も初級の試験で、合格者は童生と呼ばれた。

第2は院試、すなわち府、州の「学院」で行われる試験で、歳試と科試の2種類があった。歳試は毎年実施される童生の「入学」試験で、任用後は「生員」または「秀才」と呼ばれた。科試はすでに学校で学習した秀才に行う試験で、合格者のみが挙人を選抜する郷試に参加でき、不合格者は罰として生員の資格を取り消された。

第3は郷試、すなわち3年に1回、各省の貢院で行われる試験で、「大比」とも呼ばれた。子、卯、午、酉年の8月9日から15日に実施されたため、「秋闈」あるいは「郷闈」ともいう。郷試に合格した生員が「挙人」であり、挙人のナンバーワンが「解元」である。

第4は会試、すなわち郷試の翌年に都の礼部で行われた試験で、2月の9日から15日に行われたため、「春闈」あるいは「礼闈」ともいう。会試に合格した挙人が「進士」であり、進士のナンバーワンが「会元」である。

---

[28] 『元史・選挙志』。
[29] 『明史・選挙志』。

第5は殿試、すなわち会試の一か月後の3月15日に殿中で行う試験で、内容は時務対策、題目は皇帝が丸を付けて決めた。殿試は順位を決めるためのもので、不合格者は出さなかった。上位3名が「一甲」で、1位から順に状元、榜眼、探花と呼ばれ「進士及第」とされた。二甲は若干名で「進士出身」とされ、三甲も若干名で「同進士出身」とされ、いずれも官職が与えられた。

　明代の科挙制度の最大の特徴の一つは八股文の採用であった。八股文は制義、制芸、時芸、時文、八比文、四書文とも呼ばれ、1篇が破題、承題、起講、入手、起股、中股、後股、束股の決まった段落で構成される。「破題」は二句の題意を述べるもので、起股、中股、后股、束股の四部分はそれぞれ二つの比を対句とした散文体の議論の文言で組成される。四部分が八股あるため八股文と呼ばれた。

　規定の様式、体裁、文言および字数を用いて応試する八股による選抜は、実学に就かない形骸化した浮文虚辞を助長することになり、これもまた科挙制度を徐々に衰退させていくことにつながった。

　後の清代の権臣オルタイ（鄂爾泰）がまさに「八股文が無用であると知らないわけではないが、『牢籠の志士』『駆策の英才』の技術はこれが一番よい」と述べている。

　清代の科挙はほぼ明制の模倣であったが、腐敗がさらに進んだ。八股に比重が置かれたため、多くの士子が小手先の技法に頼り、経書を読まなくなった。お金のある者は名士に頼んで十数篇の八股文を予め作ってもらい、「その子弟や僮奴の賢明な者に暗記させた。試験は、的を絞って準備しておいたなかから8～9割が出題されるので覚えた文を清書すればよく、試験会場の構造によっても難易度が全く違った。『四書』もまた然りであった。合格発表の後、この輩たちが貴人とされる」[*30] という有様となった。

　一般の者は歴代文人の応試文章を捜し集め、八股文選書を買い試験に応じた。清代の方苞編選の『欽定四書文』がその手のものである。

　これは現代の過去問題集のようなもので、清代では「坊稿」、「闈墨」とも呼ばれていた。

　同時に、カンニングなど試験場での不正が日増しにひどくなり、政府が厳罰

[*30] 顧炎武撰「擬題」『日知録』巻十六

に処しても、まるでいたちごっこのように、絶えず繰り返された。不正の手段も多様で、どれも奇抜だった。賄賂で買収、有力者に取り入る、書物を小脇に挟んで試験会場に入場する、替え玉受験などである。

科挙は完全に名誉を得るための道具に転落した。科挙制度の腐敗はその歴史的運命を決定し、1906年、清政府は科挙の廃止を迫られた。

このように、1,000年に亘り延々と続いた古代科挙制度は、その母体、封建専制王朝が終わりを告げる数年前、一足先に息絶えた。

3、科挙の功罪

古代中国における科挙制度は非常に矛盾を孕んだ存在であるが、それは古代中国の文化教育に対しても矛盾した役割を果たしている。

王炳照氏が『科挙制度漫話』で言及したように、科挙試験は中央集権と地方や個人の積極性を引き出すという関係をうまく解決したが、「万般皆下品，唯有読書高」の社会的風潮と「あわよくば」の心理を助長し、私利を図り不正をする悪習の発生を招くことになった。科挙試験は、読書、応試、任官を結びつけることで、人材の育成と選抜、任用を結合させたが、教育や学校を科挙の従属物にしてしまった。科挙試験は、品行、家柄で単純に人を評価する偏向を克服したが、知識や能力で評価するには至らず、それどころか本や教条の丸暗記、剽窃といった袋小路に陥ることになった。科挙試験は統一的な内容、基準、手続き、手順を確立したが、形式化、教条化、マンネリという弊害をはびこらせた[*31]。

しかし、以上に述べた科挙制度の功罪是非は必然的な関係にあるのだろうか。いったい科挙の古代文化教育に対する影響をどう分析すればよいのか。

隆盛を誇っていた科挙制度が衰退した歴史的原因と文化背景をどう研究すればよいのだろうか。

1. 科挙制度は中国に世界で最も早く、最も完全な文官制度の確立をもたらせ、古代社会の統一と安定を維持するという点で一定の役割を果たした

周知のように、近代西洋の文官制度は公開競争、機会均等、優秀人材の採用

---

*31　連健生、劉湛編『教史擷英』江蘇教育出版社 1989年、195～196頁。

などの基本的な特徴を備えている。古代中国の科挙制度と西洋の近代文官制度の社会基盤は全く異なるが、後者が包含するいくつかの基本的な特徴と精神は、科挙制度においてその端緒が見られる。

したがって、国内外の学術界では、一般に、文官制度の起源は古代中国にあると考えられている。

1983年、アメリカのカーター政権の連邦政府人事管理局長アラン・キャンベル氏は北京で講演したとき、次のように語っている。「国連からの招請で、中国で皆さんに文官制度についてお話しすることになったとき、私は大変驚いた。なぜなら西洋のすべての政治学の教科書では、文官制度について、その創始者は中国であるとされているからである」[*32]

西洋では、古代ギリシアから中世に至るまでの、試験に関する確かな記録はない。筆記試験も18世紀以降にようやくヨーロッパの大学で始まった。

中世全体において、ヨーロッパの貴族と平民は越えることのできない垣根をもった二大階層であった。下層社会の平民にはチャンスがなく、上流社会に進出できる可能性はなかった。

一方、中国の科挙制度は「投牒自応」で、出自、財産、地位などによるしがらみが解かれ（徹底されていなかったとはいえ）、平等な（形式的、表面的な平等であることもあったとはいえ）試験競争によって官職への道を追い求めることができた。

これは、当時の社会的背景の下では確かに重要な変革であり、世界各国が大いに注目し重視している問題である。とりわけ18世紀と19世紀には、西洋社会の変革の手本となっており、西洋の文官制度がこれをひな形としてつくられている。

この時代の西洋の啓蒙思想家の著書をひもとくと、そうした偉大な学者たちはほとんど申し合せたように中国の科挙制度を憧憬し賛美している（「色眼鏡」をかけて中国を観察しているとはいえ）。

明末、イタリアの宣教師マテオ・リッチは、「西洋との大きな相違を表す目印であり、注目に値するもう一つの重大な事実は、全国が知識階層、すなわち一般に『哲学者』と呼ばれる人たちによって統治され、国全体を整然と秩序立

---

*32　郭用憲、黄衛平『比較公務員制度』広東高等教育出版社 1991年、234頁。

てて管理する責任を完全に彼らに渡すことによって掌握されていることだ」*33 と記している。

　古くからの資本主義国のうち、フランスでは1791年から文民試験制度の試行が始まり、イギリスでは1853年から徐々に文官試験が普及した。

　唐の高祖武徳5年（622年）の選挙詔令を基準とすれば、中国の文官制度は西洋より少なくとも1,100年ほど早い。漢代の察挙（紀元前178年の文帝の詔令「挙賢良方正，能直言極諫者」）を基準とすれば、2,000年近く早い。

　したがって、中国は世界で最も早く、最も完全な文官制度を確立したというのは決して大風呂敷を広げているのではない。

　科挙制度は「狭隘地域や家族利益、武力から離脱した知識（儒生）階層」*34 を生み出した。これは、中国の豪族・名士による官途の独占を打破し、庶族地主の政治参加の欲求を体現しただけでなく、庶族地主の知識人や一部の平民出身の知識人に、官途の門戸を大きく開いた。しかも統一的民族国家に必要な精神凝集力や比較的広範な社会基盤も次第に形成され、古代社会の統一と安定を維持するという点では無視できない大きな役割を果たしたのである。

　古代社会では、それぞれの地域、家族を背景とした世襲貴族階層が国家統一の最大の抵抗力となることがしばしばあり、藩地割拠、独立して王になる者や、朝廷を支配し皇権を脅かす者など、社会分裂の遺伝子の一つとなっていた。

　例えば、魏朝南北朝時代には世族門閥に有利な「九品中正制」が行われ、その結果、中国史上最も長期間にわたる分裂を招いた。

　科挙試験は自然に貴族政治を否定することとなり、世族高官から政治的特権の独占を取り上げ、その力を弱体化した。中・下層社会の「寒士」が政治の分野に直接参入できる機会は、渺茫としていたとはいえ、光明は見えてきていた。そして科挙によって彼らを最高の皇権の下にしっかりと支配することになった。

　また、「文官政治は自身に頗る合った社会政治思想——儒家思想を確立するとともに、文官の選抜を通じてそうした思想を知識人の共通信仰にし、さらに社会全体に普及させ」*35 て、統一と安定が民族の心理構造に蓄積する原動力と

＊33　マテオ・リッチ・ニコラ・トリゴー、何高済等訳『利瑪竇中国札記(第1巻)』。
＊34　金諍『科挙制度与中国文化』、4頁。
＊35　金諍『科挙制度与中国文化』、4頁。

なるようにした。

このように、科挙によって形成された中央集権、儒生階層、儒家思想の三位一体の合力は、古代中国社会の長期の統一に重大な影響をもたらした。

2. 科挙試験は封建国家による人材の登用、吸収といった社会的側面を拡大し、人材の発掘および育成に一定の影響力を有していた

科挙制度は世族高官の政治の独占による国家統一を打破し、一般の士人に国の政権機構に参入する可能性を与えたため、人材の量と質には信頼できる源泉と保証が備わった(絶対多数の下層民衆は教育を受けることができなかったために、応試の権利を享受することができなかったとはいえ。また官途に入った多くの一般士人が目的を達成した後に腐敗していったとはいえ)。

特に、唐宋の科挙制度が成熟し形になりはじめた頃、科挙は活力ある一面を示し、下層の「寒士」出身者を大量に統治階層に取り込み、唐宋時代の人材輩出の現象を形成した。

中唐時代の陸贄、裴度、劉晏、韓愈、柳宗元、白居易、劉禹錫等,北宋時的範仲淹、欧陽修、黄庭堅、秦観、柳永、沈括、蘇頌、王安石、司馬光、蘇軾兄弟、周惇頤、邵雍、張載、二程兄弟、曾鞏などは、いずれも科挙の競争を経て進士となったことで、才華をさらに伸ばす機会に恵まれたのである。

ある意味では、科挙が彼らにこのような舞台を提供したと言うことができる。

外国人であっても科挙の試験に参加でき、日本人の阿倍仲麻呂(晁衡)、朝鮮人の金可記、崔致遠、崔彦、大食(タージー、アラビア)人の李彦などが、相次いで進士になっている。

こうした「門戸開放」の政策は、人材の発掘および育成に間違いなくプラスの作用を有していた

3. 科挙制度は古代中国の文学、史学に一定の影響を生み、唐詩宋文の繁栄を招くとともに、古代知識人に刻苦勉励の伝統をもたらした

科挙制度における試験内容は一般的には文学と歴史が中心であった。唐代の進士の科挙試験では詩賦が中心であり、天保時代以降も帖経試験に不合格の場合、詩で追試を受験できるよう規定している。

そのため、詩の優劣は直接試験成績に大きく影響し、場合によっては決定的

な役割をもたらすこともあった。

このように、受験者が詩の創作を非常に重視したことで、中国史上最も巨大な詩歌作者群が形成された。そしてこのことが唐詩（日本では「漢詩」とよばれている）の繁栄に大きな役割を果たしたことは間違いない[*36]。

『全唐詩』が収集した約五万首の詩は、西周から隋代までの千六百余年の間に伝わった詩歌の総数の３倍よりも多い。

「群才　休明に属い、運に乗じて共に鱗を躍らす。文質　相いに炳煥として、衆星　秋旻に羅なる（才能ある人たちが優れた世にめぐり合い、時代の気運に乗って、元気な魚のように鱗を躍らせる。文化的な業績と実質的な業績が炳り煥え合い、無数の星となって秋の夜空につらなっている）。」の唐代の詩壇[*37]は、李白、杜甫などの天才詩人を輩出しただけでなく、多様な風格の、人口に膾炙する千古名作が生まれ、まさに空前絶後というべきものであった。

科挙制度は読書（学問）と出世とを直結させて、古代知識人の読書に精励する意欲を掻き立て、「学びて優なれば則ち仕う」の道に焚膏継晷、孜孜不倦させることとなった。

そのため、古代中国には懸頭刺股、鑿壁偸光、嚢蛍照書、鶏窓夜読、下帷攻読、目不窺園といった話も多く伝わっている。

そして今なお、中国の学生の勤勉な精神は、世界各国の学者たちの注目するところとなっている。

4. 科挙制度は古代知識人が功名利禄を追求する心理を強化し、知識人の心を甚だしく腐敗させ、精神と人格にこの上ない損害を与えた

科挙制度の本質は「学而優則仕」であり、学ぶ目的は求仕のためであった。永遠に出仕できるのは学ぶ者の中のごく一部だけであるが、科挙制度は一人ひとりに出仕の可能性を示した。

可能性を信じ込ませるこうした夢の存在は、古代の知識人をそこに没頭させ、

[*36] 宋代の厳羽著『滄浪詩話・詩評』に「唐以詩取士, 故多專門之学, 我朝之詩所以不及也。」とあり、清の康熙皇の「御制」なる『全唐詩序』にも「蓋唐当開国之初, 即以声律取士, 聚天下才智英傑之彦, 悉従事於六義之学, 以為進身之階, 則習之者固已專且勤矣。」の記載が見える。

[*37] 李白『古風』。

「今科雖失而来科可得，一科復一科，転瞬之間其人已老」*38 と思わせた。

　清代の蒲松齢の『聊斎志異』にある『王子安』の物語は、科挙制度による知識人の心の腐敗と精神の破壊を鋭く描いている。

　　秀才入闈，有七似焉：初入時白足提籃，似丐。唱名時官呵吏罵，似囚。其入号舎也，孔孔伸頭，房房露脚，似秋末之冷蜂。其出場也，神情悵恍，天地変色，似出篭之病鳥。迨望報也，草木皆驚，夢想亦幻，時作一得志想，則頃刻而楼閣倶成，時作一失意想，則瞬間而骸骨已朽，此際行坐難安，則似被執之猱。忽然飛騎伝人，報条無我，此時神情猝変，嗒然若死，則似餌毒之蠅，弄之亦不覚也。初失志，心灰意敗，大罵司衡無目，筆墨無霊，勢必挙案頭物而尽炬之。炬之不已，而砕踏之。踏之不已，而投之濁流，従此披発入山，面向石壁，再有以「且夫」、「嘗謂」，之文進我者，定当操戈逐之。無何，日漸遠，気漸平，技又漸痒，遂似破卵之鶏，隻得啣木営巣，従新另抱矣。

　古代の知識人はこうした科挙試験のサイクルに飲まれ、着物の帯が日に日に緩んでいくほど生涯の心血を注ぎ尽くしたのだ。

　さらに、受験者の中には近道を求めるために手段を選ばない輩もいた。

　『唐語林』には次のように記されている。

　「玄宗皇帝の時代は科挙試験に応ずる士子が非常に多く、毎年、進士科で省試を受ける者は千人を下らなかった。官僚たちは互いに訪ね合い、朋党を結成して競い合った。これを棚といい、人望者として推された者を棚頭といった。権門貴戚の者はこぞって彼らと手を結び、これによって試験官を取り込んだので、不合格になった者が騒ぎを起こし、試験が大変なことになった」

　そうした家柄も後ろ盾もない庶族士人は、卑躬屈節して推薦を得られるよう頼むしかなかった。主試験官や推薦者に賄賂を贈り、あるいはさまざまな手段を駆使して不正行為を働くなど、少しも珍しいことではなかったのである。

　清初の徐大椿は科挙制度における知識人のイメージについて次のように風刺している。「知識人は八股文をこねくりまわすばかりでまったく使えない。国家の本は人材を育てることなのに、いつの間にか人を欺くことになってしまった。三句の破題、二句の承題、揺頭擺尾、まるで聖門の高第である。彼

＊38　馮桂芬撰『校邠抗議・改科挙議』。

らは三通四史*39 がどんな文章かも、漢祖、唐宗が何王朝の皇帝かも知らない。机の上には古くさい経書を置き、町では今どきの便利なものを買う。［彼らの書く八股文とは］甘蔗の搾り殻をくちゃくちゃ噛んでいるような文章なのに、いったいどんな味わいがあるというのだ。彼らは時間を浪費し、生涯をぼんやりと過ごしているのだ。そんな奴にうまく騙されて高級官僚にしてしまうとは、民衆と朝廷の不運以外の何物でもない」*40

呉敬梓の『儒林外史』に描かれている周進、范進などは、こうした知識人の典型である。

5. 科挙制度は学校教育の機能を狭窄化し、学校教育の育成目標、教育内容、方法に負の影響を与えた

学校教育の機能は多岐にわたる。政治、経済から文化、心理に到るまで、そうした諸々の機能を通して、学校教育は社会と学生に対する影響を実現する。

しかし、科挙制度の出現により、学校教育はその機能が狭められていき、学校教育は科挙の従属物と化してしまった。

この弊害は科挙制度に伴って出現したものであり、それゆえ科挙と学校の明暗は封建時代後期には絶えなかった。

早くも宋初で范仲淹が科挙の変革、学校設立に関する見解を提示している。

今諸道学校如得明師，尚可教人「六経」，伝治国治人之道。而国家専以詞賦取進士，以墨義取諸科，士皆舎大方而趨小道，雖済済盈庭，求有才有識者十無一二。況天下危困，乏人如此，固当教以経済之業，取以経済之才，庶可救其不逮*41。

范仲淹、王安石が「興学校」の改革を行い、明、清の二代で「科挙必由学校」が規定されても、学校の衰退は必然であった。学校は「儲才以応科目」に落ちぶれ、科挙の従属物になるしかなかった。

それゆえ、清代の湯成烈は『学校篇』の中で、「国家設立学校，而以科挙道（導）之，故教化不行。教化不行，故人不事学業」と論じたのである。これが

---

*39 訳注：「三通四史」は唐の『通典』、宋の『通志』、元の『文献通考』の「三通」と『史記』から『明史』までの中国の王朝の正史24書（「二十四史」）をいう。
*40 袁枚撰『随園詩話』巻十二。
*41 范仲淹『上十事子』。

いわゆる「科挙之法興，而学校之業廃」*42 である。

科挙制度のもとでは、学校教育の育成目標が科挙試験への参加の準備となり、科挙試験の内容や方法も学校の教育内容と学生の学習成績の評価に用いられる方法となった。

唐代の国子学、太学、四門学のカリキュラムは、科挙九経の任用の要求から計画されたものである。

経書を大、中、小の三つに分け、通二経は大小経から各一経または中経から二経を必須とし、通三経は大中小経から各一経、通五経は大経並通、『論語』、『孝経』は共通の必修課とされた。

清代になると、八股による任用が実施され、「八股盛而六経衰，十八房興而二十一史廃」の状況が現れた*43。

小学生から八股文の構造と文章構成の勉強が始まり、正統な儒教経典さえも軽視されるようになり、「畏れ多い」学校教育は次第に敬遠されていった。

科挙の予備校と化した学校は、科挙の需要に応じられないと「門前は冷ら落れて車馬も稀に」*44 なり、多くの学生は学校に籍を置くだけで、自分の八股文を読みに行くのであった。

6. 科挙試験は中国封建社会の極端な専制性を促進し、社会全体の「官本位」意識の蔓延を増長し、封建社会の長期停滞を生み出した

金諍氏は『科挙制度与中国文化』の中で、科挙制度の発展過程は、つまるところ、行政の人材登用という大きな権利を皇帝の手中に集中する過程であったと述べている。

皇帝権力の拡大は世族高官の権力の弱体化と同期して進行した。これは一方では社会の統一と安定に資することとなり、また一方では皇権の極端な専制性を形成することにもなった。

科挙によって官途に入った官吏たちは、世襲による地位や特権でその道を得たのではなく、皇帝の名を以て召集される科挙試験によるものであったため、

---

*42 『経世文続編』巻六十五『礼政五・学校下』。

*43 『日知録』巻十六。

*44 訳注：白居易『琵琶行』。

彼らは皇権に対して自然に畏怖と従属の念を持っていた。

このように、皇帝は科挙により官吏階層全体を支配し、彼らを支配することで社会全体を支配していた。

啓蒙思想家のモンテスキューは「権力のある人たちは、権力を限界まで使う」と言った。したがって、「権力の乱用を防止するには、権力で権力を拘束することが必要である」のだ。

古代中国の中央集権的国家の構造においては、皇権より上の権力で皇権を制約することは不可能である。したがって、至上の権力を有する皇帝は、天下のすべての人を自在に「生之、任之、富之、貧之、貴之、賎之」し、天下を手玉に取り、民衆を奴隷のように使うことができたのである。

科挙制度は読書による応挙を官僚への道と結びつけ、読書から楽しみや癒しという側面を奪い、知識獲得、知力発達の手段でもなくし、ひたすら出世するための道具にした。そして一度挙人、進士になると、尽きぬ栄華富貴を享受する。

このように、まず社会の文化人層、続いて社会全体に「官本位」意識を生み出した。

「官本位」意識の表れの第1は「求官」である。すなわち寝ても覚めても官途を歩むことを夢見、官職を得るよう画策することであった。第2は「畏官」、すなわち官への絶対服従であり、物事は官吏の顔色をうかがって行うというものである。

李大釗氏は次のように指摘する。

「中国人には遺伝性がある。受験の遺伝性である。スポーツや文学、制度、事業、あらゆることに試験的要素が付いてまわり、そのために、その時々の主試験官の意図に迎合し、本心とは異なる言葉を発したりする。ともすると、時代の思潮、文化やスポーツ、社会心理なども主試験官と同じであるかのように見せ、発言や文章も主試験官の意を忖度し、その実際の生活とはかけ離れたものとなる」[*45]

官本位の表れの第3は「清官夢」、すなわち清廉潔白な官吏による社会の治理である。北宋の包拯や明中期の海瑞がその代表である。彼らが庶民の崇拝の

[*45] 『李大釗文集(下)』人民出版社 1984年、105頁。

対象となり、代々語り継がれているのは、まさに彼らが清廉であったことに起因する。

以上のうち「求官」が基本で、「求官」の見込みがなければ「畏官」や「清官夢」となる。

中国の封建社会の長期低迷はさまざまな原因によることに違いないが、科挙制度が事実上一つの側面であったことも確かである。

科挙制度の門戸開放と平等な競争は、知識層全体を出世に注力させ変革から遠ざけた。科挙制度によって作られた政治機構は非常に整備されたものであったので、統治者は「制御」と「整備」という機能を行使することで「国家のコマ」を意のままに動かしていた。

自給自足の小農経済が単純な再生産を行うように、全国のコマが循環という単純な運転を行い、社会全体の凝固式長期安定と停滞を維持していた。

第9章
書院と古代中国の教育

　書院は古代中国の教育の「紅杏」といわれる。書院による「紅杏出墻」[*1]は特別な教育形式・制度として、官学の凋落と私学不興という歴史的条件の下で発生したもので、ある意味、古代中国の教育改革の産物である。
　書院は宋以降、幾度もの盛衰を経て、近代の学校の発展に伴って衰退する。しかし、古代の一種独特の風格ある教育機関として、数々の賢人志士を生み出し、一連の教育と管理の優れた伝統を形成した。
　宋以降の大教育者で、書院と深い繋がりのない者はいない。
　教育学者の張正藩教授は書院について論じた際、次のように指摘している。書院は「わが国の教育、社会、政治、学術思想等に対し、相当な影響を与えた。教育に限って言えば、優美な院址、自由な講義、教訓の合一性、そして有教無類や因材施教、能動自発の学習精神の重視など、現代の大学と比較しても、勝るとも劣らない。」[*2]
　毛沢東は長沙で幹部養成の湖南自修大学を立ち上げたとき、古代書院の学校運営の経験を吸収するとして、次のように述べている。「古代の書院と現代の学校の両方の良いところを採って、各種の学術研究を行う。真理の発明、人材養成を期して、文化を庶民の間に普及させ、社会にあまねく学術の流れができるようにしたい。」[*3]
　ここから、書院教育がすでに中国の教育に不可欠で重要な構成要素となり、書院教育の経験も中華教育思想という宝庫の貴重な財産となっていることが窺

[*1] 訳注：原文では書院を「紅杏」に見立て、「紅杏出墻」という表現がされている。この言葉には現代中国語で浮気の意もあるが、ここでは字義通り「墻を出る」＝垣根を越えるであろう。
[*2] 張正藩『中国書院制度考略』江蘇教育出版社 1985：1。
[*3] 毛沢東『湖南自修大学組織大綱』。

い知れる。

1、書院の起源と勃興

　厳密な意味での書院は宋代に形成された。ただし、「書院」という言葉自体は唐代に登場しており、このときの「書院」は公の図書収蔵校勘場所あるいは私的な読書治学の場所という意味合いだった[*4]。

　『新唐書・芸文志』は、朝廷が書院を設立した大まかな理由と経過を説明したもので、「玄宗が左散騎常侍で昭文館学士の馬懐素を図書修理使に命じ、右散騎常侍で崇文館学士の褚無量とともに整比[*5]に当たらせる。東都への行幸の際、乾元殿の東序検校にする。褚無量が御書には貞観故事のように宰相の宋璟と蘇頲の署名がほしいと上申。また民間の異本を借りて伝録を行った。（皇帝は）都に戻ると書籍を東宮麗正殿に移し替え、修書院を著作院に設置した。その後、大明宮光順門外、東都明福門外に集賢書院が作られ、学士が出入するようになった。」と記されており、公の「書院」は宮廷図書館のようなものであったことが窺える。

　唐代は私人が創立した書院が多く出現した。陳元暉らは『全唐詩』の詩題から十一か所見つけ出し[*6]、王鏡第は地方志を調査して「凡十有一所」とした[*7]。
　実際には、この数をはるかに上回っていると思われる。
　これらの私的書院はその多くが李秘書院、趙氏昆季書院、沈彬進士書院などのように人の名前が付けられ、当時の個人の読書勉学をする場所という性質を反映していた。
　公の書院が単に蔵書、校勘のための図書であったのに対し、私的書院ではすでに「劉慶霖建以講学」（皇寮書院）、「陳与士民講学処」（松州書院）などように、生徒に個別に講義、教授する様相が現れていた。
　宋代の書院とは比べものにならないが、唐代の私的書院は教育機関としての書院の萌芽であり雛形であった。

---

*4　袁枚撰『随園随筆』巻十四。
*5　訳注：整理の意か？
*6　陳元暉『中国古代的書院制度』上海教育出版社　1981：5-6。
*7　王鏡第「書院通征」『国学論叢』1927 年第 1 巻 (1)。

第9章 書院と古代中国の教育

宋初になると、書院は大きく発展し形づくられていく。その要因は、主に以下の三つである。

第1に、「官学失修、士苦無学」だったことである。

唐末期から五代までは社会的に不安定で、世の中が撹乱し、学校は荒廃し、文教は衰退していた。そのため、科挙合格を目指す者は就学する場所がなく苦労していた。宋初、乱世が次第に安定すると、人材を求める社会的なニーズが再び求学意欲を刺激し、官学に代わり、過去の私的書院をベースとして発展してきた新しい教育機関が登場した。

第2に、政府が書院に援助と特権を与えたことである。

宋初の書院は官学の空白を埋めたことで社会の人材に対するニーズを満たし、それゆえ政府の支援を受けることができた。

多くの書院が皇帝の賜書匾額と賜田を得た。白鹿洞書院は皇帝から印本九経（977年）を下賜され、応天府書院は賜額（1009年）を得、岳麓書院は賜書（999年）および賜額（1015年）、茅山書院は皇帝の賜田（1024年）を得ている。政府はこのような援助と支援を通じて書院に対する支配力を強化し、民間から官立に転じる書院もあった。

第3は、禅林講学制度の影響によるものである。

漢末に中国に伝来した仏教は、日増しに影響力を強め、魏晋時代に盛んになり、唐代に最盛期を迎えた。仏教徒は山林名勝の地に寺院をつくり、仏家の禅道修習、講学場所とした。

これは宋初の書院が多く山紫水明、幽玄静寂なところを選んだことと無関係ではない。

宋代の学者呂祖謙の『白鹿洞書院記』に、宋初の書院勃興の理由が大まかだが記されている。「窃嘗聞之諸公長者，国初斯民，新脱五季鋒鏑之厄，学者尚寡，海内向平，文風日起，儒生往往依山林，即閑曠以講授，大率多至数十百人。嵩陽岳麓及是洞為尤著，天下所謂四書院也」

朱熹は『重修石鼓書院記』において、「予惟(われおも)うに、前代庠序の教え修まらず、士、学ぶに所無きを病やみ、往往にして相い与に勝地を択びて精舎を立て、以て群居講習の所と為す。而して政を為す者、乃ち或いは就きて之を褒表す。此の山の若き、岳麓の若き、白鹿洞の若きの類是なり」と、宋初の書院の勃興について触れている。ここにある嵩陽、白鹿洞、岳麓、石鼓4書院のほか、

応天府、茅山、華林、雷塘などの書院も人気があった。

2、書院の発展と沿革

宋初、書院の勃興は一時的には大評判となったが、線香花火のようにすぐに静かになった。その理由は二つある。

第1には、科挙制度という衝撃によるものである。

宋初、科挙の規模は非常に小さく、太祖の頃は毎年の及第者がわずか10、20人ほどだったため、朝廷は書院を大いに奨励した。その後、科挙の規模の拡大に伴い、書院は政府にとってあってもなくてもよいものとなった。宋の真宗の頃は科挙が頗る重んぜられ、科挙の志望を『勧学文』で次のように奨励している。

　家を富ますには良田を買うを用いず、書中に自ずから千鐘の粟あり。
　居を安うするには高堂を架するを用いず、書中に自ずから黄金の屋あり。
　門を出ずるに人の随う者無きを恨むこと莫れ、書中の車馬は多くして簇がるが如し。
　妻を娶るに良媒無きを恨むこと莫れ、書中に女あり、顔玉の如し。
　男児平生の志を遂げんと欲せば、六経勤めて窓前に向かって読むべし。*8

宋初に諸帝が科挙を強く提唱し、士人の多くは名利を求めたため、書院に安んじ山林で長く過ごすことなどできなかった。これが第一である。

第2は、北宋の慶暦、熙寧、崇寧の3回の興学政策の余波を受けたことである。

これらは科挙の弊害に対する矯正で、社会変革のための措置だが、官学の隆盛により私学が次第に衰退し、政府も意図せずして、書院の発展に介入する余裕がなくなった。

書院にとって決定打となったのは、政府が「読書士人は官学で300日以上学ばなければ応挙できない」という規定を設けたことであり、これにより書院の活路はほぼ絶たれることとなった。

世の読書人が渇望する人生の流れは、官学に入る→科挙を受験する→官職に

＊8　『絵図解人頤』巻一。

就く、となっていた。
　書院と科挙は中国の封建社会の二つの並行した教育制度として、一方が栄えれば他方が衰退するといった相互制約の法則があった。
　北宋における書院の荒廃はおよそ145年の長きに及び、南宋の朱熹が白鹿洞書院を修復するに至って、ようやく南宋に書院の気風が興った。
　淳熙六年（1179年）、朱熹は知南康軍（江西省の長官）に任ぜられる。赴任してすぐに白鹿洞書院遺跡の実情について意見を求める告示を出し、自らも「永懐当年盛，莘莘衿佩多」という詩を書いた。
　朱熹が急がせたこともあり、翌年には簡単な修復ができ、釈業が開講した。朱熹はさらに田畑調達、書物集め、教師招請、生徒募集、規則制定を行い、自ら書院で講義を行った。書院は評判を呼び、南宋書院の発展に一定の影響をもたらした。
　白鹿洞書院を模倣し、各地で争うように書院の再建が相継ぎ、新たな書院も建てられた。二十数年の間に「海内書院大盛」の様相を呈するようになった。
　もちろん、南宋の書院隆盛をすべて朱熹の名のもとに帰するのは事実と符合しない。客観的にはまず時代のニーズによるものであろう。
　第1には、学術の普及に必要であったことである。北宋時代の学術思想は躍動的な傾向にあったが、学問をする者は自分で系統的な探索をしていくか、個別伝授の講義を受講することに専念するのが一般的であった。理論も組織も整い成熟していった理学家たちにとって、大規模な学術普及、影響の拡大のため、壮大な隊伍の結成が早急に必要であった。そこで、書院を利用または創立して門徒を集め、それぞれの後継者および伝授者を養成することが、理学家たちの共通の行いとなった。当時の理学の三大巨頭朱熹、陸象山、呂祖謙はみな自分の書院を拠点とし、自分の学術思想を広めていった。
　第2は官学の衰退によるものである。
　北宋の3回の興学政策は、一時的には官学を強化したが、最終的には失敗を告げ、学校は形骸化し、有名無実なものとなった。
　官学の衰退をもたらした根本的な原因が二つある。
　まずは、官学の発展により、太学生が強大な政治勢力となり、しばしば上層の統治者を脅かすようになったことである。次には、官学の規模があまりに大きかったために、政府の財政負担が重くなり、学校の経費を削減あるいは供給

停止せざるを得なくなったことである。

朱熹は建寧府崇安県の官学の状況を次のように述べている。

「崇安県故と学有りて田無し。大夫の賢にして教事に意有る者に遭い、乃ち能く他の費の贏を縮取し、以て士を養うの費を供す。其れ或いは故有りて継ぐ能わざれば、則ち諸生仰食する所無くして、往往散去す。是を以て殿堂傾圮斎館蕪廃、率ね常に十数年更ず」*9

このように自己資金を主とした書院も時の機運に乗じ、官学を補うものとなった。

また高名な教師や偉大な儒家が書院で講学していたことや科挙の腐敗、印刷の発達などが、南宋書院の再起と発展に大いに後押しした。

こうして書院は北宋時代の38院から南宋時代には185院と激増し、盛観を呈していった*10。

元代の書院は引き続き一定の規模を維持していた。元の世祖が中国を統一すると、多くの南宋学者は出仕せず、官位を退いて書院を創立し、学生を集めて講学するようになった。

短期間のうちに私的書院が数多く設立された。元代の統治者は安撫の策を採り、「その他、先儒名賢ゆかりの地は、篤志家と財を出しあって学者を助け、書院を設立せよ」*11との詔令を下した。同時に、政府が書院への支配と管理を強め、書院の責任者である「山長」は政府から派遣されるようになった。教授、学正、学録、直学等も礼部が招聘任命し、官俸をとらせた。

こうして書院は官学化の道を歩み始め、元の時代に数も増えた。しかし、質は大幅に低下した。「山長」に以前のような高名な教師や偉大な儒家を迎え入れず、科挙の殿試郷試に落第した挙人に任せたことが、書院の学術レベルに影響を及ぼさないはずはなかった。また、山長はじめ教える側の者が官俸を受け取る身であったため、いわゆる「官話」をせざるを得なかったことも、書院の独立精神の伝統にきずをつけることになった。

成宗の世に集賢院修撰を務めていた虞集は、「教師の道を確立すると人を善

---

*9 『建寧府崇安県学田記』。
*10 孫彦民「宋代書院制度之研究」張正藩『中国書院制度考略』、12頁よりの転載。
*11 『元史・選挙志』。

くするものが多くなる。今、世の中の教員を見ると、いいかげんな資格で教え、儒生に自分の考えを無理におしつける者を師といっていて、役人からも学生からも信用されていない。こんなことで教師になってよいはずがない」*12 と言って、当時の教師の資質が玉石混淆であったことを批判した。

　官学化の傾向は明代以降に最も顕著となって表れ、当時、民間の書院はわずか20％にも満たなかった。このことは中国の封建社会後期の書院の性格および特徴に、確実に大きな影響を及ぼした。

　明代になると、書院は衰退—隆盛—廃止の過程を経た。明初に洙泗、尼山の二書院が設立されたが、形ばかりの文章教材で、表面だけ飾り付けたに過ぎなかった。

　したがって明代の書院は百余年の沈黙の後、成化、弘治年間になって静かに息を吹き返したといわれている。

　有名な白鹿洞書院は成化元年（1465年）に修復された。嘉靖年間になると書院は大いに栄え、自由講学の気風がますます盛んとなり、明代の書院は絶頂期を迎えた。このときの書院の隆盛はもちろん「国学之制漸隳、科挙之弊孔熾」と関係があり、とりわけ王陽明、湛若水らが唱導していた講学の気風に影響を受けていた。

　『明史・列伝第一百十九』に、「正嘉之際，王守仁聚徒於軍旅之中，徐階端揆之日，流風所被，傾動朝野，於是縉紳之士，遺佚之老，聯講会，立書院，相望於遠近」と記されている。

　史書によると、王陽明は赴任した先々で書院を栄えさせ、龍岡書院を建て、貴陽書院を主どり、濂渓書院を修復し、稽山書院を辟き、敷文書院を立てたという。

　湛若水の学説は王陽明のそれとは趣を異にするが、書院に対する愛情は深く、史書に「平生足跡所至，必建書院以祭白沙，從遊者殆遍天下」*13 と称されている。

　彼らが没した後は門下生たちが書院をつくり、記念とした。王門下の弟子は書院を十七か所に建て、広く江西、福建、浙江、湖南、広東、安徽、河南、山東、江蘇に及ぶ。

---

*12　『続文献通考』巻五十。
*13　黄宗羲撰『明儒学案』巻三十七。

明代後期、書院はしばしば廃止の憂き目に遭い、遂に隆盛から衰退へと転落する。そのうちの4回は政府による。1回目は嘉靖十六年（1537年）、御史游居敬が湛若水を「其の邪学を倡え、広く無頼を収め、私かに書院を創った」*14 として弾劾したことにより、明の世宗が書院の廃止を下令した。ここに明代の朝廷による書院廃止の序幕が切って落とされた。

2回目は翌年、書院が散財して民を困らせているとの口実により、吏部尚書許賛が官営の書院の廃止を申請し、「詔従其請」*15 となった。

3回目は万暦七年（1579年）、宰相張居正が書院の「門戸を別標し、徒党を組んで空談する」、「大は朝廷を揺るがして名実を爽乱し、小は醜穢を隠し、利に走って俗世間から逃れようとしている」*16 を理由に、「応天府など六十四の書院が前後して廃止」*17 となったことである。

4回目は天啓五年（1625年）、東林書院の諸儒が「政府を批判し、高官を裁く」ことを不満とした太監魏忠賢が、国内の書院を破壊した。

4回の破壊により、明代の書院は活力を損ない、再び衰退していった。

清代初期は、政府の書院に対する抑制政策*18 のため、特に捗々しいものはなかった。社会が安定し、朝廷も民間も書院の復興を望んだ雍正年代になって、ようやく正式に解禁となった。

雍正11年（1733年）清政府は各省に書院の設立を命じ、「学問をする頭脳明晰・品行方正の士を選考し、朝から一日中講義を受けさせ、品行方正を励行し、成功へと導くこと」とした。書院の経費も政府から拠出され「資金源として与え、学費の資けとし、以て永久に垂る。不足する場合は、政府銀行から引き出す」*19 とされた。

また書院の「山長」は各省の督撫や学臣から迎え入れ、書院の学生は各省道

---

*14 『続文献通考』巻五十。
*15 『続文献通考』巻五十。
*16 「答南司成屠平石論学書」『張太岳集』巻二十九。
*17 『明通鑑』。
*18 順治九年（1652年）清政府令「各提学官督率教官、生儒務将平日所習経書義理，着実講求，躬行実践。不許別創書院，群聚徒党，及号召地方遊食無行之徒，空談廃業」（『古今図書集成・選挙典・学校部』）。
*19 『清通考』巻七十。

員と布政司が共同で審査し、私立書院は官府への届け出が必要とされた。

このように、清代は政府の官立書院への指導が強化されただけでなく、私立書院への監視も形成された。しかし、禁令はすでに解かれており、書院の発展は必然だった。

清代、書院の数は他のどの時代よりも多く、かつ広範囲に分布していた。雲南、甘粛、新疆、台湾などの辺境地域にも前後して書院が設立された[*20]。

清代の書院は大きく4種類に分けられる。

第1には、理学講求を主とする書院である。清初の関中書院、東林書院、紫陽書院などがそうである。宋代書院の会講、弁難といった講学方式を厳守していた。第2は、経史詞章の博習を主とする書院である。詁経精舎（杭州）や学海堂（広州）が最も有名である。因材施教と自由研究の教授方式を提唱していた。第3は、考科を主とする書院である。清代の書院は多くがこれである。科挙に応ずる八股文の学習を主としており、事実上、科挙の従属物または予備校であった。第4は、西洋近代科学の学習を主とする書院である。上海の格致書院や直属の河北書院などがそうである。この種の書院は「書院」の名を用いてはいても、実際は近代の高等学校に近いものであった[*21]。

光緒27年（1901年）、清政府は張之洞、劉坤一の『籌議変通政治人才為先折』の上奏に基づき、各省の省城にあるすべての書院を大学堂に改組し、各府庁および直属の州では中学堂、各州県は小学堂に改組する詔令を下した。

これにより、唐末期から延々1,000年も続いた中国古代書院制度が瓦解し、終わりを告げた。

しかし、書院の精神、書院の学校運営の経験は古びたものとして捨て置かれたのではなく、後世に継承され、中華教育思想の精髄の一つとなっている。

3、書院教育の特色と貢献

盛衰を繰り返しながら1,000年も続いた古代中国の書院教育は、旺盛な生命力を有している。中国の封建時代後期の特殊な教育機関として、自由講学と学

[*20] 陳元暉『中国古代的書院制度』、97頁。
[*21] 陳元暉『中国古代的書院制度』、101～108頁。

術研究を重視し、門戸開放、尊師愛生を提唱した書院は、官学や科挙の追随を許すものではなかった。

書院は、その独特の教育方式で、古代中国の教育に華やかな1頁を加え、書院教育が学校運営と教育の面で蓄積した豊富な経験は、中華教育思想の良き伝統の重要な構成部分になった。

1. 書院教育は教育と学術研究を結合することにより、書院の文化を保存、創造、伝播する機能を発揮した

前述のように、最初の書院は官立の蔵書、校勘、私的な収書治学の場であった。唐代の麗正書院や集賢書院は、学士、直学士、侍講学士、修撰官、校理官、知書官等で組織され、「掌刊輯古今之経籍，以弁明邦国之大典」[22]であった。図書の考訂、校勘のほか、「顧問対応」の機能も有していた。すなわち研究に専念すること、高い学術レベルを有することが求められていた。私人書院に至ってはどれも蔵書が豊富で、多くの学生を引きつけ、教育や読書、討論がなされていた。

そのため、書院は誕生以来、学術の伝統を持つ。

宋代から、書院は学問家の重要な陣地となった。書院の独特な環境、豊富な蔵書、師弟の討論は、学問を志す者の思考の形成と育成に資するところがある。

重要な学術著作の雛形も、その多くは書院の講学に由来し、朱熹の白鹿洞書院開講の際のものは『中庸首章』、他に『大学或問』、『白鹿洞講堂策問』などの講義もある。

そのため、朱熹の名著『四書集注』は「長年にわたる教育実践で使用した教材や講義が基礎になって、最終的にこうした著書に編纂された」[23]のだろうと言われている。

宋代の活字印刷術の発明は、書院の従来の蔵書、校勘という役割を基盤に、書物の刊行、印刷といった機能を発展させた。書院の教育レベルと研究成果を示しただけでなく、学術情報を普及し、授業内容を豊かにし、書院の発展と文化の拡散を促進した。

---

[22] 『唐六典』。
[23] 李才棟『白鹿洞書院考略』江西教育学院学刊 1985年(特集号)17。

宋以降、「書院本」は古代中国の出版印刷の雄となり、広く伝わった。古代の書院が編集刊行した書籍には以下の種類がある。

第1は、重要な古代の経典著作である。広雅書院が刊行した『広雅叢書』などは、唐宋以来の史部書籍を余すところなく収載していた。

第2は、現代学者の研究成果である。学海堂が刊行した『学海堂経解』などで、清代の経師が注疏した書籍180種類、計1400巻がある。『学海堂文集』は500人分の学術論著を収載している。

第3は、書院の史料文献である。『明史・芸文志』にある孫存『岳麓書院図志』および劉俊『白鹿洞書院志』は、書院から刊行された重要な書院史料文献である。

第4は、書院の教師・学生の教育、研究成果である。岳麓書院が刊行した『周易』の講義原稿『周易啓蒙』、その他『岳麓書院課芸』、『岳麓書院課文』、『岳麓会課』などの学生の論文集もある[*24]。

六万余巻の蔵書を有する蘇州の正誼書院は、教師や学生が毎日の読書で得たことや疑問を記録したものを『学古堂日記』という日記形式にまとめて刊行したが、これは教師や学生の学術研究にとって重要な役割を果たすものであった。

教育と学術研究は互いに促進しあい、印刷出版が両者に原動力と圧力を加えることで書院教育の学術レベルを高いものにし、古代文化の保存、創造、普及にとって大いに貢献していた。

2. 書院は学生の思考啓発を重視し、自学と指導を結合することで学習意欲を引き出し、知能型の人材を育成した

書院は豊富な蔵書を特色とし、教育活動は書物に囲まれて行われていた。書院の学生は、多くの時間を教師の指導のもとで懸命に読書することに充て、自ら理解していった。教師の解説や要点のまとめ方、重点分析、あるいは間違い指摘、質問応答などは、人よって内容の深さが異なり、「因材施教」を実施していた。

朱熹は学生に「学問は人任せではいけない。自ら踏み込んで内容をよく理解

[*24] 楊慎初ら著『岳麓書院史略』。

するよう努めなさい」*25 と説き、学生に対し自学に力を入れるよう促した。

書院教育は自学を提唱したが、放任や我流を主張したのではなく、教師の指導力の発揮に非常に注意していた。

教師の指導力は主として2点に集約された。

第1には、学生への自己読書の指導である。

書院は学生の読書指導を重視し、「何を読むか」から「どれを先に読み、どれを後に読むか」「何を精読し、何を略読するか」「暗唱すべき本は何か」「ざっと目を通すだけでよいのは何か」など、具体的な指導をした。

教師の多くは自分の読書治学の経験を余すところなく学生に伝えていた。第7章で触れた『朱子読書法』および『程氏家塾読書分年日程』等を参照されたい。

第2は、学生からの質問に答えることである。

書院教育では、学生に適切な質問というものを学ばせ、学生たちに質疑討論を奨励した。

朱熹は学生に「読書して疑問に思うところがないという者は、疑問をもつことを覚えなさい。疑問が湧けばそれをなくしたいという思いに駆られ、そういう気持ちがあって初めて進歩するからだ」*26 と説き、さらに「学問をする人の読書は、何でもないところにこそ思考を置くことだ。様々な疑問が湧いて寝食を忘れるくらいになれば、そこからの進歩は速い」*27 と説いた。単に疑問をもてと言うだけでなく、どう疑問をもつのかも教えたのである。

多くの書院では、「読書」と「質問」の評価を行っていた。例えば、清代の上海龍門書院の規定は、「諸生は各々行動帳と読書帳を作り、毎日つけること」、「読書で得たこと、疑問に思ったことを毎日読書帳に書き留めること。事実を書き、嘘は書かないこと。要点を書き、だらだらと書かないこと。書かない口実を作らないこと。毎月5日と10日に先生に提出して見てもらうこと。」*28 となっている。

まさに読書と指導が有機的に結合している。

---

*25 『朱子語類』巻八。
*26 『朱子語類』巻十一。
*27 『朱子語類』巻十。
*28 陳元暉『中国古代的書院制度』、159頁。

書院は学生の主体性を発揮させることを目的としているため、自学と教師の指導を結合した教育方式は、知能型人材を育成することになった。

宋代の道一書院は朱陸を調和した理学大師呉澄を輩出した。桜桃洞書院および芝台書院は宋庠、宋祁、黄注、黄序、黄庶ら著名文学者、史学家を多く輩出し、江西詩派の黄庭堅はこの中でもひときわ優れていた。宋代の二程子も周惇頤の書院に遊学しており、明清の王夫之も岳麓書院の門弟だったことがある。

有名な書院はどこも高名な人物を輩出している。著名人の多くも自分を育ててくれた書院を忘れず、名を成した後に今度はそこで教鞭をとり、多くの人材を育成した。

宋代の范仲淹は応天書院で5年学び、「人傑」と呼ばれるようになってからそこで8年講学した。

3. 道徳的完全を提唱した書院は教育と訓育を結び付け、人格教育に重点を置く書院精神を形成していた

張正藩氏は「教訓合一」という言葉で書院教育のこの特色を概括し、「宋に始まり元、明、そして清代まで数百年の時を経た。書院の規則については改正や補足もあったが、その目的が、講学術で人心を正し国立の学校に欠けているところを補うことにあるのであれば、終始一貫しているといえよう。換言すれば、わが国における真の書院教育はそもそも人格教育であり、学術の自由な研究といった気風や知識の伝授を提唱するのは、今もって余事にすぎない」[*29] と指摘した。

道徳的完全と人格教育を重視する書院の特徴は、「学規」に顕著に反映されている。最も代表的な「学規」は、朱熹が白鹿洞書院のために制定した『白鹿洞書院学規』である。

学規において、朱熹は「五教の目（父子親有り、君臣義有り、夫婦別有り、長幼序有り、朋友信有り）」、「学を為すの序」、「修身の要（言は忠信、行いは篤敬、忿りを懲らし慾を窒ぎ、善に遷り過ちを改む）」、「事を処する要（その義を正してその利を謀らず。その道を明らかにしてその功を計らず）」そして「物に接するの要（己の欲せざるところは人に施すなかれ。行いて得ざること

---

*29 張正藩『中国書院制度考略』、65頁。

あれば、諸を己に反り求む)」を明確に規定していた。

上記の要点を書き出した後、朱熹は、書院は人格陶冶を文章修行の上に位置付けた教育思想を掲示した。

「熹窃(ひそ)かに古昔(いにしえ)の聖賢の人に学を為すを教うる所以の意を観るに、これをして義理を講明し以ってその身を修め、然る後に推して以って人に及ばさしむるに非ざるはなし。徒(ただ)にその記覧に務め、詞章を為(つく)りて、以って声名を釣り、利禄を取らんと欲するのみ（私〔朱熹〕がひそかに昔の聖賢が、人々に学問をするよう教えたゆえんをみると、学ぶことで、人の道を明らかにすることでわが身を修め、それを人にも及ぼしていくことに尽きる。ただ、物を知るだけに務め、文章を作ることで名声を得、利益を手にしようというのではない。)」

朱熹が打ち出した書院の教育思想は古代中国の教育に大きな影響を与え、歴代書院の手本となっただけでなく、古代教育の共同方針となった。

清代康熙年間に岳麓書院の山長を務めた李文は、同書院の学規を「立身（身を立つる）、敦品（品を敦くす）、養性（性を養う）に重きを置く」としたが、これは朱熹の流れを汲むものである。

また、古代の書院は学内環境が人格の薫陶に与える意義を重視し、書院の箴碑、門楣、堂聯や斎舎の名前からも学生を教育した。

岳麓書院の門楣には「地接衡湘，大沢深山龍虎気。学宗鄒魯(すうろ)，礼門義路聖賢心」（地理的には衡山・湘水に接し、深い山と大量の水があって、龍虎の気が生まれる。孔孟の教えを学び、礼門、義路に聖賢の心を思う、の意）と記されている。

顧憲成、高攀竜が主宰した東林書院には「風声、雨声、読書声，声声入耳。家事、国事、天下事，事事関心」と記された対聯(ついれん)（対句を書いた掛け物）がある。

学生は気づかぬうちに影響を受けるので、その功は大きい。

教育と訓育を結合し、道徳的完全を重視する古代書院の伝統は、後世の人から「書院精神」と呼ばれる風格を形成し、学生の健全な成長に計り知れない役割を果たした。

前述の岳麓書院は、宋代、金に抵抗した呉猟と趙方を輩出し、明末には愛国の志士呉道行と王夫之も学んでいる。その後も唐才常、沈藎、楊昌済など、愛

国精神旺盛な伝承者を輩出している*30。

　東林書院は、一本気で権力に屈せぬ顧憲成や高攀龍が言行両面で教育したので、楊漣、左光斗のような剛直廉潔で気骨ある傑出した人物を輩出した。明末には忠義に篤い人物が何人も東林書院から出ている。東林書院が「遠近の名賢、同声相い応じ、天下の学者、咸（ことごと）く東林を以て帰るところと為す」の境地*31 に達することができたのは、高尚な品格と固い節操の書院精神のお陰と言うべきであろう。

4. 書院は門戸開放、百家争鳴を提唱し、独特な「講会」制度を創造し、学校教育と社会教育を結び付けた

　古代の書院は一般に「開門弁学（学問と実際を連携させること）」で、受講者に地域や学派の制限を設けなかった。高名な師や偉大な儒家の講義に、他の書院の学生や名を慕って来た学生も断わることなく聴講させた。

　明代、王陽明が稽山書院で「親臨講学」したときは、湖広、広東、直隷、南贛、安福、泰和などから聴講者が三百余人集まった。

　清代の順治年間、他所から聴講に来る学生を変わらずに受け入れた白鹿洞書院は、次のように規定している。

　「書院は一地域に留まらず各地から逸材を集める。遠方の者が評判を聞いて入りたいというのであれば、それを断ることはできない。」*32。

　また、各書院もさまざまな学派の大家を講学に招聘した。

　書院の「講会」制度は、学術上の議論と情報交換を行うための典型的な制度であった。いわゆる「講会」とは、教師と学生、場合によっては巨匠から書生までが一堂に会し、自由に講学し、自由に議論することで、学術水準を高める活動である。

　「講会」制度は宋の著名な学者呂祖謙が創始した。1175年（淳熙2年）春、呂祖謙は朱熹、陸象山、陸九齢およびその門弟たちを招待して学術討論を行ったが、その場所が信州（現・江西省上饒市）の鵝湖寺だったことから「鵝湖講

---

*30　郭仁成「論岳麓書院的愛国主義伝統（上）」湖南大学岳麓書院文化研究所『書院文化史研究文集（第二集）』湖南大学出版社 1988年、12～27頁。
*31　『無錫金匱県志』。
*32　陳元暉『中国古代的書院制度』、151頁。

会（鵝湖の会）」と呼ばれている。

　この鵝湖の会の討論の争点は「為学之方（学を為すの方）」であった。朱熹は、学習は「まずは広く書物を読んで『博覧』にし、それから簡約に戻る」ことが必要であると主張し、陸兄弟は「まずは人の本心を明らかにし、それから博覧にさせる」[*33]べきであるとした。

　陸九齢は自分の見解を次の詩に詠んだ。

　　孩提 愛を知り 長じて欽しみを知る
　　古聖 相伝うるは 只だ此の心のみ
　　大抵 基有りて 方めて室を築く
　　未だ聞かず 址無くして 忽ち岑（みね）を成すを
　　情を伝註に留むれば 翻つて蓁塞し
　　意を精微に着けば 転た陸沈（うた）す
　　珍重す 友朋 相切琢するを
　　須らく知るべし 至楽 今に在るを[*34]

陸九齢の見解は、学習の基本は「孩提 愛を知り、長じて欽しみを知る」という子どもが本来もっている気持ちを啓発することにあり、建物を造るときや、石やレンガを積むときと同様に、基礎を固めることが大切であるとするものだった。

　朱熹は、陸九齢が詩を四句まで詠んだところで呂祖謙に「子寿（陸九齢）の見解は子静（陸象山）と同じだ」[*35]と耳打ちする。陸九齢の詩が終わり、次に続く。

　陸象山は兄九齢の詩に対し、次のように詠んだ。

　　墟墓に哀を興こし 宗廟に欽しむ
　　斯の人 千古 不磨の心
　　涓流 滴りて 滄溟の水に到り
　　拳石 崇くして 泰華の岑を成す
　　易簡の工夫は 終に久大

---

*33　『陸九淵集・年譜』。
*34　『陸九淵集・語録上』。
*35　『陸九淵集・語録上』。

支離の事業は　竟に浮沈
　　下き自り　高きに升る処を　知らんと欲せば
　　真偽　先ず須らく　只今に弁ずべし*36

　陸象山の詩は「孩提……」の先験性と永遠性について一歩踏み込んだもので、細々とした小さな流れも集めれば大海の水となるように、小石もコツコツと積めば泰山華岳となるように、「孩提……」の気持ちを引き出して明らかにしてやるひと手間をかけてこそ、大いに発揚するのだとする。そして朱熹の学習方法を「支離滅裂」で、そのやり方では浮き沈みが出て来るとした。

　この詩に朱熹は暗然とし、いい気持ちはしなかったが、二陸兄弟との個人的な情誼には影響しなかった。

　双方の学術的見解は変わらず結局物別れとなったが、議論することによってそれぞれの長所や短所が明らかになるとして、古代の学術論争の美談とされている。

　3年後、朱熹は次の詩を返している。

　　徳業流風し夙に欽ぶ所
　　別離して三載更に心に関わる
　　偶して藜杖を携え寒谷を出で
　　又籃輿を枉げて遠き岑を度る
　　旧学商量して邃密を加え
　　新たに培養を知り転た深沈す
　　只愁う、言無きの処に説き到り
　　人間に古今有るを信ぜざるを*37

　朱熹は結局陸象山兄弟の学術的主張に同意しなかったが、彼らは互いに相手を尊重した丁寧な文章で、礼儀を以て接しただけでなく、門弟の前では常に相手を称えていた。

　1181年、朱熹は陸象山を白鹿洞書院の講学に招いた。

　陸象山の「君子小人喩義利章発論」と題する特別講義は聴講者を感動させ、中には涙を流す者までいた。朱熹も陸象山の講義を「学生の奥底にあってなか

---

*36　『陸九淵集・語録上』。
*37　『陸九淵集・年譜』。

なか抜けなかった悪習を衝くものだった」と評価し、自分はこれまでこれほどうまく講義をしたことはなかったと深く恥じ入ったという。それで陸象山に講義稿を書いてもらったのだが、これがかの有名な『白鹿洞書堂講義』である。朱熹は自らこの講義稿に『跋』を書いている。

「講会」制度は明清時代に大きく発展した。明代、王陽明の弟子銭徳洪、王畿らは、王学の普及に積極的に取り組んだ。

史書によると、銭徳洪は「在野三十年，無日不講学」、王畿は「林下四十余年，無日不講学，自両都及呉、楚、閩、越、江、浙，皆有講舎」*38 であったという。

涇県の水西会，江陰の君山会，貴池の光岳会，広徳の復初会など、各地に次々と講会ができた。これらの講会によって、書院の講学は次第に地域的な祭祀、学術活動の中心へと拡がり、それによって書院の社会的影響力はさらに強まり、書院は社会教育の一部を担うこととなった。

清代の「講会」は制度として整備され完全なものとなった。各地の書院の講会は、明確な宗旨をもち（紫陽講会は「尊朱宗孔、復宋辟明、闡楊理学、延続道統」が宗旨）、詳細な規約（紫陽講会は『紫陽講堂会約』等）、所定の日程（紫陽講会は月会と大会に分かれ、月会は毎月 8、23 日に 1 回ずつ、巳の刻に開講し、申の刻に散会した。大会は毎年 9 月 15 日の朱熹の誕生日、または 3 月 15 日の朱熹の命日に開催され、年に 1 回または 2 回と不定。月会および大会はいずれも 3 日間であった）、厳密な組織（紫陽講会には会宗、会長、会正、会賛、会通等の職が置かれ会務を担当）、厳粛な儀式や専門の経費拠出があった。紫陽講会は書院を拠点としてはいたが、社会に向けた地域性学術討論会であった。

5. **書院は徳高望重、学問淵博な名師を招請することで、敬虔で好学な学生を引き付け、書院の知名度のみならず、教育の質も高め、心の通い合った師弟関係が形成された**

古代中国の書院は一般に、院務には名高い「名師」を招聘していた。書院の山長（院長、洞主、山主、掌教、主講等ともいう）のイメージが書院の評判、

---

*38 『明儒学案』巻十一。

教育の成否、学生の吸引を左右することが往々にしてあったからである*39。

　中国では宋以降、著名な思想家はほぼ書院で講学している。陸九淵（象山）は象山精舎、朱熹は武彝精舎と白鹿洞書院、呂祖謙は麗沢書院、張浚・張栻は城南書院、魏了翁は鶴山書院。元代の趙復は太極書院、程端礼は稼軒書院と江東書院、同恕は魯斎書院、明代の王陽明は龍岡書院と稽山書院、湛若水は白沙書院、顧憲成と高攀竜は東林書院、王夫之は岳麓書院。清代の孫奇逢は百泉書院、黄宗羲は江陰証人書院、李二曲は関中書院、陸世儀は東林書院と毘陵書院、顔元は漳南書院、戴震と段玉裁は寿陽書院、銭大昕は鐘山書院という具合である。

　こうした名師が教鞭をとる書院は評判を呼び、各地から遊学の士が「裹糧」を手に遠路はるばる集まり、中には「庵を結ぶ」者もいた。

　名師がそこを辞めて他院で講学することになると、弟子も一緒に移っていくことが多く、弟子が資金を集めて建院し、師に留任を請願することもあった。

　書院が長期にわたって存続し得たのは、書院の名師の熱意ある指導と、師を慕って来た学生の謙虚に教えを請う気持ちによって形成される良好な師弟関係と無関係ではない。

　ここが封建時代後期の官学と大きく異なる点である。

　朱熹は『学校貢挙私議』で、宋代の官学や科挙の弊害を、

「いわゆる太学なる者は但だ声利の場と為り、而して其の教事を掌る者は、其の善く科挙の文を為りて、嘗て雋を場屋に得たるを取るに過ぎず。士の志義理に有る者、既に学に求むる所なく、其の奔趨輻湊して来たる者、解額の濫を為すに過ぎず、舎選の私のみ。師生相視ること漠然として路の人行くが如し。間〈しばら〉くにして相与〈あいとも〉に言い、亦た嘗て之を開くに以て徳行道芸の実とせず。而して月書季考は、又只だ以て其の利を嗜むを促し、苟も冒昧を得ば恥の心無く、殊に国家の学を立てるを以て人を教うるところの本意にあらざるなり」*40

と痛烈に批判している。官学における師弟関係が冷ややかで疎遠である根本原因は、科挙の従属物になったことにあり、「但だ声利の場」であって「徳行道

---

*39　李才棟「我国古代書院的特点和研究書院的価値」『教育研究』1985年第10期。
*40　『朱文公文集』巻六十九。

芸の実」がなかったからというのである。

そのため、朱熹は功名利禄ための窮理修身ではない書院教育の推進に最善を尽くした。

知南康軍を務めていたときには、白鹿洞書院を修復しただけでなく、地方官吏として常に講学授業をし、「休みになると学生達がいろいろと質問しに来るが、教えて飽きることが無い。退職すると、今度は一緒に幽石の間を散策しながら、やはり一日中そうやって過ごしていた」*41 という。

知潭州荊湖南路安撫使を務めていたときには岳麓書院を修復し、忙しい政務の合間を縫って岳麓書院の教育にも関わり、「先生はありったけの力を使っている。軍知事の仕事で疲れるだろうに、夜は学生に講義をし、質問に答え、それでも少しも嫌な顔をしない。実務に励み懸命にたくさんの教えを与え、卑近を厭わず高遠を思い、懇到切至で聞いた者を感動させる」*42 ほどであった。

朱熹は教え上手だっただけでなく、学生に対して厳しい要求もした。一日置きに岳麓書院に行っては学生たちに発破を掛けた。あるとき、朱熹が抜き打ちで二人の学生に『大学』を解釈させたところ、学生が曖昧な説明しかできなかった。気分を害した朱熹は、書院の教授、職事らに1日以内で規程を作って提出するよう命じ、学生に対しても「講義で何を聞いていたのだ。そもそも学校は来る者拒まず、去る者追わずの場所だ。講義をちゃんと聞かないような人に居てもらう理由はどこにもない！」と強い口調で叱り、「学問を理解しないなら、鳥と同じだ」*43 とまで言った。このエピソードは、古代の書院は学生に「出身」や「功名」、「官詰」を与えることはできないが、教育熱心な教師が厳しく指導し、学生に求めることも疎かにしていなかったことを象徴している。

書院における師弟間の絆は強く、両者の心は通い合っていた。人格感化と学問の吸収を基本とした、功利を越えた師弟関係だったからである。

古代の書院の人情味溢れる師弟関係の逸話は多く伝わっている。理学の大家朱熹がこの世を去ったとき、「偽学の師の葬儀に出席したいと各地から偽学の徒が集まってきます。彼らは集まると、むやみに人に優劣をつけるか、政治に

---

*41 『朱子年譜』巻二。
*42 『朱子年譜』巻四。
*43 『朱子語類』巻百六。

ついて無責任な議論をするでしょう。諸侯たちを留め置いて下さい。」*44 と上奏した者がいて、宋の寧宗は葬儀の規模を制限する命を下したが、葬儀に参加した友人門人は数千人を下らなかったという。師弟の絆を窺い知ることができる。

同時代の心学の大家陸象山も、死後、棺が故郷に戻るとき、やはり 1,000 人近くの弟子や門人たちが泣きながら葬儀に駆けつけたといい、ここからも師を崇拝してやまぬ弟子たちの心情が読み取れる。

明代の羅汝芳は師の顔山農が投獄されたとき、それを嫌悪しなかったばかりか、師の刑を軽くしてもらうために田畑を売り、獄中にいた 6 年もの間尽くし続け、殿試の機会まで放棄してしまった。のちに羅汝芳は官職を得るが、年を取り官職を引退して故郷に戻ってからも顔師に尽くし、自ら茶果を送り届けたりもした。羅汝芳の孫が代わりに奉仕すると申し出ると、羅汝芳は「私の師だから、あなたにさせるわけにはいかない」*45 と断ったという。師弟の情誼は時に親子の情を凌ぐ。

王陽明の師弟関係も感動的である。書院で教えていた王陽明は、学生に対して平等に親しみやすく接していたとして、『陽明年譜』に「中秋の月がまるで昼間のように明るい日、先生は侍者に命じて酒席を設けた。門人は百余人。ほろ酔いかげんとなり歌声も次第に聞かれるようになった。しばらくすると、投壺遊びをする者、太鼓を叩く者、舟遊びをする者も出てきた。先生は門人たちの楽しみに興じる様子を見て、席を外して詩を作られた」と記されている。

まったくすばらしい師弟関係である。熱心な指導と、気さくに接する姿に学生は強い尊敬と敬愛の念を抱いていたのである。この世を去って埋葬されるときには、遠方から駆け付けた門弟だけでも 1,000 人は超えていたという。

以後、門弟の多くが王陽明を記念し、次々と各地に師をまねた書院を設立し、王学を普及させている。

6. 機能的な管理体制と具体的な規則制度を有していた古代の書院は、学生も書院管理に参加させ、効率を重視した運営を実現していた

初期の頃の書院は管理体制が単純で、主宰者が書院の組織管理と教育の両方

＊44 『宋史紀事本末』巻八十『道学崇黜』。
＊45 『明儒学案』巻三十四。

を受け持っていた。その後の発展過程の中で、徐々に書院の管理体制が形成された。清代の白鹿洞書院の例では、『白鹿洞志』巻十一に、当時の書院の管理者数や条件が記されている。

　主洞（1名）：海内の名儒を招聘し、正学を尊重し、異端を排する。道高徳厚、明体達用の者が之を主す。該当者がなければ暫く空席でも差支えない。

　副講（1名）：目を通して文字を直し指示を与える。疑義を弁別し分析する。本省の五経に通じ篤行が誼である者を招聘し之を為す。

　堂長（1人）：課業の勤惰を監視し、院中の学徒を誘掖・調和する。主洞、副講が学徒の中から優れた者を選び之を為す。不適任の場合は変更する。

　管幹（1人）、副管幹（2人）：洞内の一切の収入、出納、米・塩・その他雑務、修整部署の諸務を専門に管理。すなわち洞中から才があり誠実な者を選び之を為す。不適任の場合は変更する。

　典謁（2人）：賓客・外来の学者の接待を専門に管理。択洞中から仕草・言葉遣いの美しい者を選び之に充てる。季節に応じて変更する。

　経長（5人）：経義斎の五経にそれぞれ1名ずつ経長を置く。

　学長（7人）：治事斎の七事（礼、楽、射、書、数、暦、律）にそれぞれ1名ずつ学長を置く。

　引賛（2人）：「謁聖引礼」を受け持ち、択「声が大きくてよく通り、立ち居振る舞いの速さが中くらいの者」が之を任う。

　伙夫（1人）

　採樵（2人）

　門斗（1人）：院門の開閉、院庭の水撒き掃除を担当。毎晩、ベルを持って巡回。輪番制。

上述26名のうち、管理者15名（主洞、副講、堂長、経長、学長）、職員7名（正・副管幹、典謁、引賛）、雑用係4人（伙夫、採樵、門斗）。主洞および副講のみ専門職者が担当、伙夫、採樵、門斗は臨時採用。それ以外の20名は学生の中から選ぶ。ときには学生も書院誌の編集校正、院田の検査、田租の徴収に関わっていた。

　書院の管理は主として学生が自分たちで行っており、書院の人力、物資、財力を大幅に節約するだけでなく、学生の能力も鍛えられ、学校運営の効率と効

果を向上させた。

書院の管理を強化するために，古代書院は規則制度を制定した。岳麓書院の例では、清代には学規、学約、学箴、戒条などの13種、92条以上の規則があった。

乾隆13年、王文清は『岳麓書院学則』と『読書法』を定め、講堂に掲示した。ここに全文を記す。

岳麓書院学規

　常に父母の安否を尋ねよ。
　朔望には聖賢を恭謁せよ。
　偏った習慣を矯正せよ。
　立ち居振る舞いは整斉厳粛にせよ。
　食事は質素にせよ。
　関係ないことに首を突っ込むな。
　長幼の序に従え。
　人の私事を暴くな、悪口を言うな。
　害になる友人は拒絶せよ。
　無駄話をせず無駄時間を作るな。
　1日に経書を三度唱えよ。
　1日に『綱目』を数ページ読む。
　時務物理に通暁せよ。
　古文・詩賦を参読せよ。
　読書の際は必ず筆記具を持て。
　授業は遅れずに出よ。
　夜に読書をしても朝寝坊するな。
　わからないことは分かるまで力を尽くせ。

王九渓先生手定読書法

読経六法

　一、正義。二、通義。三、余義。四、疑義。五、異義。六、弁義。

読史六法
一、記事実。二、玩書法。三、原治乱。四、考時勢。五、論心術。六、取議論*46

　書院の中にはさらに学生に対し毎日の時程について規定しているところもある。清代の龍門書院の学生の日課は次のように規定されている。「諸生は各々行動帳と読書帳を作り、毎日つけること。行動帳は、起床・午前・午後・灯下の4項目に分け、時間通りに授業の概要を書く。起床・午前は治四子各経（1冊を精読してから次を読む）及び性理（毎日数章）、午後は諸史綱鑑を読む（1冊を最初から順に読むこと）及び各家書（主要なものを選び、エッセンスを吸収する。無益の書物を選ばないこと）、または時務に通暁する（実際にすること）、余力があれば作文（筋のあるもの。くだらない雑文は不可）、あるいは書道（丁寧に）。灯下には科挙の授業を兼ねることがある（筋道を詳細に説明する文章を多く読むとよい）。所要時間はまちまちだが、全体的に綿密・無間隔を主とする。毎日の予定・スケジュールは、時間順に行動帳につける。読書で得たこと、疑問に思ったことを毎日読書帳に書き留めること。事実を書き、嘘は書かないこと。要点を書き、概論を書かないこと。書かない口実を作らないこと。毎月5日と10日に先生に提出して見てもらうこと。先生に指摘されたことは、必ず服膺（ふくよう）すること。教科書の試験を毎月1回と年末に行い、習得度（進度と理解の深さ）を測る。」*47

　以上に述べたように、規則・制約が非常に多く、なかには聊か煩雑、過酷にすぎるきらいもあるが、学生の為学進徳に向けた指導効果は、間違いなくあったはずである。

---

*46　楊慎初等著『岳麓書院史略』、155頁。
*47　柳詒徴『江蘇書院志初稿』。

第10章
蒙学と古代中国の教育

　書院を古代中国の高等教育というなら、蒙学はさしずめ古代中国の初等教育であろう。蒙学とは何か？『易・序卦』には「蒙とは蒙（くら）きなり、物の稚（おさな）きなり」とあり、孔穎達の『書経正義』には「蒙とは暗昧（物事がわからないこと）をいう。幼い子供は物事において暗昧であることが多いので、これを童蒙という」と記されている。すなわち、蒙学とは子どもの啓発教育をいう。

　蒙学の学齢期について、学術界にはさまざまな見解がある。「主として8歳から15歳の子どもたちに実施する小学教育」[*1]といわれるが、実際、先人の言う蒙学の学齢期には幅があり、清代の王筠は「字を覚えるのは……8～9歳になると精神と知恵がしっかりしはじめるので、四声、虚実、韻部、双声畳韻といった文章の修辞など様々なことを教えなさい」[*2]と言い、崔学古は「子供の躾は6～7歳から始め、できるできないに拘らず、美しい言葉で諭し、読書のよさを教えなさい」[*3]としている。すなわち蒙学は、8歳までの乳幼児教育を含む初等教育といえる。

　この段階の教育は子どもの成長に非常に重要な意義を有している。イギリスの教育家ロックは、「幼小期に与えられた印象は、たとえそれがどんなにわずかなことであっても、小さくてほとんど感じられないくらいのことであっても、どれも非常に重大で、またとても長く続く影響を及ぼす」[*4]と言う。ラッセル

---

*1　徐梓・王雪梅「中国伝統啓蒙教材概観」徐梓・王雪梅『蒙学歌詩』山西教育出版社 1991年第1期。

*2　王筠撰『教童子法』。

*3　崔学古撰『幼訓』清代の陸世儀撰『論小学』にも「人家子弟，至多五六歳，已多知誘物化矣。又二年而始入小学，即使父教師厳，已費一番手脚。況父兄之教，又未必尽如古法乎？故愚謂今之教子弟入小学者，决当自五六歳始。」の記載が見える。

*4　ロック "SomeThoughtsConcerningEducation" 傅任敢訳 人民教育出版社 1957年、4頁。

は"Education and the Good Life"の中で、次のように指摘している。「子どもが生来持っている本能や反射は、与えられた環境によってさまざまな習慣に発展し、多種多様な品格に成長する。その多くは早期子ども時代に起因するため、この時期に品格を養うことが最も望ましい」[*5]。

古代中国の教育家は、早くからこのことを認識していた。南北朝時代の顔之推は、「人というものは、幼少の頃は精神が専一で利発であるが、成長すると思念が散漫になる。言うまでもなく教育は早いうちに行うのがよく、時期を逸してはいけない」[*6]と述べ、明代、蒙学を重視しない風潮を批判した沈鯉は、より明確に「幼児教育は大切な事であり、また最も難しい事である。思うに生涯の業績はこれが根本となるので、混沌としたものを初めて啓発するときは、旦夕にして効を得ようなどと焦ってはいけない。世間は知らずにこれを軽視し、学問を教える先生自らが相当軽んじているうえに、主家の礼儀も甚だ疎かで、たかが子どもの教育ではないかなどと言う。それの関わるところが重要で費やす労力の大きさが大学で教えることの何倍にもなることを知らないのであろう」[*7]と指摘し、蒙学は「それの関わるところが重要で」、「費やす労力の大きさ」が、大学の授業とは比べものにならないもので、最も重要で最も困難なことであるとした。「一生の業績はこれを根本とする」ためであり、人の生涯で受ける教育の最も重要な時期であるからである。

蒙学は古代中国の教育の特色の一つである。どの教育思想家も蒙学問題に対して一家言もっていた。そのため蒙学思想も中華教育思想体系において無視できない重要な組成部分とすべきである。

1、蒙学の内容

古代の蒙学は古代中国の教育とともに誕生した。周代には識字を啓発する教科書『史籀篇』[*8]が現れていることから、それまでにも口伝されていた啓蒙教

---

*5 華東師範大学教育系、杭州大学教育系編訳『現代西洋資産階級教育思想流派論著選』、106頁。
*6 『顔氏家訓・勉学』。
*7 『文雅社約・義学約』。
*8 『漢書・芸文志』に「『史籀篇』者,周時史官教学童書也。……『倉頡』七章者,秦丞相李

育があったことは間違いないであろう。漢代になると、啓蒙教育専門の「学校」―私塾が生まれ*9、子ども達に読み書き、習字を教える『蒼頡篇』、『凡将篇』、『急就篇』、『無尚篇』などの教材も充実した。『論語』、『孝経』は漢代の初等経学教材となった。漢代以降、蒙学の教材はますます増え、文献（叢書を含む）は大まかな統計で1,215種類ほどあったという*10。

ここでは、古代の蒙学教材のうち代表的なものについて分析を試みたい。

古代の蒙学教材は、その内容から次の5種類に大別できる。

1．総合蒙学教材

これは、主として子どもの識字を解決すると同時に基礎的な知識を伝授するものである。漢・唐以降、総合蒙学教材のうち影響の大きかったものに『急就篇』、『三字経』、『千字文』、『幼学瓊林（けいりん）』等がある。

『急就篇』は漢・唐時代に最も広く伝わった識字教材で、漢の元帝の世に黄門令の任にあった史游の作と言われる。姓氏、衣服、農業、飲食、器物、音楽、身体、兵器、鳥類、動物、医薬、世の道理などの内容が、七字句、三字句および四字句で構成され、韻を踏み、かつ同じ文字が重複しないように配列されている。第10章の農業と飲食を以下に紹介する。

　　稲黍秫稷粟麻䆃，餅餌麦飯甘豆羹。
　　葵韭葱薤蓼蘇姜，蕪荑塩豉醯酢醬。
　　芸蒜薺芥茱萸香，老菁蘘荷冬日蔵，
　　梨柿李桃待露霜。棗杏瓜棣饊飴餳，
　　園菜果蓏助米糧。

斯所作也。『爰暦』六章者，車府令趙高所作也。『博学』七章者，太史令胡母敬所作也：文字多取『史籀篇』。」の記載が見られる。『史籀篇』は現存しておらず、その内容は不明であるが、四字一句の形式であったこと、周の宣王の太史であった籀によって作られたものであることが共通認識となっている。

*9　漢代の王充が自分が私塾で学習していたときの様子を次のように記している。「建武三年充生。為小兒，與儕倫邀戯，不好狎侮。……六歳教書，恭願仁順，禮敬具備，矜莊寂寞，有臣人之志。父未嘗笞，母未嘗非，閭裡未嘗讓。八歳出於私塾。私塾小僮百人以上，皆以過失袒謫，或以書醜得鞭。充書日進，又無過失。」（『論衡・自紀』）。

*10　『中国伝統蒙学書目』（初稿）の統計による。徐梓、王雪梅「蒙学要義」山西教育出版社1991年、230～338頁。

「稲・黍・コーリャン…」と穀物に始まり、一つずつ野菜や果実を表す文字が並べられている。

『三字経』は宋代以降に広く流行した蒙学教材で、南宋の王応麟の作とされる。学習の重要さ、身の回りの物、一般常識、歴史、倫理道徳、読書が順に、三字一句で配列され、句と句が韻を踏んでいる。冒頭部分を紹介しよう。

　　人之初，性本善。性相近，習相遠。
　　苟不教，性乃遷。教之道，貴以専。
　　昔孟母，択隣処，子不学，断机杼。
　　竇燕山，有義方，教五子，名倶揚。
　　養不教，父之過。教不厳，師之惰。
　　子不学，非所宜。幼不学，老何為？

　　人の初め、性本(もと)は善なり。性相近し、習い相遠し。
　　苟くも教えずんば、性乃ち遷(うつ)る。教えの道は専らを以て貴し。
　　昔孟母、隣を択びて処(お)り、子学ばざれば、機杼(きちょ)を断つ。
　　竇燕山(とうえんざん)、義方有り、五子を教え、名倶(とも)に揚ぐ。
　　養いて教えざるは、父の過ちなり。教えて厳ならざるは、師の惰(おこたり)なり。
　　子として学ばざるは、宜しき所に非ず。幼にして学ばざれば、老いて何をか為さん。

『千字文』も古代に広く伝わった蒙学教材である。千字文には変わったいわれがある。梁の武帝が子に字を覚えさせるため、殷鉄石に重複しない文字を千字集めさせた。そして周興嗣に命じてそれらの文字を組み合わせ、韻文を作らせたのだが、周興嗣は「一晩で作り上げ、それを奏上したが、その苦心のために髪が真っ白になった」という。脈絡も何もない雑然とした千個の文字が、一晩で「対仗」の整った絶妙な文章になったのだ。

『千字文』には天文、地理、歴史、政治、動物、植物、道徳規範、民間成語、農業知識などが盛り込まれ、識字を主としている。冒頭の数句を以下に紹介する。

　　天地玄黄，宇宙洪荒。日月盈昃，辰宿列張。
　　寒来暑往，秋収冬蔵。閏余成歳，律呂調陽。
　　雲騰致雨，露結為霜。金生麗水，玉出昆岡。
　　剣号巨闕，珠称夜光。果珍李柰，菜重芥姜。

海咸河淡，鱗潜羽翔。竜師火帝，鳥官人皇。

始制文字，乃服衣裳。推位譲国，有虞陶唐。

天地は玄黄、宇宙は洪荒。日月は盈昃し、辰宿は列張す。

寒来たり暑往き、秋収冬蔵す。閏余りて歳を成し、律呂として陽を調べる。

雲は騰りて雨を致し、露は結びて霜と為る。金は麗水に生じ、玉は崑岡に出ず。

剣は巨闕と号し、珠は夜光と称す。果は李奈を珍とし、菜は芥姜を重んず。

海は鹹く河は淡し、鱗あるは潜み羽あるは翔る。龍師火帝、鳥官人皇。

始めて文字を制し、乃ち衣裳を服す。位を推し国を譲るは、有虞陶唐。

（天の色は黒く地の色は黄色い。宇宙は広大。太陽や月は満ち欠けがあり、星は弓を張ったように連なっている。寒さが来れば暑さが去り、秋には作物を刈り取り、冬にはこれを蔵に収める。閏年を設けて余った時間を補い1年［歳］とし、律呂［音楽］をもって陰陽を調和させる。雲は昇って雨となり、露がかたまって霜となる。金は麗水に産し、玉は崑崙山から産出する。剣は名剣・巨闕と号され、珠は夜光と称賛される。菓物では李と奈を珍重し、野菜では芥と薑を珍重する。海の水は塩辛く河の水は淡白で、鱗あるものは深淵に潜み羽のあるものは空を翔る。神話時代には、龍師や火帝、鳥官や人皇がいた。伏羲の王朝になりはじめて文字をつくり、黄帝の時代になって衣裳を着用するようになった。位を譲り国を臣下に譲ったのは舜［有虞］と堯［陶唐］である。）

古代の蒙学教材のなかでも最大のボリュームを誇るのは『幼学瓊林』である。明代の程登吉の作で、四言、五言あるいは三言、七言などといった長短には拘らず、ただ、偶数句が対になることだけが求められている。そのため柔軟性があって暗唱しやすい。天文、地輿、歳時、朝廷、文臣、武職、祖孫父子、兄弟、夫婦、叔姪、師生、朋友賓主、婚姻、女性、外戚、老幼寿誕、身体、衣服、人事、飲食、宮室、器用、珍宝、貧富、疾病死喪、文事、科第、制作、技芸、訟獄、釈道鬼神、鳥獣、花木等の33篇に分けられ、幼児教育の百科事典といわれている。古代の貴重な総合蒙学教材である。

『兄弟』篇は

天下無不是底父母，世間最難得者兄弟。

須貽同気之光，無傷手足之雅。

玉昆金友，羨兄弟之俱賢。伯塤仲篪，謂声気之相応。

世の中に礎とならぬ父母はおらず、世の中で最も得難いのは兄弟である。兄弟の情は手足のように親密なものなので、決して損なってはいけない。

「玉昆金友(ぎょっこんきんゆう)」は優れた兄弟を羨望して、「伯塤仲篪(はくけんちゅうち)」は仲睦まじいことを指す言葉。

『訟獄』篇の冒頭は、

世人惟不平則鳴，聖人以無訟為貴。
上有恤刑之主，桁揚雨潤。下無冤枉之民，肺石風清。
雖囹圄便是福堂，而画地亦可為獄。

凡人は不公平なことに出くわしたら訴訟だなんだとぎゃあぎゃあ喚き、聖人は争わぬことを貴しとする。

上には刑罰を軽々しく行わない恤刑(じゅっけい)の君主がいて、雨が万物を潤すように人びと　を善の道へ感化する。下には無実の罪を着せられる民はおらず、皆公平に裁かれる。

囹圄(れいぎょ)（牢屋）といえどそこは福や徳の集まる場所であり、地面に線を描いて監獄とすることができる。

以上、総合蒙学教材は豊富な内容を、簡潔で韻を踏んだ唱えやすい文にし、覚えやすいものにしている。それは識字と同時に子どもに多くの一般常識を教える、子どもの心身の発達と学習に符合したものであった。

2．倫理道徳系蒙学教材

これは、主として人としての振る舞い、人に接する態度を伝授し、綱常倫理、道徳意識を養うもので、蒙学の最も重要な内容でもある。

明代の王陽明は「昔の教育者は人の道を教えたが、後世になって詩や散文の暗誦といった風習が起こってからというもの、そうした教育は亡びてしまった。今日の児童教育は、孝悌忠信・礼儀廉恥を専らの務めとするべきである。」[*11]と指摘し、『童蒙訓』、『少儀外伝』、『性理字訓』、『弟子規』、『増広賢文』、『小児語』など、影響力のある書物も多い。なかでも『性理字訓』は有名である。

---

*11 『王文成公全書・訓蒙教約』。

『性理字訓』は朱熹の弟子である程端蒙の作で、宋元時代、程若庸が30条だった内容を、造化、情性、学力、善悪、成徳、治道の6分野183条へと大幅に拡張している。四字一句の簡潔な言葉で理学の知識を全面的に紹介しており、朱熹が「字訓が抜群である。言葉は多くはないが、『爾雅』(中国最古の類語辞典・語釈辞典)の親のようなものだ」と称賛している。ここでは程端蒙のものからいくつか紹介する。

  天理流行，賦予万物，是之謂命。
  人所稟受，莫非最高善，是之謂性。
  主於吾身，統乎性情，是之為心。
  感物而動，斯性之欲，是之為欲。
  主一無適，是之為敬。
  始終不二，是之為一。
  天命流行，自然之理，人所受稟，五性具焉，是曰天理。
  人性感物，不能無欲，耳目口鼻，斯欲之動，是謂人欲。
  天理が流行して万物に賦与したものは命という。
  人が稟受する最高善を性という。
  主に吾が身にあって感情を統べるもの、之を心と為す。
  ものに感じて動き、その性の欲するもの、之を欲と為す。
  主一無適(しゅいつむてき)、之を敬と為す。
  始終不二、之を一と為す。
  天命が流行し、自然の理で人が稟を受け、五性(ごせい)が具(そな)わる、これを天理という。
  人性が物に感じて欲を無くせず、耳目口鼻、その欲の動き、これを人欲という。

清代の李毓秀による『弟子規』も影響力の強い蒙学教材である。三字一句、韻を踏み唱えやすいが、その「弟子入則孝，出則悌」の内容が際立っていることから、「幼児教育の最上」と称される。全篇が孔子の「弟子入則孝，出則悌」、すなわち「弟子、入りては則ち孝、出でては則ち悌たれ。謹みて信あり、汎(ひろ)く衆(しゅう)を愛して仁に親しみ、行いて余力有らば則ち以て文を学ぶ」の展開と解釈で、世に出るやたちまち一世を風靡し、『三字経』を追しのけてしまった。以下にいくつか紹介する。

凡是人　皆須愛　天同覆　地同載。
行高者　名自高　人所重　非貌高。
才大者　望自大　人所服　非言大。
己有能　勿自私　人所能　勿軽訾。
勿諂富　勿驕貧　勿厭故　勿喜新。
人不閑　勿事攪　人不安　勿話擾。
人有短　切莫揭　人有私　切莫説。
道人善　即是善　人知之　愈思勉。
揚人悪　即是悪　疾之甚　禍且作。
善相勧　徳皆建　過不規　道両亏。

人であるなら、皆互いに愛し合うこと。我われは同じ天の下、同じ大地の上に生きているから。

行いが高尚人は自ずから名声が高まる。人が重んずるのは容貌の良し悪しではない。

才能豊かな人は自ずから人望が厚くなる。人が敬服するのは大言壮語ではない。

己に才能があっても我儘に振る舞うな。人の才能を誇(そし)ったりするな。

金持ちに媚び諂うな。貧乏人に驕(おご)り高ぶるな。新しい友人ばかりを好み旧友を蔑(ないがし)ろにするな。

人が忙しいときは邪魔をするな。人の身心が不安定なときは、くだらない話で混乱させるな。

人の欠点は吹聴するな。人のプライバシーは暴くな。

人の善行を褒めるのは善。人がそれを知れば、さらに善行に努める。

人の過失を吹聴するのは悪。激しい憎悪で災いがやってくる。

互いに善行を勧めれば、共に徳を積むことになる。過失があっても忠告しないなら、共に道徳観が欠如する。

倫理道徳系蒙学教材のうち『増広賢文』も影響力があった。誰の作かはもはや調べようがないのであるが、清代後期以降、全国を席巻し誰もが知るものとなった。中国古代社会の美しい言葉や名文、ことわざ、勧善懲悪の格言などを集め、中国人の人生への向き合い方や処世術を反映した多面的な内容が、逆に子どもたちにとっても人生の教科書となった。以下に一部を紹介しよう。

第 10 章　蒙学と古代中国の教育

古代賢人の名言はあなたを導く役に立つ（昔時賢文，誨汝諄諄）。
幅広く集めた韻文は、あなたの見聞を広げる（集韻増広，多見多聞）。
今のことを読み解くには、昔のことを参考にすることだ。昔があって今があるのだから（観今宜鑑古，無古不成今）。
彼を知り己を知って、人の身になって考えよ（知己知彼，将心比心）。
酒は知己に逢うて飲み、詩は会人に向かって吟ずる（酒は知己と飲むもの、詩は理解する人に向かって吟ずるもの）（酒逢知己飲，詩向会人吟）。
相知るは天下に満つるも、心を知るはよく幾人ならん（知り合いなら天下に満ちるほどにたくさんいるが、心の中まで真に分かり合えている人は何人いるだろう）（相識満天下，知心能幾人？）。
友と会うとき、いつも初めて会った時と同じようにしていれば、年をとっても怨み心を抱くことはない（相逢好似初相識，到老終無怨恨心）。
水に近づき魚の性を知り、山に近づき鳥の音を識る（川や海に親しめば魚のことを理解でき、山に親しめば鳥の鳴き声を自分の耳で識別できる）（近水知魚性，近山識鳥音）。
漲(みなぎ)るのも退(ひ)くのも容易なのは山の渓水、コロコロと変わりやすいのが小人(しょうじん)の心（易漲易退山渓水，易反易覆小人心）　運のない時は金も鉄になるが、時機が来れば鉄も金のようになる（運去金成鉄，時来鉄似金）。
読書は心して読むこと。一字に千金の値打ちがある（読書須用意，一字値千金）。
人と話すときには三分(さんぶ)に留め、思っていることをすべて吐き出すものではない（逢人且説三分話，未可全抛一片心）。
わざわざ植えた花に花が咲かず、何気なく挿した柳がいつの間にか陰をなす（有意栽花花不発，無心挿柳柳成陰）。

　古代の倫理道徳系蒙学教材は、文言が簡潔、通俗でわかりやすい、イメージしやすい、暗唱しやすいといった総合蒙学教材と共通する特徴をもつほか、道徳規範を子どもの日常生活と結びつけ、倫理道徳教育を子どもが受入れやすい形にしている。封建的な遺物の部分を除けば、子どもの徳育の手法と形式を改善するという点でやはり参考にする意義がある。

3. 歴史題材系蒙学教材

これは、一般に歴史物語や歴史上の人物の嘉言善行、基本的な歴史を主な内容とするもので、学生の情操と歴史的責任感を育てるものである。

李瀚の『蒙求』、王令の『十七史蒙求』、胡寅の『叙古千文』、黄継善の『史学提要』、陳櫟の『歴代蒙求』、王芮(ぜい)の『歴代蒙求』、蕭漢沖の『龍文鞭影』などは、どれも歴史紹介が中心となっている。

また朱熹の『小学』、呂本中の『童蒙訓』、呂祖謙の『少儀外伝』などは、倫理道徳の教育の中にも多くの歴史物語や歴史上の人物の嘉言善行を盛り込んでいる。『三字経』、『千字文』などの総合的な読み物も歴史教育といった功能がある。

ここでは特に『歴代蒙求』、『五字鑑』、『歴代国号総括歌』の三種を紹介する。元代の王芮の作とされる『歴代蒙求』は四字句で、簡潔な言葉のなかに多くの内容が詰まっており、鄭鎮孫はこれを纂注した際に、「人の出生や世の中の変化、賢帝愚帝、数の大小、はたまた統一して分割、離散統合、千言は出ないが趣旨が一貫していて、広く浅く、簡単明瞭である」[*12]と絶賛している。

秦漢史を述べた箇所を紹介する。「秦の都は咸陽、始めて皇帝を称す」に始まり、「世に十三代伝わり東漢（後漢）と号す。200年続き、霊帝献帝で滅びる」で締め括っている。

秦都咸陽，始称皇帝。吞滅六国，猛若虎噬。
焚書坑儒，変易周制。陳項崛起，止伝三世。
漢高王帝，豁達大度。起自沛豊，光啓炎祚。
伝十二君，文景富庶。二百中天，禍延平孺。
新室王莽，謀窃漢璽。簒位未幾，滅於更始。
赤眉入関，更立盆子。自有真人，応讖復起。
天授光武，廟謨雄断。奮跡南陽，削平禍乱。
世伝十三，号曰後漢。再二百年，壊於霊献。

『五字鑑』は明代の大学士李延機の作である。三皇紀、五帝紀、陶唐紀、有虞氏紀、夏後氏紀、商紀、周紀、春秋紀、戦国紀、秦紀、西漢紀、後漢紀、三国紀、西晋紀、東晋紀、南朝宋紀、南朝斉紀、南朝梁紀、南朝陳紀、隋紀、唐紀、梁紀、唐紀、晋紀、漢紀、周紀、宋紀、元紀、明紀の諸篇に分かれ、五字

[*12] 徐梓、王雪梅『蒙学歌詩』、245頁。

第10章　蒙学と古代中国の教育

句、押韻形式で太古から明までの歴史を叙述している。蒙学の歴史系著作のなかでも内容に富み、やや文を長く仕立てて歴史のあらすじを明瞭に映し出す。例えば三国時代の歴史は、次に示すように「曹操・孫権が起こり」に始まり、最後「帝業総て空と成る」で終わるように描かれている。

　　曹操孫権起，持衡与漢叛。揉子曹丕立，窃把帝位換。
　　改国称為魏，挙兵遂滅漢。孫権国号呉，天下成大乱。
　　立位在南京，居民遭逐竄。劉備与争鋒，三国逞英雄。
　　関張諸葛亮，扶漢気呑虹。鼎足分天下，角力而相攻。
　　横行五十載，四海遭困窮。長江沈鉄索，帝業総成空。

『歴代国号総括歌』は清代の鮑東里の作である。鮑東里は前後して『史鑑節要便読』、『醸斎訓蒙雑編』、『直省府名歌訣』、『廿三史評口訣』など多くの歴史系蒙学教材を作っている。『歴代国号総括歌』はこの種の著作のなかで最も簡潔に書かれている。全文を紹介する。

　　盤古首出伝三皇，有巣燧人功難忘。
　　五帝之説至不一，羲軒治跡猶微茫。
　　周虞歴数始可紀，夏商及周為三。
　　春秋戦国不足数，嬴秦蔑古何猖狂。
　　漢能順取治雑覇，新莽簒之旋滅亡。
　　光武中興号後漢，蜀漢呉魏成分彊。
　　両晋之世尤紛乱，十有六国皆称強。
　　宋斉梁陳継南国，元魏斉周争北方。
　　隋能一之僅再世，三百年社帰有唐。
　　朱梁雖簒不長有，後唐短促猶朱梁。
　　晋漢迄周尽転瞬，五代国勢堪愴傷。
　　是時割拠国有十，趙宋蕩掃世運昌。
　　惟遼北境西擾夏，及金崛起尤難当。
　　二帝北狩土宇削，建炎南渡偏於抗。
　　有元継起成混一，幅員之袤臨八荒。
　　百年未満復遜去，朱明膺命稍延長。
　　遼海旭日自東出，爝火既息無余光。
　　大清定鼎伝万祀，敷文偃武称垂裳。

341

堯舜及今四千載，斯民何幸生同康。

　歴史系蒙学教材のなかには、階級史観を排除したものもあるが、対句、押韻の技法が使われており、学びやすく暗唱もしやすい。とりわけ系統的な復習ができるという点で、その意義は参考に値する。同時に、これは「最少の文字で最大の中身」を強みとしており、『歴代国号総括歌』はわずか266文字で太古の昔から清代までの歴史を描いている。現代の中国の歴史教育における『朝代歌』はこれを起源としている。

4. 詩詞歌賦系蒙学教材

　これは子どもに合った詩歌を選び、文辞、情感、美感の薫陶と教育をすると同時に、基本的な創作技能を養うものである。

　孔子は早くに詩歌教育を唱導してはいたが、本当の意味で詩歌の訓練を子どもの啓発に用いることを唱導したのは、朱熹が最初であろう。『訓蒙詩』は詩詞歌賦系蒙学教材の先河を開いた著作である。しかし理学性が強いことから広く伝わることはなかった。

　その後、陳淳の『小学詩礼』、万斛泉の『童蒙須知韻語』、胡淵の『蒙養詩経』、汪洙の『神童詩』、そして『唐詩三百首』や『千家詩』などが世に出た。影響力が最も大きかったのは後者の三種である。

　『神童詩』は北宋末の汪洙の手によるものとされている。汪洙は8～9歳で詩賦の才能が開花し、神童と自称していたといい、後世になって汪洙の詩作を集め『汪神童詩』とした。実際には詩集の中に李白や南朝陳の末代皇帝陳叔宝の詩も入っており、明らかに後世の人が子どもの教育のために補填している。詩は読書勧学の色彩の強いものが多く、「万般皆下品，唯有読書高（すべてのものは下等であり、高等なのは学問をする人だけである）」などは現代人はおろか、当時の人からも非難された。以下に巻頭4篇の詩を紹介する。

　　天子重英豪，文章教爾曹。
　　万般皆下品，唯有読書高。
　　天子は英豪を重んじ、文章は君達を教える。
　　万般はすべて下等で、読書だけが高等である。

　　少小須勤学，文章可立身。

満朝朱紫貴，尽是読書人。
若いうちは勉学に勤しむべきだ。文章はよい地位を得させてくれる。
朝廷のなかでも高官は貴い。すべて読書人（勉学に励んだ人）だ。

学向勤中得，蛍窓万巻書。
三冬今足用，誰笑腹空虚。
勤勉に学んでこそよい地位に就ける。蛍の光で万巻の書を勉強した（東晋の車胤の）ように。30年苦学して博識になったら、誰が君のことを無学だと笑うだろうか。

自小多才学，平生志気高。
別人懐宝剣，我有筆如刀。
幼い頃から多く勉強を重ねてきた者は、才気みなぎり意気高らかである。
人が宝剣を懐いても、私には刀のようなペンがある。

詩詞歌賦系蒙学教材には、このほかに祝明・潘瑛の『声律発蒙』、孟紱の『注解啓蒙対偶続編』、司守謙の『訓蒙駢句』、車万育の『声律啓蒙』、趙畏岩の『三字錦』など、創作技能を養うためのテキストもあり、「将来対股表啓詩聯対仗張本」とされた。

『訓蒙駢句』の作者である司守謙はまさに天才薄命で、20歳そこそこでこの世を去っている。詩文は1篇しか現存していないが、字句が対をなし、韻を踏んで、子どもの興味を引くつくりとなっている。以下に紹介する。

天は北に転じ、日は東から昇る（天転北，日昇東）。
東風は淡淡とし、暁日は濛濛としている（東風淡淡，暁日濛濛）。
野橋の霜が滑る頃、江路の雪が初めて融ける（野橋霜正滑，江路雪初融）。
報国の忠臣は、心に赤を秉り、傷春の美女は顔から赤みが消える（報国忠臣心秉赤，傷春美女臉消紅）。
孟子が儒家になれたのは、三遷した母の力があったから、曾子が道理を究めることができたのは、聖人の功を貫いたからである（孟軻成儒，早藉三遷慈母力，曾参得道，終由一貫聖人功）。

『声律啓蒙』も影響力のあった童蒙教材である。声韻格律と対句の知識が有機的に結合され、「互いに頼り合って表裏を成している。リズムが明快である

うえに音韻が調和しているので、読んでみるとすらすらと口から出やすく、味わい豊か」*13 なものになっている。以下に冒頭部分を紹介する。

> 雲対雨，雪対風，晩照対晴空。来鴻対去燕，宿鳥対鳴虫。三尺剣，六鈞弓，嶺北対江東。人間清暑殿，天上広寒宮。両岸暁煙楊柳緑，一園春雨杏花紅。両鬢風霜途次早行之客，一蓑煙雨渓辺晩釣之翁。
>
> 雲に雨、雪に風、夕焼けに青空。やって来る鴻に去っていく燕、巣にいる鳥に鳴いている虫。三尺の剣、六鈞の弓、嶺北と江東。この世にあるのは避暑できる清暑殿、神話の世界にあるのは寒い寒い広寒宮。朝もやに包まれた川の両岸に柳の緑、しとしとと庭に降る春雨に赤い杏の花。明け方に道を急ぐしらが混じりの鬢の人、夕方霧雨降る中、蓑を着けて渓流で釣りをするおじいさん

以上から、訓蒙詩には道徳教化の機能が色濃くあり、子どもが詩歌を暗唱するプロセスで知らず知らずのうちに封建的な倫理綱常や世界観、人生観を受け入れさせるものであったことが窺い知れる。その内容の多くは要らないものではあったが、子どもにはこうした詩歌を一心不乱に熟読、暗記することが求められた。いわゆる「唐詩三百首を熟読すれば、詩を吟じることができなくても真似事のような言葉が口を衝いて出る」ということで、詩歌の鑑賞や創作能力の育成という面では一定の効果があった。

5．物・自然科学知識系蒙学教材

これは、身の周りのもの関する知識や伝統的な天文、地理、医学、生物等の自然科学の専門知識の伝授を主な内容とするもので、子どもの知識を広げ、学術的な興味を形成する。この種の蒙学教材には、宋代の『歩天歌』（天文）や『発蒙算経』、元代の『算学啓蒙』、明代の『唐宋衛生歌』、清代の『交食蒙求』（天文）や『経義韻言』といった専門的なものだけでなく、総合的な内容のものもあった。宋代の方逢辰の『名物蒙求』が最も有名である。

『名物蒙求』はかつて『小四書』に収録されていた実用的な教材で、天文、地理、山川、城邑、林木花草、農事時令、飲食、服飾、居室器物、飛鳥禽獣などあらゆる分野の名称を網羅している。以下に天文現象に関する記述を紹介する。

---

*13　徐梓、王雪梅『蒙学歌詩』、206 頁。

第10章　蒙学と古代中国の教育

　　天尊地卑，乾坤定住。軽清為天，重濁為地。
　　麗乎天者，日月星辰。潤以雨露，鼓以風靁。
　　雲維何興？以水之升。雨維何降？以雲之。
　　陽為陰系，風旋飆回。陽為陰蓄，迸裂而雷。
　　惟霽斯虹，惟震斯電。散為煙霞，凝為雹霰。
　　日中則昃，月満則虧。往来進退，消息盈虚。
　　時乎陽明，宇宙軒豁。白日青天，光風霽月。
　　時乎陰濁，霧混茫。曦娥受，彗孛生芒。
　　是以聖人，抑陰崇陽。『詩』防霰雪，『易』戒氷霜。

天は尊く地は卑しくして乾坤定まる。清らかなのは天、濁っているのは地。
天で麗しいのは、日・月・星の天体。雨露で潤し、風雷で叩く。
雲は何からできる？　水の昇華。雨は何からできる？雲からできる
というように、リズミカルな形式のなかに巧みな工夫が凝らされ、いつの間にかいろいろな名前が覚えられるようになっている。

　こうした身の回りの物や常識を題材にした蒙学教材も倫理道徳の浸透を軽視するものではなく、次のような文言も見られる。

　　人、生まれて群れ、教えをなしとすべからず。君は仁、臣は忠。父は慈、
　　子は孝。
　　夫婦に別あり、朋友に信あり。長幼に序有り、これ人倫という。

　以上、5種類の蒙学教材を概観したことで、古代の童蒙教育の大凡の内容が把握できた。これらには、倫理道徳教育がその中に寓され徳育の浸透が強化される、簡潔な言葉でイメージしやすく、韻を踏んで暗唱しやすく覚えやすいなど多くの共通点が見られる。また、作者の多くが有名な学者で、朱熹や王応麟といった学術の大家が自ら編纂し、その質と権威を高めている。多くの歴史系蒙学教材を世に送り出した清代の鮑東里など、蒙学教材の執筆を業とする学者もいた。

2、蒙学の特徴

　古代の学者は蒙学に特別な関心を抱いていた。教育家たちによる訓蒙実践のなか、特徴的な蒙学理論と訓蒙方法が次第に形成されたが、これには大いに参

考にすべき点、継承すべき点がある。

魯迅はかつて「もしも誰かが歴史を書き、中国の歴代の子供の教育方法や用いた書物について、明確な記録を作り、われわれの祖先からわれわれの代に至るまで、どのように影響を受けてきたかを明白にしてくれるというなら、その功績と徳行は、（治水に功績のあったとされる）禹に勝るものとなるだろう」[*14]と語ったが、七十余年が過ぎても「中国のこれまでの子供の教育方法」を系統的かつ明確に記録した人はおらず、まったく残念なことと言わざるを得ない。

筆者とてここでその功の「禹に勝る」偉業を達成することなどできず、ただ爬羅剔抉、拾遺補闕的な探索を試み、古代の蒙学理論と実践の主な特徴について、予備的研究を行うのみである。

筆者は、古代の蒙学には次に述べる五つの基本的特徴があると考えている。

1．早期教育の重視

蒙学は、それ自体が一種の早期教育であり、一般に15歳までとされる蒙学段階においては、古代教育家はできるだけ早く教育を始めるべきとする早期教育論を提唱していた。

西晋時代の葛洪は、「大体、若い時は一本気でなかなか忘れない。年をとると、むら気になってすぐ忘れる。だから学問するのは早いほどよい。専心に打ちこめば、習い性となって、天性の賢者と変わらなくなる」[*15]と説き、早い時期に教育を開始するのは、精神が一つのことに集中できるとき、さまざまな知識を容易に受け入れることができるため、行動習慣が養成され、のちの成長に好ましい基礎をつくることができるとした。

宋代の教育家二程子も、「昔の人は幼いときから学び、目に見えるもの耳に聞こえることはすべて良いものばかりであったので、成長しても悪いものが目に入らず、よって成功しやすかった。今の人は幼いときから見るものが皆よくないことなので、頭の働きや言葉遣いも悪くなり、日に日にダメになっていく、このまま放っておいてよいはずがない。」[*16]として早期教育に積極的であった。

[*14] 魯迅「我們怎样教育児童的？」『魯迅全集第五巻』人民文学出版社 1981年、255～256頁。
[*15] 『抱朴子・外篇・勗学』。
[*16] 『二程集・遺書巻二』。

彼らは「幼学」は立聖の基であり人の成長に重要な役割を果たす、幼学の土台がなければ、「部屋を作っても土台がなければうまくいかない」*17 と考えていた。

　早期教育をいつから始めるべきかという問題についてはいくつかの見解があるが、そのうちのひとつに「自分で食べることができ、しゃべれるようになったら」*18 という考え方がある。清代の王夫之は「習与性成」の理論から、子どもが自分の意志で体を動かせるようになり話ができるようになったら、すぐに薫陶教育を始めるべきであるとして、

> 人は皆、その性により善者になれる。必ずしも善者になれないのは習いのせいである。習いは人にとって大切なもので、耳や目が聞くこと見ることをしないままでいると、天性の聡明さが失われてしまう。父母は子供が動きしゃべれるようになったら薫陶を始め、知識の定まっていないときに祖父母親戚が指導する。時期がずれると、本質を見失う。曰く「習い性となる」である。そうなってしまえばいくら厳しい教師やよい友の励ましがあっても、また重罰を科しても矯正できない*19。

と語っている。王夫之はここで、子どもの教育は早く始めるべきで、遅いのはよくないとし、知覚が芽生え言語活動が始まったときに教育を行うことが、良き品性良き振る舞いの形成につながると述べている。ここにはさらに教育の重要な規律「作るは易し、変えるは難し」と述べられており、人は生まれた日から「形づくり」が始まる以上、教育のプロセスもそこから始めるべきだという。

　また、早期教育は胎教から開始すべきと主張する教育家もいる。漢代の劉向『列女伝・周室之母』には、文王の母・太任の「胎教」について次のように記されている。

> 「文王の母、摯任氏の女である。王季が娶って妃とした。太任は生まれつき折り目正しく、徳に適うことだけを行っていた。妊娠すると『醜悪なものは見ない』『淫らな音楽は聴かない』で、乱暴な物言いもせず、胎教を行うことができた。豚小屋で用を足していて文王が生まれた。文王は生まれつき明

---

*17　張伯行編集「小学」『養生類編』巻二。
*18　張伯行編集「小学」『養生類編』巻二。
*19　『読通鑑論』巻十。

聖で、太任が教えると一を聞いて百を知った。君子は太任は胎教のできる者だとのたまわった」、また「昔、女性は妊娠すると、寝るときに横向むきにならず、座るときには端に寄らず、片足立ちをしてはならないとされていた。おかしな味がするものや切り方の正しくないものは食べず、正しく置かれていない席には座らなかった。醜いものは見ず、淫らな音楽は聴かないようにした。夜は盲目の楽師に詩を朗誦させ、正しいことを語らせた。このようにすれば生まれてくる子は容姿が端正で、才徳は必ずや人に勝るとされた。だから子どもを身ごもったら、感じるものに対して慎重にならなければならないのだ。善に感応すれば善くなり、悪に感応すれば悪くなる。人が生まれながらにして万物に似ているのは、すべてその母が物に感応したからで、だから姿かたちや声がそれに似るのである。文王の母は肖化（似るということ）を知っていたと言える」

ともある。劉向より前に『胎教』について言及した教育家もおり、前漢の『賈子新書』に

「胎教の道は、玉版に刻んで金の櫃に収め、宗廟に置いて後世に伝えよ」[20]

という言葉が見られる。以降、後漢の王充、南北朝の顔之推、西晋の張華、唐代の孫思邈、宋代の朱熹、二程子、陳自明、元代の朱震亨、明代の万金、許相卿らによる多くの論述が生まれている[21]。これらの論述は、荒唐無稽であったり非科学的であったりする部分もあるが、その中にもいくつかは合理的なも

---

[20]　『賈子新書・胎教』。

[21]　王充は「聾跛盲，気遭胎傷，故受性狂悖，羊舌似我初生之時，声似犲狼，長大性悪，被禍而死。在母身時，遭受此性，丹朱，商均之類是也。性命在本，故『礼』有胎教之法。」（『論衡・命義篇』）、顔之推は「古者，聖王有胎教之法：懐子三月，出居別宮，目不邪視，耳不妄聴，音色滋味，以礼節之」（『顔氏家訓・教子』）、張華は「婦人妊身，不欲令兒醜悪物，異類鳥獣，食当避異常味。不欲令見熊羆虎豹，射雉，食牛心，白犬肉，鯉魚頭。席不正不坐，割不正不食。聴誦詩書諷詠之音，不聴淫声，不視邪色。以此産子，必賢明，端正，寿考。所謂父母胎教之法」（『博物志』）、孫思邈は「旧説凡受胎三月，逐物変化，稟質未定。故妊娠三月，欲得観犀象猛獣，珠玉宝物，欲得見賢人君子，盛徳大師，観礼楽，鐘鼓，俎豆，軍旅，陳設，焚焼名香，口誦詩書，古今箴誡，居処簡静，割不正不食，席不正不坐，弾琴瑟，調心神，和情性，節嗜欲，庶事清浄。生子皆良，長寿，忠孝仁義，聡慧無疾。斯蓋文王胎教者也」（『千金方・養胎』）、万金は「受胎之後，喜怒哀楽，莫敢不慎。蓋過喜則傷心而気散，怒則傷肝而気上，思則傷脾而気郁，憂則傷肺而気結，恐則傷腎而気下。母気既傷，子気応之，未有不傷者也」（『婦人秘科・養胎』）と述べている。

の*22 がある。「邪悪なものを見る」、「醜いものを見る」あるいは「でたらめを言う」、「怒る」などは妊婦の情緒にマイナスの影響を与え、それによる胎児の環境不適応から中枢神経の障害をもたらし、結果、低能児になる可能性がある。「淫声」と呼ばれるいわゆる正統的でない雑音も、胎児を落ち着かなくし、生後も適応不良を招く恐れがある。一方、音楽を奏で、精神を落ち着かせ、ゆったりとすごすことは、胎児の健全な成長に頗る有益となる。つまり、よい「胎教」は胎児に良好な胎内環境を与えるのである。この先人が提唱した命題をどのように現代科学の理論や技術にあてはめて理解し実行するか、これはさらなる探索を要する課題となっている。

2．家庭教育の重視

　古代中国において、家庭は生産と生活の単位であるだけでなく、教育の基本単位でもあった。子どもを学校に入れるかどうかに関わらず、家庭の教育は常についてまわるものであり、就学前の子どもにとってはなおさらであった。家庭が最初の学校であり、両親が最初の先生であったのである。したがって、古代の教育家は家庭の教育機能を非常に重視しており、清代の陸世儀は「子どもの教育は、家庭外で受ける教育もそうだが、それぞれの家庭での教育が最も重要である」*23 と論じている。別の清代の教育家孫奇逢も「子どもの初期教育は、家庭が最も関わるべき事である」*24 と指摘し、家庭教育を童蒙教育の鍵であり基礎であると位置づけている。まさにこれによって、中国では歴史上、多くの人を感動させた家庭教育の話として、「孟母三遷」、「岳母刺字」、「三娘教子」などが伝わっている。

　家庭教育に関する理論文献も多く、顔之推の『顔氏家訓』、袁采の『袁氏世範』、龐尚鵬の『龐氏家訓』、呉麟徴の『家誡要言』、陳宏謀の『五種遺規』、孫奇逢の『孝友堂家訓』など挙げればきりがなく、家長の身分を詩歌格言等の形式を用いて子どもに訓戒する文章に至っては、汗牛充棟、枚挙に暇がない。家庭教育について、古代の教育家は以下に述べる問題を重視している。

---

*22　武杰、蔡鼎文「中国古代児童心理学思想述評」『江西師範大学学報』1984年第1期。
*23　陸世儀撰『思弁録輯要』。
*24　孫奇逢撰『孝友堂家訓』。

1）親自身の言行が子どもに与える影響

　清初の陸世儀は、「子どもを教えるには、第１に家を斉えること、第２に師を選ぶことである。もし家が斉わなければ、その子どもは嬰児のときから憎しみや嘲笑を覚え、後から良師をつけても軌道修正するのは難しい」*25 と論じているが、これは、子どもの教育において、家庭は学校では代わることのできない重要な役割を持っているということを説明している。親が家を斉えられなければ、その後に「良師」による教えがあっても、その効果は微々たるものである。そのため、とくに親は自身の振る舞いが子どもに影響することに注意を払うべきであるとし、「子どもを教えるには、自らが身を以て示すべきである。よその子どもを見ていると、親が特別言わなくても、そのなりや振る舞い、性格や好みは父に似ていくだろう。すべてその身が子どもを教えているのだ。こういうことを考えれば、どうして自らを振り返らないでいられようか。」*26 と説いている。張履祥も「人は皆、自分の子をよくしようと思っているが、自分が修養を積むことを知らないので、戸惑うのだ」*27 として、父母の「自ら修養を積むこと」が子どもを教育するうえで大きな意義をもつと述べている。なぜ親の役割を力説するのだろうか。それは、親と子どもの間には肉親の情、血縁関係があり、日々を一緒に過ごし、苦楽を共にしているからである。子どもは母親の体から離れた後も父や母と直接で密接な関係にあり、耳で聞き目で見るうちにいつの間にか親の影響を受けている。顔之推はこれを「風化」の過程と呼び、「風化とは上の者から下の者へ行うものであり、自らが下の者よりも先に実行することである」*28 と論じている。これは上行下効の「風化」であり、強制作用を必要としないものである。

2）溺愛について

　子どもを愛おしいと思うのは親の本能である。しかし愛の道を違えひたすら溺愛すれば、逆効果をもたらし、子どもにマイナスの影響を及ぼす。そのため、古代の教育家は愛護と教育の関係を正しく捉えることを強調したのである。顔

---

*25 『思弁録輯要巻十』。
*26 『思弁録輯要巻十』。
*27 『楊園先生全集』巻二十六。
*28 『顔氏家訓・治家』。

之推は「父母威厳にして慈有れば、則ち子女畏慎して孝を生ず矣。吾、世間を見るに教え無くして愛有り、毎に然る能わず。飲食運為、その欲する所を恣にし、宜しく誡しむべきに翻って奨め、応に訶るべきに反って笑い、識知有るに至って法当に爾るべしと謂う。驕慢已に習いて、方めて復た之を制せんとし、揰撻して死に至るも威無く、忿怒日に隆くして怨を増す。成長するに逮んで、終に敗徳と為る」*29 と説き、親として大切なことは「父母威厳にして慈有る」であり、威厳のなかにも慈愛をもち、慈愛のなかに威厳を寓することが必要であるとした。慈愛を示すときには慈愛を示し、威厳を示すときには威厳を示す。そうしなければ、子どもはどうしてよいかわからず、ものの良し悪しの判断ができず「終に敗徳（無頼の人）となる」という。陸世儀も親の教育に関する無関心や不注意が子どもの一生を台無しにするとして、「人の子どもの育て方を見ていると、知識が開き始めたばかりの頃に、茶化して叩いたり罵ったりすることを教えている。そして見た目がよく心地よい音の出るおもしろいおもちゃで遊ばせる。こうした習慣は内面に沁み入っていくのに、その子の才能をどうやって開花させようというのだろうか。」*30 と指摘している。

宋代の教育家袁采は「愛」と「教」の関係に独自の見解をもっていた。その著書『袁氏世範』は家庭教育の専門書「『顔氏家訓』に次ぐ」と尊称されるが、そのなかに次の一節がある。

> 人之有子，多於嬰孺之時，愛忘其醜，恣其所求，恣其所為。無故号叫，不知禁止，而以罪保母。陵轢同輩，不知戒約，而以咎他人。或言其不然，則曰小未可責，日漸日漬，養成其悪，此父母曲愛之過也。及其年歯漸長，愛心漸疎，微有疵失，遂成憎怒，摭其小疵，以為大悪，如遇親故，粧飾巧辞，暦暦陳数，断然以大不孝之名加之，而其子実無他罪，此父母忘憎之過也。愛憎之私，多先於母氏，其父若不知此理，則徇其母氏之説，牢不可解。為父者須詳察此，子幼必待以厳，子壮無薄其愛。

要約すると、親は一般に二つの向き合い方を見せるのだという。子どもが小さいうちは溺愛して欲しがるものを何でも与え、好き放題にさせておき、大きくなるとガミガミと口うるさく、荒さがしをしては小さな過ちに重い罰を与え

---

*29 『顔氏家訓・教子』。
*30 張伯行編集「小学」『養生類編』巻二。

るというものだ。しかしこれは、親の無教養による「溺愛」を表すものであり、教育過程においては「子どもが幼いときは威厳をもって育て、大きくなったら愛情を前面に出して育てる（幼い頃の子どもに対してもっていた愛情を減らすべきではない）」という態度で接することこそが、子どもに良い行動習慣をつけるのだという。実際、袁采が指摘する点は、現代の親にも見られる傾向であり、この論述は現実的な意義ももっている。またこれは袁采の「子どもの教育は幼いうちからすべき」を別の側面から論じた見解である。

　上述した二点のほか、古代中国の家庭教育にはさらにいくつかの際立った特徴がある。まず、古代中国の家庭教育は生まれてから死ぬまで続く周期のきわめて長い教育であったという点である。古代中国において、人は生命の誕生から死に至るまで、全生涯を家庭教育が貫いていた。「父母の言い付けに逆らうな」は中国の古代社会の道徳準則の一つであった。たとえ父母が亡くなっても、人は形なきままに父母の影響を受け、父母の遺訓を守った。父の代の思想品徳や事業の成功、定められた家規、家訓、家誡といったものは、父親の死去とともに消失するものではなく、引き続き子どもの教育に影響し、子どもをしつけ、叱咤激励する教育力の源泉となった。

　次に、古代中国の家庭教育は子どもの社会生活の指導と監視を重視する教育であったという点である。古代中国において、親は子どもが成長した後も、身近にいようが異郷の地にいようが、高官になろうが大した職に就いてなかろうが、いずれにせよ子どもには特別に関心を寄せていた。子どもの行いが親の監督を受けないときはなく、子どもの行いに見て見ぬふり、聞いて聞かぬふりをする家庭はほとんどなかった。子どもが独立し、功を成して偉くなってもそれは変わらなかった。

　『列女伝』に、戦国時代の楚の大将子発は秦を兵糧攻めにしたとき、士卒には「豆を分けてそれを食べ」させ、自分だけが御馳走を食べていた。秦を破り子発が故郷に帰ると、母は家の戸を閉め一歩も中に入れなかったという話がある。母は「人を死なせた所で自分はのうのうと……そういう子どもは私の子ではありませんからこの家には入れません」と言い、それを聞いた子発は母に自分の過ちを詫び、ようやく家に入れてもらったという。

　次に、古代中国の家庭教育は父親を教育主体とする教育であったという点である。父親は古代の家庭において至上の権威者であり、儒家の「三綱五常」倫

理が長く中国の社会を統治し、人びとの生活を支配していた。「父は子の綱たれ」、「夫は妻の綱たれ」は古代社会の行動準則であった。父親の経済的地位や社会的道徳は、父親の「特段法的な特権を必要としない統治的地位の占拠」[*31]を決定づける一助となった。父親は子どものすべてに干渉し舵取りをすることができ、母親の子どもの育て方に口を出し自分の考えに合わせさせることができた。父母を比較すると、家族の一員としての母親に、父親の持つ権威はなかった。母親は妻となる前、生活の糧を自分の父親から与えられていた。妻子となり母親となった後は、夫から得ていた。夫が世を去ると、息子が養ってくれた。それゆえ母親は「家にあっては父に従い、嫁しては夫に従い、夫の死後は子に従う」という歪んだ道徳規範を死守していたのである。一方、儒家の孝悌道徳も子どもに母の尊重と孝行を求めており、ここから母親が作為家庭教育の副次的主体としての地位が派生した。このように、母親は「支配」されるだけでなく、家庭教育の副次的主体でもあったのだ。「賢妻」と「良母」という二重の責任はここに由来するのである。

家庭教育の成否は父親にかかっており、『三字経』の説く「養いて教えざるは、父の過ちなり」がこれを証明している。

3）行動教育の重視

古代の教育家は、子どもの心身的特長から、蒙学は行動教育に重点を置き、行動習慣の訓練すなわち「教之以事」を強化すべきであると強調した。

「昔の教育には小学、大学が有り、その道は一つに限られていた。小学は事えること、例えば君に事える、父兄に事える等である。大学とはその事理(ことわり)を発明する、すなわち前述の『君に事える、父兄に事える』等がどういうものかを究明するものである」[*32]と説いた朱熹は、『童蒙須知』のなかで、さらに「童蒙の学びというものは、身なりを整えることに始まり、次に言葉、歩行、その次は身の回りを綺麗にすることで、その次は読書作文と雑事で、すべて身に着けさせるべきである」と指摘している。明確に、童蒙段階の主な任務は子どもに行動習慣の訓練をし、何をどうすればよいのかを教えること、すなわち「使

[*31] エンゲルス「家族・私有財産・国家の起源」『マルクスエンゲルス選集(第4巻)』、72頁。
[*32] 張伯行撰『小学集解・小学輯説』。

由之（之に由らしむ）」であるとしている。そして大学の段階ではなぜそのようにするのかという物事の道理を説く、すなわちいわゆる「使知之（之を知らしむ）」である。

宋代の呂大臨も、この二つの段階の教育内容と弁証関係について系統的に考察し、「小学の教えとは芸であり、行である。大学の教えは道であり、徳である。礼・楽・射・御・書・数は芸である。孝・友・睦・姻・任・恤は行である。「致知」から「修身」が徳である。ゆえに天下国家を治めるのは道である。昔の教育者は学ばせるときには飛び越さない等必ず小学から始め、それから大学に進ませていた。学ぶ者からこれを言えば、大学まで至らないところで立ち止まれば進まない。徳を成した者からこれを言えば、小学の事を尽していなければ成就しない」[*33]と論述している。呂大臨によると、小学教育の内容は「礼・楽・射・御・書・数」の六芸と、「孝・友・睦・姻・任・恤」の六行であり、大学教育の内容は「致知修身」の徳と「治国平天下」の道である。前者は基礎であり、道徳の陶冶に重点を置く。後者は前者の発展で、理論の指導に重点を置く。品徳の立派な人間に育てるには「小学の事を尽していない」ではよくない、学識の広い人間に育てるのに、「大学まで至らないところで立ち止まる」では到達するのは難しい。このことは、行動訓練に重点を置く蒙学が人格形成の基礎であることを物語っている。だからこそ、古代中国の教育家が著した蒙学教材は行動訓練という基本的な要求を提示することに重点を置かないわけにはいかなかったのである。

朱熹の『童蒙須知』、屠羲英の『童子礼』、陳瑚の『小学日程』、程端蒙・董銖の『程董二先生学則』、真徳秀の『家塾常儀』、高賁亨の『洞学十戒』などは、いずれも子どもの行動規範を明確かつ具体的に規定している。

『童子礼』は検束身心、入事父兄出事師長および書堂肄業の3部分に分かれ、盥櫛、整服、叉手、粛揖、拝起、跪、立、坐、行、言語、視聴、飲食、洒掃、応対、進退、温凊、定省、出入、餽饌、侍坐、随行、邂逅、執役、受業、朔望、晨昏、居処、接見、読書、写字等の三十目の行動規範を細かく明示しており、例えば「居処」の内容は、

　　きちんと正しく坐る。本や筆・硯などの物はすべてそろえて常に用意して

＊33　『小学集解・小学輯説』。

おく。本を読むときに使うものはいつでも落ち着いて取り出せるようにし、乱雑にしてはいけない。読み終わったら元の場所に戻し、乱してはいけない。他人の書物を借りるときは置簿に記録し、早く返すようにして決して失くさないこと

と記されている。

　こうした規範は子どもが遵守する根拠があるため運用するのに具合がよく、行動習慣の訓練としての役割は非常に大きかった。現代心理学の観点からは、子どもの行動訓練の重視は、子どもの心身の発育の客観的法則に合っている。

　感覚－運動段階では、子どもの表象能力および模倣能力が強く、行為に対する模倣と習得に重要な意義がある。子どもは7歳頃から具体的な操作段階に入り、次第に自己中心性から離脱し、初歩的な責任感や自律性が生まれる。12歳頃、少年期（または青年前期）の子どもは形式操作段階に入る。このとき子どもは「具体的事物から次第に解放され、興味を目の前にあるものではなく未来にある事物の方へと発展させていくことができるようになる。この年齢段階では、目の前の現実への適応だけでなく、遠大な理想ももつ。また理論把握の開始でもある」（ピアジェ談）。このことは、子どもは12歳頃にならないと抽象的な理論を受け入れることはできず、それ以前は、やはり主として表象、模倣などの機能を通じて行為を獲得し、習慣を形成することをはっきりと示している。これは、古代中国の学者による15歳までの蒙学の「教之由之」および15歳以降の学生への「使之知之」の構想と期せずして一致すると言わざるを得ない。もちろん、先人が現代人の境地に到達することなどあり得ないのであるが。

　実際、行動教育の重視は道徳倫理を重視する教育でもある。蒙学段階において、倫理道徳教育は行動規範、行動訓練の形で行われ、両者の趣旨は同じである。行動訓練の各規定に、「整理整頓（愛整潔）、行儀・マナー（講礼貌）、規則励行（守規矩）、譲り合い（貴謙譲）」などの品徳教育を入れないものはなかった。

4）正面教育の重視

　古代中国の教育家は子どもを正しい方向に導くことに注意を払い、正面教育で子ども達に積極的な影響を与えていた。明代の教育家王廷相は「童蒙は先入の雑無く、正を以て之を導き、而して順受せざる無し。……壮大なる者已に駁

僻の習を成し、正を以て導くと雖も、彼、先入の見を以て然りと為す，将に固結して解くべからず。夫れ安んぞ能く変えてこれを正さんか？　故に養正は当に蒙においてすべし」*34 と唱えており、ここでいう「正しきを以て之を導く」は正しい方向に導くという意味である。すなわち、正しいもの、正しいことを示すことで子どもに影響を与え、それによってはじめて子どもに正しさの既成観念を形成する効果が得られ、徳育が受け身にならないということである。明代の王陽明は、子どもの心理的特徴から正面教育の意義を論じている。

　　大抵童子の情は、嬉遊を楽しみ拘検を憚る。草木の始めて萌芽するとき、之を舒暢すれば則ち条達し、之を摧撓すれば則ち衰萎するが如し。今、童子を教うるに、必ず其の趣向をして鼓舞せしめ、中心をして喜悦せしむれば、則ち其の進むこと自ら已む能わず。之を譬うれば時雨春風、卉木を霑被すれば、萌動発越せざる莫く、自然に日に長じ月に化する。若し氷霜剥落すれば、則ち生意蕭索し、日に枯槁に就くがごとし。故に凡そ之を誘って詩を歌わしむるは、但に其の志意を発しさしむるのみに非ず、亦た其の跳号呼嘯を詠歌に洩らし、其の幽抑結滞を音節に宣べしむる所以なり。之を導いて礼を習わしむるは、但に其の威儀を粛すのみに非ず、亦た周旋揖譲して其の血脈を動蕩し、拝起屈伸して其の筋骸を固束する所以なり。之を諷して書を読ましむるは、但だ其の知覚を開くのみに非ず、亦た沈潜反覆して其の心を存し、抑揚諷誦して以て其の志を宣べしむる所以なり。是れ蓋し先王の立教の微意なり*35。

ここに書いてあるのは、子どもの心は常に美しいものに向かって開かれており、一歩一歩順を追って丁寧に教え導いて子どもの意欲を引き出すべきで、経験を積んだ庭師が伸びる余地を充分にとって苗を植えるように、決して子どもを押さえつけてはならないということである。正面教育とは、慈雨や春の風が草木を潤すように子どもの意志を芽生えさせ、心に愉悦をもたせて知覚を開いてやり、子どもの本能を尊重するものである。反対に氷霜でいためつけるようなことでは子どもは委縮し、師を恨むようになり、健全な成長は望めない。清代の張行簡も簡潔かつ明瞭に「人生童年，得春令発生之気。善教者，総以誘掖

---

*34　『雅述』上篇。
*35　『王文成公全書・訓蒙大意示教読劉伯頌等』。

奨勧為主，即施教刑時，亦須用誘掖奨勧語」*36 と説いているが、これは子どもの教育にやむを得ず懲罰という手段を用いなければならないときには、正面教育を忘れず、「誘掖勧奨(ゆうえきかんしょう)」する言葉を添えるべきと言っているのである。

清代の王筠は、さらにそうした「笨拙執拗（愚鈍で頑固）」な子どもに対する正面教育の意義について、「孔子善誘，孟子曰教亦多術，故遇笨拙執拗之弟子，必多方以誘之，既得其机之所在，即従此鼓舞之，蔑不歓欣，而唯命是従矣。若曰以夏楚為事，則其弟固苦，其師庸楽乎？」*37 と論じている。王筠がここで言っているのは、そうした「笨拙執拗」な子どもにこそ正面教育が必要であり、正面教育を経ることで、子ども達に楽しいという心理体験をさせることができ、だからこそ教師の指導に従うようになる。逆に厳しくし過ぎ、ともすれば体罰といった「以夏楚為事（夏や楚のようなやり方）」をすれば、恐怖心を抱かせて子ども達を学習嫌いにするか、あるいは我儘で反抗的にしてしまい、教師でもどうすることもできない苦境に陥るだけである。

3、訓蒙の方法

古代中国は訓蒙の道を非常に重んじ、多くの教育家が訓蒙の方法について見解をもち、専門的に訓蒙方法を研究する理論書も著された。宋代の王日休の『訓蒙法』、明代の著者不詳の『教子良規』、清代の陳芳生の『訓蒙条例』、王筠の『教童子法』、唐彪の『父師善誘法』、張行簡の『塾中瑣言』、石天基の『訓蒙輯要』等である。

訓蒙は一般に蒙師が管掌しており、蒙師のレベルや手法の正誤が直接訓蒙の効果に影響した。そのため、古代の教育家は蒙師に対し高い要求を出し、蒙師の選定には慎重であるべきと主張した。清の崔学古は、「師になるのは難しく、蒙師になるのは更に難しい。蒙師が指導を誤れば、将来、成功するのは困難である。蒙師の指導が適切であれば、その後が順調にいきやすい。すごいことだなあ。だからうっかりできないのである」*38 と論じ、蒙学の師は教師のな

---

*36 張行簡撰『嘯孫軒制芸文稿・塾中瑣言』。
*37 『教童子法』。
*38 『檀幾叢書・幼訓』。

かでも最も苦労が多く、最も任務が重く、最も責任が大きいとした。蒙学の効果が直接その後の教育効果に影響するからである。そのため古代の先見性ある教育家たちは、蒙師を軽視するよからぬ社会的風潮に反対した。清の張履祥は、「蒙師の責任は至極重いのに、世間からは軽んじられている。挙世の学は至極お粗末でも、世間からは尊敬されている。わかっていないとしか言いようがない」[*39]と唱えていた。また同時代の教育家唐彪は、蒙師の仕事が大変であるわりに待遇が低く、影響が大きいという見地から、蒙師を尊重する必要性について論述している。唐彪は、

> 「人はただ経師を尊敬するだけで、蒙師を尊敬することを知らない。経師への束脩(そくしゅう)[*40]を厚くする者が、蒙師へは甚だ薄い。薄く薄くしていく者もいる。経師には食事を出すのに、蒙師は自前。子どもを教える蒙師の大変さ、耳は聴くのを停めることがなく、目は見ることを停めることがなく、(さんざん言い聞かさなければならないので)唇は焦げ舌が破れる。そんな苦労がわからないようだ。その大変さは経師の数倍である。そのうえ、人の生涯で学問が役に立つかどうかは、すべてこの10年前後にかかっている。子供の言動には常に教えを与え、正しいところに導かなければならない。読ませる経書は、宜く読み込ませなければならない。書法と作文はとりわけわかりやすく教えなければならない。切音と平仄は宜く調を訓練させなければならない。経書の注解は、節の選択や朗誦にも方法を講じなければいけない。学問の出来不出来が全て蒙師にかかっている。品性が端然として学業優秀で、しかも勤勉かつ謹厳でなければ蒙師は務まらない。蒙師はこれほどまでに大変であり、人の一生の学習もこれほど重要であるのに、どうして子どもの先生だからと軽視できるのだろう?」[*41]

と、蒙師を尊敬しない風潮を強く批判し、蒙師は子どもの生涯の学問に重要な影響を及ぼすとして、「品性が端然とし学業優秀」で、「勤勉かつ謹厳」な人でなければ、蒙師という神聖な職に就く資格はないと断じた。

訓蒙の具体的な方法について、古代の教育家たちの論述は、「識字(字を覚

[*39] 『楊園先生全集』巻三十九。
[*40] 訳注:入学・入門の際に弟子・生徒が師匠に対して納めた謝礼。元は干し肉の束10組のことを指す。
[*41] 唐彪撰『父師善誘法』。

える）」、「写字（字を書く、書写）」、「閲読（読書）」、「写作（作文）」の四つに集中しており、これは古代の蒙学が国語教育を偏重し、国語教育を通して倫理道徳教育を行っていた伝統を表している。以下、簡単に分析を試みる。

1. 識字教育法

　蒙学教育の第一歩は識字である。まさに崔学古の言う「5、6歳の頃は、産衣をようやく卒業したばかりで赤子の心が抜けていない。お母さんが恋しく、親に甘えたい頃で、純粋である。就学する年頃になれば、毎日、先ず坐ることを習わせ、静かにすることを習わせ、字を覚えさせる」[*42] の如く、王筠の主張する「蒙養の時は、識字を先にす」[*43] の如くである。古代の教育家たちは、識字の効率を高めるためのいくつか有効な方法をまとめている。

　第1に、四角い木製の板を使うものである。唐彪は「生まれてから3～4歳の頃までは、口周りがはっきりして知恵が少しずつついてくる。一寸四方の木板を1,000枚用意して、1枚に1字ずつ『千字文』を書く。それを木箱に入れて、子どもに毎日10字ずつあるいは3～5字ずつ覚えさせる（字をよく知っている者、あるいは乳母、召使いに斟酌して褒美を与えれば、遊ぶよりも一日中字を覚えるように誘導するだろう）。さらにそこから成句を集めて読ませる。集めたりバラバラにしたり、ぐちゃぐちゃにしたり揃えたりする。それを遊びとして聴いていれば、正しく覚えることができる。素質の高い子どもであれば、100日あればすべて覚えられる。そして『三字経』、『千家詩』などの書物を加えれば、1年に1,000～2,000字は覚えられる」[*44] と論じているが、これは現代の文字パズルにいくらか似ている。子どもに一つ一つの文字を覚えさせ、次に集めたりバラバラにして意味のあることばにする。褒めて励ましながら行い、子どもの字を学ぼうとする意欲を引き出すのである。

　第2には紙上識字法である。崔学古は「紙上識字とは何か？　一般に訓蒙は読書を教えることを重んじるものなので、先ず紙骨を一寸二分四方に切って、その紙骨の上に読んでいる（習っている）本の文字を楷書で書き、さらに紙の

[*42] 『檀幾叢書・幼訓』。

[*43] 『教童子法』。

[*44] 『父師善誘法』。

裏側に同じ発音の文字を書く。例えば『文（ウェン）』と『聞（ウェン）』、『張（チャン）』と『章（チャン）』という具合である。そうして一つずつこれを覚えていく。賢い子どもであれば、説明しやすい字を選んで大まかに解説させる。字を覚えたら糸でつなげていき、毎日10字あるいは数十字ずつ整理していく。1周したら最初に戻り、千字くらいになったら次の方法にする」*45 と記しているが、ここで言っている紙骨は先に述べた四角い木板の原理と似ており、特定の具体的な文字から始めるよう力説している。ただし、崔学古は紙の裏側にもう一度同じ読み方の文字を書かせることを説いている。こうすることで一石二鳥、一挙両得の効果が得られるというのである。さらに覚えた字を定着させるために、時を置かないで復習し、「毎日整理」するよう促す。

　第3には書上識字法である。これも崔学古が提唱したものである。崔学古は「書上識字とは？　一般に新しい書物を教えるときは、まず書物に書いてある字を一字一字確認させ、知らない字が出てきたら赤で丸を付ける。そして黒で本の頭にその字を書いておくのだ。最も簡単な覚え方である」*46 と論じている。これは実際には紙上識字をふまえ、覚えた文字を土台に本を読ませ、閲読中に出てきた新しい文字に赤で印をつけ、次に黒のペンで練習し定着させるというものである。これは識字と閲読を合わせた方法である。

　第4は、「先に集中して字を覚え、後で閲読」というものである。清代の王筠は識字問題について非常によく研究していた。その王筠は「識字が先である。慌てて読書させる必要はない。弟子が鈍い子どもであれば、千余字覚えたところで解説してやり、2,000字覚えたら読書に入るとよい」*47 と、「先に集中して字を覚え、後で閲読」することを提唱した。基本的な識字量（2,000字）がなければ読書はできないと考えていたのである。現代の教育心理学の観点から、王筠の方法は一定の道理がある。集中的に字を覚えることで、漢字の特徴に基づいた比較分類ができるようになり、造語法に強くなるため識字過程を簡略化できるということ、また学習の重点を際立たせることで識字速度が上がり、学習への興味が強くなり、識字効率が上がるということである。一定の量の漢字

---

*45　『檀幾叢書・幼訓』。
*46　『檀幾叢書・幼訓』。
*47　『教童子法』。

をマスターした子どもは、大量の課文を閲読できるようになる。[*48]

　第5は、単純なことから複雑なことに及ぶ「形象直観法」である。王筠は次のように記している。

　「最初に教えるのは象形文字がよい。純体字[*49]を指してこれだというのだ。すなわち、『日』や『月』という文字を教えるときには『空のお日様ですよ、お月様ですよ』とこれを教え、『上』『下』という文字を教えるときには、上にあるものと下にあるものを用いてこれを教える。すなわち実際に即すということだ。純体字を覚えれば合体字を教えやすい」[*50]。

　周知のように、漢字には形、音、義の三要素がある。字形で識別する方法は、象形文字としての漢字の直観機能を発揮し、子どもが字形と字義をしっかりと把握するのに向いている。同時に、漢字には偏旁、部首、単体で字を構成するものがあり、最初に偏旁や部首、単体字（独体字、純体字）を少し覚えれば、大量の漢字をマスターするための基礎固めができる。これは単純なことから複雑なことへ、易から難への認識法則に合っている。

　また、古代の教育家は、識字が無味乾燥にならないよう、識字の成果を適宜定着させ、また初歩的な閲読のために多くの識字教材を作った。これらの教材はほとんどが韻を踏んだ短文で、唱えやすく、興味を引く表現になっている。『三字経』、『千字文』がその典型である。

2．写字教育法（書写）

　古代中国の蒙学教育において、書写の学習も重要任務のひとつであった。ただし教育家たちは、書写は識字、場合によっては閲読のあとと主張していた。これは、書写も識字と同時に学習させる現在の小学校教育と大きく異なる。その理由は三つある。第1に、古代の書写が紙・墨・筆・硯等といった幼い子どもには面倒な筆記用具に関わるものであったこと。第2に、幼児の身体的発達が自在な運筆条件に満たないこと、第3に、古代の書写が習いはじめから書道芸術の訓練であったことである。

[*48] 燕国材『明清心理思想研究』湖南人民出版社 1988年、422頁。
[*49] 訳注：純粋に体を表すものと言う意味で、「象形文字」と同意と思われる。
[*50] 『教童子法』。

そのため、王筠は「字を学ぶのに早いのはいけない。小児の手は小さくて骨が弱いので、撥鐙法(はっとう)で教えるのは難しい。8〜9歳で遅くはなく、学ぶのは玄秘塔、臧公碑などにする。小字は学ぶべきではなく、大きくするなら3分がよく、小さくするなら5分がよい。」*51 と論じている。

古代の蒙学では書写の訓練方法には以下の要点があった。

第1は身法、手法、把筆法（筆の持ち方）、作字法による基礎訓練である。崔学古の『少学』は「凡そ書を作すには、背筋を伸ばして、胸は机から三寸ほど離し、顔を背中の垂直線から三寸前に傾ける」（身法）、「虚掌実指(きょしょうじっし)。親指をあてて力を入れ、人差し指を押しあてる。中指を引っ掛け、小指を添えあて、薬指で掲げる。執筆は『緊』がよく、縦画はまっすぐがよい」（手法）を求め、筆の持ち方には「虚（手のひらを広くあける）、円（手の甲を丸くする）、正（筆をまっすぐに立てる）、緊（指を筆に密着させる）」の四法、作字には「横平豎直」、「少粗多密」、「勾短点円」、「空匀横直」の四法があるとした。習字の要領は数言でわかりやすいため、子どもも心に留めながら基礎訓練を行い、安定的な進歩が望める。

第2に、教師の「指導の作用」に注目していたことである。唐彪は「書道は最も難しく、きちんと決まり事をわきまえている人がどのくらいいるというのだ。字が下手な教師であれば誰かに代書を頼めば済むではないか。もし人に笑われるのを恐れて代書を頼まないというなら、それは自ら欺くことになる。代書を頼んだからといってその先生を軽んずるのは大きな間違いである。思うに、先生の優劣は字ではなく、その教え方の上手下手、学生に益があるかどうかにのみあるのではないだろうか」*52 と論じ、教師の書が必ずしも素晴らしいとは限らないが、学生の手本にする字は最上のものでなければならない。それゆえ人に代書してもらうことは何ら構わない。それよりも書写は教え方がよくないと子どもに益がないため、教師は書写の法を理解しておくことが必要であるとした。

第3に、「少にして精」であったことである。王虚中は「子どもが入学したての頃は、書かせるのは多くても2文字がよく、たくさん書かせてはいけない。

---

*51 『教童子法』。
*52 『父師善誘法』。

2文字がきれいに書けるようになったら違う文字にする。欲張ってたくさん書かせると、却ってうまくいかなくなる」*53 として、子ども達に「早くたくさん書かせる」性急な進め方ではなく、丁寧に書く練習をするよう求めた。

第4に、模擬練習である。唐彪は「書写の重点は執筆にある。執筆法は全てが虚掌実指にある。今、童蒙が初めて書を学ぶときは、いきおい先生の運筆を借りることになり、子どもの手のひらで物を支えられなければ、必ず5本の指を合わせた後は開こうとするので、虚掌実指はきわめて難しい。そのためには、小さくて軽い丸棒または小さな布を縫って鶏の様にしたものを子どもに握らせてから先生が運筆する。それぞれの指と掌、すべてを動かしていると、年長になれば字は容易にうまくなる」*54 と論じ、書写のポイントは「虚掌実指」であるとして、習い初めは細い丸棒を筆代わりにし、布きれを丸めたものを掌に挟んで、教師が手を持って字をなぞらせ、手とり足とり模擬練習することを提唱した。これは書写習慣の形成にとても有効であったという。このほか、「初めは楷書の大きな字、後で小字を習う」、「初めは米字格、次に方格、それから無格字」等がある。

3. 閲読教育法

第7章で古代中国の読書法を詳しく紹介したが、重要なのは自学ということである。子どもの教育において、たしかに一時的には自学をさせるのは困難である。だからこそ教師による閲読の指導が必要となる。古代の教育家は、蒙学教育では子どもの読書への関心をかき立てることはきわめて重要であるとした。王筠は「学生は人間である。犬やブタではない。書物を読むだけで説明しないのでは、経を唱えるのと同じ、木札を噛むのと同じで無味乾燥である。鈍い者はともすれば黙って従うだろうが、賢い者はそれで満足することは決してないだろう。人は皆楽しいことを求め、苦しいことは求めない。読書は遊びの楽しさには及ばないとはいえ、書物から得られる楽しみもあるので、相い従うのである」*55 と論じ、教師の生き生きとして的確な解説を与えることが、子ど

---

*53 『父師善誘法』。
*54 『父師善誘法』。
*55 『教童子法』。

もの読書への関心と知的好奇心をかき立てると主張した。

　訓蒙読書の具体的な方法について、最も系統的かつ詳細に論じているのはおそらく崔学古であろう。『幼訓』に子どもに閲読を教授する具体的なプロセスと方法が順を追って記されている。以下に簡単に紹介する。

　第1に「敬書」である。崔学古は「子どもが聖賢の書を読むときに、尊敬することを知らず、毎度指を墨で汚して爛れさせているのは、すべて教師の過ちである。ゆえに学生たちはトイレに行ったとき、朝起きて髪を梳かしたり洗ったりしていない者は、まず手を洗いそれから坐るようにしなければならない。普段は書物に手を近づけないこと。夏は特に厳守すること。書物を並べるときは机の端から二寸ほど離すこと。ページをめくるときは右手の親指を本の左の角にあて、人差し指でめくる。爪でつまんだり、唾をつけてめくらないこと」と言う。これは、子どもの教育には書物を愛し書物を敬う習慣をつけてやることが必要だということである。

　第2に「点書」である。崔学古は「凡読書，本生高執書籤，逐字挨点」と言っているが、これは、子どもの教育には一字一字文字をはっきり見てとることが必要だということである。

　第3に「句読」である。崔学古は「書物には、数文字で一句を成すもの、一字で一句を成すものがあり、また数句でも語調から一句として読むものがある。それらは一字ずつ、一句ずつ読み、点読して理解すること。だいたい句の終わりあたりにきたら、横に大きく点を付け、構文的に少し止まるところにきたら、中ほどに小点をつける」としているが、これは句読で子どもに文意を把握させるやり方である。

　第4に「念書」である。崔学古は「増やすな、減らすな、繰り返すな、高くするな、低くするな、早くするな、遅くするな。最も憎らしいのは、調子に乗って罵詈雑言を浴びせるような、蛙の鳴き声のように読み、調子を落とすとコオロギが吟じるような、ハエの鳴き声のような読み方をすることで、およそこれらはひどく懲らしめるべきである」として、読書について、細かなところまで注意を払う、声調、読むスピードに気を付けるなど具体的な規定をしている。

　第5に「探書」である。「五首をひとかたまりとして、毎日一首を二十遍読むと五日で百遍になるだろう。そうしたらまた百遍になるまで読む。すると一

首を二百遍読むことになる。今日読んだものを明日もその次の日も読んで、5日もすると、思い通りに口が動き、つっかえなくなる。初めてのものは5日やったら前の5日の分を暗記する。すなわち一首を10日読む。これでうまくならないわけがない」。これは、実際には一種の連鎖閲読法、すなわち毎日の閲読に限度を設け、今日の分は100回読む、過去に読んだところを20回読むというようにして毎日繰り返すというものである。エビングハウスの忘却曲線からこれを見ると、確かに記憶の法則にと合っている。

　第6に「帯書」である。崔学古は「五首を定数として、うまくできない所、慣れない所をすべてここで検査する。先生が大変だからと二〜三首に減らせば、うまくならない。生徒が多ければ、暗記に挑んでもよいだろう。」と言う。すなわち探書の状態を検査することで、子どもが完全に暗記しているかを把握する。

　第7に「理書」である。「10日ごとに文を総整理する。午前中に読み終え、午後は探書する。20日ごとに文を総整理する。2日間整理を行い、2日目の午前中に整理を終え、午後は探書する。1月ごとに1か月分の文を総整理する。3日間整理を行い、3日目の午前中に整理を終える。3か月ごとに3か月分の文を総整理する。5日間整理を行う。およそ一冊を読み終わると、一冊を通して一度整理し、年末に1年分の分を総整理する」を求めているが、これは子どもに、定期的に閲読した書物をきちんと整理するよう求めたものである。

　第8に「黙書」である。「新しい本を暗記した後、本を閉じて黙書する。変体小字は書かない。重複する文字があれば2文字連続で書くこと。一節の書があって二首に分かれているものは、前半の節を連続して書くこと」。これは、空で文を書くことを求めたものである。

　第9に「兼理」である。崔学古は「課読は兼理熟書すべきで、一冊を放っておいてはいけない。例えば『大学』を読み終えたら『中庸』に進むが、このとき『中庸』は新しい書物で『大学』は馴染んだ書物（熟書）である。……読むそばから整理し、知らないところがないようにする」としたが、これは学んだ知識を定期的に復習することを求めたものである。

　第10に「背書」である。崔学古は背書を説いたとき、「師弟は耳と口で相接し、こなれていない表現や誤りがあるものは、そのまま通してはいけない」と語っている。

第11は「講書」である。「子どもは8～9歳の頃に、聡明さが開花してくる。それに従って毎日読む書物は句ごとに解説をしてやる。素質のある子は少し教えただけですぐに理解する。そうでない子でも毎日解説してやれば、長く続けるうちに次第に理解するようになる」。これは、子どもが読んでいるものの理解を助けるために、教師は適時にかつ忍耐強く解説すべきであるということである。このように、「子どもが愚かであっても、毎日良い言葉を聞かせていれば、必ず敏感に悟れるようになり、自ら向上を求め、学ぼうとするもの」である。

4．写作教育法（作文）

写作教育は作文教育ともいい、これもやはり蒙学教育の重要な内容の一つである。王筠の『教童子法』や崔学古の『少学』には、この作文教育について非常に多くの論述があり、要点をまとめると次のようになる。

第1に、必要な作文指導を行い、子ども達にテーマを把握する力をつけることである。崔学古は「生徒に作文を教えるときは、先ず趣旨を説明することである。テーマを出すたびに、先ずは全体的な説明をする。句・節にしたがい、最初から最後まで、何が重要で何が重要でないか、一つずつ解説するのである」と論じ、テーマの意味をきちんと把握してこそ、テーマに沿った文章構成のしっかりした文が書けるようなるとした。

第2に、子ども自身にタイトルをつけさせ、身近な生活について書かせることである。王筠は「何子貞太史が甥に作詩を教えるところを見たが、テーマは自分で選ばせていた。今自分に関係する出来事をテーマとするように指導していたが、それは参考にできると思う」と論じ、子ども自身がタイトルをつけることで、文が書きやすくなる。文が書ければそこに思いを込めることができ、このことは作文に関心を持たせることの一助となるとした。

第3に、子どもに窮屈な思いをさせないことである。先ずは「自由にさせ」、あとで「収める」である。王筠は「詩文は自由にさせるべきである。野生の馬のように自由に飛び跳ねさせ、嘶かせ、羈絆で縛らないことだ。しばらくそのままにしてやると、十分満足して自ら締め括るようになる。このとき轡をはめると必ず従順に従う」と論じた。子どもが作文の練習を始めたら、まずはいかなる枠もつくらず思いのままに書かせるようにし、思考回路を開くことが必要

である。そして一定期間の練習を経た後、文の要素を取捨選択し、構造を考えるようにするというものである。繁から簡へ、である。これによって作文のレベルがアップする。王筠はさらに、「諸城の王木舟先生は14歳で入学し、文を千余字書いた。18歳で科挙の郷試験を受け、4位で合格、700字の文を書いた。40歳で会元に合格したが、文は600字足らずだったという。これは自由を極めると必ず収束することの証である。」と例を挙げて説明している。

第4は、作文の添削には「褒める」「励ます」を中心にすることである。古代の教育家は作文の初学者の文章は、今後の意欲を削がないためにも添削しない方がよいと主張している。王筠は「自由を大切にする精神は、教育現場では多いほどよい。しかし虚字不順なものは小さい時に直す方が楽である。印をつけるのを主とするとよい」と論じ、張行簡も「添削が多すぎると興味を削いでしまい、強情な者は怒り、気弱な者はやる気をなくしてほったらかしにする。こっちがいくら心を砕いても向こうは壁を作り、師弟のすれ違いができてしまう」*56 と論じている。褒めたり励ましたりしなければ、子どもの作文への関心に影響し、自信をなくさせてしまうだけでなく、ともすれば師弟関係にも危険が及ぶことになりかねない。

第5に、作文練習中の高原現象（プラトー）の克服を手助けすることである。王筠は「弟子が文体を変えようとするそのとき、文は下手になる。こういうときは絶対にこれを責めてはいけない。誘掖涵養して自分のものになるまで待ってやるのだ。そうすれば文章は必ず大幅に進歩する。卵にすぎなかった蚕が、首ができ体ができていくように、その子はゆっくり進み、そうして卵に勝（まさ）っていく。そして繭を作り蛹になって塊状になる。このときは蚕には及ばない。しばらくすると羽化して蛾になる。これが成長である。いつまでも文体を変えようとしないのは、結局才能を磨かないということだ。何度も変えていくうちに必ずひとかどのものになる。愚鈍な教師に当たったら、文体を変えようとすると潰されてしまう。なんとも哀しいことである。」と論じている。ここでは実際に作文練習中の波状的前進の法則について述べている。すなわち、練習効果がある一定の期間、同じレベルに留まったままで上がりもしなければ退化も低下もしない（時に低下することがある）状態をいう。これは作文の「高

＊56 『嘯孫軒制芸文稿・塾中瑣言』。

原現象」である。子どもにこうした「文が下手になった」ような高原現象が現れたとき、教師は「決してそれを責めず」、必ず「涵養誘掖して、自分のものになるまで待つ」ことをしなければならない。そうすることで子どもの「文章は大幅に進歩する」のである。

第6に、子どもに良文をよく読むよう指導することである。優れた文をたくさん読むことで言葉の遣い方や素材が蓄積され、自分のものとなっていく。崔学古は、「多く選び多く読む。1日に数千言朗誦していれば、常に心に留めておかれる。そうすれば語彙が乏しくて文が書けないなどということにはならない。まずは書物を読むことである。」と論じ、厳選された良書に常に触れ、その精彩な内容をしっかりと頭に入れるということを長く続けるうちに、自然と語彙が豊富になり、すらすらと文が書けるようになると指摘している。

第7に、作文の具体的なステップを伝授することである。古代の作文教育の根本的な目的は、将来のため、すなわち科挙に合格するためであった。科挙は決まった形式の回答があるため、子どもが初めて学ぶときには、教師はそうした具体的な内容を教えることに注意を払う必要があった。崔学古は「八法」（破承、起講、入題、起股、虚股、中股、後股、結束の語句）、「五要」（賓主虚実・正反開合の把握、筋道の把握、順序の把握、転折の把握、創造の把握）、「四十字訣」（扼頂、提振、反正、賓主、開合、翻跌、挑代、転折、擒縦、起伏、照応、生発、頓宕、点綴、渡接、推掉、省補、拖緻、挿帯、鎖結）及び「行文変化」等について詳細に論じ、これらは煩瑣という欠点はあるが、具体的な指導の役割もあったと述べている。

訳者あとがき

　本書は、中国教育界の権威である朱永新氏の著書『中国教育思想史』（上・下）（上海交通大学出版社発行）のうち古代篇を翻訳したものである（原著との関係や全体概観は姉妹書、近現代篇の訳者あとがきに委ねる）。

　原著者はあとがきで、「"教育史"は教育にアプローチする最もよい道だ。先人の経験や教訓から我々がどこから来たかを理解すれば、この先どこへ行くべきかがわかる」と記しているが、本書の最大の特徴はこの「先人の経験や教訓から理解する」ための手法にある。ありふれた教育思想史とは一線を画し、高い見識と豊かな実践経験に基づく複眼的視点から、先人の経験や教訓が秩序立てて今に伝承されている様子を浮き彫りにしている。

　翻訳では、原著の特徴や著者の意図を過不足なく伝えることに注力した。該博深遠な知識が縦横無尽に散りばめられた文章に、引用資料が首尾一貫した理論に基づいて登場する原著を、その品格を維持したまま翻訳するには思いのほか困難を伴った。引用資料の多くが古典であることから、文字に現れない時代背景や文化的常識の壁も高く、また解釈に異論が噴出するものも多かったからだ。頭を抱えることも一度や二度ではなかったが、各種資料を片っ端から調べるという地道な作業を重ね、その上で本書の趣旨に沿った解釈を基本とした。便宜上、原文を活かす手法もとったが、いずれも出所を記している。興味ある方、研究者の方にはぜひ文献に当たっていただきたい。

　最後に、今回の身に余る光栄に感謝するとともに、その機会を与えてくださった科学出版社東京株式会社社長の向安全氏、適時的確なアドバイスをくださった柳文子氏、細井克臣氏、編集・装丁を担当してくださった眞島建吉氏、鈴木優子氏ほか文献解釈その他さまざまな形で本書の完成に力をくださったすべての皆様に、この場を借りて厚く御礼申し上げる。

2017 年 12 月吉日

岩谷季久子

著者・翻訳者略歴

著者
朱永新（しゅ　えいしん）
1958年中国江蘇省生まれ。上海師範大学、同済大学、復旦大学など、複数中国の大学で主に教育心理学を学ぶ。中国教育学会副会長、蘇州大学教授、博士生導師、新教育実験の発起人。上智大学、香港中文大学の客員研究員。

30年以上にわたる研究活動の中で、中国国内外の学術誌に400篇以上の論文を発表し、著作も、『朱永新教育文集（全10巻）』、『中華教育思想研究』、『心霊的軌跡―中国本土心理学論稿』、『新教育之夢』、『我的教育理想』、『新教育』など多数。また、『現代日本教育叢書』、『新世紀教育文庫』など、30種類以上の編集にも携わる。

翻訳者
岩谷季久子（いわや　きくこ）
翻訳家・翻訳アドバイザー。中国南開大学留学、企業勤務、中国語講師を経て、1993年より専業で翻訳に従事。徹底した調査と言語特性・文化背景を意識した丁寧な翻訳で各界の定評を得る。2014年より翻訳会社の運営に携わり、企業などに翻訳や異文化理解に関わる助言・提案を行う。

主な訳書に『本場に学ぶ中国茶』、『ジャイアントパンダ　中国の自然に生きる』、『人民元Ⅱ――進む国際化戦略』（いずれも科学出版社東京）、『あかちゃんパンダ』、『かわいいパンダ』（共に樹立社）、『人民元――国際化への挑戦』、『中国絵画の精髄　国宝に秘められた二十五の物語』、『郎世寧全集』、『王羲之王献之書法全集』（いずれも共訳、科学出版社東京）などがある。

中国教育史　古代篇
東洋に根付いた倫理観

2018 年 3 月 20 日　初版第 1 刷発行

著　者　　朱永新
翻訳者　　岩谷季久子
発行者　　向安全
発行所　　科学出版社東京株式会社
　　　　　〒 113-0034　東京都文京区湯島 2 丁目 9-10　石川ビル 1 階
　　　　　TEL 03-6803-2978　FAX 03-6803-2928
　　　　　http://www.sptokyo.co.jp

編　集　　眞島建吉（葫蘆舎）
装　丁　　鈴木優子
組版・印刷・製本　　モリモト印刷株式会社

ISBN 978-4-907051-27-3 C3037

『中国教育思想史』© Zhu Yongxin 2011.
Japanese copyright © 2018 by Science Press Tokyo Co., Ltd.
All rights reserved original Chinese edition published by SHANGHAI JIAO TONG UNIVERSITY PRESS.
Japanese translation rights arranged with SHANGHAI JIAO TONG UNIVERSITY PRESS.

定価はカバーに表示しております。
乱丁・落丁本は小社までお送りください。送料小社負担にてお取り替えいたします。
本書の無断転載・模写は、著作権法上での例外を除き禁じられています。

《姉妹書》

中国教育史　近現代篇
―激動期における教育思想の変遷―

朱永新　著
張京花　訳

A5 判　320 ページ

定価　本体価格 4800 円＋税
ISBN 4-978-907051-26-6 C3037

アヘン戦争から現代中国成立まで、激動の時代にあって、中国の教育思想家たちは何を考え、どう行動したか。

植民地主義や帝国主義に包囲された中国は、アヘン戦争の敗北で、立ち遅れていた近代国家政策を推し進めることになる。その中で教育の見直しがあった。いままでの古代教育思想から「文明と幸福」を享受できる近代教育へと大きな転換を模索することになる。中国の建国まで百年に亘る実利教育と教育思想、教育と労働を結びつけた闘争の歴史を様々な角度から網羅的に紹介している。

[主要目次]

第１章　中西教育思想の会通と融合
第２章　近代中国の洋務教育思想
第３章　近代中国の維新教育思想
第４章　現代中国の個性重視の教育思想
第５章　現代中国の職業教育思想
第６章　現代中国の平民教育思想
第７章　現代中国の郷村教育思想
第８章　現代中国の生活教育思想
第９章　現代中国の「活教育」思想
第10章　根拠地と解放区における教育思想